甘肃省保育院
科学运行机制研究

主　编　郎全发　孙玉梅　宋增林
副主编　陈张林　何晓雷　高秀梅

本书系甘肃省教育科学"十二五"规划重点课题的最终成果，课题批准号：GS[2015]GHBZ085
本书系兰州财经大学横向课题《甘肃省保育院科学运行机制研究》的最终成果

科　学　出　版　社
北　京

内 容 简 介

本书是关于甘肃省唯一一所隶属于教育厅的公办学前教育机构、甘肃省首批省级"示范性幼儿园"之一的甘肃省保育院独特的办园理念、办园模式和管理制度及组织文化进行系统论述的一本专著。全书共五章，分别是绪论、法治思维与幼儿园科学运行机制、甘肃省保育院文化建设、甘肃省保育院章程建设、甘肃省保育院制度建设。

本书融科学性、知识性、思想性和实用性为一体，既是甘肃省保育院全体教师的必备读本，也适合各级各类幼儿园管理人员及广大教师阅读。同时，也可作为高等院校学前教育专业师生了解相关知识和政府教育行政主管部门进行科学决策的参考资料。

图书在版编目（CIP）数据

甘肃省保育院科学运行机制研究 / 郎全发, 孙玉梅, 宋增林主编. —北京：科学出版社，2017.9
ISBN 978-7-03-054524-4

Ⅰ.①甘⋯ Ⅱ.①郎⋯ ②孙⋯ ③宋⋯ Ⅲ.①幼儿教育-研究-甘肃 Ⅳ.①G61

中国版本图书馆 CIP 数据核字（2017）第 231027 号

责任编辑：任俊红 李淑丽 赵云杰 / 责任校对：王晓茜
责任印制：霍 兵 / 封面设计：华路天然工作室

科 学 出 版 社 出版
北京东黄城根北街 16 号
邮政编码：100717
http://www.sciencep.com

保定市中画美凯印刷有限公司 印刷
科学出版社发行 各地新华书店经销
*
2017 年 9 月第 一 版　开本：787×1092　1/16
2017 年 9 月第一次印刷　印张：15
字数：356000
定价：75.00 元
（如有印装质量问题，我社负责调换）

前　言

少年智则国智，少年富则国富，少年强则国强。童年是人的一生中最宝贵的时期，今天是祖国的好儿童，明天就是祖国的建设者，一个人在幼儿时期就应当树立正确的人生目标，培养好思想、好品行、好习惯，从小学习做人、从小学习立志、从小学习创造。在奋力实现中华民族伟大复兴的"中国梦"，全面实现依法治国方略的今天，幼儿园如何适应新形势，为幼儿营造良好的育人环境，如何培养适应祖国未来建设和发展需要的合格的下一代，成为党和政府重视，广大人民关切，专家学者关注的重大问题之一。

近些年来随着全国幼教事业雨后春笋般的发展，甘肃省学前教育的建设也迎来了前所未有的良好势头，幼儿园数量大幅增加，教育教学质量不断提高，呈现出大量的值得推广的好的做法和典型经验。但是，快速发展的同时也出现了不能尽如人意的问题，理论研究也存在着滞后于现实变化的差距。幼教机构走内涵式发展道路，保持全面协调可持续发展，源源不断地为国家和社会培养更多更好的人才，需要法治思维和科学管理，这就要求幼儿园管理运行更加科学化、专业化、规范化、精细化、标准化、信息化。

甘肃省保育院作为省级示范幼儿园之一，办园历史悠久、成绩斐然、特色鲜明，在党和政府的高度重视和不断关怀下，经过数十载"保育院人"的辛勤耕耘、砥砺奋进、不懈努力，形成了其独特的办园理念、办园模式、管理制度及组织文化等运行机制，在甘肃省学前教育事业中起到积极的引领示范作用。研究中课题组秉持法治思维的主线，本着实事求是、认真负责、科学严谨的态度，对省内外不同类型的学前教育机构进行了较为深入细致的实地考察，并借助文献资料，研究了发达国家幼儿园的管理理念和先进经验。在对先进幼儿园运行机制形成了基本认知和判断的基础上，对甘肃省保育院组织文化、机构章程、运行制度建设进行了审视探索、系统研究、科学凝练、理论升华，为甘肃省保育院的科学运行提供了基本保障，也希冀能够为甘肃全省幼教事业的健康发展，做出有益的贡献。

郎全发
2016 年 12 月

目 录

第1章　绪论 ··· 1
　1.1　研究的缘起与意义 ··· 1
　1.2　研究的主要内容及重点难点 ·· 13
　1.3　国内外研究现状 ··· 15
　1.4　研究方法 ·· 17
　1.5　研究目标 ·· 18

第2章　法治思维与幼儿园科学运行机制 ·· 19
　2.1　法治概述 ·· 19
　2.2　法治思维 ·· 23
　2.3　幼儿园建设和发展需要法治思维 ··· 27
　2.4　法治思维现状的启示 ··· 32

第3章　甘肃省保育院文化建设 ··· 34
　3.1　学前教育机构文化建设概述 ·· 34
　3.2　国外学前教育核心价值观 ··· 41
　3.3　中国古代蒙学研究 ·· 53
　3.4　当前国内外学前教育组织文化建设的理论研究及实践 ···································· 72
　3.5　甘肃省保育院文化建设研究 ·· 84
　3.6　甘肃省保育院文化建设核心理念的概括与说明 ·· 98

第4章　甘肃省保育院章程建设 ··· 101
　4.1　幼儿园章程建设导论 ··· 101
　4.2　幼儿园章程的法理分析 ·· 110
　4.3　我国幼儿园章程建设研究 ··· 124
　4.4　甘肃省保育院章程基本框架 ·· 136

第5章　甘肃省保育院制度建设 ··· 138
　5.1　制度建设概述 ·· 138
　5.2　幼儿园制度建设 ··· 141
　5.3　发达国家和国内先进地区幼儿园制度建设 ·· 149

5.4 甘肃省幼儿园制度建设研究 …………………………………… 177
5.5 甘肃省保育院制度建设研究 …………………………………… 190

参考文献 ………………………………………………………………… 199

附录 ……………………………………………………………………… 203
    附录1 甘肃省幼儿园教育指导纲要（试行）………………………… 203
    附录2 甘肃省幼儿园保教管理指导意见（试行）…………………… 220
    附录3 甘肃省民办幼儿园管理暂行办法 …………………………… 225
    附录4 甘肃省幼儿园办园行为规范 ………………………………… 230

后记 ……………………………………………………………………… 233

第1章 绪　　论

人生百年，立于幼学。毫无疑问，学龄前阶段是人生最重要的启蒙时期，科学的学前教育，对人的后继学习和终身发展具有不可替代的基础性作用。人的良好素质的形成和发展，很大程度上取决于孩提时代有益的环境熏陶和科学的教育训练。

1.1　研究的缘起与意义

1.1.1　研究的缘起

孩子的教育是我们生活中最重要的一个方面，孩子是民族未来的希望，他们将创造历史。

1. 学前教育不容忽视

科学研究显示，3周岁之前是一个人大脑发育的最重要时期。一个人出生时平均脑重量只有370克；1周岁时，婴儿脑重就已经接近成人脑重的60%；2周岁时，约为出生时的3倍，约占成人脑重的75%；到3周岁时，婴儿脑重已接近成人脑重的范围，以后发育速度逐步变慢。所以孩子在出生后2~3年，无论在生理还是心理方面，良好的育儿刺激对大脑的功能和结构都有重要的影响。

学前教育主要是指对3~6岁年龄阶段幼儿所实施的有组织、有计划的教育，这种教育当然应当建立在幼儿上述生物特性和科学研究基础之上。学前教育是终生教育的开端，是国民教育体系的重要组成部分，是重要的社会公益事业。办好学前教育，关系亿万儿童的健康成长，关系千家万户的切身利益，关系国家和民族的兴旺发达。17世纪英国著名启蒙思想家约翰·洛克在其教育学名著《教育漫话》中指出："平常的人之所以有好有坏，之所以或有用或无用，十有八九都是教育造成的。人与人之间之所以千差万别，都是出于教育的不同。我们幼小的时候得到的印象，哪怕极其微小、几乎察觉不到，都会对一生产生长久而深远的影响；正如江河的源泉，水性柔和，稍用一点人力就能将它引向别处，使河流的方向发生根本的改变；只要最初从根源上这么引导一下，河流就有了不同的趋向,最后流到十分遥远的地方去了。"①教育部《幼儿园教育指导纲要(试行)》(教基〔2001〕20号)明确指出:"幼儿园教育是基础教育的重要组成部分,是我国学校教育和终身教育的奠基阶段。城乡各类幼儿园教育应从实际出发,因地制宜地实施素质教育,为幼儿一生的发展打好基础。"

国务院于2011年颁发的《中国儿童发展纲要(2011—2020年)》(国发〔2011〕24号)也明确指出:"儿童期是人的生理、心理发展的关键时期,教育必须从儿童早期着手培养。""儿童时期是人生发展的关键时期。为儿童提供必要的生存、发展、受保护和参与的机会和条件,最大限度地满足儿童的发展需要,发挥儿童潜能,将为儿童一生的发展奠定重要基础。儿童是人类的未来,是社会可持续发展的重要资源。儿童发展是国家经济社会发展与文明进步的重要组成部分,促进儿童发展,对于全面提高中华民族素质,建设人力资源强国具有重要战略意义。"

十年树木,百年树人,教育事业健康发展不仅是一项长期而艰巨的任务,而且具有极其重要的战略地位。学前教育是基础教育的重要组成部分,既在构建我国终身教育体系中占有不可替代的地位,又日益成为提高国民整体素质、增强综合国力的重要因素。只有充分认识到幼教工作的重要性,才能把幼教事业做好,才能对幼儿的身心发展有所助益,才能更加有助于他们以后的健康成长和全面发展。

英国伦敦精神病学研究所教授卡斯比,同伦敦大学国王学院的精神病学家们曾进行过一项别具一格的有趣的跟踪试验观察。研究者把当地1000名3岁左右的幼儿作为研究对象,首先对这些幼儿经过一番调查分析,然后根据不同表现特质将他们分为5种类型:充满自信型、良好适应型、沉默寡言型、自我约束型和坐立不安型。当这些3岁孩子都长成了26岁的成人时,卡斯比教授所率领的科研团队再次与他们进行了面谈,并且对他们的朋友和亲戚进行了大量走访,研究结果显示:一个人对3岁前后所经历的事情会像海绵一样吸收。这意味着孩子性格形成和能力培养的关键期就在3岁前后,这个阶段的孩子跟随什么样的人,接受什么样的教育,就将会形成相应的性格。和其朝夕相处的成人所说的每一句话,所做的每一个动作,都可能会深深地烙在他们的心灵深处,父母和幼儿园教师务必认真对待小孩子的所作所为。不过,他也承认,一个人的性格到成年后有改变的情况的确存在,父母的抚育和教育方式,以及社会环境的变化对一个人的性格都会产生一定的影响。这要看孩子在什么样的环境下成长及在什么样的教师指导下学习和发展,若是父母、教师和社会的友人给予正确健全的身体力行的影响,其未来的发展走向就比较乐观,反之亦然。

孩子的性格特征在幼小的时候基本定型,虽在以后成长过程中有一些改变,但这种变化似乎不太明显,也就是人们常说的"三岁看大,七岁看老",卡斯比关于"3岁幼童的言行就可预示他们成年后的性格"的结论,为"三岁看老"的说法提供了强有力的事实证据,在英伦三岛引起轰动。一个人在幼小成长发育阶段形成的自我个性,会影响他未来的学习、事业、婚姻、家庭和社会等方方面面的领域。培养正常健康的幼儿,才会给他未来的成功奠定根基。

---

① 〔英〕约翰·洛克. 教育漫话[M]. 徐大建,译. 上海:上海人民出版社,2011:1.

美国教育心理学家布鲁姆[①]指出：5 岁以前是儿童智力发展最迅速的时期，如果 17 岁时的智力水平是 100%，那么人从出生到 4 岁就获得 50%的智力，其余 30%是 4~7 岁获得的，另外 20%是 8~17 岁获得的。北京理工大学出版社出版的《3 岁对了，一辈子就对了》（陈素娟，2012 年）一书中强调：中国的家长总是最苦情的家长，不怕累不怕苦，多半辈子都在为孩子操心。但实际上，这种费力不讨好的做法将毁了孩子。教孩子，要抓关键点。3 岁左右是多方面能力（感知觉、记忆、思维、个性等）发展的关键期。懂得了这一点，父母们教孩子就不用那么累了。该书将 3 岁关键期的幼儿发展进行了详细而通俗的讲述，告诉家长如何让孩子在 3 岁的时候长对了，那么以后就一劳永逸了。

正如在孔子教育思想中所体现出来的"少成若天性，习惯成自然"，以及著名教育家叶圣陶先生所指出的："教育是什么？往简单方面说，只须一句话，就是要养成良好的习惯。"养成教育是指在学习、生活、劳动中良好习惯的形成与定型，要从小注重培养幼儿良好的习惯，才能更好地为幼儿健康发展打下良好的素质基础。幼儿教育是基础教育的基础，是终身教育的起点。可以说，养成教育是幼儿学会做人最基础、最重要的课程，人一生中的许多习惯都是从幼儿时期形成的。如果说体、智、德、美全面发展这一目标是最高顶点的话，培养良好的习惯则是借以攀登的阶梯，而学前教育机构及其之前的教育，正是养成教育的关键所在。

2. 学前教育发展层次良莠不齐

在研究过程中，课题组全体成员带着对全国学前教育机构发展的美好期望和深入思考，本着寻找差距、促进发展的愿望，踏上前往北京、上海、广州、杭州、厦门、济南、长沙、成都、重庆、太原、海口、西安、兰州等城市及甘肃省其他有关地市、乡镇的征程，随机抽取部分幼儿园进行了实地深入调研考察。其范围有公办幼儿园，也有民办幼儿园；有部队幼儿园，也有地方幼儿园；有集团连锁乃至跨国连锁幼儿园，也有自成一体的独立幼儿园。对于每一家受访幼儿园，均从文化、章程及制度等运行机制方面进行了多方位立体式的考察。考察中，我们主要采取了访谈园长、教师，田野调查，实地参观，进班考察，文本档案查阅，问卷调查等方式。我们欣喜地体会到，近些年我国幼教事业发展一路高歌猛进、势头欣欣向荣。

（1）被考察的学前教育机构，大部分能够立足地方和园本优势，积极挖掘自身文化底蕴、创新理念、深化内涵，探索自己的办园追求，营造自己的特有文化。有一些理念的描述虽然平实但颇有创意，如提出"建设快乐校园""玩中学，做中学""给孩子种上幸福的种子""自然中教，游戏中学""教在有心，学在无意""让爱更多一点""让爱变成孩子的行为""亲近自然，启迪智慧""尊重人的自然发展、激励人的自信发展、成就人的自主发展""培养全面发展的人，在生活中体现丰富多彩的内容""用爱心和智慧为幼儿和谐发展奠基""和谐、快乐、创新""快乐教育、健康

[①] 本杰明·布鲁姆（Benjamin Bloom，1913—1999），美国当代著名的心理学家、教育家，芝加哥大学教育系教育学教授，曾担任美国教育研究协会会长，是国际教育评价协会评价和课程专家。

成长""放开手,让孩子自由自在地走""弘扬儿童个性、扩散儿童思维、规范儿童行为""教孩子会笑、会说、会听、会想、会讲""让幼儿在自然、自信、自主快乐中体验生活,心灵交流,智慧对话,生命关爱"等,并积极与课程体系相融合,形成了相应的文化积淀和办园特色。

(2)区角活动突出体现了现代幼儿园文化建设及科学运行的价值取向。在调研中我们发现,优秀的幼儿园在保教活动中,都特别注重区角活动,差异教育深入骨髓。孩子都是天才,不要低估孩子的智慧和能力,鼓励孩子表达自己的想法,让孩子多操作、多训练、挖掘最大的潜能。

区角活动,是指教育者以幼儿感兴趣的活动材料和活动类型为依托,将活动室的空间划分为不同区域,让幼儿自主选择自己喜欢的内容,通过与材料、环境、同伴、师生之间的充分互动而获得学习与发展。区角活动材料的投放具有目的性、针对性、层次性、差异性、情感性、自然性、丰富性和探索性等要领。其价值在于幼儿园附着在区域内的操作材料寓于情境和活动中,材料、情境和活动承载着教育功能,幼儿通过活动而获得了多种直接、自然的体验。

儿童的学习特点是建立在其思维特点之上的,幼儿思维发展的特点是从直线行动思维逐步发展到具体形象思维的,其认识发端于动作。幼儿在实际操作中认识了身边的事物,通过操作去感知周边的世界。区角活动的核心理念,是让幼儿回归丰富多彩的生活本身,以幼儿学习和发展为本,尊重幼儿的天性和差异,尊重儿童的好奇心理和探究欲望,重在教师的观察、引导和评价。

区角活动的意义在于:①活动区为幼儿提供更多的按照自己的兴趣和能力进行活动的机会,均等地给每个孩子选择权,满足幼儿个性化的要求;②活动区的活动是幼儿的自主活动,他们没有压力,在这样的环境中边玩边做边学,生动、活泼、主动、愉快地活动,能够从中体会到更多的乐趣;③活动区的活动多为幼儿的小组活动,为幼儿提供更多的自由交往和自我表现的机会,增进同伴之间的了解,也潜移默化地了解了社会化的规则;④活动区常常设计了幼儿经常接触的适合幼儿智力状况的生活情景,便于幼儿在日常生活中学会观察、模仿和适应;⑤有效培养幼儿动手操作能力,发展幼儿语言交往能力;⑥幼儿园区角活动是培养幼儿良好个性的有效途径,对幼儿身心发展有积极的促进作用,实现了幼儿园幼儿教育水平的新提升;⑦教具往往是教师带领幼儿自己动手制作的,并以不同的方式呈现,既能锻炼孩子的思维能力,也能实现废旧利用,有利于孩子形成良好的生活习惯和高尚的品行人格;⑧通过师幼互动,扩大了幼儿与教师之间的交流机会,教师能够更多地、更好地观察指导幼儿,使幼儿能够更多地感受到教师的关注、爱护和重视,从而更好地得到发展。

(3)环境创设本身就是课程,很多优秀幼儿园非常注重营造美好氛围,体现地方文化、办园特色、美好自然和社会生活。例如,有些幼儿园设计地方文化课程,通过绘本表演、让孩子画出或者表演自己听到的故事,通过壁画、设计标志、图画图标等形式,展示地方优势、特色产品、历史传统、风土人情。还有些幼儿园崇尚科学,描绘仿真世界、科幻世界,在幼儿经常活动的每层楼模拟设计一种景致,如一楼为海底世界、二楼为原始森林、三楼为太空世界等。还有些幼儿园注重环境创设、倡导低碳环保,门头、装饰、图案、徽标、色彩等的设计，都体现了孩子和教师的影子。有些幼儿园展现全景式的社会图景，在种植饲养、山水布景、雕塑浮雕等诸多方面都体现了社会一角。有些幼儿园所精心设计的活动区，都体现着生活本身，如园内功能区划分为阅读天地、创意空间、美术世界、科学小世界、亲亲小社会、快乐音乐园等。

（4）重视幼儿日常良好行为和道德习惯的养成，崇尚"做最好的自己，做最好的小公民"，优秀的幼儿园，都十分注重培育幼儿高贵的气质，提倡孩子在玩耍游戏中、教育者在细微引导中实现教育目的。例如，培养幼儿用理智控制自己欲望的性格，不剩饭，不乱扔杂物纸屑，不随地吐痰、大小便；用环境熏陶幼儿的性情，如洗手间、卫生间整齐划一，统一整洁有序地摆放毛巾、牙具、餐具，爱护玩具财物，有序排队，走路靠右，学会整理自己的衣物、卧具、学具；学习生活中要坚持整体性、利他性原则，待人有礼貌，相互帮助、相互谦让、相互包容，说话音量不影响他人，走路静悄悄，不大哭大闹，不争抢玩具，不相互嬉戏追逐打闹等；轮流给孩子贴标签，今天你是小绅士、小淑女，使幼儿自己时刻提醒自己注意言行举止、仪容仪表、优雅姿态，从内心深处渗透出文明儒雅风范，给其他小朋友做出表率；在教师指导下让孩子自己制定规则，并付诸实施；倡导自己的事情自己做，让小班孩子学会扣纽扣、上厕所、洗手帕，中班孩子学会叠衣服、整理书包和桌面，大班孩子学会系鞋带、整理卧具、打扫卫生等，以培养孩子的良好习惯。

（5）重视幼儿生活体验、快乐成长。游戏即生活，把幼儿主要的活动融入游戏，以实现教育目的，如通过游戏等幼儿喜闻乐见的形式，在幼儿中潜移默化地开展安全教育、成功教育、赏识教育、快乐教育、危情教育、责任教育、生命教育、挫折教育、规则教育，竞争意识教育、规则意识教育等。每周设计半天开心日，保教人员会同家长一道带领幼儿包饺子、炒菜、看电影、周边旅游等。在角色中体验生活，如洗手环节游戏化，教孩子穿针刺绣，带领幼儿进银行、逛超市、考察理发店、参观社区、熟悉医院等。常做建构游戏、表演游戏、角色游戏等。利用各种传统节日举办相关活动，如母亲节感恩跪羊图、中秋赛龙舟、"六一"儿童节举办跳蚤市场，收入捐给贫困山区的孩子，进行爱的传递。

（6）遵循成长规律，注重家园共育。现代社会很多行业都有上岗证，唯独家长没有，一些新生代家长，不懂得甚至不准备承担教育子女的法定责任。父母应当给孩子无条件的爱、适宜的爱、有原则的爱。有鉴于此，一些优秀的幼儿园要求家长处处为孩子做表率，甚至禁止衣衫不整、谈吐恶俗、举止不雅的家长进入幼儿园。教师每天记录家长的嘱托，记录孩子每天学习生活的点点滴滴，坚持按照制度要求每两周对孩子进行综合评价并向家长反馈。举办家长知识讲座、引导家长科学育儿，告诉家长教育幼儿的内容方法理念。幼儿园随时和家长沟通交流，要求家长珍惜与孩子牵手的分分秒秒，甚至给家长制定家规，实现管理上的无缝隙对接。通过各种方式让家长看到孩子的进步，如家长参与幼儿游戏，举办亲子运动会、亲子"嘉年华"活动、爱心摄影活动。请家长参加班级论坛，加入班级QQ群、微信群，成立家长委员会、伙食管理委员会，邀请家长参与幼儿园管理决策、出谋划策、进行监督。组织家长做助教，和幼儿一起做玩具，尽享天伦之乐。

（7）注重工作流程，强调师德教育。幼儿园只要有岗位，就有职责，就有流程，就有考核。全员参与教育管理服务标准和流程的制定，突出"爱心、安全、有序、责任"主题。建立教师的推优纠偏机制，把教师教学中最优秀的做法设计成新的标准，常改常新、推而广之。"快乐的源头在教师，不能把负面情绪带给孩子"，一些幼儿园虽然没有保育员，但有耐心细致的保育工作，要求教师必须注重自身的素质和教养，因为他们随时随地在影响着每一个孩子。为孩子提供形成"自主、探究、创造、表达、广博、均衡、考虑他人换位思考、敢于冒险、毅力、担当、勇敢、尊重、分享"性格的制度平台。针对新生代年轻教师专业功底、吃苦精神、钻研精神、敬业精神、社会责任意识较弱的现状，一些幼儿园不断提高教师业务水平和道德素质，定期对教师进行心理及业务培训，每周开展读书日活动，鼓励教师开展课题研究、教学研究，如某优秀幼儿园的研究项目《回归游戏的幼儿园课程研究》就是其中一例。

（8）注重孩子的身心健康，突出体能训练。因众所周知的家长对子女过分放纵、袒护、包办、溺爱等原因，当今幼儿入园时口头表达能力较强，动手动腿及协调能力较弱，心理脆弱，胆量越来越小，一些男孩子保守、懦弱、缺乏阳刚之气。一些孩子的体能测试比想象的还要差，基本动作完成不了，双脚不敢腾空，甚至一个小小的沙包，四岁的孩子不敢跳跃接扔。幼儿园教师在这方面忘记了"幼儿园的保育工作是有效的，但绝不是万能的"，往往迎合幼儿家长的想法，试图避开家长的责难，或者慑于舆论媒体的压力，唯恐出现一丁点的差池，常常表现得谨小慎微、倍加小心。这对于幼儿的身心健康极为不利。鉴于此，为了孩子的全面和谐发展，一些幼儿园冲破藩篱、不惜血本，在确保安全的前提下，加强对幼儿进行体能训练。一些幼儿园坚持每天让孩子步行 1.5 千米，一个大班的孩子一次居然能够步行 11 千米；一些幼儿园给幼儿安排一些适合身心发展要求的身体技能训练，在容易出现危险的地方强化保护装置（如设置轮胎、防护网等），并加派教师保护，培养孩子的自信心，让孩子超越自我、摆脱软弱、敢于冒险；一些幼儿园有意安排在男教师的带领下从事力所能及的体育活动，收效显著，短期内幼儿身心素质有了质的飞跃。我们看到，一些幼儿在硬场地上能够翻跟头、打车轮、打倒立，还能在木凳上自由自在地健步如飞。

（9）探索保教方向突破，创新教育教学模式。有些幼儿园以科学教育为切入点，以体验型活动为手段，将科学教育融入社会、艺术、语言、健康等领域，建构以"启蒙性、整合性、开放性"为特征的科学教育课程，开创以培养幼儿的科学态度、科学精神、科学思维，促进幼儿动手能力和探究精神提高为主的教育方法，让幼儿快乐地亲历探究科学奥秘的过程和乐趣，并在观察、提问、设想、动手、表达、交流的探究游戏活动中，获得初步的科学知识，不仅使幼儿身心得到全面和谐发展，还为幼儿将来成为具有良好科学素养的公民打下坚实的基础。

（10）沙盘游戏悄然兴起。沙盘游戏又称箱庭疗法，是把心理问题视觉化的心理分析技术和疏导手段，是使用沙、沙盘及有关人或物的缩微模型来进行心理诊断、治疗和辅导的方法。沙盘游戏起源于欧洲，它是从儿童地板游戏发展起来的一门非常适合儿童心理发展的技法，是瑞士心理学家卡尔夫于 20 世纪 50 年代在荣格分析心理学的基础上创建而成的。沙盘游戏创建之初主要用于发现和解决儿童的一些心理问题，北京师范大学张日昇教授于 1998 年将其引入中国后，中国的心理学者进行了进一步的开发，目前被广泛运用于心理健康教育领域，并逐渐应用到了儿童教育领域。在沙盘游戏的过程中，指导教师为儿童创造了一个安全与受保护的环境，儿童可以从沙具架上自由挑选沙具，在盛有细沙的特制箱子里自由摆放、玩耍，进行自我表现。通过在沙箱内摆放沙具，儿童塑造了一个与自己内在状态相对应的心理世界，展现出一个人美妙的心灵花园，有助于他们了解自己的周围世界，培养自己与其他人积极相处的能力，学会以适当的方式关注别人。在玩耍中，提高儿童的注意力，发展儿童天生的好奇心，锻炼他们解决问题的能力，培养自主性等。

目前，就全省幼儿园而言，沙盘游戏还没有受到应有的重视，普及程度还不够高，运用还不够熟练，作用发挥得还不够全面，最直接的原因是缺乏专业心理指导教师。

（11）在学习接受欧美先进教育理念和教育方式的同时，也关注强化祖国传统文化、传统美德教育。较多的幼儿园普遍学习接受了皮亚杰（Piaget）的认知发展理论，蒙台梭利（Montessori）的"通过探索环境时所获得的经验从而实现儿童的发展"理论，加德纳（Gardner）的多元智能理论、做中学（hands on）理论，日本生存磨难教育，奥尔夫音乐教学法，美国 DAP（developmentally appropriate practice）与儿童发展相适应的课程模式。同时，也在积极探索将祖国传统文化、传统美德融入幼儿园的教育教学活动之中，通过环境创设、通过游戏规则、通过儿童能看懂听懂的形式，体现文化自信，展示社会主义核心价值观。例如，有些幼儿园美工区中极力体现中国元素（青花瓷、二十四孝图、核心价值观等），邀请家长陪同孩子到烈士陵园、红军纪念馆扫墓缅怀英烈先驱，进行爱国主义、理想信念教育，等等。以教师讲解演示，讲传统故事，用歌谣、小剧场、动画片、小游戏等多种形式，教会孩子三字经、弟子规、道德经、千字文、古诗词等。

（12）发挥集团优势，引领时代风尚。经过考察研究我们发现，集团化办园模式，似乎正在成为一种发展趋势，逐步显示出其独有的魅力和优势。集团化办园有利于集中优势，迅速共享、推广优质教育教学资源；有利于快速为成员园推送先进办园理念、成功经验做法、服务管理模式；有利于相互交流、取长补短、进行教育教学研究，以求共同提升；有利于提高效率，节约成本，共享专家团队，如某幼教集团，在全国聘请数百名知名幼教专家成立讲师团，轮回对成员园教师进行培训，很有借鉴意义；有利于不断扩大影响，形成品牌效应。

总之，我国近年来在幼教建设和发展方面，无论在数量、规模，还是在入园幼儿人数等方面，都取得了辉煌的成就。幼教机构沿着《幼儿园教育指导纲要（试行）》《甘肃省幼儿园保教管理指导意见（试行）》指明的方向，做了大量艰苦细致的卓有成效的工作，在积极探索营造"温馨的育人环境、民主的教育方式、精致的文化品位、独特的园本课程、新型的教育合力"模式，特别是在环境创设、教学内容、教学方法等改革研究和实际操作方面，取得了骄人的业绩。但是，值得注意的是，学前教育机构在科学规范发展问题上，显得后劲不足，特别是在科学运行机制方面，保障作用发挥不够，还存在着明显短板。

首先，幼教机构文化应当充分体现国家教育方针、时代要求和祖国根脉，特别是应当凸显自身的教育理念、办园特色、历史传统，应当在环境创设、运行机制、精神风貌、课程模式、人文素养、宣传媒介、园务计划、教学计划、班务计划、教育评价等因素中全面呈现。

课题组所考察的幼儿园中，在文化建设方面各具特色，积累了许多成功的经验，但也发现存在诸如"具有自身特色的精神财富和物质形态"等方面存在的诸多问题。具体讲，一是一些理念表述过于笼统抽象，效仿雷同，特色不明，不接地气；二是将幼儿园文化建设只是停留于动人标语口号的提出，办园理念未能深入每个教师心目中及工作的全过程，没有能够达到响应价值认同的程度；三是部分幼儿园将文化建设片面地理解为文艺活动的组织和举办；四是将幼儿园文化建设视为幼儿园的形象设计、环境创设；五是将幼儿园文化建设仅仅等同于幼儿园规章制度的制定；六是将幼儿园文化建设与教育教学工作割裂；七是文化的功效、价值发挥不够，没有真正成为幼教机构生存发展的灵魂、推动幼教机构发展的不竭动力；八是一些幼儿园过分效仿欧美，对祖国优秀传统文化认同感的培养及著名教育家先进理念如"生活即教育"等的运用，浮于表面，未能真正消化在实际工作的全过程；九是有些幼儿园将文化建设贴上浓重的商业运作的标签；等等。

其次，章程本是幼教机构的治园之本，国家在相关法律和教育中长期规划中也做了明文规定，提出了原则要求，理应受到各类幼教机构及其主管部门的高度重视。但事与愿违，幼教机构和相关管理机构明显重视程度不够，主要表现为一些公办学前教育机构至今没有章程者众多，一些民办学前教育机构也只是在办证时走形式套用格式文本，注重了同质性，忽视了差异性，更谈不上在章程中体现自身文化特色和办园顶层设计；一些幼教机构未能按照规范程序制定章程；还有一些幼教机构对章程的特征、内涵、意义和作用缺乏了解，更有甚者，有些幼教机构管理人员至今不知章程为何物，甚至把章程理解为具体规章制度；为数不少的业内人员不知章程所应涉及的基本内容及制定程序。

最后，在幼教机构运行制度建设方面，一些优秀的幼教机构能够顺应时代发展需要，逐步认识到制度建设的目的在于，培养师生"根植于内心的修养、无需提醒的自觉、以约束为前提的自由、为别人着想的善良"等，注重语言表述、格式及所体现的内容的规范性，形成了完备的制度体系。但是，也有一些学前教育机构把制度束之高阁满足视觉需要，真正发挥作用、贯彻落实者较少；一些幼教机构往往根据本园发生的具体问题建立完善制度，实用性、针对性、可操作性都很强，但合法性、前瞻性却大打折扣，在科学性、系统性、规范性上还存在差距；一些幼教机构对制度建设的意义和作用还存在不同的认识，如"社会人应当有社会规则，低控制的目的是给孩子、家长和教师更多的选择机会，约束过多会使孩子变得胆小，建立规则会伤害孩子的自尊"等。

3. 学前教育飞速发展更需要规则

根据《甘肃幼儿教育简史》[①]记载：中华人民共和国成立前，甘肃省经济落后，交通不便，人民生活极度贫穷，教育事业发展缓慢。1922年3月，只在甘肃省女子师范学校内附设一所蒙养院，这就是甘肃省最早的幼儿园。1927年，蒙养院更名为幼稚园，与当时另一家公办幼稚园共2所，在校幼儿62人；1949年9月，甘肃全省解放，根据陕

---

① 宋捷，王桂洁. 甘肃幼儿教育简史.[M]. 兰州：甘肃教育出版社. 1990：1-2.

甘宁边区政府和甘肃行署的决定，对原有公、私幼稚园实行分批接管，并确立了"向工农开门，为生产服务"的办园方针；1951 年，遵照有关规定，将全省幼稚园统一更名为幼儿园；1957 年底，全省幼儿园发展到 82 所，在园幼儿达到 7283 人，比 1949 年增长 60%；1985 年，全省已有幼儿园 473 所，在园幼儿人数为 85 830 人，入园幼儿约占全省 3～6 岁幼儿总数的 7.2%，1988 年上升为 12.5%。近些年来，在省委省政府的高度重视、正确领导和热切关怀下，经过全省人民特别是教育工作者和各级教育主管部门的不懈努力，学前教育迎来了前所未有的大发展。截至 2014 年底，甘肃省新建、改扩建城乡幼儿园 500 所，三年共新建、改扩建城乡幼儿园 1300 所，幼儿园总数达到 3141 所，且在不断扩大，在园（班）幼儿达到 54.98 万人；全省乡镇幼儿园平均覆盖率达到 67.59%，学前三年教育毛入园率达到 66.15%，比 2012 年提高 8.63 个百分点，比实施学前教育三年行动计划之初提高了 24.15 个百分点。2016 年 6 月底，甘肃省在园幼儿人数共计 85.27 万人。从数量上说，虽然还远远低于全国的平均水平，但已经实现了跨越式发展。然而，应当看到的是，当下众多的父母对子女的教育缺失，家庭教育陷入误区，父母将已经适应了以"娇宠溺爱、包办代替"为主旋律的子女推向了幼儿园；社会力量办园增长迅猛，且幼儿园总体发展水平偏低，经验式的保教管理服务模式还是常态，因飞速发展带来的教学管理及运行机制方面的问题也暴露无遗。如何尊重客观规律、提高教育质量，提升内涵、均衡发展，以问题为导向，确保发挥"奠基作用"，便成为当下不可忽视的亟待研究的重点课题之一。

王嘉毅教授曾多次强调，办好幼儿教育，一是要树立符合幼儿身心发展的学前教育理念，学前教育是教育的起始和奠基阶段，这将直接影响孩子未来的学习发展，幼儿园的保育教育乃至管理工作一定要符合儿童身心发展规律，符合学前教育的规律，避免学前教育"小学化"。二是要切实加强幼儿园管理，确保幼儿安全，幼儿园管理最重要的就是安全管理，从进入幼儿园大门开始就要进行全方位的安全管理，必须高度重视幼儿饮食安全、卫生安全、场地安全、活动安全等，幼儿园安全管理要主动出击，从被动应对到主动防范，常抓不懈，警钟长鸣。三是要特别注重学前教育教师队伍建设，要严格执行《幼儿园教师专业标准（试行）》，把好幼儿教师的准入关，要加大幼儿教师的培训力度，采取灵活多样的形式，增强培训的实效。四是要更好地发挥省级示范性幼儿园的带动、示范、引领、辐射作用，充分发挥优质学前教育资源在甘肃省学前教育发展中的重要作用，34 所省级示范性幼儿园，在一定程度上体现着甘肃省学前教育的发展水平，省级示范性幼儿园的办园理念、办园模式及管理水平，将直接影响甘肃省学前教育事业的发展。这无疑是为甘肃省内幼儿园的科学发展指明了方向，也对省级示范幼儿园提出了更高的要求。

4. 甘肃省保育院理应更加充分发挥引领作用

据统计，截至 2016 年底，甘肃省保育院的基本情况如下。

第一，师资队伍。教工人数：目前在职教职工人数为 123 人，其中男性 15 人，女性 108 人，男女比例为 1∶7.2。学历结构：研究生毕业（含教育硕士专业学位人员）5

人，约占总人数的 4.1%；大学本科毕业 94 人，约占总人数的 76.4%；大学专科毕业 16 人，约占总人数的 13%；中专毕业 3 人，约占总人数的 2.4%；高中及以下 5 人，约占总人数的 4.1%。职称结构：正高级教师 1 人，约占总人数的 0.8%；高级教师及相当职务职称 19 人，约占总人数的 15.5%；一级教师及相当职务职称 49 人，约占总人数的 39.8%；二级教师及相当职务职称 54 人，约占总人数的 43.9%。年龄结构：50 岁以上教师 21 人，约占总人数的 17%；41~50 岁教师 27 人，约占总人数的 22%；31~40 岁教师 22 人，约占总人数的 17.9%；30 岁以下教师 53 人，约占总人数的 43.1%。

第二，办院规模。现有幼儿教学班级 22 个，到 2018 年将达到 24 个。2016 年秋季学期在院幼儿 1030 人，生师比约为 8.4∶1。

第三，荣获省级及以上奖励情况，如表 1.1 所示。

表 1.1　甘肃省保育院荣获省级及以上奖励情况

奖励名称	颁奖单位	获奖时间	获奖人员
全国五一巾帼标兵岗	中华全国总工会	2015.02	集体
巾帼文明岗	中华全国妇女联合会	2015.03	集体
巾帼文明岗	甘肃省城镇妇女"巾帼建功"活动领导小组	2015.03	集体
甘肃省省级示范性幼儿园	甘肃省教育厅	2007.09	集体
全国模范教师	人力资源和社会保障部、教育部	2009.09	孙玉梅
全国优秀教师	人力资源和社会保障部、教育部	2009.09	许杰
全国巾帼建功标兵	中华全国妇女联合会	2009.09	孙玉梅
全国巾帼建功标兵	中华全国妇女联合会	2014.03	宁玲
宋庆龄幼儿教育奖	中国福利会、中国宋庆龄基金会	2014.09	张建群
甘肃省先进工作者	甘肃省委、省政府	2015.04	孙玉梅
甘肃省"园丁奖"	甘肃省人民政府	2004.09	孙玉梅
甘肃省"园丁奖"	甘肃省人民政府	2014.09	宋增林
甘肃省"园丁奖"	甘肃省人民政府	1989.09	郑雪香
甘肃省三八红旗手	甘肃省妇女联合会	2015.02	孙玉梅
甘肃省巾帼建功标兵	甘肃省妇女联合会	2014.03	宁玲
甘肃省技术标兵	甘肃省总工会、甘肃省人力资源和社会保障厅	2014.12	郭晓玲
甘肃省技术标兵	甘肃省总工会、甘肃省人力资源和社会保障厅	2015.12	李易
甘肃省技术标兵	甘肃省总工会、甘肃省人力资源和社会保障厅	2016.12	刘艳
甘肃省幼儿园优秀教师	甘肃省教育厅	2006.09	郭晓玲
陇原师德先进个人	甘肃省教育厅	2013.09	杜茜

另外，还有甘肃省人民政府评聘的孙玉梅、刘洁、邹桂芳、周慧贞、张校生、徐玲玉、刘玉遂等甘肃省特级教师 7 人；甘肃省教育厅评聘的孙玉梅、李桂荣、郭晓灵、丁

红涛等甘肃省中小学省级骨干教师4人；甘肃省教育厅评聘的许杰、周平、卫蓉、张玉瑞、高万青、张建群、杨照辉、李治艳、张玉瑞等甘肃省中小学、幼儿园青年教学能手9人。

据史料记载，甘肃省保育院是在1949年8月底接管的国民政府"美玲托儿所"的基础上，于同年10月成立的由甘肃省民政厅领导的兰州市干部子女保育院（当时因革命工作的需要，为寄宿制幼儿园），1950年，更名为甘肃省第一保育院。1958年，更名为甘肃省第一保育院人民公社，同年，正式更名为甘肃省保育院。1969年曾两次下放到市、区管理，更名为兰州市保育院和东风区保育院。1973年，省教育厅收回对保育院的管理权，更名甘肃省保育院至今。甘肃省保育院是甘肃省创建最早的幼儿园之一，其历经波折螺旋式上升的发展历程，辐射出不同阶段政府对幼儿园的价值取向和重视程度，但无论如何，这所幼儿园在不同的时期都发挥了其应有的作用，取得了骄人的业绩。

长期以来，甘肃省保育院呈现给人们的是充满朝气、色彩缤纷的世界。操场上蓝天相映、绿草成茵；孩子们摸爬滚打，嬉笑成趣；培训大楼拔地而起，功能齐全；教室内窗明几净、温馨如家，孩子们积极探索，求知若渴；多功能厅内欢歌笑语、春意盎然，家长们热情参与，家园共育。

甘肃省保育院始终秉持"延安保育院"作风，在一代又一代保育院人的辛勤耕耘和汗水浇灌下，形成了独特的教育风格和良好的办园理念，为全省培养了成千上万合格健康的幼儿，积淀了独特的园本文化和管理模式，建立起了良好的社会声誉。在"爱心、养正、关怀、启蒙"院训的引领下，"一切为了孩子、为了一切孩子、为了孩子的一切"，努力实现"一流的教学设施、一流的师资队伍、一流的管理体系、一流的服务水平"办学目标，让家长满意，让社会放心。先后被评为全国师德建设先进集体、全国巾帼文明岗、甘肃省教育系统先进单位、甘肃省幼儿教育先进集体、甘肃省"三八"红旗集体、甘肃省教育系统先进党支部、甘肃省工会工作先进集体，2016年6月又被评为"甘肃省食品安全示范学校食堂"。往事如歌、未来如诗，保育院人将站在一个新的历史起点上，在院长正确领导和院党委的积极努力下不断拼搏进取、奋发有为、勤恳工作，为把甘肃省保育院建设成全国先进幼儿园而努力奋斗。

甘肃省保育院是首批省级"示范性幼儿园"之一，在省内幼儿园中起引领作用，对其自身办园理念、办园模式、管理制度及组织文化等运行机制进行研究，科学凝练、概括升华，并借助这个平台，吸收借鉴国内外先进幼儿园的有益经验，加以推广普及，这无疑将对祖国下一代优秀杰出人才的培养起到奠基性作用，为甘肃全省幼教事业的健康发展做出有益的贡献。

1.1.2 研究的意义

1. 学术价值

本书通过对甘肃省保育院科学运行机制的研究，结合时代背景，系统分析和界定幼教制度的基本原则，丰富相关学术理论的内容，使运用法治思维和法治手段进行管理的最新理论成果具体化；研究结果将为该领域的学术研究提供新的理论依据和实践参考，为幼教建设研究探索新的研究方向和理论视域。

2. 理论意义和现实意义

幼儿园科学运行机制既是一个深层次的理论问题，又是一个重要的现实课题。研究这一问题具有重要的理论与现实意义。

（1）理论意义。本书将为全省幼儿园制定和完善组织章程、制定相关制度、凝练组织文化，提供一定的理论依据和应用范式。科学运行机制既与幼儿园实际相结合又能促进幼儿园的科学发展，但又受其特定规律的影响与制约。那么，科学运行机制的规律或依据究竟何在，要体现怎样的价值追求，其法理基础是什么，是迫切需要回答的理论问题。幼儿教育作为整个教育体系中极其重要的一个组成部分，对其科学运行机制进行深入的研究，无疑将对整个教育系统的制度建设研究提供科学的理论和方法依据。

（2）现实意义。本书将直接为建设现代幼儿园提供理论建议和法理依据。科学运行机制的研究，不仅要考虑程序和技术，还要考虑所体现的教育理念和价值追求。

本书对建设和完善现代幼儿园制度具有重要意义。作为甘肃幼教事业排头兵的甘肃省保育院科学运行机制的研究，必然涉及其办园宗旨、主要任务、管理体制及制度规范等基本问题，同时也必然规定其与政府之间的权利和义务关系，以及内部各主体的组成、权利和义务关系。这些正是建设和完善现代幼儿园的题中应有之意。

从国家和社会来讲，幼儿是祖国的花朵，是中华民族未来的希望。21世纪是竞争的社会，国家、社会需要人才。常言道"十年树木，百年树人"，教育事业不仅是国家一项长期的艰巨任务，而且具有极为重要的战略地位。幼儿教育是基础教育的重要组成部分，既在构建我国终身教育体系中具有不可替代的地位，又日益成为提高国民整体素质、增强综合国力的重要因素。科学的运行机制对学前教育事业的发展起着举足轻重的作用，关乎国家的未来、民族的希望。

从家长来讲，无论身居何职、脾性刚柔、家境殷弱、财富几何、工作繁简、文化高低，都无一例外地期望自己的孩子成为一个对社会有用、品行良好、受人尊重的高素质人才。幼儿教育作为一个人整个有组织、有计划教育工程的开端，只有在良好的运行机制的作用下，才能对幼儿进行良好的教育，不负家长的殷切希望，让自己的孩子不输在起点，赢得未来。

3~6岁的幼儿阶段通常被认为是一个人个性品质萌芽并逐渐形成的时期，是接受社会化的开端，是智力开发的最佳时期。幼儿时期的教育对于一个人未来的发展有着至关重要的基础性作用，每个儿童都应该有一个尽可能好的人生开端。因此，本书强调的学前教育事业在科学运行机制层面的建设，将为儿童接受优质的教育提供机制保障和外部环境。

1.2 研究的主要内容及重点难点

甘肃省保育院科学运行机制研究，在课题组全体成员深入细致广泛调研的基础上，从文化建设、章程建设、制度建设三个维度进行研究。

1.2.1 研究的主要内容

1. 文化建设研究

本部分的研究，是以甘肃省保育院为基本依托，结合本省幼儿园具体情况，汲取国内外先进办园理念，重点突出以现代办园价值观为核心的文化建设。

组织机构文化，是一个组织机构生存和发展的灵魂，是推动该组织发展的不竭动力，是在该组织活动中所创造的具有自身特色的精神财富和物质形态的总和。它包括一个组织的文化观念、价值观念、组织精神、道德规范、行为准则、历史传统、文化环境等特有的文化现象。

甘肃省保育院在长期的教育、保育、管理和服务过程中，形成了颇具特色的先进价值观念和文化积淀。如"教育即生活本身""幼人之幼、博爱为魂""育养并举、管理为重""梦想启航、共享未来""顺应趋势、家园共育""良好行为习惯的养成，必须注重对幼儿进行全方位的养成教育训练""既重视幼儿天性的发挥，又培养欲望服从理性的品格，让规则伴随幼儿成长""幼儿能够妥善管理自己的情绪、自我激励、顺利沟通、学会与人交往的情商教育""扎根传统，推崇社会主义核心价值观，把孝、敬、俭、恭、让等优秀民族文化融入其中""把法治、规则教育内容潜移默化到保教环节之中"等。在课题组的广泛调研及深度探索的基础上，我们认为，甘肃省保育院最核心的价值观是"让孩子回归丰富多彩的生活"。

2. 章程建设研究

幼儿园章程作为现代幼儿园制度的突破点，既是幼儿园精神和价值取向的集中体现，又是幼儿园行为的总体规范，也是法的精神和治理模式在实际工作中的延伸；章程使得幼儿园的各项事务、各种制度"有章可依、照章办事、违章必究"，是依法治园的主要依据；它能在国家法律法规和上级规章赋予的权力范围内，通过对幼儿园权力配置、组织机构、管理制度等的规定，有效避免长官意志、以言代法、以罚代法等违法现象的产生。本书将从法理学的视角对幼儿园章程的内涵、法理、现状与问题、理念、基本框架进行研究，阐明幼儿园章程的制度体系；同时辅之以对国外幼儿园章程法制化建设的比较分析，汲取世界一流幼儿园章程的建设经验。

该部分研究的主要内容包括五个方面：①从法理学的视角对幼儿园章程从自治法性、公法性、私法性和社会契约性等四个维度进行法理分析；②比较中外幼儿园章程的发展历程,试图探寻中外在幼儿园章程发展中的经验与教训;③比较中外幼儿园章程的制定机制,从制定主体、依据和程序等三方面对中外幼儿园章程制定机制进行研究;④比较中外幼儿园章程的文本内容,总结其各自的特点;⑤针对我国幼儿园章程建设存在的问题,依据法理学原理,结合国外先进经验和甘肃省实际,提出针对性的建议和策略,并制定出切实可行的符合规范要求的甘肃省保育院章程。

3. 制度建设研究

法治是依法办事的社会秩序。法治只有从社会生活中"自然而然"生成,才会真正具有生命力。党的十八届四中全会公报明确提出:"增强全民法治观念,推进法治社会建设",要求把法治教育纳入国民教育体系和精神文明建设创建内容。这一要求把全面推进依法治国的目标与法治社会的具体生活方式统一了起来。建设法治中国,必须要高度重视、优先推动教育法治化进程,从娃娃抓起。

对于幼儿园来说,制度是章程的具体化。制度建设是法治要求的具体运用,是依法办园科学运行的有力保障。优良的制度反映了幼儿园的价值追求,不仅对师生起全方位的保护作用,也为幼儿园的规范管理、科学保育提供了基本的制度保障,同时,也是幼儿园为幼儿所提供的优良人文环境的重要组成部分。马克思主义认为:"人创造环境,同样,环境也创造人。"[①]孩子跟随什么样的人,身处什么样的环境,接受什么样的教育,就将会形成相应的性格。所以,给幼儿提供一个规范有序、科学合理、高效管用的制度运行机制作用下良好的人文环境,对幼儿园的科学发展及幼儿的健康成长,将起到至关重要的作用。

本部分的研究,将在吸收省内外幼儿园先进经验和办园理念的基础上,从法治思维的角度对甘肃省保育院现有全部制度进行审视、考察并加以完善,为全省幼儿园科学管理和运行,提供科学思维和文本模板。

1.2.2 研究的重点难点

1. 研究重点

本书研究的重点在于了解甘肃省幼教事业现状,总结近年来甘肃省幼教事业飞速发展及其伴随而来的问题,结合当前我国时代背景,在科学运行机制层面为幼教改革、建设和发展提供理论依据与制度创新。

2. 研究难点

一是研究领域所涉及问题的政策性较强,文献资料较少,素材分散,准确把握有一定难度;二是甘肃省各地幼儿园分布很不均匀,发展水平参差不齐,运行机制各有千秋,深入了解学前教育事业的现状比较困难;三是国内外对幼教事业在运行机制建设层面尚

---

① 中共中央马克思恩格斯列宁斯大林著作编译局. 马克思恩格斯选集[M]. 北京:人民出版社,2012:172-173.

未形成成熟的理论体系；四是在取得研究成果的基础上，如何使其运用于社会实践，推广于整个系统，避免理论和实践脱节，有待各方支持。

1.3 国内外研究现状

幼儿教育问题研究一直是世界各国教育最为突出、最为关注的主题之一，不同的国家在不同的历史阶段对幼儿教育的研究具有不同的特点，不少观点分析深刻、颇有见地、影响深远，为本书的研究提供了逻辑起点和资料佐证。但是也存在着明显的不足：①关于学前教育建设，改革多从幼教课程设置、教学内容、保教方法等方面进行剖析，对运行机制等方面的更深层次的研究鲜有涉及；②研究大多是对现实问题的经验性总结，学术性探究似有不足；③以往对幼教学习的研究，突出对教师上课内容和保育方法的研究，强调教师的主导作用，对幼儿本身的积极性、主动性、创造性发挥方面的系统研究较为缺乏。

1.3.1 国内研究

在幼教的地位和作用方面。陆晶莹在《社会主义市场经济体制下的幼教改革》（2011年）一文中认为："幼儿教育是提高国民素质的基础。""建立社会主义市场经济体制的目的就是要加速生产力的发展，而生产力发展的关键要靠教育来提高劳动者的素质。所以在大力发展社会主义市场经济的同时要大力发展幼儿教育事业。"李涛在《当前幼教事业发展的若干矛盾探析》（2003年）一文中认为："幼教事业是我国基础教育事业的组成部分，其根本任务是教育好幼儿，为他们体、智、德、美等方面的全面发展打下基础。"

在当前我国幼教现状及其存在的问题方面。李涛在《当前幼教事业发展的若干矛盾探析》（2003年）中认为："随着教育市场的完善，幼教产业化倾向会越来越明显。"他将现阶段我国幼教事业发展的矛盾总结为：一是幼教机构设置适应市场需求与坚持教育宗旨的矛盾；二是幼教事业发展多元化与政府有效干预不力的矛盾；三是幼教事业管理理念的生存为先与儿童优先的矛盾；四是教师劳动的雇佣化与幼教师资专业化的矛盾。王剑兰在《幼教师资：问题及对策》（2004年）一文中认为："我国的现代化建设亦要求教育的现代化，而教育现代化对幼儿教育及幼教师资提出了新的要求。""现实中绝大多数中师毕业的幼儿教师由于受自身理论水平的限制，越来越感到难以适应学前教育改革和发展的需要。"陈慧在《中日幼教法制建设之比较》（2008年）一文中认为："我国现行幼教法规与幼教事业的发展相脱节……当前法规没有规定有关的办园资格、条件、质量监督、安全保障、收费标准、教师的任用和培训等内容，不但不能规范这些幼儿园，同时也不能有效地保护他们的合法权益。"张燕在《我国近年幼教改革的理论研究与实践探索》（1998年）一文中认为："幼儿教育要适合现代社会的生产方式与生活方式……但这其中有一个如何正确对待中国传统文化的问题……那种简单地排斥、否定的做法是有害而无益的。"

在幼教基本原则、目标和规范方面。邬春芹在《当前国际幼教改革主题与我国幼儿教育未来走向》（2010年）一文中认为："未来的一段时期，提高幼儿教育质量、促进幼儿教育公平、普及幼儿教育、保教管理一体化和促进合作关系，将是我国幼儿教育改革的重要内容。"他将我国未来幼儿教育走向分析为：一是重视教育质量；二是促进教育公平；三是普及幼儿教育；四是保教管理一体化；五是建立家园共育和社区参与的模式。张胜军在《近来幼教改革与发展的动态》（2000年）中强调："幼儿自身的发展特点决定了幼儿教育的根本任务是使幼儿的体、智、德、美几方面得到和谐发展，形成一些基本素质，因此，实施素质教育是完成这一任务的根本保证。"他还强调，"幼儿教育是人的终身教育的一个重要阶段，也是社会一体化教育的一个组成部分，这就要求幼儿教育这个小系统须置于社会这个大系统中来加以考虑，即树立'大教育观'"。

1.3.2 国外研究

国外对幼教的研究，基本上是从课程模式的角度来进行讨论分析的。美国著名的幼教专家杰鲁普纳林和约翰逊历经多次不断改版的名著《学前教育课程》[①]一书中列举了16种课程模式，并分析了2002年以来美国幼教改革的几个里程碑：一是2002年通过了《不让每个儿童落后》法案；二是2002年美国幼儿教育协会（NAEYC）及国家教育部2003年启动了"让幼儿为整个学校生活做好准备"运动；三是2005年4月美国幼儿教育协会推出全新的《幼儿教育课程标准及认证表现指标》，这一"指标"从2006年9月开始全面生效。英国剑桥大学的艾拉姆·西拉吉-布拉奇福德（Iram Sira-Blatchford）教授在有效学前教育项目（Effective Provision of Pre-School Education，EPPE）的研究报告中指出："……幼儿教育必须放弃现有的非左（儿童中心）即右（教师主导）的两极化思维，要力求在教师主导和儿童主导之间找到一种平衡。而事实上，一些获政府奖项的优质幼教机构早就实现了这种平衡。政府当前幼教政策所面临的挑战应该是如何能够提供更多受过高层次训练的专业幼师来达到这种平衡。"在幼儿教育由私人行为逐渐转变成公正的责任的过程中，国外对于早期教育的成本-效益研究起到了推波助澜的作用。美国戴维·韦卡特领导进行的"佩里计划"表明：幼儿教育投资是一种最省钱、回报率最大的投资。英国洛克的《教育漫话》，以培养"绅士"（高素质的人才）为出发点，强调了尊师重教，深刻阐明了幼儿教育的重要战略地位，洛克认为"健全的心智寓于健康的身体，要有自己的事业，要得到幸福，必须先有健康的身体"[②]。精神品质的培养是人生教育中最重要也是最困难的事情，因为，不仅人生的幸福与价值完完全全地依赖于一个人的精神品质，而且精神品质的培养是一件从小就要做起，要靠坚持不懈地一点一滴养

[①] 〔美〕贾珀尔·L.鲁普纳林，詹姆斯·E.约翰逊. 学前教育课程[M]. 6版. 赵俊婷, 译. 上海：华东师范大学出版社. 2014.

[②] 〔英〕约翰·洛克. 教育漫话[M]. 徐大建, 译. 上海：上海人民出版社, 2011：2.

成习惯才能做成功的事情。在洛克看来，教育的主要任务是塑造一个人的精神或人格，包括德行、智慧、教养及坚忍等各种美德的培养。而贯穿于所有这些美德的本质则是听从理性的指导而克制欲望："一切美德和价值的伟大原则和基础在于：一个人能够克制自己的欲望，能够不顾自己的爱好而纯粹遵从理性认为是最好的指导。"[①]他强调要懂得儿童的心理，要用尽各种方法去激发儿童的学习兴趣，使学习变为一种游戏，引导他们自己自觉地去学习；此外，学习要循序渐进，要鼓励学生提问题而绝不挫伤他们的好奇心。洛克还强调：教育不能"不去请教理性而追随时尚"，洛克反对溺爱放纵孩子，认为这是最大的教育失误。

1.4 研究方法

（1）文献研究法。文献研究法是通过查阅和研究与主题相关的文献资料，从中获取所需信息的一种研究方法。本书借助研究团队已经收集的大量相关图书资源、兰州财经大学图书馆馆藏图书资源及网络资源，收集大量有关中外幼儿园科学运行机制研究方面的文献资料，涉及中外幼儿园的历史与现状的文献、中外幼儿园运行机制研究方面的文本资料和专题性文献，然后对其进行梳理和研究。

（2）比较研究法。比较研究法是依据一定标准对两个或两个以上有联系的事物进行考察，分析事物之间存在的异同，并探求共同特点、规律和各自优劣的方法。本书将比较中外幼儿园运行机制及其发展异同。

（3）文本分析法。对国内外比较典型的幼儿园科学运行机制的内容进行文本分析，探讨观察文本本身的内容和组成体系，特别是研究蕴含在文本内容体系中的文化特质、理念、法理、规则、主体之间利益权限的规定和制度文本与当时社会的经济、政治、文化环境之间的关系。

（4）个别访谈法。个别访谈法是访问者直接向被访问者提问的资料收集方法。以这种方法直接抽样调查社会各界对当前幼教运行机制的认知、态度和方法，以及对当下幼教运行机制中存在的突出问题及其成因、治理措施的看法等。

（5）个案研究法。个案研究法是社会学、教育学和行为科学研究中常用的一种重要方法，是指对某一个体、某一群体或某一组织在较长时间里连续进行调查，从而研究其行为发展变化的全过程，找出规律性的东西，这种研究方法通常也称为案例研究法。它包括对一个或几个个案材料的收集、记录、分析，并运用于研究成果之中。该分析法具有代表性、系统性、深刻性、具体性等特点。其具体分析步骤为：依据本书的分析和研究目的，选择有代表性的事件或目标作为分析研究对象；全面收集有关被选对象的资料，包括直接资料和间接资料；系统整理收集到的相关资料，依据本书分析研究的子项目和内容进行分类；对本书所要求分析的内容（如特征、属性、关系等）进行逐项分析研究；

---

① 〔英〕约翰·洛克. 教育漫话[M]. 徐大建，译. 上海：上海人民出版社，2011：29.

对各项分析结果进行综合分析。尽管个案研究以某个或某几个个体作为研究对象，但这并不排除将研究结果推广到一般情况，也不排除在个案之间作比较后在实际中加以应用。个案研究如同解剖麻雀，通过对某一个体深入研究考察，可能会得到重大发现，影响总体发展。瑞士教育家皮亚杰从对自己孩子观察、访谈、实验的个案研究中受到启发，从而创立了儿童认知发展理论，对儿童总体发展具有普遍意义。在运用个案研究法时，课题组十分注意精选案例，使案例具有典型性和代表性。同时，引导教育对象进行案例延伸，即将研究的个案运用于现实生活中，对现实生活进行有效的分析和指导，体现学以致用的原则。

1.5 研究目标

家庭教育、学校教育（含学前教育）、社会教育对孩子的影响是深远并伴随一生的。我们的研究无力一应俱全，也只能期望力所能及地给幼儿提供一个良好的学前教育机制环境，为我们的民族和人类培养有所作为的人创造最为基础的起始环境条件。本书以对甘肃省保育院科学运行机制的研究为平台，通过对甘肃省学前教育事业的现状、存在的问题及其原因的分析，旨在实现教育部《3—6岁儿童学习与发展指南》（教基〔2012〕42号）文件所倡导的"幼儿是积极主动的学习者，珍惜童年生活的独特价值，尊重幼儿的学习方式和学习特点，尊重幼儿发展的个体差异，重视家园共育"等教育理念，为甘肃省幼教事业的科学发展提供一些理论依据和制度支持，以期能对全省幼教事业的科学发展贡献绵薄之力。

第 2 章　法治思维与幼儿园科学运行机制

党的十八届四中全会审议通过的《中共中央关于全面推进依法治国若干重大问题的决定》，明确指明了全面推进依法治国的总目标和重大任务，提出了一系列关于依法治国的新论断、新部署，是我国历史上第一个关于加强法治建设的专门文件，是指导新形势下全面推进依法治国的纲领性文件。党的十八届五中全会又将依法治国的执政理念提升到前所未有的战略高度，"全面依法治国"与"全面建成小康社会、全面深化改革、全面从严治党"共同构成了"四个全面"战略布局，这"四个全面"相辅相成、相互促进、相得益彰，指明了我国新时期治国理政的基本方向。把依法治国确立为治国安邦的基本方略，是我国治国方式和治理结构调整的一次重大历史性进步，是改革开放 30 多年来社会主义民主法治建设取得的最大的历史性成就。

依法治国，建设社会主义法治国家，成为当今中国特色社会主义理论体系和中国特色社会主义道路的重要组成部分，也是未来实现中华民族伟大复兴必须坚持的根本策略。

2.1　法　治　概　述

法律是治国之重器，法治是国家治理体系和国家治理能力的重要依托，法治思维是达到法治的基本条件之一，幼儿园科学运行机制的设立和执行，离不开人们普遍法治思维的建立。

2.1.1　实行法治的必要性

1. 建设法治国家是历史选择、发展所需

全面推进依法治国方略，是深刻总结我国社会主义法治建设成功经验和深刻教训作出的重大抉择，在中国绵延不断的历史长河中，什么时候重视法治、法治昌明，什么时候就国泰民安；什么时候忽视法治、法治松弛，什么时候就国乱民怨。全面推进依法治国方略，是全面建成小康社会和全面深化改革开放的重要保障。全面推进依法治国方略，是着眼于实现中华民族伟大复兴中国梦、实现党和国家长治久安的长远考虑。我们国家要实现两个"一百年"奋斗目标，这将意味着未来 30 多年治国方略的重大调整。全民守法是必然要求，公民掌握相应的法律知识，培养法律意识、对法律的敬仰精神、法治思维及依法办事的能力，责无旁贷。

2. 建设法治国家是提升管理能力、解决突出问题的关键

依法治国具有鲜明的针对性、实践性、完整性，且直逼现实、击中要害。目前，我国法治建设领域存在亟待治理的突出问题，实现法治刻不容缓、任重道远。

（1）法治体系问题凸显。一是有的法律法规未能全面反映客观规律和人民意愿，针对性、科学性、可操作性不强，立法工作中部门化倾向、争权诿责现象较为突出；二是有法不依、执法不严、违法不究现象比较严重，执法体制权责脱节、多头执法、选择性执法现象仍然存在，执法司法不规范、不严格、不透明、不文明现象较为突出，群众对司法不公、执法不严和腐败问题反映强烈；三是部分社会成员遵法、信法、守法、用法及依法维权意识不强，一些国家工作人员特别是领导干部依法办事观念不强、能力不足，知法犯法、以言代法、以权压法、徇私枉法现象依然存在。

（2）法律信仰问题突出。这是一个非常现实又具有基础意义的问题，一些公民的法律意识不尽如人意，对法律知识知之甚少甚至一无所知，缺乏应有的利公利他意识、规则意识和责任意识。例如，发生在中小学甚至中国留学生中的校园欺凌事件，发生在幼儿园的虐童事件，车辆行人不按照交通法规办事，马路塌陷、井盖缺失长期无人修复造成大量问题……有的人至今认为法律与自己相距甚远，居然不知道法律除了惩处功能外，还有引导功能、教育功能、评价功能和保护功能，更不会用法律手段保护自己的合法权益，甚至自己的合法权益受到侵害时，还沾沾自喜、自鸣得意（如照相馆橱窗内未经授权悬挂了本人靓照招揽生意等）；有的不知道证据为何物，更不会在遇到侵害时固定和保存证据，以维护自己的合法权益；有的藐视法律权威、故意违法犯罪等。

2.1.2 对法治含义的科学理解

准确理解"法治"的内涵及其相关要求，是深刻领会全面依法治国方略的关键。

1. 法治的内涵

法治即法的统治，是指依据法律管理国家和民众的各种事务的一种治理结构；法治还是指一种法律价值或者法律精神，一种社会理想状况，即通过这种治国的方式、原则和制度的实现，从而形成的一种良好的社会状态。通俗地理解，就是宪法和法律具有最高的权威，大到国家的政体，小到个人的言行，都需要在法治的框架中运行，全社会应当普遍具有民主意识、规则意识、程序意识、平等意识、责任意识等。

法治强调法律作为一种社会治理工具，在社会生活中具有至高无上的地位，并且关切民主、人权、自由等价值目标；法治强调依法治国、依法办事的治国方式、制度设计及其运行机制；法治强调法律主治，制约权力，保障权利的价值、原则和精神；法治强调全体公民都应当有相应的法律知识、法律意识、对法律的敬畏精神、法治思维及依法办事的能力。

总之，法治是人类政治文明的重要成果，是现代社会治理的一个基本框架，是依据良好的法律来治理国家和社会，法律成为处理一切社会争议和纠纷的最终依据。法治包括良法和善治两方面的含义，一是有优良的法律，二是优良之法得到民众普遍遵守，这个思想不断发扬，构成了当代法治思想的核心与精髓。

2. 我国法治的历史进程

中国土壤里并不是没有过法治的种子，我们有过"奉法者强则国强"的法治宣言，有过"王子犯法与庶民同罪"的法治原则，但同时也有过"刑不上大夫"的法治缺憾。从汉朝开始"罢黜百家、独尊儒术"之后，中国主要奉行的是儒家学说，强调"德主刑辅"，走的是德治、人治的道路。中华人民共和国成立初期，废除了国民党的"六法全书"，我国除制定了"五四宪法"、《中华人民共和国婚姻法》等极少数的法律法规外，长期以来基本上是靠政策在治理国家。1978年，党的十一届三中全会提出"健全社会主义民主，加强社会主义法制"的目标，才使我国的立法工作逐步进入全新的发展阶段：1979年制定了《中华人民共和国刑法》、1986年制定了《中华人民共和国民法通则》等；1997年，党的十五大提出"依法治国，建设社会主义法治国家的历史任务"；1999年，"依法治国，建设社会主义法治国家"被正式载入宪法；2012年，党的十八大报告中明确指出要"全面推进依法治国"；2014年，党的十八届四中全会强调全面推进依法治国方略，明确了法治的总目标和具体措施，真正使法治从理念到实践、从学者话语到现实操作。

3. 法治与法制的关系

法制即统治阶级按照自己的意志，通过国家政权建立的用以维护其阶级专政的法律和制度。"法治"和"法制"既有紧密联系，又有明显区别。

（1）两者的联系：都属于社会上层建筑的范畴，体现统治阶级的意志和利益。法制是法治的基础和前提条件，要实行法治，必须具有完备的法制；法治是法制的立足点和归宿，法制的发展前途必然是最终实现法治。在现代社会，只有在依法治国思想的指导下，才有可能真正建立和健全法制，也只有建立了完备的法制，才能使依法治国得以实现。

（2）两者的区别：法制是国家的法律和制度的简称，更多的是就静态意义而言的，而法治是国家治理的原则和方略，是普遍的守法原则，同政治民主相联系。

第一，法制属于制度的范畴，是一种实际存在的东西；而法治是法律统治的简称，是一种治国原则和方法，是相对于"人治"而言的，是对法制这种实际存在东西的实施、完善和改造。

第二，法制的产生和发展与所有国家直接相联系，在任何国家都存在法制；而法治的产生和发展却不与所有国家直接相联系，只有在民主制国家才存在法治。

第三，法制的基本要求是各项工作都法律化、制度化，并做到有法可依、有法必依、执法必严、违法必究；而法治的基本要求是严格依法办事，法律在各种社会调整措施中具有至上性、权威性和强制性，不是当权者的任性。

第四，实行法制的主要标志，是一个国家从立法、执法、司法和守法到法律监督等方面都有比较完备的法律和制度；而实行法治的主要标志，是一个国家的任何机关、团体和个人，包括国家最高领导人在内，把规矩挺在前面，都严格遵守法律和依法办事。

总之，两者都强调了静态的法律制度及将这种静态的法律制度运用到社会生活当中的过程。两者最大的不同表现在：法制的概念中不包含价值；而法治包含了价值内涵，强调了人民主权。法制更偏重于法律的形式化方面，强调"依法治国"的制度、程序及其运行机制本身，它所关注的焦点是法律的有效性和社会秩序的稳定，这也正是法治的第一方面所要求达到的目标。但另一方面，仅仅强调法律的形式化方面，还并不能揭示法治的更深一层的内涵。如果说法制是一个静态的概念，主要是从法律制度建设的角度、从立法的层面谈，那么法治就是一个动态的概念，包括立法、执法、司法、守法完整的系统性的体系，换句话说，从法制到法治实现了从制度到制度实践的飞跃。

有法制并不代表有法治，最为典型的行为就是侦破案件中常见的刑讯逼供行为，大家熟知的早期的佘祥林案、近期的呼格案，以及以此为代表常见诸报端的一系列类似案件，使我们可以清楚地看出法治和法制的区别，有法制并不等于有法治。刑讯逼供问题，在我国包括宪法在内的所有法律法规中都是明令禁止的，这就是有法制，但却屡禁不止，一些人员屡试不爽，这就是典型的藐视法律权威、严重违宪侵犯人权的行为，反映了一些执法、司法人员无视法律的不讲法治精神的现象。

4. 法治的标准

如前所述，法治包括了良好的法律状态、现实的治国方略、普遍的价值理念、切实的依法办事等。

从《中共中央关于全面推进依法治国若干重大问题的决定》的内容来看，我们认为实现社会主义法治，至少应当包括以下七个方面：一是在立法方面，要有完备的法律体系；二是法律至上，宪法和法律具有最高权威性；三是实现"民主的法制化"和"法制的民主化"；四是国家权力监督和制约机制的形成和良性循环；五是依法行政、公正司法制度的有效的保障；六是尊重、保障和实现人民的权利；七是国家的法律秩序稳定、人民生活幸福。

对于现代中国，"依法治国、依法执政、依法行政"共同协调推进，才是真正的依法；全面推进科学立法、严格执法、公正司法、全民守法，才是真正的法治。

5. 法治的路径

（1）要把牢科学立法这个前提，着力发挥立法的引领、规范和推动作用。

（2）要把牢严格执法这个关键，构建和形成高效的法治实施体系。"天下之事，不难于立法，而难于法之必行"[①]。

（3）要把牢公正司法这个防线，不断提高司法公信力，司法是维护社会公平正义的

---

① 语出明代张居正《请稽查章奏随事考成以修实政疏》。

最后一道防线，古语讲"物不得其平则鸣"[①]。

（4）要把牢依法行政这个重点，加快地方法治政府建设。当前近80%的法律法规和规章制度要靠行政机关来施行，可以说，没有政府的法治化，就不可能有全社会的法治化。

（5）要把牢全民守法这个基础，构建有力的法治保障体系。法制宣传教育是全面推进依法治国的一项基础性工作，从总体上看，由于当前社会处在转型期，各类社会矛盾凸显，以权压法、以言代法的积弊在一些领导干部头脑中仍有残余，少数干部的人治思维和"官本位"思想根深蒂固，习惯于拍脑袋发号施令，甚至为了所谓的公众权益，侵害公民、法人和社会组织的合法权益；一些人的守法意识、用法意识也比较淡薄，存在不相信法律的心理，甚至抱着"不闹不解决、小闹小解决、大闹大解决"的错误认识，常常用非法律、非正常的途径来解决问题，集体上访、越级上访等现象接连不断、层出不穷。可以说，法治的保障体系还很不完善，公民法律意识的培育还任重道远。我们要高度重视发挥法律对全社会的约束作用，把法治上升到信仰的高度，高扬法治的旗帜，倡导法治的精神，在全社会形成崇尚法治、践行法治的新风尚。

（6）要加强各级党委对法治建设的领导，充分发挥政策对法治的指导作用，进一步完善党内法规体系。

2.2 法治思维

在具体分析和解决现实问题中，当惯性思维、道德思维、经济思维等与法治思维发生冲突时，法治思维应当优先，不能用惯性思维的随意、道德的原则和道德评价及创造多少国内生产总值（GDP），来取代法律的规则和评价。

2.2.1 法治思维的含义

所谓法治思维，是指按照法律的规定、原理和精神，思考分析和解决法律问题的习惯与取向。

社会问题通常很复杂，包含经济、政治、道德、文化和法律等多种因素。如果说政治思维方式的重心在于利与弊的权衡，经济思维方式的重心在于成本和收益的比较，道德思维方式的重心在于善与恶的评价，那么法治思维的重心则在于合法性的判断和分析，即把合法性当作思考问题的前提，围绕合法与非法来判断一切有争议的行为、主张和关系。例如，要在城区建一座造纸厂、化肥厂或皮革厂，若单从经济角度看，可能会产生较为丰厚的利益回报；单从道德角度看，应说是一个善举，因其可以增加社会就业；但是从法律角度看，它必将污染城市环境，损害市民身体健康，明显违背了环境保护法。此举虽然从经济、道德的角度看是一件好事，但因其违法故不能付诸实施，

---

① 语出唐代文学家韩愈《送孟东野序》一文。

这就是法治思维。

2.2.2 法治思维的特征

法治思维不同于惯性思维、道德思维、纪律思维等，它有其自身的规律即特殊规定性。在法治思维中，必须坚持讲法律、讲证据、讲程序、讲法理。

1. 讲法律

法治思维要求人们思考与处理法律问题首先要以法律为准绳。一个行为的发生，首先，我们要想到行为的性质是什么，是合法、中性还是违法。其次，如果违法了，就要考虑违反的是什么法。最后，我们要看违法之后，要承担什么责任。例如，王女士因与丈夫吵架，一气之下将自家阳台上的观赏花盆扔到楼下，正好砸在楼下玩耍的小女孩头部，小女孩当场被砸死了。从窗户往外扔东西，不仅仅是一个道德问题，扔下来的花盆把人砸死，这就涉及一个法律问题。高空抛物致人伤害是一种危害极大的违法行为，从法律责任来看，王女士应承担刑事法律责任及附带民事法律责任。《中华人民共和国刑法》第一百一十五条规定：危害公共安全罪"以其他危险方法致人重伤、死亡或者使公私财产遭受重大损失的，处十年以上有期徒刑、无期徒刑或者死刑。过失犯前款罪的，处三年以上七年以下有期徒刑；情节较轻的，处三年以下有期徒刑或者拘役"。王女士高空抛物构成危害公共安全罪。《中华人民共和国民法通则》第一百零六条第2款规定："公民、法人由于过错侵害国家的、集体的财产，侵害他人财产、人身的，应当承担民事责任。"《中华人民共和国民法通则》第一百二十六条规定："建筑物或者其他设施以及建筑物上的搁置物、悬挂物发生倒塌、脱落、坠落造成他人损害的，它的所有人或管理人应当承担民事责任。"《中华人民共和国侵权责任法》也有相关规定，因此，王女士除应当承担刑事责任外，还要承担民事责任。在日常学习、生活、工作中，有许许多多的相关法律规定，因此，必须讲法律。

在社会生活中，人们有时会遇到法与理、法与情的冲突，遇到合理不合法或合情不合法的情况，但是，即使人们感觉某些法律规定不合理，也不能漠视法律变通行为。一项法律规定，只要它没有被修改或废除，就是有效的，人们就有义务遵守或执行。如果人们觉得某项法律规定不合理，可以向有关国家机关提出修改或废除的建议，由有关国家机关修改或废除，但在此之前，仍然必须遵守或执行。

法律是国家意志的体现，作为一国公民，对法律的遵从和维护是其基本义务，是社会责任感的体现，任何对法律的肆意践踏都是对法律的权威性、神圣性的亵渎。

2. 讲证据

法治思维要求人们在思考与处理法律问题时要以证据为根据。只有有证据才能查清案件，法院才能做出正确的判决，处理问题才能有理有据。

法律讲求证据，没有证据，法院不会采纳你的主张，合法权益也未必能得到保障，所做出的认定很可能难以令人心服口服。例如，在日常生活中，亲戚、朋友之间经常会相互借贷以解燃眉之急，因为是朋友或亲戚，出于信任也碍于面子，借钱之初没有要求写欠条，导致最后追债困难。同样，有些生意往来，因为是熟人或者交往的次数多了，根据以往的经验和相互的信任进行交易，前几次都没有发生纠纷，但是未必下一次就不会出现问题，如本次交易一方未能付款或未能按时交货，而双方之间又没有任何交易的凭证如合同等，权利人想向法院起诉，因缺乏证据，只能是哑巴吃黄连——有苦说不出。在日常生活和工作中，我们要有保留证据、保护证据的意识，如购物小票或发票就是维护消费者权益的重要证据，在购物时一定要索要购物小票或开具发票，一旦发生买卖纠纷可以凭此保护我们自己的合法权益。

法律上的证据具有三个特征。

（1）证据的合法性。证据必须是合法的，证据的形式、搜集和查证都必须符合法律的规定，即证据的来源要合法，而且要经查证属实后才可采信或使用。例如，在《最高人民法院关于民事诉讼证据的若干规定》中明确规定，凡是不侵犯他人合法权益、没有采取违反法律禁止性规定的方法偷录、偷拍取得的证据可以在法庭上充当有效证据。尽管有此规定，但并不意味着偷录偷拍就是合法的。根据《最高人民法院关于民事诉讼证据的若干规定》第六十八条规定，偷录偷拍有两种限制：一是不得侵害他人合法权益，二是不得违反法律禁止性规定。特别是窃听，即便作为侦查机关、军事机关也需要经过审批，而媒体和个人窃听一般是非法的。目前社会上雇佣私人侦探，对所谓第三者等进行拍照等行为是不合法的，公布他人隐私或者传播淫秽物品有可能会触犯刑律构成犯罪。如果偷录、偷拍时没有违反上述规定，即为取证手段合法，所取得的视听资料就可以作为定案的证据。

（2）证据的客观性。证据必须是客观真实的，不是伪造的，做假证是要承担法律责任的。

（3）证据的关联性。证据必须与案件事实有实质性联系，从而对案件事实具有证明作用。

3. 讲程序

法治思维要求人们思考与处理法律问题要从法律程序出发。程序就是法律所规定的法律行为的方式和过程。程序告诉人们实施某种法律行为时，应当先做什么，后做什么及如何做的问题。程序问题在法律领域居于非常重要的地位。简单地说，程序是法律所规定的法律行为的方式和过程，法律通过规定明确的程序来约束人们的行为。所以，人们的行为必须符合法律程序，才可能产生预期的法律效果。

4. 讲法理

法治思维要求人们在思考与处理法律问题时要运用法律原理和精神。法治思维的任务不仅是获得处理法律问题的结论，而且要为法律结论提供充分的法律论证与法律理由。也就是说，仅有结论是不行的，必须给出得出结论的理由。理由优于结论，法治思维理由的特殊之处在于：①理由必须是公开的，而不能是秘密的；②理由必须有法律上的依据，如法庭在宣判案件时经常说，根据中华人民共和国××法×条×款作出如下判决，这就是法律上的依据；③理由必须具有法律上的说服力，也就是说，理由的得出必须是按照法律规定的内在逻辑所引出来的。我们不仅要了解法律、法规在某个问题上的具体规定，还要了解法律原理、原则，这样才能更好地领会法律精神，养成法治思维习惯，并运用法治思维思考和处理各种法律问题。

问题的关键在于，随着我国"四个全面"战略布局的有序推进和法治建设的不断深入，对各个领域、各个方面、各种行为逐步进入法治治理阶段，换句话说，在一定程度上讲，没有哪个人、哪种行为会游离于法治之外，幼儿园科学运行自然离不开法治思维。

2.2.3 法治思维的前提

当代美国著名法学家哈罗德·J. 伯尔曼①曾指出："法律必须被信仰，否则就形同虚设。"很难想象一个对法律都不信仰的社会，能够是一个法治社会。法律权威是就国家和社会管理过程中法律的地位和作用而言的，是指法的不可违抗性。法律权威表现在两个方面：一是外在的强制力，法的强制力是由法的国家意志性所决定的。正是由于法代表了国家的意志，国家为了保证法的顺利实施，要动用它的暴力机关，如公安、监狱、军队和法庭等。这也是法区别于其他社会规范如道德的最明显的特征之一。二是法的内在说服力，内在说服力既来源于法律本身的内在合理性，也来源于法律实施过程的合理性。社会主义法律权威的树立，既有赖于国家的努力，也有赖于公民个人的努力。我国在树立法律权威上还面临诸多问题。

（1）公民法律意识还比较淡薄。中国长达两千多年的封建专制，形成了以人治为主导的法律思想文化传统，公民法律意识普遍淡薄，主要表现为唯权是尚，漠视法律，不信法、不学法、不懂法、不用法，没有形成依法表达诉求和化解矛盾纠纷的风尚。

（2）法律体系不够完善。尽管改革开放以来，我国制定和修改的法律法规达4万多件，但从形势发展的需求上看，不少法律还未能跟上社会发展的需要，现行法相对于其运行的社会环境来说存在滞后性，新颁法律法规的科学性也有待进一步商榷。

（3）办事重实体轻程序，主观随意的传统习惯思维普遍存在。"程序只是法律手段，实体才是法律目的""办事效率重要，程序无关紧要"等陈腐落后观念一直盛行。"特事特办""拍脑袋决策""怎么方便怎么干""为了赶时间可以闯红灯""加班是敬业爱岗热爱工作""劳动合同可有可无"等主观随意的现象，在管理者和普通百姓中也是司空见惯。

（4）外部因素影响着法律权威的树立。我国长期人治的传统致使一些法外环境因素经常侵蚀着法律权威，甚至左右着法律的运作。例如，地方保护主义的干扰，人际关系的牵涉，经济利益的驱动，行政权力的介入等，"靠法律不如靠关系"仍然是许多人固

---

① 哈罗德·J. 伯尔曼是当代美国最具世界影响力的法学家之一，世界知名的比较法学家、国际法学家、法史学家、社会主义法专家，以及法与宗教关系领域最著名的先驱人物。他对中国当代法学界也产生过重大影响，是中国法学界比较熟悉的外国法学家。

有的思维习惯。

2.3 幼儿园建设和发展需要法治思维

幼儿园的科学运行，同样离不开管理者、社会公众和广大教职员工具有较强的法治思维。我们以近年来"幼儿园频发的未成年人伤害案件及其处理方式"为主线，就幼儿园常见多发案件的相关情况对部分幼儿园教职员工进行了抽样调查和分析，得出的结论是，法治思维在幼儿园建设和发展中亟待加强。

2.3.1 对常见多发案件处理不当

所谓未成年人伤害赔偿案件，是指未成年人在学校或者在幼儿园就读、寄宿、学习或生活期间，遭受人身或精神损害从而引发的民事赔偿案件或刑事附带民事赔偿案件。经过我们调研发现，对于幼儿园常见多发案件、赔偿依据及其处理方式，绝大部分受访者只是依据一种经验判断，对于法律依据基本一无所知，因此在处理这些案件时往往一筹莫展，处于盲目状态。

近年来，在司法实践中，未成年人在学校、幼儿园遭受人身或精神损害赔偿纠纷案件不断呈现上升的势头，幼儿园伤害事故日益成为人们关注的焦点，进而引起了教育管理部门的高度重视。例如，早先发生在浙江某幼儿园的青年幼儿教师虐童事件，近期甘肃某幼儿园教师因虐童继而引起的校园暴力事件，接送未成年人校车出现交通事故而引发的伤害事件，多地幼儿园长期非法行医给幼儿喂药造成药物反应案件，食物中毒案件等，都引起了社会各界的广泛关注。

在园就读的幼儿均是未成年人，从法律的角度讲他们属于无民事行为能力人，他们在幼儿园受到伤害或者是伤害了他人，责任究竟应该由谁来承担？是幼儿园、幼儿家长，抑或是其他人？这是长期困扰着幼儿园及幼儿家长的一个难题。

一般情况下，当幼儿园幼儿伤害事故发生时，无论有无过错，幼儿园都会从人道的角度出发，通过对幼儿进行及时救助、寻找最好的医疗机构、赠送营养品等方式，促进孩子早日康复并抚慰家长，即便是在幼儿园毫无过错的情况下，既不会向受伤幼儿家长表白自己无过错，也不会去追究造成他人伤害的幼儿监护人的相关责任，这种关爱幼儿的行为当然无可厚非。然而，遗憾的是，受伤害幼儿家长往往并不理解、不谅解教师及幼儿园的良苦用心，一些家长还会采取过激行为或者向幼儿园提出高额索赔，如幼儿面部被其他小朋友抓伤、咬伤，经治愈后家长又以医生不能断定今后是否会留下疤痕为由，提出索要后续高额美容费；幼儿受伤缝针治疗，向幼儿园索赔幼儿的精神损失费、父母的精神损失费、祖父母的精神损失费，以及营养费、误工费、奖金损失等一系列要求；甚至还会提出一些在法律上不具有可补偿性的过分要求，如感情交流受限费等。此类家长中不乏从事法律工作的人员，幼儿园管理者及其教师员工，只有知法懂法，具备一定的法治思维，借助于法律专业知识，讲法律、讲证据、讲程序、讲法理，才能有效捍卫自身的合法权益，才能做到不偏不倚、合情合理，客观、公正、科学地处理好幼儿伤害事故，处理好家园关系。

教育部颁布的《学生伤害事故处理办法》第 7 条明确规定："学校对未成年学生不承担监护职责。"但在执行过程中一些家长片面地认为，幼儿入园生活学习，幼儿园就应当承担监护责任。不管什么原因，只要孩子发生伤害事故，就应当由幼儿园承担赔偿责任。幼儿园也因为没有深入领会有关法律法规或者部门规章的精神实质，因而面对家长的高额索赔茫然不知所措。

特别是自《中华人民共和国侵权责任法》施行以来，部分家长、社会人士，甚至包括一些主管单位工作人员及个别法律工作者错误地认为，只要幼儿在幼儿园发生伤害事故，就一定是责任事故，常常把发生在幼儿园的幼儿意外伤害事故说成是责任事故，把"过错推定责任"武断地理解为"无过错责任"，而幼儿园则由于内疚心理，不敢直言"我们没有过错"。

在相当一部分幼儿园中，发生幼儿伤害事故后，宁愿接受家长高额索赔，也不愿意对簿公堂。认为诉诸法院，一是会影响幼儿园的声誉和生源；二是怕麻烦，怕拔出萝卜带出泥；三是缺乏基本的法律知识和依法维权的意识，不具备相应的法治思维，故不知该如何依法办理。例如，一所幼儿园，一名幼儿因违反三令五申的纪律要求推搡其他幼儿导致自己额头受伤，去医院缝了一针，此事发生后园长随即带领教师登门向家长道歉并赔偿 3000 元。她们大概没有认识到，这种息事宁人的做法，会给幼儿园今后的工作带来极大的负面影响：一是使家长在对待幼儿园保教工作的认识上造成误区，认为只要孩子出事故就是保教人员没尽到责任，尽了责任就不应该出任何事故；二是给保教人员造成极大的精神压力和心理负担，她们认认真真、兢兢业业，宁愿自己或自己的孩子出事故，也不愿让自己负责的幼儿园的孩子出事故，甚至有些教师因此不敢组织幼儿户外自由活动；三是这种"私了"的方式会给幼儿园留下无穷的后患。

2.3.2 对常见多发案件的主要类型认识模糊

在校园寄宿、就读、学习或生活的未成年人受到的伤害或损害事故，客观上的表现可谓五花八门，在司法实践中，最常见的有以下几种主要类型。

（1）未成年人群体之间的损害。这类人身损害赔偿案件，主要发生于在校学生之间或幼儿园幼儿之间，在一起运动、玩耍、游戏、嬉闹、打斗过程中。在司法实践中，这类案件占在校学生人身损害赔偿案件的绝大部分，此类损害在主观心理上表现为过失。

（2）校园内环境所致的损害。即致害源或致害物为校园环境中的建筑物、构筑物、寄宿生活设施或文体教学设施、饲养的动物等，因校园方在管理上的疏忽、不到位、没有尽到应有的注意义务而引发的损害。此类损害的最突出特点是：损害发生具有突然性、偶然性，客观致害因素表现突出；在主观因素方面的主要表现是，校方未尽到应尽的注意义务，即主要表现为过失。

（3）施教方所致的损害。这类损害或伤害主要是指教师在教学过程中或者在对学生进行管理、管教过程中，因方法简单、粗暴或教师主动实施侵权行为，而给学生或幼儿造成的损害或伤害。例如，由于教师或者其他学校员工玩忽职守、责任心不强，甚至为了寻求刺激、发泄情绪等原因体罚学生，导致学生人身伤害事故。此类损害最常见的表现形式就是教师对学生的体罚、猥亵、人身辱骂或人格攻击等主动性侵权，此类侵权往往是施教方积极主动实施的，对被侵害的学生及幼儿往往造成身心的双重损害，损害结果往往较为严重。近期连续报道的虐童事件、性侵事件就属于此类。

（4）教师教学行为不当，在课堂教学中没有正确履行保护、管理职责而发生的损害。此类案件是指教师在进行课堂教学过程中，因教学行为不规范，存在安全瑕疵，教师又没有正确引导、正确履行保护和管理职责，或者强令幼儿做冒险性动作，从而引发的损害。例如，教师在上科技实验课中，因安全指导、保护不到位，使幼儿被化学药物烧伤；教师在上体育课中，因动作指导、安全保护不当，而使幼儿摔伤等。

（5）校方怠于履行保护、管理责任，从而给学生、幼儿造成的原本可以避免的损害。此类损害通常表现为当来自校内或校外对学生、幼儿的侵害时，校方怠于履行或不尽力履行对学生的人身保护责任，即在保护上不作为，从而给学生、幼儿造成损害。例如，有闲杂人等到校园或者幼儿园内打骂学生、幼儿，校方没有尽力排除危害，履行管理、保护职责，从而造成学生的人身损害或伤害。

（6）故意伤害、过失致人伤害、死亡等刑事犯罪而给学生、幼儿造成的伤害。此类案件是指发生于学校、幼儿园内的故意伤害、过失致人伤害、死亡等刑事案件而给被害人（主要是学生、幼儿）造成的刑事附带民事赔偿案件。此种情形下，同样因校方监管不力，致使损害或伤害发生，校方往往成为刑事附带民事赔偿案件的被告，被起诉到法院，与刑事案件被告人共同担负附带民事部分的赔偿责任。

（7）管理沟通缺失造成的损害。发现学生行为具有危险性，但未进行必要的管理、告诫或者制止，或者未及时告知未成年学生的监护人，导致未成年学生因脱离监护人的保护而发生伤害的，如有的幼儿经常咬人、抓人，从而致害等。

（8）意外事故导致学生人身伤害。这类事故的特点是，事先无法预知、事中无法控制、事后无法弥补的非正常因素，导致学生、幼儿人身伤害的原因并非学校的教师和同学，而是一些意外事故。例如，家长没有准确告知幼儿园孩子的食物过敏源是米饭，而幼儿在园期间进食米饭导致过敏等。这些事件一旦出现，对于办学单位来说，极有可能会承担相应的法律责任，一般来说，主要是承担民事责任，民事责任的承担方式为替代责任。但对于直接责任人来说，一般要相应承担行政责任，构成犯罪的，还要承担刑事责任。

对于上述常见多发伤害案件的表现、特点、法律责任及其处理方式，绝大部分受访者处于懵懂状态。

2.3.3 对常见多发案件的法律规定缺乏基本理解

法律适用指国家机关按照法律规定的职权和程序，运用法律的一般规定，来解决具体问题的活动,包括行政执法法律适用和司法活动法律适用。狭义的法律适用专指国家司法机关依法行使职权,运用法律的一般规定,处理具体案件的专门活动。

1. 适用的主要规范性文件

目前,在处理未成年人伤害案件中,主要适用以下法律法规、司法解释和规章:《中华人民共和国民法通则》《中华人民共和国侵权责任法》《中华人民共和国刑法》《中华人民共和国民事诉讼法》《最高人民法院关于贯彻执行〈中华人民共和国民法通则〉若干问题的意见(试行)》《最高人民法院关于审理人身损害赔偿案件适用法律若干问题的解释》《最高人民法院关于确定民事侵权精神损害赔偿责任若干问题的解释》《学生伤害事故处理办法》等。特别是经常适用《中华人民共和国侵权责任法》中的以下条款,作为处理这些案件的基本依据。

(1)《中华人民共和国侵权责任法》第三十八条规定,"无民事行为能力人在幼儿园、学校或者其他教育机构学习、生活期间受到人身损害的,幼儿园、学校或者其他教育机构应当承担责任,但能够证明尽到教育、管理职责的,不承担责任"。这就明确了幼儿园对于未成年人伤害案件的处理适用"过错推定责任"。

(2)《中华人民共和国侵权责任法》第三十九条规定,"限制民事行为能力人在学校或者其他教育机构学习、生活期间受到人身损害,学校或者其他教育机构未尽到教育、管理职责的,应当承担责任"。与第三十八条相对比具有明显的区别,显然对于已满10周岁的未成年人,适用的是"过错责任"。

(3)《中华人民共和国侵权责任法》第四十条规定,"无民事行为能力人或者限制民事行为能力人在幼儿园、学校或者其他教育机构学习、生活期间,受到幼儿园、学校或者其他教育机构以外的人员人身损害的,由侵权人承担侵权责任;幼儿园、学校或者其他教育机构未尽到管理职责的,承担相应的补充责任"。该条是关于"补充责任"的规定。

2. 关于赔偿范围的问题

受伤害的学生是未成年人,如果幼儿园证明不了自己尽到了教育管理和保护的责任,那么对于医疗费、交通费、营养费等的赔偿是显而易见的,不再赘述。这里只对一般人身损害案件中误工费、残疾赔偿金等项目如何适用,进行简要说明。

根据《最高人民法院关于审理人身损害赔偿案件适用法律若干问题的解释》第二十条第一款规定,"误工费根据受害人的误工时间和收入状况确定"。显然误工费对受伤害的学生是不适用的,当然如果存在陪护并有医院陪护证明,陪护费应该依法支持。然而,其父母的误工费问题,应当根据具体情况而定,不能一概而论。如无须陪护又没有医院证明,擅自陪护误工,只能按照扩大的损失予以处理。

对于未成年人受伤致残是否应赔偿残疾赔偿金及如何计算的问题,在实践中有一种误解,认为未成年人尚未走进社会,没有参加劳动,即使参加劳动也是违法的,不应赔偿残疾赔偿金。我们认为这是一种对残疾赔偿金的片面理解,未成年学生现在没有参加工作，但将来成年参加工作后，因伤残必然会影响其劳动能力。另外，《最高人民法院关于审理人身损害赔偿案件适用法律若干问题的解释》第二十五条规定，"残疾赔偿金根据受害人丧失劳动能力程度或者伤残等级，按照受诉法院所在地上一年度城镇居民人均可支配收入或者农村居民人均纯收入标准……"，也强调残疾赔偿金根据受害人伤残等级赔偿，故应赔偿残疾赔偿金。

3. 关于责任承担问题

（1）关于教育机构应该承担民事责任的性质。根据《中华人民共和国教育法》《中华人民共和国未成年人保护法》《中华人民共和国侵权责任法》等相关法律法规规定，以及《最高人民法院关于审理人身损害赔偿案件适用法律若干问题的解释》第七条规定："对未成年人依法负有教育、管理、保护义务的学校、幼儿园或者其他教育机构，未尽职责范围内的相关义务致使未成年人遭受人身损害，或者未成年人致他人人身损害的，应当承担与其过错相应的赔偿责任。第三人侵权致未成年人遭受人身损害的，应当承担赔偿责任。学校、幼儿园等教育机构有过错的，应当承担相应的补充赔偿责任。"显然学前教育机构承担的是"教育、管理、保护"责任，而非监护责任，前者是过错推定责任（幼儿园要证明自己尽到了教育管理保护的责任，才能免责），后者是补充责任。

（2）被告责任如何分担的问题。教育部《学生伤害事故处理办法》第九条规定，"因下列情形之一造成学生伤害事故，学校应当依法承担相应的责任……（十）学校教师或者其他工作人员在负有组织、管理未成年学生的职责期间，发现学生行为具有危险性，但未进行必要的管理、告诫或者制止的……"这就是说，判断学校或者幼儿园等教育机构是否有过错，应当根据民法的有关过错理论，结合案件的具体情况进行分析。幼儿园、学校等教育机构未尽职责范围内的相关义务致使未成年学生遭受人身损害，或者未成年人致使他人人身损害，应当承担与其过错相应的赔偿责任。

（3）教育机构和实施侵害行为一方分别承担相应责任。一是致人伤害一方为故意，教育机构为过失没有尽到"教育、管理、保护"责任的情况，双方应"根据过失大小或者原因力比例各自承担相应的赔偿责任"；二是对于侵害人过失致他人伤害的情况，如未成年奔跑时无意将受害人撞伤，教育机构因过失没有尽到"教育、管理、保护"责任，未成年人为过失，学校也为过失，虽然共同造成了同一损害后果，但不属于"分别实施的数个行为间接结合发生"的情况，因为教育机构没有实施任何行为，而是"不作为"，故双方仍应"根据过失大小或者原因力比例各自承担相应的赔偿责任"。因此，对于上述情况应当分别承担责任，而不是连带责任。

4. 幼儿伤害事故发生后幼儿园应采取的适当措施

幼儿伤害事故发生，幼儿园应及时救助受伤害幼儿，并同时告知幼儿的监护人。如果伤害是另外一名幼儿的行为所造成，则应细心抚慰这名幼儿，以免其受到惊吓造成心理上的损害。解决幼儿伤害事故的合理途径，应当根据教育部颁布的《学生伤害事故处理办法》的规定，当幼儿园发生幼儿伤害事故，幼儿园与受伤害幼儿家长可以通过以下三种方式解决：①双方通过协商方式解决；②双方自愿，可以书面请求主管教育行政部门进行居中调解解决；③幼儿家长也可以依法直接向有管辖权的人民法院提起诉讼。

在调研中，对于如此常见多发的幼儿伤害案件可能适用的主要规范性文件，以及责任划分和承担的常识问题，受访者几乎无人能够说清，对于赔偿范围的问题，受访者只有22%的人能够做一定的经验性描述，对于应当采取的适当措施，仅有过半数的受访者能够进行简单的经验性描述。这说明幼儿园教职员工的法治思维的培养，任重而道远。

2.4 法治思维现状的启示

在园幼儿发生伤害事故，是家长伤心、幼儿园及其幼儿教师棘手的事情，虽然在保教活动中谁都不愿遇到这样的问题。最好的教师可以保证从教几十年没有教学事故不被家长投诉，但不敢保证几十年保教工作中所教的孩子没有被磕碰的，因为形成这些问题的原因是复杂的，有时并非保教人员的主观努力所能控制。对幼儿园来说，虽然重大伤害事故的发生概率并不常见，可是一般伤害事故（如轻微碰伤、游戏过程中跌倒擦伤局部淤青等）还是时有发生。虽然家长自己带孩子活动时也会发生各种意外，但幼儿园方面，为了应对部分幼儿家长的苛刻要求，以及确保幼儿的人身财产安全，即便是小朋友受了很微小的伤害，对带班教师的考核要求也是非常严格的，因为类似事故对教师的评优、晋级通常会起到"一票否决"的作用。因此，尽可能避免事故的发生，在幼儿园的保教工作中成为重中之重。但是，也正因为如此，区分事故发生的性质和责任，运用法治思维分清孰是孰非，判明是非曲直，就显得尤为重要。

2.4.1 加强科学运行机制建设

随着"四个全面"战略布局的全面实施，我国法治建设作为现代文明的重要组成部分，已经进入平常百姓生活的方方面面。"科学民主法治"成为当今时代的标志，不断深入推进幼儿园治理结构和治理能力现代化，全方位提高学前教育机构的法律意识和法治思维，成为时代的必然要求，刻不容缓。

与学前教育有关或者针对学前教育机构的立法及制度建设也在不断加强，如《中华人民共和国教育法》《中华人民共和国侵权责任法》《中华人民共和国未成年人保护法》《中华人民共和国民办教育促进法》《教育部关于加强教育法制建设的意见》《教育部关于加强依法治校工作的若干意见》《国家中长期教育改革和发展规划纲要（2010—2020年）》《幼儿园管理条例》《幼儿园工作规程》《幼儿园教育指导纲要（试行）》及甘肃省的有关规定相继出台。幼儿园文化、章程、制度建设是在此基础上根据地方和自身特色所做的进一步延伸和具体化。建立健全各项规章制度，确保幼儿园各项工作有章可循，特别是如何依法依规，使对幼儿教育、管理和保护的法定职责得到深度贯彻落实，以促进幼儿园形成科学运行机制，成为社会的迫切需要。

2.4.2 以人为本、依法依规执教

学校、幼儿园教师及其他工作人员有较强的爱心、耐心和责任心，不仅是每个幼儿园坚持长期秉承的工作态度，也是社会各界的共同希望，现实中大部分学前教育机构及其教职员工也能身体力行。然而，善良的愿望和良好的工作态度仅仅是幼儿园管理者及其保育人员做好工作的前提和基础，现代社会还必须要有较为彻底的法治理念，积极主动依法依规执教的意识，凝结对国家法律的信仰、对单位文化的认同、对组织章程的遵守、对规章制度的执行，不断培养和运用法治思维处理工作、学习和生活中的各类问题，只有这样，才能成为优秀的管理者和执行者。

怎样才能真正尽到对在园幼儿教育管理保护的职责，并非仅仅停留在法律规范的规定层面，更不是一句满足他人听觉的空话套话，从上述所列举的与学前教育机构密切相关的法律法规的规定来看，该规范具有鲜明的教育作用、指引作用、评价作用、预测作用和强制作用。这不仅是国家意志的具体体现和价值取向，也是整个社会对学前教育机构的要求和希望，同时，上级主管部门也会据此考核评价幼儿园及其全体工作人员的行为是否符合要求，这就要求学前教育机构及其员工必须严格践行，否则就会承担相应的法律责任。

"教育管理保护"的职责，短短六个字凝结了千千万万幼教人的酸甜苦辣和责任担当，一方面，要求学前教育机构根据自身的特点，在文化、章程和各项规章制度建设中予以充分体现，如甘肃省保育院的"让孩子回归丰富多彩的生活"的核心理念，章程中的相关规定，特别是全方位立体化的制度规定，从每个细节突出了"教育管理保护"的职责。另一方面，也要求每位幼教工作者始终能够以幼儿为本、敬畏法律制度，依法依规执教，时刻把园本特色文化、章程规定、制度要求融入自己工作、学习和生活的各个方面，爱岗敬业，尽全力履行对在园幼儿的"教育管理保护"职责，唯此才能真正肩负起社会赋予我们培养下一代的重任。

综上所述，运用法治思维和法律手段妥善处理工作、学习和生活中遇到的各种问题，推动幼儿园文化建设、章程建设和制度建设，促进幼儿园科学民主法治化进程，是现代社会的发展趋势，也是学前教育机构和幼儿家长的共同心愿。

第3章　甘肃省保育院文化建设

2006年4月25日，教育部《关于大力加强中小学校园文化建设的通知》（教基〔2006〕5号）指出："校园文化是学校教育的重要组成部分，是全面育人不可或缺的重要环节，是展现校长教育理念，学校特色的重要平台，是规范办学的重要体现，也是德育体系中亟待加强的重要方面。"据此可见，校园文化概念的内涵极其丰富，外延十分广阔，同时是一项具有传承性、独特性、创造性和发展性的全方位的系统工程，它涵盖了学校精神、办学理念、规章制度、课程活动和环境营造等方面，内聚为神，外化为形。校园文化，除了一般意义上以学生的业余活动为主要内容而形成的独特文化氛围外，还包括学校中的主题在整个学校生活中所形成的具有独特凝聚力的学校面貌、教育理念、制度规范和学校精神气氛等，其核心是学校在长期办学中所积淀的共同价值观念。我们认为，学校当然也应当自然延伸到幼儿园，文化建设在幼儿园科学运行机制建设中居于统领地位，是幼儿园各项建设的核心。

3.1　学前教育机构文化建设概述

3.1.1　文化的含义

"文化"一词含义丰富，是人们应用最为广泛的社会科学术语之一。据考证，"文化"一词在古汉语中就已经广泛使用。"文"本义是指纹理，花纹。《左传·隐公元年》中称："仲子生而有文在其手。"后来在其本义基础上又形成若干引申义：指文字，《左传·昭公元年》中记载，"于文，皿虫为蛊"；指文章，《世说新语·文学》中有云，"潘文浅而净，陆文深而芜"；指礼乐制度，《论语·子罕》中记载孔子说，"文王既没，文不在兹乎"；指美、善，《礼记·乐记》中记载，"礼减而进，以进为文；乐盈而反，以反为文"；指文雅，《聊斋志异·陈锡九》中载，"此名士之子，温文尔雅，乌能做贼？"[①] "化"本义指改变、造化，也表示转变成某种性质或状态：在《楚辞·离骚》中载，"伤灵修之数化"，王逸有注云"化，变也"；指造化，自然的功能，《素

---

① 辞海编辑委员会. 辞海（第六版典藏本）[M]. 上海：上海辞书出版社，2011：2378-2379.

问·五常政大论》中称,"化不可代,时不可违"。①后来"化"渐渐被引申为教化、培育之意。而将"文"与"化"并用,出现于战国末年,由儒生编辑的《易·贲卦·象传》中载:"刚柔交错,天文也。文明以止,人文也。观乎天文,以察时变,观乎人文,以化成天下。"其中,"文""化"二字均用于体现封建王朝"以文教化"的思想。西汉以后,"文""化"两字合体形成一词。刘向在《说苑·指武》中写道:"凡武之兴,为不服也,文化不改,然后加诛。"晋朝束皙其在《补亡诗·由仪》中有云:"文化内辑,武功外悠。"杜光庭在《贺鹤鸣化枯树再生表》中有文:"修文化而服遐荒,耀武威而平九有。"可见,在中国古代社会中,"文化"一词的概念,主要是指"文治教化","文化"所包含的意义也多突出于与"武力""野蛮"相对应的政治内容中,以及对人性情的陶冶和品德教养的伦理意义中。

"文化"一词在现代社会中,应该是更多地列属于精神文明的范畴。在中国近现代社会,学者对文化的定义已然十分丰富。现代新儒学的早期代表人物梁漱溟先生认为:"文化,就是吾人生活所依靠的一切,意在指示人们,文化是极其实在的东西。文化之本义,应在经济、政治,乃至一切无所不包。"②国学大师张岱年先生认为,"文化有复杂的内容,包括哲学、宗教、科学、技术、文学、艺术、教育、风俗等,是一个包含多层次、多方面内容的统一的体系。"③中国传播学学者居延安先生从文化传播学的领域出发,说文化是"人类在物质生产和精神活动中抽象出来的原则体系以及这一体系的现实化"④。还有学者如朱增补先生认为,"文化是一个民族的生活方式和思维方式的汇集"⑤。从以上观点看来,诸位学者对"文化"一词概念的阐释,从不同的角度提出了不同的看法,但是由于"文化"自身所具有的特殊性,很难对其含义形成一个统一的界定。综合学界的观点,本书试图从"文化"的广义方面和狭义方面入手来理解"文化"的内涵。"广义的文化是指人所创造的不同于自在自然和自身生物本能的东西。"⑥包括三种基本形态:物质文化、行为文化(也称制度文化)和观念文化。物质文化是为满足人的生存和发展需要创造出的物质方面的产品;行为文化指人们生活的经验或创造性活动,也指调整交往、规范个体行为的方式,它通常以制度规范的形式呈现,故也称制度文化;精神文化是指人类特有的意识形态,是人类一切精神活动的总称。狭义的文化,"是指观念文化,包括风俗习惯、社会心理等自发形态的文化,也包括艺术、科学、哲学等自觉形态的文化"⑥。其中对广义文化的理解,是当今学界划分文化结构的一种较普遍的观点,即将文化分为物质文化、精神文化和行为文化三个层面。《辞海》中对文化的理解与上述解释略有不同,《辞海》中写道,广义的文化是指人类在社会实践过程中所获得的物质、精神的生产能力和创造的物质、精神财富的总和。狭义的文化是指精神生产能力和精神产品,包括一切社会意识形式:自然科学、技术科学、社会意识形态;

---

① 辞海编辑委员会. 辞海(第六版典藏本)[M]. 上海:上海辞书出版社,2011:936.
② 梁漱溟. 中国文化要义[M]. 济南:山东人民出版社,1990:9.
③ 张岱年. 文化与哲学[M]. 北京:教育科学出版社,1988:42.
④ 居延安. 关于文化传播学的几个问题[J]. 复旦学报(社会科学版),1986,(3):49-55.
⑤ 朱增补. 文化传播论[M]. 北京:中国广播电视出版社,1993:3.
⑥ 本书编写组. 马克思主义哲学[M]. 北京:高等教育出版社,人民出版社,2009:234.

也指教育、科学、文化、艺术、卫生、体育等方面的知识与设施。

西方"文化"（culture）一词来源于拉丁文，其原始含义是指对土地的耕种、加工、照料和改善，含有人类在自然界劳作、从中获取成果的意思。随着时间的推移，文化一词的含义也在不断地丰富和扩展。17世纪末，安托万·菲雷蒂埃在其编纂的《通用词典》中定义文化为："Culture：人类为使土地肥沃、种植树木和栽培植物所采取的耕耘和改良措施。"[①]到18世纪末，文化的含义接近于"教养"的解释，后来又被赋予"文明"的意思。19世纪后，文化一词成为人们普遍使用的概念，并作为专业术语较为广泛地出现在人类学家的著述当中。西方学者对文化同样下了诸多定义。例如，英国人类学家爱德华·泰勒在其著作《原始文化》中，对文化的定义是："所谓文化或文明乃是包括知识、信仰、艺术、道德、法律、习俗，以及包括作为社会成员的个人而获得的其他任何能力、习惯在内的一种综合体。"[②]英国著名文化人类学家马林诺夫斯基认为："文化是指那一群传统的器物，货品，技术，思想，习惯及价值而言的，并且包括社会组织。"[③]美国人种学家克罗伯等认为，"文化就是通过符号取得和传达的外显的和内涵的行为方式，构成人类集团各不相同的成就；文化的基本核心是传统（即来源于历史并经过历史选择的）观念，特别是依附于这些观念的价值标准；一方面可将文化系统看作是行动的产物，另一方面可将其视为采取进一步行动的条件因素"[④]。到20世纪50年代，美国人类学家古德纳夫指出，文化包括四个要素：一是概念，是人类组织经验的方法，主要借由语言来表现；二是关系，是人类对超自然及自然世界种种现象的解释；三是价值，是人类努力的目标，往往是道德信念的核心；四是规范，也就是行为的准绳[⑤]。学界对"文化"一词的理解多种多样、众说不一、莫衷一是，学者们都试图从各自所涉及的领域对"文化"的含义进行阐释。

纵观古今中外学者对"文化"内涵的概括，尽管不同民族、不同学科的理解和界定存在着明显的差异，但也有其共同特性，即文化是由人所创造的、为人所特有的。文化是人类创造的总和，最终又回归到人本身。我们运用马克思主义经典作家的论述，即"文化是人类特有的现象和符号系统，文化就是人化，人的对象化或对象的人化"[⑥]。想要更好地理解马克思说的这句话，可以借鉴李德顺老师在中国政法大学《什么是文化》的演讲中，对文化内涵的概括——"文化就是'人化'和'化人'。'人化'是按人的方式改变、改造世界，使任何事物都带上人文的性质；'化人'是反过来，再用这些改造世界的成果来培养人、装备人、提高人，使人的发展更全面、更自由"。用这种理解来概括文化的内涵，正是揭示了人与文化之间关系的本质。一方面，文化是人在改造自然的过程中创造出来的，文化不是一开始便存在的，是人类在服从自然规律的前提下，形成的不同于自然、不同于生物本能需要的，所要遵循的行为规范和价值体系；是社会成

---

① 〔法〕维克多·埃尔. 文化概念[M]. 康新文, 晓文, 译. 上海：上海人民出版社, 1988：3.
② 〔英〕泰勒. 原始文化[M]. 蔡江浓, 编译. 杭州：浙江人民出版社, 1988：1.
③ 〔英〕马林诺夫斯基. 文化论[M]. 费孝通, 等译. 北京：商务印书馆, 1946：2.
④ 中央教育科学研究所比较教育研究室. 简明国际教育百科全书·人的发展[M]. 北京：教育科学出版社, 1989：381.
⑤ 索长清. 幼儿园教师文化研究[D]. 长春：东北师范大学博士学位论文. 2014.
⑥ 王威孚, 朱磊. 关于对"文化"定义的综述[J]. 江淮论坛, 2006, （2）：190-192.

员共同创造的产物，具有人为性的特征。另一方面，文化在传播的过程中塑造人。人是社会中的个体，人在社会中成长的过程必然会受到文化的培养，必然会受到一定群体所认同的行为规范和价值体系的制约，也必然会受到社会背景潜移默化的熏陶。尽管文化对人的塑造体现在社会化过程的各个方面，如对人的思想、行为及活动的调控，对人能力的培养及对人境界的提升等，但这并不意味着为实现文化的教化就要完全否定人的个性发展。文化既为人所创造，又在一定的人的思想、感情、行为表现上体现人类活动的意义。只有将文化落脚在人的生活中，体现"以人为本"的实质，才能真正展示出文化与众不同的魅力。文化的沉淀是一个历史性的过程，文化在其特有的社会形态的历史背景下，在其自身内在矛盾的推动下，在与人的互动和塑造人的过程中，还将继续存在自我更新和进步的可能性。从根本上说，文化离不开人的创造，人也离不开文化的培养。人与文化就是这样在相互影响、相互作用中不断得到发展，并将人类优秀的文明成果传承下来。

我们常常看到，"文化"与"文明"相提并论。其实它们之间既存在联系又相互区别。"文化"与"文明"都是人们在社会实践中创造的产物，与人们的生活过程息息相关。文明总是蕴含在一定的文化之中，并表现了一定的文化观念和文化精神；任何文化的发展也总是体现了一定的文明程度，并依文明程度的高低显示出文化发展水平的不同。[①]文化的根本作用是创造和提升文明，文明又是先进文化在社会中通过人的思想、道德、行为等方式传递出的社会进步程度的标志。要更好地掌握文化的内涵，我们就必须对"文化"和"文明"两者的关系加以分析。在人类社会发展的历程中，"文化"的出现是早于"文明"的，"文化"作为一种状态性的描述，它包含社会发展的积极方面的成果和消极方面的成果，"文化"又是社会经济、政治生活的反映。而"文明"是"文化"发展到一定阶段以后才出现的，通常是对"文化"中的进步方面的评价性描述，展示社会发展中积极、肯定的成果，是社会进步程度的标志。"文明是文化的内在价值，文化是文明的外在表现形式。"[②]文化在促进人的发展、推动社会进步的同时，又用正确的价值导向引领社会风尚，实现社会的和谐发展，最终推动人与社会的共同文明。

3.1.2 核心价值观

价值观是人们关于某种事物对人的作用、意义、价值的观点、看法和态度，是指导人们思想行为的根本价值意识。价值观反映主体的根本地位、需要、利益，以及主体实现自己利益和需要的能力、活动方式等方面的主观特征，是以"信什么、要什么、坚持什么、追求什么和实现什么"的方式存在的人的精神目标体系，是人和社会精神文化系统中深层的、相对稳定且起主导作用的部分。[③]面对当今经济全球化、政治多极化、文

---

① 本书编写组. 马克思主义哲学[M]. 北京：高等教育出版社，人民出版社，2009：240.
② 杨海蛟，王琦. 论文明与文化[J]. 学习与探索，2006，(1)：66-73.
③ 韩震. 社会主义核心价值观凝练研究[M]. 北京：北京师范大学出版社，2012：7.

化多元化的世界局势,以及国内纷繁复杂的社会环境,价值观越来越受到人们的重视。价值观日益凸显的作用具体表现在:首先,价值观是人的主心骨,是人在社会化过程中逐渐形成的关于好与坏、善与恶、美与丑、得与失、义与利等价值立场的观点的核心内容。其次,价值观引导人的行为方式。积极、正确的价值观为人们指引前进的方向;消极、错误的价值观使人偏离发展的正确轨道。因此,坚定、先进的价值观更有益于人们健康人格的养成。再次,价值观具有凝聚作用。对一个组织来说,共同的价值观能促进社会成员之间形成紧密的关系,使成员间更加团结,具有强大的凝聚力、号召力和战斗力。最后,价值观约束和规范人的行为,协调人与人、人与社会之间的关系,使人与人之间更加融洽,人与社会之间更加和谐。这些都成为社会、组织和个人越来越关注和推崇价值观的重要原因。

核心价值观是价值观体系的核心内容,和一般价值观共同构成社会价值观体系。一般价值观在社会价值观体系中属于从属地位,是人们基本的价值立场、看法、态度和选择,可以指导人们的思想和行为。核心价值观是价值观体系的内核,统帅和支配着一般价值观,并在社会生活中发挥着重要的主导作用。核心价值观是社会普遍遵循的基本原则,主要体现在制度层面,它为人们的活动提供了正确的规则、标准和模式。核心价值观告诉人们可以做什么,应该做什么,不应该做什么,以此来协调人际关系,维护社会和谐稳定发展。核心价值观作为价值观体系中最重要的指导思想,是价值体系的中心,显现出最稳固、最持久、最具有渗透性的特性。它影响和支配着其他一般价值观,其他一般价值观又以不同的方式表达核心价值观的思想。核心价值观被喻为意识形态的精髓,围绕怎样的核心价值观生活,就会有怎样的价值追求和价值取向。核心价值观具有的超越性理念,已不再是普通的生活诉求,而是强大的精神感召力,是可以凝聚人心、引领方向的更高层面的价值导向。

那么,价值观又和文化具有什么关系呢?对于这一问题,我国前任教育部部长袁贵仁曾经明确指出:"文化的最深层次是价值观,这是文化的核心。"他认为,文化就是一个社会中的价值观,是人们对于理想、信念、取向、态度所普遍持有的见解。古今中外文化五彩缤纷、各有千秋,最根本的原因就是价值观的不同。任何一个社会群体,都有属于自己的特有文化,都有群体成员共同拥有和共同信奉的价值观。同时,任何一个社会个体,都是文化的产物,都有自己接受和遵循的价值观。所以,文化的社会作用归根结底都是价值观的作用,文化所体现的就是一个社会的价值观之所在。

学前教育组织的核心价值观,是学前教育组织开展一切工作的指导思想,决定和支配着其他价值观发挥更高效力。学前教育组织开展文化建设,最主要的就是明确学前教育组织的核心价值观。将核心价值观理念渗透到学前教育组织文化建设的方方面面,就是规范和制约学前教育组织应该"做什么"和"怎样做"。由于学前教育组织教育对象的特殊性,开展学前教育组织文化建设需要注意以下几点:①学前教育组织的核心价值观应与人的自然天性相吻合,尊重人的自然发展规律,重视人的个性化发展;②学前教育组织的核心价值观应与幼儿的身心健康发展相适应,渗透到幼儿学习生活的各个方面;③学前教育组织的核心价值观应与现行的社会制度相统一,弘扬社会主义核心价值精神,并在此基础上合理继承和发扬中国的优秀传统文化,批判性地吸收和借鉴国外先进理念，以此创新出促进幼儿全面而自由发展的、符合学前教育组织文化建设的主导型价值观理论。

3.1.3 学前教育组织文化建设概述

学前教育组织的文化建设是近些年来备受人们关注的问题。纵观学界的研究有以下一些观点。

（1）学前教育的文化建设主要从四个方面实现：①强化教室环境；②创造轻松和谐的心理环境；③开展各种形式的班级文化主题活动；④鼓励家长参与，实现家园共建[1]。首先，幼儿园是幼儿活动的主要场所，良好的环境可以带给孩子愉悦的心情和微妙的教育效果，在环境的创设上注重以德育为主题的布置，潜移默化地影响孩子，使之形成良好的思想品德修养；其次，和谐的人际关系是影响幼儿行为、心理及个性发展的重要因素，师生之间、幼儿之间的和谐关系，是建立融洽的幼儿活动环境、培养幼儿乐观开朗性格的基础；再次，主题活动是加强班级文化氛围的主要方式，对培养集体主义精神、幼儿责任感意识具有很好的促进作用；最后，鼓励家长参与文化建设，可以促进家长及时了解幼儿和园所的发展状况，实现家园共建。

（2）幼儿园文化建设必须建立在一定的理念之上，即必须塑造可以让幼儿快乐、适应和身心健康的园所文化。幼儿园文化建设首先应当体现在幼儿园的环境建设上，其次要体现在制度文化建设上，最后要体现在管理文化建设上。[2]幼儿园的环境建设应融入文化理念，努力营造积极向上的文化氛围。同时为幼儿提供自身养成良好心性的教育环境，将幼儿高尚品德、自理能力、行为习惯的培养物化于环境中。幼儿园的制度文化建设必须融入"以人为本""和为贵"的思想，积极调动广大教职工的工作积极性；将制度文化落实在幼儿园工作的点点滴滴中；将"秩序"这一文化形态还原为幼儿的生活体验，从幼儿出发使秩序具体化、感性化和可操作化，并将其融入幼儿园课程。管理文化既要重视制度化的管理，又要重视人文管理，从而为幼儿园创造一个良好的管理文化氛围。

（3）幼儿园文化是在办园实践中产生和积淀的，幼儿园文化的形成，既要经过理性思考，又要有具体的步骤[3]。理性思考主要应从四个方面入手：第一，立足于民族性。我国的幼儿园文化应该继承优秀传统文化的精髓，避免盲目照搬外来文化。第二，保障于制度性。幼儿园的文化应与我国现行的社会制度文化相一致。第三，指向于时代性。在根植于中华民族优秀传统文化的基础上发展与时代步调相一致的幼儿园文化。第四，追随于个性。幼儿园应探索具有本园特色的个性化发展。幼儿园文化建设除了需要理性的思考，还应该具有一个由浅入深、循序渐进的过程。首先，园长自觉担当起幼儿园文化建设的领导者。作为对幼儿园文化建设起关键作用的领导者，应确立正确的价值观、

---

[1] 董卫娟. 学前教育文化建设探讨[J]. 学园，2013，(8)：172.
[2] 赵艳红. 幼儿园文化建设的理念与路径[J]. 学前教育研究，2012，(7)：70-72.
[3] 姚艺. 对幼儿园文化建设的初步思考[J]. 学前教育研究，2004，(9)：52-53.

人生观，善于组织团队学习先进，树立创新意识，推动幼儿园文化的建设。其次，幼儿园应认真审视社会大环境及自身发展状况，明确变革需要，制定文化体系。幼儿园的文化建设过程必定会经历一个人们由不适应到适应的过程，切合实际制定和践行可行的文化体系，为幼儿园文化建设奠定良好的基础。再次，教职工集思广益，确立并完善组织文化的内涵。最后，以幼儿园文化为指导，完善制度文化。幼儿园文化建设和实施是一个动态过程，发现有与幼儿园文化主旨不相符合的风气或现象时，需要及时改革和完善相应规章制度。

（4）幼儿园文化是一个涵盖面较宽的总系统，其中包括物质文化、制度文化、精神文化等子系统。这些子系统既相对独立，又彼此依存。其中精神文化是核心，制度文化是保障，物质文化是基础。[①]提炼精神文化，需以"爱"为核心，激励、指导和凝聚幼儿园师生。打造物质文化，需以"乐"为主题，从满足孩子兴趣出发，从启迪孩子智慧入手，创建充满童话色彩的乐园。孕育制度文化，需以"雅"为抓手，教职工、家长应共同参与，平等交流，默契合作，创建书香雅气的家园环境。

（5）文化建设的构成分为"物质文化""制度文化""精神文化""行为文化"四个层面。人文精神在我国幼儿园文化中占有重要地位，人的精神状态、文化素养、道德水平是幼儿园文化建设成功与否的关键。[②]面对消极的社会现象，如果幼儿园只是一味地想依靠制度建设、人的管理、环境美化等方法来解决与"是非观、价值观、理想、信念"等有关的精神问题，结果大多难以如愿。因此，学前教育机构文化建设更多地要注重人文精神的弘扬。例如，在教职员工中树立积极向上的个人价值观；加强教师的道德建设；提高教师的文化素养和教学科研水平；重视教师形象的建立与维护；把"以人为本"落到实处，尊重教师，尊重人才；创造幼儿园园内、园外和谐的环境；注意教职工个人的精神追求与集体的"精神文化"建设之间的和谐与互动。

（6）创建幼儿园文化，首先，要形成符合实际的幼儿园文化新内涵，处理好传承与创新的关系；其次，要集众人智慧，让全体教职工、家长与孩子成为文化建设的主体；最后，要将文化建设落实到工作的各个方面，使之成为一种生机勃勃的催人奋发向上的组织精神[③]。

综合以上学界研究观点，我们可以看到，学前教育组织的文化建设主要集中在四个层面：物质文化建设、精神文化建设、制度文化建设、行为文化建设。学前教育组织文化建设可以具体化到以下实践当中：环境建设、管理建设、师资建设、教材建设、教师培养建设等方面。虽然学界对学前教育组织文化建设的研究侧重点略有不同，但主旨都是以"以人为本"为中心，以树立正确的人生观、价值观为根本，突出幼儿个性化发展，促进幼儿自然成长的核心价值理念。学前教育组织文化建设要做的不仅仅是把核心价值观树立起来，更重要的是把先进的价值理念播撒到幼儿园的每一个人心里，使之真正成为引领价值导向的核心思想，发挥核心价值观的重要作用。

---

① 徐梅菊. 幼儿园文化建设初探[J]. 中国校外教育，2011，(11)：170.
② 陆克俭. 幼儿园文化建设要注重人文精神的弘扬[J]. 早期教育，2006，(3)：8-9.
③ 周燕，闵艳莉. 幼儿园文化的创建[J]. 学前教育研究，2012，(11)：63-65.

3.2 国外学前教育核心价值观

3.2.1 学前教育研究初期

从西方亚里士多德首先提出"自然教育"的教育观以来,这一原则已为许多教育思想家所接受。卢梭在《爱弥儿》中详细地阐释了其教育思想的相关理论,他的教育的目标是将儿童教育成一个"自然人"。而夸美纽斯在《大教学论》中,始终贯穿着一个核心的指导原则,即教育必须适应自然的原则。

1. 教育理论

本书以亚里士多德提出的"自然教育"观为基础,通过分析研究卢梭的自然教育理念和夸美纽斯的和谐教育理念阐述西方的教育理论。

1)卢梭的自然教育理念

卢梭在其儿童教育著作《爱弥儿》中通过虚构的主人公爱弥儿从出生到成人的教育经历,系统阐述了他的"自然教育理论",即其教育是建立在"人性本善"的基础上的。开篇他就讲到"出自造物主之手的东西,都是好的,而一到了人的手里,就全变坏了"①。卢梭在这里所讲到的"造物主",就是我们日常理解的"自然"。卢梭要将爱弥儿培养成一个"自然人"。他认为教育应顺应自然的法则,发展人的天性,而顺应自然的教育就应当是符合儿童的天性,与人的身心发展相切合的教育。他强调道,"大自然希望儿童在成人以前就要像儿童的样子"②,在他看来,如果用成人的想法对儿童加以干涉,抑制他们的天性,结果只会打乱自然的次序,从根本上毁坏儿童。

他指出每个人都要受三重教育:"这种教育,我们或是受之于自然,或是受之于人,或是受之于物。我们的才能和器官的内在的发展,是自然的教育;别人教我们如何利用这种发展,是人的教育;我们对影响我们的事情获得良好的经验,是事物的教育。"当这三方面的教育都趋向一致时,才是合理的教育。如果这三种教育互相冲突或者背离的话,那么教育的结果就不理想。因为自然的教育本身是不能完全由我们来决定的,但是人为的教育是我们能够控制的。因此,我们应当使人为的教育服从于自然的教育,同时控制事物的教育,以自然的教育为基础,这才是良好有效的教育。

2)夸美纽斯的和谐教育理念

在夸美纽斯的《大教学论》中强调人的本身里外都是一种和谐,人在身心各方面都存在着和谐发展的因素(种子),教育就是要使这些因素(种子)真正得以发展。夸美纽斯提出要通过教育给一切人以一切事物的知识,使其知道自己并知万物;借助于教育使人的心灵变高贵,从而能够管束万物和自己;使他们得到真实的知识,在德、智、体

---

① 〔法〕卢梭. 爱弥儿(上卷)[M]. 李平沤, 译. 北京: 人民教育出版社, 2001: 1.
② 〔法〕卢梭. 爱弥儿(上卷)[M]. 李平沤, 译. 北京: 人民教育出版社, 2001: 3.

全面发展的基础上，成为和谐发展的、幸福的人。[1]

夸美纽斯和谐教育思想在本质上体现的就是自然教育思想。他所说的"自然"实际上有两方面的含义：一是指自然界的普遍法则；二是人与生俱来的天性和身心发展规律。夸美纽斯认为，自然界存在一种"秩序"，即普遍规律。人是自然的一部分，因而人类的教育活动必须与自然界的普遍规律相适应。他借用鸟儿选择春天繁殖，园丁选择春天种植，二者的活动都选择合适的时机，来表明教育也应当选择运用心理的恰当时机。

夸美纽斯所说的教育适应自然，就是教育要顺应儿童的天性和自身发展的特点。因此，应当按照儿童的自然本性去进行教育，要培养心智健全的"自然人"。他十分强调要依据人的自然本性、儿童的心理特点和理解能力，对儿童进行培养和教育。他说："我们的格言应当是：凡事都要跟随自然的领导，要去观察能力发展的次第，要使我们的方法依据这种顺序的原则。"他要求所有的教学科目都应适合学生的年龄特征；要求一切教学的安排都应适于学生的能力；要求一切教学都应考虑学生的要求。

夸美纽斯要求应当按照学生的兴趣爱好选择学科，这样才能使他们的智力得到顺利的发展。同时，也能让学生通过学习收获到更大的成果。

2. 教育原则

1）卢梭的学前教育原则

（1）要遵循自然，此为教育的首要准则。卢梭认为，教育就是要"遵循自然，跟着它给你画出的道路前进"[2]。在人类所受的教育中，可以分为三类："受之于自然""受之于人""受之于事物"[3]，这三类教育和谐一致才是我们所能受到的最好的教育。"受之于自然"的教育是我们无法掌控的，"受之于事物"的教育我们也只是在某些方面进行把握，而"受之于人"的教育是我们自己可以把握的。要使三类教育的目标和谐一致，我们必须让能够被人类掌控的教育趋向于不可控的"受之于自然"的教育，"使其他两种教育配合我们无法控制的那种教育"。一个人从出生开始，便不断经历着各种各样的考验与磨难，正是通过这些考验与磨难，人才能够成熟起来，才会懂得生活的意义，正如其所说的"这是自然的法则"。"遵循自然"不只是指在孩子的身体发育方面要遵循自然，在孩子的心理发育上同样也应该遵循自然，要针对儿童的年龄特征进行教育。儿童有自己的想法和感情，如果用我们的想法和感情去理解和代替他们，那教育的效果就会适得其反。"大自然希望儿童在成人以前就要像儿童的样子"，而不是按照成人的方式，培养出一些老态龙钟的儿童，我们应该"从他来到世上的那个时刻起就保护它"。我们既要"教给他知识"，也要教给他"认识他自己"。父母、教师都要尽到自己的责任，从孩子出生的那一刻起，就要保持教育的一致，用爱心与耐心培养孩子，使他"学会做人"。

（2）要循序渐进。卢梭认为，教育孩子应该谨遵循序渐进的原则。在谈到孩子识字

---

[1]〔捷克〕夸美纽斯. 大教学论[M]. 傅任敢，译. 北京：教育科学出版社，2005：42.
[2]〔法〕卢梭. 爱弥儿（上卷）[M]. 李平沤，译. 北京：人民教育出版社，2001：1-3.
[3]〔法〕卢梭. 爱弥儿（上卷）[M]. 李平沤，译. 北京：人民教育出版社，2001：3.

的问题时,他认为,一切教给孩子识字的形式都是不重要的,重要的是要培养孩子产生学习的欲望。而这种学习欲望不是靠父母的说教就可以实现的,而是要通过循序渐进的培养。"有感觉的生物一活跃起来的时候,它就可以获得同他的体力相适应的辨别能力;只有在保持自身生存所需要的体力以外还有多余的体力时,才适于把这种可以做其他用途的体力用来发展它的思考能力。"[1]卢梭在《爱弥儿》中曾提到,"把时间白白地放过去,正是为了争取更多的时间"[2]。在教育的问题上,他倡导教育要符合孩子的年龄特征,尊重个体,尊重儿童的身心发展现状。如果爱弥儿对识字的问题不感兴趣,卢梭就不会强迫他识字,他认为不识字或者对学习不感兴趣并不是一件十分危险的事情。

(3)"消极的教育"。卢梭主张"最初几年的教育应当纯粹是消极的""它不在于教学生道德和真理,而在于防止他的心灵沾染罪恶,防止他的思想产生谬见"[3]。人们急于将孩子教育成人,于是在孩子很小的时候就开始灌输给他们成人的世界观和价值观,用成人的方式来对待孩子。这样,不但没有让孩子明白教育的意义,反而让孩子曲解了成人的意思。所以,当我们教育孩子的时候,一定要考虑孩子幼小的心理承受力,"尽可能地让他们的心闲着不用,能闲多久就闲多久"[4]。但是这种"消极教育"并不是指对孩子的完全放任,而是指在不了解孩子之前,最好不要按照自己的思路去教育孩子。"每一个人的心灵有它自己的形式,必须按它的形式去指导他。必须通过它这种形式而不能通过其他形式去教育,才能使你对他花费的苦心取得成效。"[4]

2)夸美纽斯的教育原则

(1)规律性原则,就是指教学的节奏。在他的《大教学论》中,夸美纽斯运用了许多自然现象来论证自己的教育主张。他认为自然界的诸事物存在着一种秩序,无论在动、植物及人的活动中都发生着作用,它保证了宇宙万事万物的和谐发展。因此,教育最先应该在各方面与自然相适应,而和谐教育就是符合自然秩序的教育,即要求以培养人为主要任务的人类的教育活动,必须遵循其自然的规律去发展。夸美纽斯认为,人接受教育的过程也应该是一种按照自然规律和人自身发展的特点有序进行的过程,他强烈反对不顾人的自然本性的教育。他认为"这些不同的学校不是要去研究不同的学科,而是要用不同的方法去学习同样的学科,教导一切可以产生真人、真基督徒和真学者的事;自始至终,要按学生的年龄及其已有的知识循序渐进地进行教导"[5]。学生的身心特点各不相同,因此,在不同年龄阶段的发展也有不同的速度(有时缓慢、有时加速)和方式(有时平稳、有时剧烈)。所以,我们用夸美纽斯的和谐教育理论时不仅要符合秩序,还应该多关注儿童身心发展特点。只有让和谐教育不脱离这两点,才能最终达到成功教育的目标。

(2)直观性原则,即通过感觉来达到教育目的。夸美纽斯十分注重直观性教学原则的作用。他说:"我们可以为教师们定下一条金科玉律,在可能的范围以内,一切事物

---

[1] 〔法〕卢梭. 爱弥儿[M]. 李平沤, 译. 北京: 商务印书馆, 1978: 152.
[2] 〔法〕卢梭. 爱弥儿[M]. 李平沤, 译. 北京: 商务印书馆, 1978: 106.
[3] 〔法〕卢梭. 爱弥儿[M]. 李平沤, 译. 北京: 商务印书馆, 1978: 107.
[4] 〔法〕卢梭. 爱弥儿[M]. 李平沤, 译. 北京: 商务印书馆, 1978: 108.
[5] 〔捷克〕夸美纽斯. 大教学论[M]. 傅任敢, 译. 北京: 教育科学出版社, 2002: 215.

都应该尽量地放到感官的眼前。"[1]因为，只有通过感觉才能在学生身上培养一种真正的、确实的关于事物的知识。这就必须通过实际的观察去获得，使学生的学习具有独立性、创造性。他认为只有通过感觉才能使获得的知识记忆得到巩固，只有通过感觉才能提高学习的效率。

（3）方便性原则是为达到教育目标所采用的一般方法。为了使学生学起来容易，它就必须符合学生的心理。夸美纽斯主张只有让学生愉快地学习，才能真正学到知识和本领。儿童有着强烈的好奇心和求知欲，教师的任务就是用一切可能的方式激发学生的求知和求学的欲望，使学生自愿地去学习，而不要强迫孩子去学习。他认为教师要在学生有了学习要求的情况下去教，要在学生理解的基础上去要求记，要在学生明白行动规则的条件下再要求去做。总之，教师要启发学生自觉地去学习。同时，教学过程也应当联系实际，结合实际讲明知识的用途，使学生更深刻地理解事物的真实性质。首先要分析事物的原因，其次要注意事物之间的区别。这样做的目的在于使学生对知识易于理解和掌握，使学生能从知识的应用中得到快乐。

（4）巩固性原则。他非常重视知识的巩固，认为学完的知识只有巩固住才能有用。为此，首先，要教给学生科学的、系统的和有实用价值的知识；其次，要让学生运用各种感官，直接感知事物，还要求在理解的基础上去记忆；最后，要教会学生如何运用知识。夸美纽斯要求教师必须使学生能够"去发出问题，去记住答案，去把自己所记住的教给别人"[2]。他认为最好的练习方法是把知识讲给别人听。这样，学生掌握的知识一定是牢固的。在课堂上复述教师的讲解和回答教师的提问，也是使学生练习运用知识的方式。

3.2.2 学前教育研究发展期

福禄培尔、蒙台梭利和约翰·杜威都是具有广泛影响的著名幼儿教育家。他们在多年实践的基础上，总结出了各具特色的幼教理论，他们的教育思想丰富，涉及面广，对许多国家的幼儿教育产生了深刻的影响。

1. 教育理论

1）福禄培尔的学前教育理念

学前教育在人的整个教育体系中占有极其重要的地位。因此，福禄培尔认为，幼儿时期是人的发展过程中一个非常重要的阶段。正如他所说："人的整个未来生活，直到他将要重新离开人间的时刻，其根源全在于这一生命阶段，不管这未来生活是纯洁的还是污浊的，是温和的还是粗暴的……主要取决于他在这一年龄阶段的生活方式。"如果我们看不到人类发展的这一起点，那么就无法很好地把握人类社会的发展方向。因此，他把学前教育列入整个人的教育过程中，看作是人的真正教育的开始。

---

[1]〔捷克〕夸美纽斯. 大教学论[M]. 傅任敢, 译. 北京：人民教育出版社, 1957：152.
[2]〔捷克〕夸美纽斯. 大教学论[M]. 傅任敢, 译. 北京：人民教育出版社, 1957：127.

他认为人的本性是善良的,所以"教育必须遵循儿童的内在生长法则,使之获得自然的、自由的发展"。教学过程的根本原则必须是被动的、顺应的,而不是命令的、绝对的、干涉的。因为"一切专断的、指示性的、绝对的和干预性的训练、教育和教学必然地起着毁灭的、阻碍的、破坏的作用"[1]。福禄培尔拿园丁修剪葡萄藤的例子做比喻,"葡萄藤确实应当修剪,但修剪本身不会给葡萄藤带来葡萄;相反地,不管出自多么良好的意图,如果园丁在工作中不是十分耐心地、小心地顺应植物本性的话,葡萄藤可能由于修剪而被彻底毁灭,至少它的肥力和结果能力被破坏"[1]。与此同时,福禄培尔也重视儿童个性的发展。成人为教育幼儿所做的一切努力,都是为了实现人类从诞生之日起就开始自发且自由地自我教育和自我发展,以便认识自我,最终作为人类社会的成员而自由地生活,成为一个完美的社会个体。

2)蒙台梭利的幼儿教育理念

蒙台梭利在《童年的秘密》一书中指出:"不应该把儿童当作物,而应该把他当作人来对待;不应该把他当作由成人灌注的器皿,而应该当作正在努力求得自身发展的人来对待;不应该把他当作由父母或教师来左右其个性的奴隶,而应该把他当作活生生的、主动的、独一无二的人来对待。"因此,我们要尊重儿童人格的独立性,尊重儿童发展的阶段性,尊重儿童学习的自由性。

蒙台梭利认为,儿童有着与生俱来的"内在的生命力",或称之为"内在潜力",或把它总括为"人类的潜能"。这种潜力是一种积极地发展着的存在,它具有强大的力量。儿童有一种与生俱来的积极力量和敏感性,这种力量和精神促使他们意识到自己内部的成长,与此同时产生出进一步发展的强烈愿望。儿童的发展和个性的形成是内部力量的自然表现,是受内部需要引导的。儿童通过各种独立自主的活动,达到其"自我实现"和"自我创造"的要求。她说:"生长,是由于内在的生命潜力的发展,使生命力显现出来,它的生命力量是按照遗传确定的生物学的规律发展起来的。"[2]教育的任务是挖掘儿童的"内在潜力",并按其自身发展规律,进一步激发和促进,使其充分获得自然的和自由的发展。她极其重视儿童个性的发展和培养,蒙台梭利的教育目的是培养具有"独立、自主"精神和善于工作的人。蒙台梭利的幼儿教育不仅是一种教育理论,更是一种尊重生命的态度。

3)约翰·杜威的实用主义教育理念

在《民主主义与教育》一书中,杜威说:"尊重儿童,尊重他到底,但是也要尊重你自己……关于儿童训练,有三点要注意:保存儿童的天性,除了儿童的天性以外,别的都要通过锻炼搞掉;保存儿童的天性,但是阻止他扰乱、干蠢事和胡闹;保存儿童的天性,并且正是按照他所指出的方向,用知识把儿童天性武装起来。"[3]

杜威认为"教育即生长,除它自身之外,并没有别的目的,我们如果要度量学校教育的价值,要看它能否创造继续不断的生长欲望,能否供给方法,使这种欲望得以生

---

[1] 〔德〕福禄培尔. 人的教育[M]. 孙祖复, 译. 北京:人民教育出版社, 1991:6.
[2] 〔意〕蒙台梭利. 蒙台梭利幼儿教育科学方法[M]. 任代文, 译. 北京:人民教育出版社, 1993:67.
[3] 〔美〕杜威. 杜威教育文集(第二卷)[M]. 北京:人民教育出版社, 2008:40.

长"①。"唯一的真正教育是通过对儿童能力的刺激而来的""儿童自己的本能和能力为一切教育提供了素材,并指出了起点"。他认为,教育本身就是借助儿童自身的能力作为其成长的素材,然后予以指导,以促进儿童自主自由生长。

杜威的教育理念用教育术语来说,其意思就是教育的过程,在它自身以外没有目的,它就是它自己的目的;教育的过程是一个不断改组、不断改造和不断转化的过程。他认为,儿童的生长本来就依托于生活,就是在生活中展开的。那么,教育就应该在生活中发生。儿童现有的生活应当成为教育最好的教材,这不仅有了实际的学习内容,而且能为生活提供指导,可以教会儿童如何适应自己的生活。在此基础上,杜威提出的教育理念,就是把接受教育的儿童培养成为能够完全适应生活环境和社会的人。

2. 教育原则

1)福禄培尔的教育原则

(1)持续发展原则。福禄培尔从世间万物是无限发展的观点出发,认为人是宇宙中的一部分,所以他的生命过程也是不断发展的。同时,他从每个事物之间是相互联系的观点出发,突出强调人的各个发展阶段之间的连续性。基于以上这些观点,福禄培尔提出人的教育应按照儿童的本性进行不断的引导和教育,促使他们在各方面得到发展。他强调人类有着强烈的渴望完美与健全的思想,"人的发展过程也和自然界的进化过程一样,经历了从不完善到完善、从低级到高级和由简单到复杂的前进序列"②。人类的发展是一个连续性的过程,他提出人类发展的各个阶段不是彼此孤立的,而是相互联系和持续发展的。如果忽视了每个阶段内部的联系,那么就会偏离教育的最终目标。他强调对儿童的教育,从小就应该采取相对普遍性和持续不断的方法。因为,"每一个后继的阶段以一切和个别先行的生命阶段的强有力的、完全的和特有的发展为基础……因为只有每一个先行的发展阶段上的人的充分发展,才能推动和引起每一个后继阶段上的充分和完满的发展"③。只有每个阶段都认真成长起来,才能更好地和下一阶段的发展衔接起来,而学前教育的目的就在于帮助儿童发展自己的这种天赋。

(2)顺应自然原则。福禄培尔教育理论体系中的一条重要原则就是教育要顺应自然,也就是说,教育必须遵循自然规律。与此同时,他也认为人的本性是善良的。基于这些原则,他要求儿童从最早期开始就可以不受干扰地自然发展。因此,幼儿时期是教育发挥其导向作用,让孩子的品性向善的最关键时期。在此期间的教育、教学和训练必须是容忍的、顺应的,保护性的和防御性的,"一切专断的、指示性的、绝对的和干预性的训练、教育和教学必然地起着毁灭的、阻碍的、破坏的作用"④。福禄培尔很早就感受到所谓神造自然和人类心灵的关系,由自然到神,由有限到无限的哲理。他提出学前教育应当顺应自然,将人与自然融为一体,并达到两者的和谐发展。他强

---

① 〔美〕杜威. 杜威教育文集(第二卷)[M]. 北京:人民教育出版社,2008:54.
② 吴式颖. 外国教育史教程[M]. 北京:人民教育出版社,1999:37.
③ 〔德〕福禄培尔. 人的教育[M]. 孙祖复,译. 北京:人民教育出版社,1991:20-21.
④ 〔德〕福禄培尔. 人的教育[M]. 孙祖复,译. 北京:人民教育出版社,1991:6.

调教育活动应该充分尊重教育对象的基本意愿，让幼儿尽可能自己决定和掌控其行为，成人不要盲目地加以干涉。让幼儿通过其自主的实践活动，来认识自己，进而启发他们的内在潜力。

（3）创造性原则。福禄培尔十分重视儿童创新思维和能力的发展，他指出，创造性的活动是教育的重要方式。因此，人类从事创造性的活动是人类生存和教育赖以发展的前提条件。福禄培尔认为传播知识并不是教育的目的，而只是儿童发现自己、锻炼自己创造力的手段。人的创造力的培养必须坚持"由内向外""由外向内"和"内外统一"的原则。他强调，"教育是以内部的、最本质的东西为根据、为基础的""教育不可能也不允许直接地由外部推断内部"[1]"必须使外表的东西变为内部的东西，内部的东西变为外表的东西，并指出两者必要的统一性"[2]。

福禄培尔倡导幼童通过学习和实践来体验和理解创造的真谛，因为自主的自我教育活动所得来的成果，远比被灌输与被强迫要真切而且深刻。他尤其强调了艺术在培养儿童创造力中的作用。他认为，艺术反映了自我表现、自我发展和自我观察的欲求，儿童学习艺术的目的不一定是将来成为一名艺术家，"它有一个特定的目的应当是使每个人按照各自的本质充分地、全面地发展起来，使他能够从人的本质的全面性和全能性上去认识人"，"人是人类艺术最高的表现"。福禄培尔将艺术划分为音乐、绘画和雕塑，这些真正构成内部生命本身的东西的艺术表现，"必须通过广泛的、包罗一切的教育和人的陶冶及早地得到重视，及早地被作为正规学校的正式教学对象来对待"。

此外，他还主张要求借助各种作业、练习和游戏等方式，使儿童的创造性得到系统的发展。他特别强调游戏在学前教育中的重要教育作用，因为儿童的创造性主要是通过游戏表现出来的，创造能力也是通过游戏培养出来的。他认为游戏是幼儿生活的一部分，对于发展幼儿的认识、想象力和创造力是大有裨益的。福禄培尔为了更好地让儿童开展游戏和其他活动，专门设计了一个从简单到复杂、从统一到多样的循序渐进、合乎逻辑联系的游戏和作业体系，还有与此相配套的一系列活动玩具作为教具。福禄培尔称这套活动玩具为"恩物"，在"恩物"中，圆球是一切外部形态中最完善的形态，是统一的象征。球体可以滚动，其表层没有起点和终点，因此，它又是运动无限的象征。立方体有许多边、角、面，用于教给儿童多样性的概念，圆柱体则引导儿童认识到所有表面上的矛盾，都在对立面的调和中得到消失。除了"恩物"之外，福禄培尔又为儿童设计了各种制作活动的作业，有绘画、纸工、用小木棒或小环拼图、串联小珠、刺绣等。除此之外，他还要求儿童参加各种劳动活动，如栽培植物、初步的自我服务等。这套"恩物"和一系列活动的真正价值，在于它可以开发儿童的智力、发挥儿童的创造性。

2）蒙台梭利的教育原则

（1）自由教育原则。蒙台梭利所说的"自由"，是指"儿童从妨碍其身心和谐发展的障碍中解放出来的自由"[3]。蒙台梭利认为"科学的教育学的基本原则，应该是儿童

---

[1] 〔德〕福禄培尔. 人的教育[M]. 孙祖复，译. 北京：人民教育出版社，2001：15.
[2] 〔德〕福禄培尔. 人的教育[M]. 孙祖复，译. 北京：人民教育出版社，2001：8.
[3] 卢乐山. 蒙台梭利的幼儿教育[M]. 北京：北京师范大学出版社，1985：29.

自由的原则——这种教育允许个性的自由发展，允许儿童天性的自然表现"[①]。自由教育是自然教育的前提，只有给儿童充分的自由，让儿童自由选择，儿童的自然天性才能得到自然表现和发展，我们才能发现儿童的心理需求与倾向。当然，他的自由教育是建立在一定的纪律基础上的。

值得一说的是，人们通常会把纪律与自由对立起来。而蒙台梭利在他的教育体系中的自由概念并不是放任自流，或允许儿童肆意妄为。与此相反，他认为给予儿童的自由是要有范围和限度的。有独立自主精神的人，无论何时何地让他意识到"需要遵从某些生活准则的时候，他能够节制自己的行为"。从这个意义上讲，纪律也就意味着自由。蒙台梭利的这种纪律，建立在一定自由活动的基础上，同时也贯穿于自由、自发的活动中。

蒙台梭利的教育原则和方法，是在"有准备的环境"[②]和特定的条件下给儿童以最多的自由和活动的权利。当儿童生活在一个自然和谐、可以自由选择的环境中时，他就能够自觉地按照自身的心理需求去选择自己想要的并乐意做的事情，而且能够在活动过程中表现出忘我的、不受外界影响的专注力。

从蒙台梭利制订的教学计划来看，其目的就是要引导儿童自己走向独立的道路。她认为："儿童不做，就不知道应该怎么做。"因此，蒙台梭利在她创办的"儿童之家"[②]里，给儿童精心布置了一个既可以充分发挥自主性又便利的活动场所。她认为，允许儿童进行一定的自由活动，是实施新教育的第一步。在自由活动中，让儿童了解到自己的力量，发现自己的喜好，是促进他们健康成长的最大动力。所以她强调说："活动，活动。我请你把这个思想当作关键和指南：作为关键，它给您揭示了儿童发展的秘密；作为指南，它给您指出了它遵循的道路。"将儿童潜在能力的开发和儿童身心的健康发展，通过一定的自发活动和自由活动充分显示出来，这对我们有着重要的启发意义，同时也为我们指出要培养创造出让儿童拥有良好纪律观念的自由之路。

（2）自然教育原则。自然主义教育思想的核心是教育应该遵循其自然天性与自身的发展规律，重视儿童在其自我发展、自我教育过程中的主体地位。蒙台梭利的自然教育原则是指教育要充分遵循和顺应儿童的自然本性，反对成人违反儿童的自然天性，对儿童进行过分的干涉。

儿童是一个发展着的个体，儿童的发展是个体与环境两者交互作用的结果。由于儿童在成长过程中应生理和心理的需要而催生出一种自发性活动的欲望，在内在生命力的驱动下，这种自发性活动不断地与环境相互作用。儿童在这个过程中获取知识，积累经验，反过来又促进了儿童生理和心理的发展。因此，父母和教师只需要在遵循儿童的自然天性与心理发展规律的基础上，为儿童提供"有准备"的教育环境，让儿童在其"内在生命力"与外界良好环境的交互作用下，得到最好的发展，成为最好的自己。

（3）自我教育原则。由于儿童天生具有强烈的好奇心，对任何事物都有积极探索的欲望。因此，蒙台梭利在科学认识儿童心理发展规律与特征的基础上，认为儿童具有自

[①]〔意〕蒙台梭利. 蒙台梭利幼儿教育科学方法[M]. 任代文，译. 北京：人民教育出版社，1993：68.
[②]〔意〕蒙台梭利. 童年的秘密[M]. 马荣根，译. 北京：人民教育出版社，2005：68-80.

我教育、自我发展的可能性。应该在有准备的环境中，让幼儿自主地选择工作，在独立操作工具工作的过程中，培养幼儿自主探究的积极性和主动性，从而促进幼儿健康发展。

除此之外，儿童还具有超强的"心理吸收力"。所谓"心理吸收力"，是指儿童在其自然本性和内在敏感性的引导下，利用自己全身的感官，在自然愉悦的状态下将外界提供给他的各种刺激、印象和文化模式全部吸收成为自己的东西。这种通过吸收方式来获取知识的能力大约会持续到7岁，儿童的这种心理吸收力为儿童的自我教育提供了可能。但是，因为儿童的这种心理吸收力是有选择的，并不是伴随儿童一生的，所以，儿童的成长是儿童自我吸收、自我教育的结果。而成人要做的就是为儿童提供满足和促进其心理发展需要的、可以自由选择的环境。

儿童与生俱来的"潜在生命力"，在蒙台梭利看来是一种积极的、活动的、发展着的存在，而教育的任务就在于激发和促进儿童这种潜力的发展。正是基于这种观点，蒙台梭利所有的教育理论和方法都是建立在较少干预儿童主动活动的基础之上的。她在长期的实践中总结到："我们发现教育并非教师教的过程，而是人的本能发展的一种自然过程。不是通过听，而是依靠儿童作用于环境获得的经验。教师的任务不是讲解，而是在为儿童设置的特殊环境中预备和安排一系列有目的的文化活动主题。"[①]因此，他主张教师通过一定的指导，让儿童在教师的引导下自由选择教具材料，独立操作、自我校正、自我教育，以此提高儿童各方面的能力，同时又挖掘出儿童不同的性格特点，在早期培养儿童的"自律"和"自治"精神。

3）杜威的自然主义教育原则

杜威的自然主义教育观——"教育即自然生长理论"，概括地讲主要包括三个方面的内容，即儿童中心论、经验论与教育即生活。这一教育观的哲学基础是他的实用主义经验论，即自然主义经验论。

（1）儿童中心论。对于儿童，杜威有自己独特的见解。他认为儿童天生就具有爱好活动的特性，并且能够凭借活动最终结果带来的欢乐来调整和控制他们自身的活动，以此来适应环境的需要。儿童这种本性的潜在动力是强烈的，教育活动必须尊重和利用它。他宣扬以"儿童中心"取代"教师中心"和"教材中心"，他强调教师应是儿童生活、生长和经验改造的启发者和诱导者。毋庸置疑，在杜威看来"决定学习的质和量的是儿童，而不是教材""学校科目相互联系的真正中心，不是科学，不是文学，不是历史，不是地理，而是儿童本身的社会活动"[②]。如果在现实生活中对儿童进行教育，就会让儿童产生对学习的需要和兴趣，激发儿童学习的自觉性和积极性。只有儿童的自主学习意愿和在生活中对事物的真正理解，才能使得这种教育最为真实、生动、活泼。通过这种方式可以使儿童自然地发展本能，自由地发挥主动性和创造性。由此可以看出，杜威儿童中心论的基本观点：反对传统教育对儿童天性的压抑，主张教育要遵循儿童的自然本性；反对传统教育以教师为主导地位进行填鸭般的灌输知识，主张以儿童为教学中心；教育的一切措施要围绕儿童而组织起来，培养身心全面而又自由发展的人。

---

① 〔意〕蒙台梭利. 蒙台梭利幼儿教育科学方法[M]. 任代文，译. 北京：人民教育出版社，1993：68.
② 〔美〕杜威. 学校与社会·明日之学校[M]. 赵祥麟，任钟英，吴志宏，译. 北京：人民教育出版社，1994：9.

(2)经验论。杜威在《民主主义与教育》第十一章"经验和思维"中强调指出,"经验包含一个主动的因素和一个被动的因素,这两个因素以特有形式结合着"①。"在主动的方面,经验就是尝试;在被动的方面,经验就是承受结果。"此外,杜威从儿童成长、发展的角度阐明儿童的经验与教育的关系。他认为,"教育与个人经验之间是相互联系的、密不可分的,所有真正的教育都来自于经验"①。作为生活中独立存在的个体,儿童就像独立生活的成人一样,时刻经历着家庭生活、学校生活和社会生活,并且从丰富多彩的生活中不断获得生活经验。因此,杜威认为儿童在通过自己亲身体验世界、感受生活,并从中获得第一手经验的过程中,所学习到的生存技能和技艺会不断地提高。这些经验必定将影响与决定其未来自身的发展方向与生活状态。杜威认为,对于儿童来说,教育存在的主要意义并不是要给儿童现成的知识,而是去鼓励儿童亲自体会,并在教育者的指导下对经验进行改造,使其内化为自己的知识。"一盎司经验所以胜过一吨理论,只是因为只有在经验中,任何理论才具有充满活力和可以证实的意义。""一种经验,一种非常微薄的经验,能够产生和包含任何分量的理论或理智的内容,但是,离开经验的理论,甚至不能肯定不被理解为理论。"①在杜威的经验论中所讲到的"经验",既来自活动,又回归活动,也正因为如此,才产生了教育的意义。

(3)教育即生活。"生活就是发展,不断发展,不断生长,就是生活,而教育也是生活。"①此论断就是指在生活过程中使经验得到自然增长。杜威强调教育必须根植于现实生活,教学素材应该来源于生活与儿童自身的生长与发展的相统一。这一理论有两个方面的基本要求:一是要求学校教育与儿童的日常生活相结合,要求学校教育与社会生活相结合;二是要求教育应该体现儿童生活、成长和发展的价值。因此,教育要直接渗透到儿童的生长与生活过程中,教育应该与现实社会生活、儿童日常生活协调一致。人不可能脱离现实的环境,学校也不能够脱离现实的生活,更不能脱离儿童的天性。教育的过程应当是眼前生活的本身,杜威看重的是教学要从儿童的现实生活出发,并且附着于儿童的现实生活,而不是把成人的经验外在地强加给儿童。

杜威认为"行"和"知"是良好的伴侣,是携手共进的,而"从做中学"可以充分发挥这种效能。因为儿童有从生活中获取知识的强烈愿望,这样他就有真实的学习目的,会产生强烈的兴趣并为之付出努力。所谓目的,则是对于活动发展的预见或假定;所谓兴趣和爱好,则是情感;所谓努力,就是坚毅的意志的根子。所以在生活、生长和经验改造中进行教学,必然是知、情、意、行连带向前而无法分开的。正因为生长是生活的特征,所以教育就是不断生长,教育在它自身以外,没有别的目的。

3.2.3 苏联时期学前教育研究

瓦西里·亚力山德罗维奇·苏霍姆林斯基是苏联著名的教育实践家和教育理论家,被人称为"教育思想泰斗"。他着力研究如何培养"真正的人",即教师和父母应该怎么将孩子培养为理想的、上进的、高尚的合格公民。由于苏霍姆林斯基在苏联乃至世界

---

① 〔美〕杜威. 民主主义与教育[M]. 王承绪, 译. 北京: 人民教育出版社, 2005: 110-140.

教育界的重要地位和突出贡献，至今仍发挥着不可替代的巨大作用，笔者将通过着重研究其教育理论分析苏联时期学前教育研究的情况。

1. 苏霍姆林斯基的和谐教育理论

教育是社会按照一定的需要培养合格社会成员的实践活动。苏霍姆林斯基把教育过程本身看作是一种对理想的追求，即体现理想社会完美关系的那种人的活生生形象的追求。

（1）苏霍姆林斯基把"和谐教育"概念纳入了他的"全面发展"理论之中。他所谓的"和谐教育"意味着：①处理好认识世界（理论学习）与改造世界（实践活动）两者的关系，使之处于相互促进的和谐发展之中；②处理好每一个表现领域的和谐关系，使每一个学生在其天赋所能展示的一切领域中，充分表现出自己的出类拔萃；③使学生能够将因为某件事取得成功而带来的自尊、自信和自豪感，同样用在对待其他事物和困难之中，以此取得成功。

（2）苏霍姆林斯基把"精神生活"范畴补充进了"全面发展"理论之中。他所谓的"精神生活"意味着：使学生在德、智、体、美、劳等诸多方面积极向上，使个人品德能够在这些活动中得以形成、满足和发展，使每个人特有的天赋和才能，有机会充分显露和发挥。

（3）苏霍姆林斯基用德、智、体、美、劳"相互渗透"的理论丰富了全面发展理论。他所谓的"相互渗透"，就是你中有我，我中有你，相互联系，彼此促进。不仅如此，苏霍姆林斯基认为，全面和谐发展是对每一个教育对象的一个共同的要求，也可以称之为共性教育。而各种因人而异的才能、兴趣、天性的充分发挥，也可以称之为个性教育。

苏霍姆林斯基辩证地认为，儿童的个性发展也是十分重要的，它不仅不与全面和谐发展的要求相矛盾，相反，与其是并行不悖、相辅相成的。学校教育的任务就是要把每个孩子的天赋和才能充分开发出来，使之更好地、更有效地为社会和人民的利益服务，并由此体会到快乐。想要充分发挥每一个学生的个性特点，就要在对他们的教育过程中，充分"注意每一个人，关怀每一个学生，并以关切而又深思熟虑的谨慎态度对待每个孩子的优缺点，这是教育过程的根本之根本"[①]。因此，共性教育必须依赖于个性教育去充实、完善、延伸和提高，共性教育无法排除个性教育。同样，个性教育也必须以共性教育为前提和基础，不能够排斥共性教育。只有这样才能充分发挥两者的优势，使二者在和谐统一体中相互促进。只有这样，每个人的个性才能得到真正的更加充分的发展，同时，也使个性全面和谐发展的内涵得以充实和完善。

2. 苏霍姆林斯基教育思想的基本原则

（1）要热爱孩子，了解孩子。苏霍姆林斯基认为："我生活中什么是最重要的呢？

---

① 〔苏联〕苏霍姆林斯基. 帕夫雷什中学[M]. 赵玮, 编译. 北京：教育科学出版社, 1983: 11.

我可以不假思索地回答说：爱孩子。"①在他一生的教育实践活动中最突出的特点就是热爱孩子，关心每一个孩子的成长。他说：只有你自己依恋孩子们，离开他们感到无法生活时，只有在跟他们的接触中你才能找到幸福和欢乐时，孩子们才会依恋你。"我总想和孩子们待在一起，跟他们同欢乐共忧患，亲密无间，这种亲昵感乃是教育者创造性劳动的一大幸福……缺少了这种欢乐就难以想象能有完满的教育。"②

苏霍姆林斯基认为，想要更深入地了解孩子、教育孩子，就应该先去了解孩子的家庭。他要求对每个儿童的家庭环境、身体健康状况、学习情况、智力发展，以及个性、兴趣、爱好、才能、特长都有一个充分的了解，进而根据每个人不同的特点，对他们的生活、学习、课外活动及全部教育做出适当的安排。

爱孩子最重要的标志是关心孩子，了解孩子，进而认真地教育孩子。他曾说："教育——这首先是人学。不了解孩子——不了解他们的智力发展情况，他的想法、兴趣、爱好、才能、理想，就谈不上教育。就如同医院的主治医师，如果没有自己的患者就不可能是一个真正的医生一样，一个校长如果没有自己的学生就无法领导教师。所谓'自己的'，意思是指：他要从孩子进校之初直至取得中学毕业证书止，一直跟着他一个台阶、一个台阶地攀登，直接关注他的智力、道德、审美能力、情感和身体的发展，同他有着共同的精神情趣，并向他传授自己的精神财富。"②所以，他当了六年校长后又成为班集体的教师，因为只有这样才能有更多的时间和孩子们在一起，通过心灵的交流去影响他们。

（2）要相信孩子，尊重孩子。苏霍姆林斯基相信每一个孩子都能在正确的教育引导下充分发挥自己的优势，从而成长为一个自尊自信的人。他特别强调教师要相信孩子，要让每一个孩子都成为一个独一无二的个体。他的一句响彻云霄的名言"要让每个学生都抬起头来走路"③，时刻回荡在我们的耳际。苏霍姆林斯基反对只用学习成绩这把尺子去衡量学生，承认人的智力和认识能力不同，教师应该保护每个儿童的自尊心和自信心。

他提出，必须采取积极正面的教育方式对儿童进行道德教育，时刻维护孩子的自尊心和自信心。他认为在孩子道德品质的形成过程中，积极因素和消极因素会共同作用于孩子。所谓积极因素通常是指孩子的善良行为，是克服消极因素和不良影响的巨大力量。因此，要尊重孩子就需要尽量避免惩罚，因为惩罚是对学生人格的侮辱和不尊重。当学生感到不被尊重时，他的行为就会变得更加粗暴，对美和善就会变得迟钝，自我教育对学生来说也就变成了奢求。

苏霍姆林斯基极力倡导孩子本身就有一种非常巨大的教育力量，这种力量可以让一个犯了不道德行为的人，自己用良心去谴责和反省自己。当一个孩子通过他自己的努力深刻地认识到自己的错误，然后发自内心地去改正错误时，才会达到教育的效果。

他认为："只要不是恶意犯错误，一般不予惩罚，通常在这种情况下，宽恕才能触

---

① 〔苏联〕苏霍姆林斯基. 苏霍姆林斯基选集（第一卷）[M]. 蔡汀，王义高，祖晶，译. 北京：教育科学出版社，2001：42.
② 〔苏联〕苏霍姆林斯基. 苏霍姆林斯基选集（第三卷）[M]. 蔡汀，王义高，祖晶，译. 北京：教育科学出版社，2001：8.
③ 〔苏联〕苏霍姆林斯基. 苏霍姆林斯基选集（第一卷）[M]. 蔡汀，王义高，祖晶，译. 北京：教育科学出版社，2001：96.

及儿童自尊心最敏感的部分，使儿童内心产生要求改正错误的意志力。"[①]但这也并不意味着教师就要毫无原则地宽恕孩子的一切行为，"教师应是善良的人，但不应该是无原则的'老好人'"[①]。如果孩子犯了错，在惩罚之前必须要做到一点，那就是"不要急于处罚学生，要好好想一想，是什么促使他犯这种或那种过失。要是设身处地地为孩子想一想，那么，就可相信他们会通过自身的努力来改正错误"[①]。因为，在一定情况下惩罚也是最有效的教育方法。要在适合的场合下，注意分寸；在不伤害孩子自尊心和自信心的前提下，可以对孩子采取一定的惩罚。总之，无论是否惩罚，都一定不要伤害孩子的自尊心和自信心。

苏霍姆林斯基在"快乐学校"中讲到，真正的学校并不仅仅是儿童获得知识和技能的场所。真正的学校，是儿童集体的丰富多彩的精神生活，它以多种多样的志趣和爱好把施教者与受教者联系起来。因此，教育没有主要次要之分，教育之囊括的一切都是主要的——不论是课堂教学，还是课外对儿童多方面兴趣的发展，或集体内学生间的相互关系，都是主要的。

童年是人生最重要的阶段，它并不是对未来生活的准备时期，而是真正的、光彩夺目的一段独特的、不可复制的生活。今天的孩子将来会成为一个什么样的人，取决于他的童年是如何度过的。在这一时期，周围世界的事物不断地进入他的头脑和心灵，使他的性格、思维、语言都在学龄前和学龄初期就已经逐渐形成。因此，让孩子有个快乐的、有意义的童年，是所有教师和家长的责任与义务。

3.3　中国古代蒙学研究

我国古代蒙学是指中国封建社会对儿童进行启蒙教育的学校，古代蒙学包含了对幼儿的生活经验、文化知识和道德品质教育等不同方面。中国古代对蒙学最早的论述源于《易经·蒙卦》中"匪我求童蒙，童蒙求我"一句。如今在《辞海》中对蒙学的论述是："中国封建时代对儿童进行启蒙教育的学校，教育的内容主要是识字、写字和封建道德教育……没有固定的年限，采用个别的教学，注重背诵、练习。"

相对于现代的学前教育来说，我国古代蒙学的发展是一个十分漫长的过程。早在我国古代的夏商周时期，就已形成将教育细分为小学教育和大学教育的雏形，只不过各个朝代的名称不一而已，如夏代称为东序、西序，商代改为左学、右学，到了周朝又分为大学和小学。《大戴礼记·保傅》中记载："古者年八岁而出就外舍，学小艺焉，履小节焉。束发而就大学，学大艺焉，履大节焉。"[②]《汉书·食货志》中有云："八岁入小学，学六甲五方书记之事，始知室家长幼之节。十五岁入大学，学先圣礼乐，而知朝廷君臣之礼。"[③]由此可见，在我国古代社会，儿童八岁就应当进入"小学"以知"小

---

① 〔苏联〕苏霍姆林斯基.育人三部曲[M].毕淑志，赵玮，等译.北京：人民教育出版社，1998：3-20.
② 高明.大戴礼记今注今译[M].天津：天津古籍出版社，1988：126.
③ 汉书·食货志[M].上海：商务印书馆，1936：16.

艺"，目的在于履"小艺"，知长幼之节。所谓"小艺"，就是生活中的良好习惯，包含生活的方方面面。宋代大儒朱熹在《大学章句序》中有云："人生八岁，则自王公以下，至于庶人之子弟，皆入小学，而教之以洒扫、应对、进退之节，礼乐、射御、书数之文；及其十有五年，则自天子之元子、众子，以至公、卿、大夫、元士之适子，与凡民之俊秀，皆入大学，而教之以穷理、正心、修己、治人之道。"[①]朱熹此句，详细地讲出了古代蒙学之目的，就是以识字、力所能及的事务和基本礼仪为开始，从各方面教育幼童，为儿童制定生活行为规范。其目的就是让受教育者从儿时就养成良好的行为习惯，拥有基本的是非观念，为其良好品德的养成奠基。

我国古代蒙学中的一些价值观放在当今教育之中，仍是有着其积极的、科学的、可取的方面。且不论在古代社会中，蒙学作为教育之初始，对多少的文人、大儒、英雄甚至帝王产生了深远的影响。单就近现代来说，毛泽东、鲁迅、郭沫若、华罗庚、苏步青、茅盾等著名人物，都在不同领域作出了非凡的业绩。他们成才的原因自然是由诸多方面因素造就的，但是我们也知道，他们当中相当多的人并没有完成当今观念上的完全教育（即大学、研究生的学业，获硕士、博士等学位），甚至有的就是自学成才的。而且他们都有一个共同点，就是都在幼年读过私塾，接受过我国传统的蒙学教育，也是中国最后一批蒙学教育的受益者。由此可见，蒙学内容及形式中虽然有一些带有封建色彩的落后思想，但是我们也绝不能忽视其对幼儿所产生的积极、深远的影响。

3.3.1 蒙学教材

中国古代蒙学对封建时期幼童道德品质的形成，有着极其重要的启蒙作用，而蒙学教材就是进行古代蒙学的重要载体。蒙学教材又称小儿书，是中国古代专门为蒙学幼童编写的、对幼儿进行启蒙教育的读本。

我国古代蒙学教材按书中所载内容的侧重点不同，可以分为五大类：综合知识类、伦理道德类、历史知识类、生活知识类和工具书类。这些读物从内容上来说都生动活泼，知识面十分丰富；从形式来说大多平仄押韵，朗朗上口，便于幼童的理解与记忆。有很多蒙学教材自问世起便颇受社会欢迎，在民间广为流传，至今仍为人们所传诵和引用。对我国古代蒙学教材的研究，有利于我们掌握古代蒙学教育的特点和优势。掌握和运用蒙学教材不仅可以更好地将我国优秀的传统文化融入现代幼儿教育之中，还可以对现代幼儿教材的选择和编写起到指导、借鉴作用。

1. 蒙学教材的特点

在我国封建社会，对幼童的蒙学教育十分重视。古人认为，一个人成才与否，当自幼童开始。《易经》有云："蒙以养正，圣功也。"孔颖达作疏道："能以蒙昧隐默自养正道，乃成至圣之功。"所谓蒙正也叫养正，就是说人在蒙稚的时候，就应当培养其纯正无邪的品质，养正固本，培养正直、正气、正义等品格，这也是造就圣人的成功之

[①]（宋）朱熹. 四书章句集注·大学章句序[M]. 北京：中华书局，2005：1.

路，足见蒙学之重要。因此，作为蒙学的重要载体，我国历代的教育家、思想家们都十分重视蒙学教材的编写和研究。据统计，迄今为止，我国已发现的蒙学教材多达一千多种。蒙学教材体现了如下特点。

（1）丰富多样。我国蒙学教材丰富多样的特点，体现在其内容的丰富性和类型的多样性上。这些教材在幼童的基本知识传授、道德行为养成方面无不详细。首先，儿童在步入初级学习阶段时，所面对的是一个全新的未知领域，这需要儿童在短时间内认识一定的文字、掌握一定的事物名称，以及和他们生活贴近的最基本的知识。这就要求蒙学教材的内容必须丰富，如《幼学丛林》虽然只有短短的4卷，其内容包含了天文地理、岁时节令、朝廷皇宫、文臣武职、祖孙父子、兄弟夫妇、师生宾朋、婚姻妇女、老幼寿诞、身体衣服、人事交往、饮食器用、宫室珍宝、贫富贵贱、疾病死丧、文事科第、制作技艺、诉讼牢狱、释道鬼神、鸟兽花木等33个方面，几乎涵盖了古代社会中基础知识的所有方面。其次，儿童处于人生的懵懂期，对他们的教育必须事无巨细。因此，蒙学教材的类型也是十分多样。按照教材内容划分，有综合类、伦理道德类、历史类、理学经学类；按教材的形式划分，有韵对类、诗歌类、故事和图画类；按教育目的划分，又可以分为识字类、知识类、思想类。这些蒙学教材中蕴含的内容，涉及自然、社会、历史、教育、伦理、道德等多方面的知识，留给学生独立思考和反复琢磨的空间。因此，符合幼童的心理特征，有助于提高幼童的学习兴趣和学习质量。

（2）以行达道。我国蒙学教育自产生伊始，除了帮助幼童提升识字能力外，还十分重视对幼童的伦理道德教育。而众多的蒙学教材不谋而合的，是以规范幼儿日常行为活动为切入点，以图达到培养幼童良好道德品性的目的。例如，《三字经》中的做人十义："父子恩，夫妇从；兄则友，弟则恭；长幼序，友与朋；君则敬，臣则忠"，从父子、夫妇、长幼、兄弟、朋友、君臣等各种人际关系着眼，教导儿童遵守伦理纲常，明确身份，培养其处理与不同关系的社会成员之间的人际交往能力；《弟子规》中的"冠必正，纽必结，袜与履，俱紧切"，则是教导幼童注重日常的仪容仪表，以此培养其生活能力并养成良好的生活习惯；《弟子职》中的"夙兴夜寐，衣带必饬"也是如此，意在教导儿童正确地对待生活。这些蒙学教材，都从生活中的点点滴滴入手，敦促儿童从细微小事中养成良好的行为习惯，从而以习惯来引导其良好品德的形成，最终达到人生大义。

类似此种教育在蒙学教材中屡见不鲜，可见，我国传统蒙学教材的一个共同特点，即以行达道，帮助幼童培养良好的行为习惯，以养成良好的伦理道德品格，最终达到人生大道。

（3）通俗易懂。为了帮助幼童理解和记忆，提高学习兴趣，我国古代蒙学教材在编写过程中十分注意幼童的年龄特点，一般说来就是句式简短整齐、讲究对仗押韵，且用词浅显，明白如话，朗朗上口，颇接地气。这样就易于幼童记忆，融通俗性和教育性为一体，能够较好地完成对幼童的基础教育，为将来的进一步学习打好基础。例如，三字一句的有《三字经》《弟子规》《女儿经》，四字一句的有《开蒙要训》《千字文》《蒙求》《性理字训》，五字一句的有《五言鉴》《神童诗》等。这些蒙学教材除了句式简短整齐外，还讲究对仗和押韵。很多蒙学教材或是用韵语，或是用对偶，或是韵语和对偶同时运用。宋人项世安就说过，古人多用韵语来编写蒙学教材，如《蒙求》《千字文》《太公家教》之类，这种读起来押韵且上口的语句，让儿童的背诵和理解更加简单。

而像《幼学琼林》这样以讲故事形式编纂的蒙学教材，则囊括众多历史典故，形式通俗，大大提高了幼童的阅读兴趣。这类蒙学教材使得幼童在轻松愉快的氛围中受到教育，从而达到了潜移默化、修身立志的作用。因此，我国古代蒙学教材以通俗易懂的方式，为幼童的启蒙教育打下了良好的基础，不仅易于幼童的朗诵理解，更有助于幼童在日常学习中养成良好的学习习惯及道德修养，以达到蒙学教育的目的。

（4）流传广泛。我国古代的蒙学教材因其内容丰富多样，形式通俗易懂，具有较高的实用性和教育性，这也就决定了它能够流芳百世、作用长久、意义深远。例如，流传最久的《三字经》《百家姓》《千字文》等，都产生于宋元时期，历经千年，至今还在使用学习。清代编写的《弟子规》，更以其对之前蒙学教材的继承发展和短小精炼的内容广为流传。这些蒙学教材，不仅在中国封建社会产生了深远的影响，还流传至国外，为周边的国家引用学习。

作为中国传统文化的重要组成部分，蒙学教材不仅为封建社会的幼童启蒙起到了重要的作用，而且其传播时间之久远，流传范围之广大，已远远超出其本身的价值。

2. 蒙学教材的教育方式

就拿《弟子规》来说，其为清代秀才李毓秀所作，他根据自己的实际教学经验和阅历，吸取了《论语》《礼记》《仪礼》等著作的内容编纂而成。此书原名《训蒙篇》，后经贾有仁修改之后，改名为《弟子规》。其以《论语·学而》第六条"弟子入则孝，出则悌，谨而信，泛而众，而亲仁，行有余力，则以学文"[①]为总纲目，具体列举了弟子在家、出外为人处事、待人接物、修身养性及学习读书的要求。全书除开篇"总序"外，分为"入则孝、出则悌、谨、信、泛爱众、亲仁、余力学文"七个部分，明确强调了做人的各项准则，成为中国清朝后期直至当今广为流传的童蒙读物，对培养儿童正确的生活规范和健全的道德品质，具有重要的意义。本书从《弟子规》中对儿童的行为要求和道德要求两方面入手，透过对《弟子规》考量来分析古代蒙学教材对儿童进行"蒙正"的规律。

1）行为要求

（1）正心，即培养儿童的孝悌之心。所谓正心，即养德。儒家认为，德涵盖了忠、恕、孝、悌、仁、义、信、温良、恭敬、谦让等一切道德范畴。孔子曾说："孝悌为行仁开源，行仁为达道之本"，正所谓"亲亲而仁民""孝悌之道"是儒家思想的核心内容，也是中国传统文化中的核心价值。《弟子规》就以"首孝悌"作为全文的开篇，用了接近三分之一的篇幅，规定了一系列践行孝悌的行为规范。例如，在对待父母方面，《弟子规》严格要求蒙童孝顺父母，做到"父母呼，应勿缓，父母命，行勿懒，父母教，须敬听，父母责，须顺承"，这句看似平常的话，却是实行家庭教育的前提。幼童懵懂无知，思想行为都要靠父母的悉心指导和监督，所以，这句话教育儿童应尊敬父母，此

---

① 杨伯峻. 论语译注[M]. 北京：中华书局，2009：2.

乃孝道之基础；"冬则温，夏则凊，晨则省，昏则定"，教育儿童不仅要在内心尊敬父母，在生活中也应力所能及地关心父母、奉养父母。"身有伤，贻亲忧，德有伤，贻亲羞"，就是教育幼童要爱惜自己的身体和声誉，不能做让父母蒙羞的事情。而"兄道友，弟道恭，兄弟睦，孝在中"，则教育幼童要兄友弟恭，和睦相处，应当学习"财物轻，怨何生，言语忍，忿自泯"的气度。同时，《弟子规》还教育幼童应尊重长辈，爱护幼小，如"或饮食，或坐走，长者先，幼者后。长呼人，即代叫，人不在，己即到。称尊长，勿呼名，对尊长，勿见能"等。

（2）正身，即养成良好生活习惯。《蒙学须知》有云："养正莫先于礼。盖人之失其正，以自外于圣人之途者，率以童幼之年，不闻礼教，则耳目手足，无所持循；作止语默，无所检束。及其既长，沿习偷安，徇情任气，如已决之水，不可堤防；已放之条，不可盘郁，何所不致哉！是故朱子《小学》，必先洒扫应对之节，程子谓即此便可达天德，信非诬也。"[①]蒙学教育中最重要的一部分就是帮助孩子培养良好的生活行为习惯，为将来的为人、学习和生活打下良好的基础。

德的外化即为礼。古人认为，蒙学教育必须要教导儿童遵循"常德"。《周礼》有云："德行，内外之称，在心为德，施之为行。"良好的道德品行的外在表现，是体现在日常生活中的待人接物、处事之中的。可见，在我国古代社会，蒙学教育的重点之一就是培养儿童良好的行为习惯，并经过长期的规范行为来养成良好的品德。《弟子规》同样强调在幼童启蒙时期就要注意行为仪表，培养其良好的生活和行为习惯。"晨必盥，兼漱口，便溺回，辄净手""置冠服，有定位，勿乱顿，致污秽""勿践阈，勿跛倚，勿箕踞，勿摇髀"等，《弟子规》从生活中的起居、洗漱、穿衣、饮食，甚至站立和行走等方面都做了具体规定，使幼童有规可学，有矩可依。《弟子规》还在一些生活细节上做出了相应的要求，如"将入门，问孰存，将上堂，声必扬"和"用人物，须明求，倘不问，即为偷"等，教育幼童注意生活小节，以培养良好的品行。除此之外，《弟子规》还要求幼童尽可能做一些力所能及的家务事，如"几案洁，笔砚正""置冠服，有定位"等，认为幼童通过这些劳动，不但可以体会父母辛苦，也可培养自己的自理能力。最后，《弟子规》还教育幼童正确的做事方法，如"事勿忙，忙多错，勿畏难，勿轻略"等，这些行为准则从生活的诸多方面，为幼童立下了应当遵守的规矩。这些规矩的潜移默化，在幼童关键的成长期中起到了重要的引导作用，帮助幼童树立了良好的生活习惯和行为规范。

（3）正教，即树立正确的学习观。学习这项活动会一直伴随幼童的成长，正确的学习观和学习方法是幼童学习成才的基础。理学大家朱熹也曾说"习与正则正，习与邪则邪"。这就是说儿童模仿性较强，辨别是非的能力却很弱，所以周围的环境对儿童的影响很大。要把幼童培养成为一个爱学习的人，就要从以下两个方面入手，相互结合、相互促进，最终达到启蒙教育的目的。

一方面，慎择师友，这是我国传统蒙学的思想主张之一。在《弟子规》的"亲仁"部分中，就要求幼童应当亲近品德高尚的人，耳濡目染，才有利于幼童的学习成长。"亲

---

① 徐梓，王雪梅. 蒙学须知[M]. 太原：山西教育出版社，1991：26.

仁"即是向榜样学习，就是见贤思齐，见不贤而内省，如"能亲仁，无限好，德日进，过日少。不亲仁，无限害，小人近，百事坏"和"见人善，即思齐，纵去远，以渐跻。见人恶，即内省，有则改，无加警"等。《弟子规》教导幼童要不断提高自己的学习能力和道德品行，不要与他人攀比物质条件，即"惟德学，惟才艺，不如人，当自励。若衣服，若饮食，不如人，勿生戚"。此外，《弟子规》还教导幼童要虚心学习，不断进步，如"闻过怒，闻誉乐，损友来，益友却"等。

另一方面，教育幼童要养成良好的学习方法。在帮助幼童树立了正确的择师、择友观和科学的学习观后，《弟子规》在最后一部分还教导幼童正确的学习方法。"不力行，但学文，长浮华，成何人。但力行，不学文，任己见，昧理真"，就是教育幼童要知行合一；"读书法，有三到，心眼口，信皆要。方读此，勿慕彼，此未终，彼勿起"和"墨磨偏，心不端，字不敬，心先病"，就是教育幼童读书要认真专一，切不可浮躁；"心有疑，随札记，就人问，求确义"，就是教育幼童要不懂就问，不留疑问；"非圣书，屏勿视，蔽聪明，坏心智"，教育幼童要学会正确地选择书籍；"宽为限，紧用功，工夫到，滞塞通"和"勿自暴，勿自弃，圣与贤，可驯致"，教导幼童读书要有耐心，有恒心，要树立终身学习的观念，永不废业。除此之外，《弟子规》还要求幼童要爱护书籍，及时整理清洁。

2）道德要求

道德教育自始至终都是我国蒙学教育的核心内容。作为内在的自觉主动，道德教育或许没有行为教育立竿见影、效果明显，但是，道德教育的发力却更加绵长持久，甚至会影响儿童的一生。《弟子规》中对儿童提出的一系列行为规范的目的，在于由行及知。通过养成儿童良好的行为习惯来逐步将习惯内化为道德，又通过一系列的道德要求来约束儿童的行为。因此，道德要求和行为准则是相辅相成、相得益彰、互相促进的。《弟子规》进行道德教育的方式就是让儿童在生活中的小事上践履规范、培养德行，从而体现了以事为载体，以行为方式的生活化的德育教育。

（1）孝悌：重伦理亲情，守孝悌之道。百善孝为先，孝悌之道历来都是我国传统儒家伦理道德观念的核心内容，也是《弟子规》所要求的道德之首要。《孝经·纪孝行》中有云："居则致其敬，养则致其乐，病则致其忧，丧则致其哀，祭则致其严。"此为中国古代社会的孝道之"五要"，从父母生前到身后，都有着明确的行孝规定。《弟子规》中关于教育儿童行孝的内容，也是按照这孝道五要来制定的。《弟子规》把孝摆在突出的位置，让孩童明晓"孝"这种品德在生活实践中如何外化为行为细则，让孩童形成对血缘的尊重，培育孩子孝敬父母、尊敬长辈的美好品德。

（2）谨信：重人格完善，讲诚信谨行。孝悌是为人处事的基本道德，谨言慎行、诚信待人也是儿童日后立足社会所必不可少的道德品质。《弟子规》专门在"谨而信"中阐述了一系列具体的道德行为规范，以此来养成儿童谨言慎行、诚信待人的美好品德。一是在我国传统伦理道德中历来提倡谨言、谦逊、低调，要求人们言谈内容要谨慎，态度要谦恭，严忌言过其实、夸夸其谈。正所谓"巧言令色，鲜矣仁"，儒家认为花言巧语之人非君子，是缺少道德修养的表现。因此，《弟子规》中也要求儿童要做到谨言慎行，如"凡出言，信为先，诈与妄，奚可焉"，就是教育儿童要在与他人交谈时，言语得当，不能花言巧语、口出狂言。而在慎行方面，《弟子规》中也有相关的规范，要求受教育者要诚实守信。除了在谈话时要实事求是，不可诈欺他人之外，还要求在待人、处事方面要言出必行、信守承诺，如"借人物，及时还。人借物，有勿悭"，要求孩子借人东西要及时归还。除此之外，还教导儿童不能随意传播未经证实的事情，"见未真，勿轻言；知未的，勿轻传"，没有看真切的事情不要信口胡说，杜绝传谣信谣、搬弄是非，不了解的情况不要轻易张扬。

（3）仁爱：重社会交往，爱与人为善。《弟子规》教导儿童要"泛爱众"和"亲任"，即要对他人存仁爱之心，并且要多与仁爱之人亲近。"泛爱众"，就是要用儒家思想中"推己及人"的思想，将对自己亲人的爱，推广至社会其他成员的身上，要以博爱的胸怀去接纳他人、对待他人。"凡是人，皆须爱，天同覆，地同载"，教育幼童以"将加人，先问己，己不欲，即速已"为原则体察他人心意，关爱他人。"人不闲，勿事搅，人不安，勿话扰"和"恩欲报，怨欲忘，报怨短，报恩长"等，教育幼童要博爱众人，与人和谐相处。其重要的内涵就是以"己欲立而立人，己欲达而达人"之心去处世，教育儿童遇事不能只考虑自己，应设身处地先为他人考虑，这才是爱人的具体表现。

《弟子规》中的"亲仁"所提倡的"仁"，不仅是传统儒家德育思想中抽象的概念，也是指具体的人、有仁德这种美好品质的人，也即在道德修养方面，具备了"仁"这样的道德修养的人。而"亲仁"就是教育儿童应该有意识地主动接近有仁德的人，"能亲仁，无限好；德日进，过日少"，这句话就是教导儿童要和仁德的人做朋友，这样自己也能受益匪浅。可以督促自身不断改正自身的过错，美好的品德也会与日俱增，逐渐缩小和"仁者"的差距。

3）《弟子规》的教育规律探寻

规律是存在于客观事物之间的内在的必然的固有的联系，规律决定着事物发展的必然趋向，体现了事物的普遍性，规律是客观的，不以人的意志为转移。《弟子规》无不渗透着古圣先贤的德育智慧，其中蕴含着深刻的古代蒙学教育的规律。

（1）重视孩童的家庭教育。《弟子规》从家庭教育入手进行阐述，以"入则孝"开篇，其家庭教育的内容占据了全书很大比例，字里行间皆渗透着家庭教育对于受教育者道德培养的重要性。所谓"教子当在初，养正启于蒙"，强调教育应当从娃娃抓起，尽早开始。人离不开家庭，家庭是人生的第一所学校。因此，我国古代蒙学十分重视家庭教育的作用，诸如《三字经》中所述"子不教，父之过"之类的蒙学名句，无一不是强调家长在儿童教育中所扮演的重要角色。因此，我们要充分认识到家庭教育的重要性，在家庭中给予儿童正确的示范和引导，塑造其良好的生活习惯和道德品质。

（2）以行达道，知行合一。《弟子规》中关于儿童日常应有的行为规范可谓事无巨细，罗列得十分明晰。从居家生活到待人接物的各个方面都做出了明确规定，从细小的行为习惯入手，将良好的行为内化为美好的品德。其核心内容和根本目的是培养人的良好的道德品质，培养良好行为习惯是养成好的品行的途径；良好的行为习惯又是一个人美好道德品质的外在表现，好的品德修养可以约束一个人的行为。因此，我国古代蒙学教材中有很多内容是对具体的行为提出的要求，其目的就在于"以行达道"，让儿童做到"知行合一"。

（3）德育在智育之前起引领作用。《弟子规》有云："不力行，但学文。长浮华，成何人。但力行，不学文。任己见，昧理真"，意思是说只一味地苦读经典，而不去亲近仁者、追求道德的完善、品格的培养，就会浮华不实；如果只重力行实践，而不肯学习文化知识，就容易固执己见，而无法契合真知。其最后一部分的"有余力，则学文"，其实就是在探讨学习知识与修养品德之间的关系。《弟子规》所体现出的核心思想是育人应该是先教育儿童从完善其个体道德修养开始，其后再学习文化知识。这也是儒家思想中十分重要的内容，儒家认为弟子在能够做到"孝、悌、谨、信、爱众、亲仁"之后，再去学习文化知识。他们认为人生应以完善自我、修身养性为做人的首要任务。用现在的话说就是"先学做人，再学知识"。《弟子规》中对于修养品德和学习知识之间关系的论述，其所持观点实际上强调的是"品德"与"知识"缺一不可，而良好的品德是更好地学习文化知识并回报社会的前提。《论语》中对这一观点有详细的解释，如"未有余力而学文，则文灭其质。有余力而不学文，则质胜而野"。意即在没有培养好自己的道德品质时去学习文化知识，即使学识渊博，人的本质也会有问题，不会成为对社会有用的人；而如果在培养了良好的人格之后不去读书，也会变得气质上粗鄙和不文明。

3.3.2 传统家训

家训是指对子孙立身处世、持家治业的教诲。家训，是中国优秀传统文化的重要内容之一，也是家庭、家风、家教建设的重要组成部分，它在中国历史上对个人的修身、齐家发挥着重要的作用，更是国家繁荣富强必不可少的先决条件。

在国家不安定和国法不明确之际，家训即可发挥稳定社会秩序的力量。因为，家族为了维持必要的法制制度，就拟定一定的行为规范来约束家族中人，这便是家法家训的最早起源。

自汉初起，家训著作随着朝代演变逐渐丰富多彩。家谱中记录了许多治家教子的名言警句，成为人们倾心企慕的治家良策，成为"修身""齐家"的典范。例如，"一粥一饭，当思来之不易"的节俭持家思想，今天看来仍有积极意义。在家谱中有不少详记家训、家规等以资子孙遵行的，当中最为人称道的名训，如颜氏家训、朱子治家格言等，至今脍炙人口。

家训之所以为世人所重，因其主旨乃推崇忠孝节义、教导礼义廉耻。此外，提倡什么和禁止什么，也是族规家法中的重要内容，如"节俭当崇""邪巫当禁"等。

在我国古代，每个家族都有不同的族规家训。家谱中较为常见者大致包括了以下内容：注重家法、国法，和睦宗族、乡里，孝顺父母、敬长辈，合乎礼教、正名分，祖宗祭祀、墓祭程序，修身齐家等。

在中国古代长期的封建社会关系中，家庭宗族所代表的血缘关系是构成封建社会的基本细胞。在一个家庭中父母对孩童要了解和呵护，反过来，孩童对父母则应充满信任与依赖，这种关系构成家庭教育的前提基础。家训是父祖家长垂诫训示子孙后代，用以规范家人行为、处理家庭事务的一种言行准则。我国传统家训是在中国传统社会里形成和繁盛起来的关于治家教子的训诫，是以一定社会时代占主导地位的文化内容作为教育内涵的一种家庭教育形式。

传统家训是我国传统社会中社会意识形态的家庭化。家庭作为古代学前教育的主要环境，承载了培养子弟、传承家风、兴旺家族的重要使命。传统家训是古代学前教育的重要载体，其中反映出来的以规矩培养和道德教育为目标，以慈严结合、量资授学等思想为原则的教育方法，不仅为教养家族子弟做出了系统完善、目标明确的要求，还为封建社会培养出了大批优秀人才。我们在研究传统家训时不难发现，中国传统家训教育侧重于教育子弟生活的条理规矩，并辅之以知识灌输和环境培养，最终将子弟培养成为一个有条理、会生活、有知识、有能力且符合社会需要的家族传承人。同时，传统家训一般都具有丰富的文化内涵和历史内容，也成为后世了解古代文化风俗的重要途径之一。

1. 传统家训的特点

在古代，人们生产和生活经验的传承，道德品行的培养，很大程度上是通过家庭教育实现的。家训的表现形式多种多样，如家法、家规、家约、家诫等。不同的家训侧重点和特点虽然各不相同，但其中有着共同的属性和规律。

（1）德育性。《孝友堂家训》中曾提出"教家立范，品行为先"[①]，可以看出，我国历代家训一直都把家庭成员的道德品行修养置于突出地位。道德教育是传统家训的主要目的，德育性则是传统家训的根本属性。传统家训始终将修身养性和道德教育寓于伦理纲常之中，表现出教家立范与修身、齐家、治国、平天下的统一。教家立范是传统家训的宗旨，而修身、齐家、治国、平天下则是家训所要达到的理想目标，其中修身是齐家、治国、平天下的基础。所以历代家训始终将道德教育作为家训的主要内容，重视对家庭成员的人格培养。

（2）丰富性。传统家训是家长根据社会、家庭的需要，以及自身生活经历中的经验教训和感悟，对族中子弟身上出现的问题进行针对性的训教。家庭环境和所处时代的不同，都会影响家训的内容和形式。因此，历代家训在内容上都十分丰富，包括睦亲、治家、勉学、立业、为官、处世等丰富的内容。

（3）感染性。传统家训教育主体和教育对象之间亲密的血缘关系，使得主体对对象的情况最为了解，于是循循善诱，关怀备至。古代家训在教诲子孙怎样修身做人方面，往往既能够明确规定行为准则，又能够动之以情、晓之以理，讲清其中的道理。家庭教育的主要环境就是家庭，因此既强调言传，又注重身教；不仅注重自身的示范引领，还注重树立楷模榜样。这样一来，就使家训更具感染力，从规则到道理到示范到楷模，都能够让受教育者有深刻的感受。

（4）强制性。实施家训过程中的强制性，体现着情感与约束的统一。家训中除了长者的谆谆教导外，还具有强制性的规范要求，如规范内外上下的礼仪、行为、起居等。为了保证教导能够得到顺利实施并达到预期效果，严与爱必须是相互协调的。而且在一

---

① （明）孙奇逢. 孝友堂家训[M]. 上海：商务印书馆，1960：3.

定情况下，采取惩罚措施或强制措施也是必要的，只要做到"慈爱不至于姑息，严恪不至于伤恩"即可。

2. 传统家训的发展

传统家训，在我国经历了漫长的不断完善的发展过程。根据其发展特点，笔者认为可以分为五个阶段。

（1）产生时期。先秦是中国传统家训产生的重要时期，先秦在形成了"家"这一概念的同时，也确定了家训的主体与对象，即父母长辈为家教主体，对子弟进行道德教育。这是由当时的社会背景所决定的，统治者包括家长在内，通过思考前任朝代的兴衰存亡后，认识到德治的重要性，遵照"皇天无亲，惟德是辅。民心无常，惟惠之怀"[①]的政治理念，为了维持社会的长治久安，开始加强对子民的道德教育。

此时的家训，主要存在于君王、贵族和自由民家中。在帝王家训中，主要是以"为人之道、用人之道、治人之道"为中心展开的；贵族家庭则是围绕着保身立世，处世免祸，维护家族的显赫地位为中心进行的；自由民家则鼓励子弟努力读书、习武，以求功名利禄、光宗耀祖。在这一时期，还提出了以身作则、爱教结合、慈严配合等家训原则和德法相济的教育倾向，这些内容对后世家训的发展都起到了重要作用。在先秦家训中有两条通用规则为后世所发扬光大：第一就是"父慈子孝、兄友弟恭、夫信妇贤"，其中尤以"父慈子孝"为核心，成为先秦及后世家训中亲子关系的理想道德模式；第二为个人的品德修养，先秦家训十分重视修身，在《荀子》《墨子》中均有《修身》篇以作论述，如"见善，修然必以自存也；见不善，愀然必以自省也"[②]及"君子之道也，贫则见廉，富则见义，生则见爱，死则见哀；四行者不可虚假，反之身者也"[③]等。

孔孟家训是这个时期最具有代表性的家训之一。以孔子、孟子为代表的儒家圣贤，对伦理道德标准及行为举止规范都做出了完整的设计，主要体现在《易》《礼》《诗》《书》《春秋》《论语》等重要典籍中，而这种通过儒家圣贤对话形式所反映出来的先秦家训篇章，成为中国传统家训中的经典。在孔子家训中，以"性习论"为理论逻辑基础，孔子曾说，"性相近也，习相远也"[④]。他认为人的本性在刚出生时是大体相近的，通过后天受到的教育和生长的环境差异，才产生了智愚和善恶的差别。所以孔子非常重视子弟成长和学习的环境，并要求子弟慎择师友，他说"友直，友谅，友多闻，益矣"，反之，"友便辟，友善柔，友便佞，损矣"[⑤]。意思就是朋友如果是君子，对自身也有好处，反之，如果朋友软弱偏激无理，自身也会被其影响。孔子还要求子弟学习各种礼仪，"不学礼，无以立"[⑥]。他认为如果人不学习"礼"，就不能立身。孔子曾谆谆教导自己的儿子孔鲤："鲤，君子不可以不学，见人不可以不饰，不饰则无根，无根则失

---

① 李民，王健. 尚书译注[M]. 上海：上海古籍出版社，2012：262.
② 张觉. 荀子译注[M]. 上海：上海古籍出版社，2012：11.
③ （清）毕沅. 墨子[M]. 上海：上海古籍出版社，2014：6.
④ 杨伯峻，杨逢彬. 论语译注[M]. 长沙：岳麓书社，2009：210.
⑤ 杨伯峻，杨逢彬. 论语译注[M]. 长沙：岳麓书社，2009：204.
⑥ 杨伯峻，杨逢彬. 论语译注[M]. 长沙：岳麓书社，2009：207.

理，失理则不忠，不忠则失礼，失礼则不立。"①这里的"礼"就是指符合社会整体利益的行为准则，是良好的道德的外化。孔子家训最大的特点就是要求子弟从做人的根本与基础入手，重视礼教，以礼传家。以此为据可以看出先秦家训在孕育初始，就开始注重"礼"和"德"的教育。

（2）定型时期。经过先秦时期的漫长孕育与发展，传统家训进入了定型期，即两汉三国时期。在这个时期，儒家思想已经成为社会的主流思想，封建礼教逐渐得到重视，并在家训中得以较为明显地体现。传统家训在这一时期的内容也开始向多样化发展，产生了"以经学训子，以律学教子，以道家诫子"等的不同家训侧重点，可谓百花齐放。如果说先秦时期的家训处于不自觉的状态，那么在这一时期家训开始迈入自觉状态。此时的家训在内容上依然重视培育个人的道德修养，并且继承和发展了先秦时期的孝道观。同时，开始注意"慎德"，即慎言慎行、慎交友。这一时期的家训大多以"家书""女训""遗训"为主要表现形式。

《女诫》是东汉史学家班昭撰写的一篇教育家族女子做人道理的私书，包括卑弱、夫妇、敬慎、妇行、专心、曲从和叔妹七章。班昭说"但伤诸女方当适人，而不渐训诲，不闻妇礼，惧失容它门，取耻宗族"，因此作《女诫》以教导族中女童。班昭在"妇行第四"中讲道："女有四行，一曰妇德，二曰妇言，三曰妇容，四曰妇功。""夫云妇德，不必才明绝异也；妇言，不必辩口利辞也；妇容，不必颜色美丽也；妇功，不必工巧过人也……此四者，女人之大德，而不可乏者也。"《女诫》全面阐述了女子应当遵守的"四德"。当然，班昭还在《女诫》中宣扬男尊女卑、女子无才便是德等封建观念，如"古者生女三日，卧之床下，弄之瓦砖，而斋告焉。卧之床下，明其卑弱，主下人也""夫有再娶之义，妇无二适之文，故曰夫者天也，天固不可逃，夫固不可离也"等。《女诫》的出现，弥补了先秦时期对女子教育的忽略，但是客观上也成为中国历史上男尊女卑思想的催化剂，是民国初期及以前几乎所有读书女孩子的启蒙读物，与后世的《女论语》《内训》和《女范捷录》合编，称其为《女四书》。《女诫》在封建社会是女子教育的模板，符合东汉时期的社会价值观和社会现实，其中虽然有"乃生女子，载寝之地，载弄之瓦"等封建等级观点，也有"但教男而不教女，不亦蔽于彼此之数乎"的进步呼吁，被历代统治者用作了女性教育的范本。

由于统治者认识到"孝"这种伦理道德非常符合中国的社会现实，除女训外，此时的家训更加重视"孝"对子民的道德教化作用。为了便于统治，一改前朝时期只在民间的宣扬方式，官方也开始大力倡导孝道。汉文帝曾诏曰："孝悌，天下之大顺也；力田，为生之本也；三老，众民之师也；廉吏，民之表也。朕甚嘉此二三大夫之行。今万家之县，云无应令，岂实人情？是吏举贤之道未备也。其遣谒者劳赐三老、孝者帛，人五匹；悌者、力田二匹……"②可见，上至皇帝，下至平民，都将"孝"作为品德修养中最重要的一个方面。此外，这一时期的家训也十分重视个人的慎行和慎交，谓之"慎德"。例如，汉代马援曾说："好议论人长短，妄是非正法，此吾所大恶也，宁死不愿子孙有此行也"

---

① 卢元骏. 说苑今注今译[M]. 天津：天津古籍出版社，1977：89.
② (汉)班固. 汉书[M]. 张永雷，刘从，译注. 北京：中华书局，2009：31.

"龙伯高敦厚周慎，口无择言，谦约节俭，廉公有威。吾爱之重之，愿汝曹效之。"①

（3）成熟时期。两晋隋唐时期的乱世战火，使帝王、名族乃至士大夫更加重视对子弟的训导，这使得中国传统家训进一步迈向了成熟期。这一时期的家训以儒家文化为主导，以社会既存的文化价值体系和尺度作为家训的主要内容，产生了史学家传、书法家传、医学家传及武学兵法家传等新的进展，几乎涵盖了我国传统家训的所有形式。出现了流传极广，随意性较强，感情色彩较为浓厚的家训形式——家书，还有因诗歌的发展而产生的家训诗等。这一时期的家训还提出了家规的概念，家规作为重要的家训形式，是指家族成员应遵守的家庭规矩。②将家规成文家法化，再用"诗教"教导子弟，此时的家训，既有章可循，又避免了生硬粗暴的做法，使子弟在潜移默化中受到了教育。这一时期的家训，其内容偏重于"治家"和"治人"，"治家"指处理家庭关系，"治人"指个人的品德修养和学业修养。

《颜氏家训》是南北朝时期的文学家、教育家颜之推的主要著作之一，是我国封建社会第一部完整的家训。在总结前人家庭教育成果的基础上，颜之推又对治家修身、求学处事等问题进行了系统的阐述。除此之外，还提出了家庭教育的一些理论和范畴。它以"多知明达""开心明目，利于行耳"③作为教育的目的，以国之用材、家训宜早、读书致用、"中庸"处世、贵节贞操和养生惜生等作为家训的主要内容，以寓爱于教、严慈相济、均爱诸子、以身作则、引导教化等为原则方法，注重对子弟的早期教育，反对空谈阔论、不务实际的作风。

《颜氏家训》在治人方面，把读书做人作为家训的基本核心，"幼儿学者，如日出之光；老而学者，如秉烛夜行，犹贤乎瞑目而无见者也"④。在《勉学》中，颜之推不仅提出读书的重要性，"自古明王圣帝，犹须勤学，况凡庶乎"，还详细列述了读书学习的方法，如"士大夫子弟，数岁已上，莫不被教，多者或至《礼》《传》，少者不失《诗》《论》"，告诫子弟读书应当首读儒家经典，读书致用。此外颜之推还教育子弟不可忽视佛学，如"仁者，不杀之禁也；义者，不盗之禁也；礼者，不邪之禁也；智者，不酒之禁也；信者，不妄之禁也""兼修戒行，留心诵读，以为来世津梁"⑤。同时，《颜氏家训》要求子弟慎交朋友，应当向大贤大德之人学习，即"是以与善人居，如入芝兰之室，久而自芳；与恶人居，如入鲍鱼之肆，久而自臭也。墨子悲于染丝，是之谓矣。君子必慎交游焉"⑥。在治家方面，颜之推要求子弟"绍家世之业"，要懂得处理好夫妇、父子、兄弟等家庭关系，"一家之亲，此三而已矣。自兹以往，至于九族，皆本于三亲焉，故于人伦为重者也，不可不笃"⑦。颜之推还教育子弟治家应当宽严相济、不奢不吝，"如能施而不奢，俭而不吝，可矣"。纵观全文，颜之推在《颜氏家训》

---

① （宋）范晔. 后汉书·马援列传《诫兄子严、敦书》[M]. 北京：中华书局，1965：844-845.
② 徐少锦，陈延斌. 中国家训史[M]. 北京：人民出版社，2011：257.
③ 庄辉明，章义和. 颜氏家训译注[M]. 上海：上海古籍出版社，1999：114.
④ 庄辉明，章义和. 颜氏家训译注[M]. 上海：上海古籍出版社，1999：119.
⑤ 庄辉明，章义和. 颜氏家训译注[M]. 上海：上海古籍出版社，1999：241.
⑥ 庄辉明，章义和. 颜氏家训译注[M]. 上海：上海古籍出版社，1999：94.
⑦ 庄辉明，章义和. 颜氏家训译注[M]. 上海：上海古籍出版社，1999：17.

中十分重视"中庸"之道,告诫弟子做人治家要不偏不倚,严守己度,如做官要止于中品,"高此者,便当罢谢,偃仰私庭"①。《颜氏家训》基本上适应了封建社会教育子弟立身处世的需要,还提出了许多"治国有方、营家有道"的教育方法和主张,继承和发展了儒家以"明人伦"为宗旨的传统教育思想,为历代统治者所推崇,标志着我国家训史的成熟。

(4)鼎盛时期。将时间的刻度调至宋元,此时的中国家训进入了一个更加完善且繁荣的时期。随着家族的逐渐完善,家训的约束能力逐步增强,爱国主义和气节教育的加强也成为家训史上一个重要的变化。因此时的朝廷对科举取士的重视,家训中读书求仕的内容也逐渐增多,同时"治生""制用"等择业观的变化,也丰富了家训的内容。此时的家训大多较为全面系统、切于实用,也强调了家长的率先垂范、治家公正等要求。宋元家训作为中国家训史上最为繁荣的时期,家族教化成为教育子弟的主要途径,且配有具体的制度,家训中增加的居家日常的内容,也将教育和生活实践结合起来,通俗易懂。继承以往的家训,此时的家训同样注重培养子弟的品德教育,又发展性地以开明、平等和科学的教育方法对子弟循循善诱,效果更佳。

司马光的《家范》和《居家杂仪》,成为宋元时期最具有影响力的家训之一,也成为后世治家、教子的优秀范本。作为史学家的司马光作《家范》时引经据典,却并未局限于圣贤之言,"自卿士以至匹夫"②不论身份,只要有可借鉴的地方,都予以收入。《家范》和《居家杂仪》对家庭成员的各种关系作了详尽的分类,对居家日常的礼节规范做了相应的规定,认为一个家族的兴衰依赖于家庭成员的同舟共济。因此,司马光强调要以礼治家,"……父慈而教,子孝而箴,兄爱而友,弟敬而顺,夫和而义,妻柔而正,姑慈而从,妇听而婉,礼之善物也"③。司马光在重视家风的熏陶和传承、以谨守礼法为治家之道外,还强调循序渐进,早教德育,并将子弟的道德教育放在家庭教育的首位。他说"圣人遗子孙以德以礼,贤人遗子孙以廉以俭"④,其在《居家杂仪》中讲道,"凡子始生,若为之求乳母,比择良惠妇人稍温谨者。子能食,饲之,教以右手。子能言,教之自名及唱喏万福安置。稍有知,则教之以恭敬尊长……六岁教之数与方名,男子始习书字,女子始习女工之小者……"。司马光指出"自古知爱子不知教,使至于危辱乱亡者,可胜数哉?夫爱之,当教之使成人。爱之而使陷于危辱乱亡,乌在其能爱子也?"⑤司马光在《居家杂仪》中还提倡要勤俭持家,教育子弟不可奢侈,"制财用之节,量入以为出。称家之有无,以给上下之衣食,及吉凶之费,皆有品节,而莫不均一。裁省冗费,禁止奢华,常须稍存赢余,以备不虞"。

(5)转型时期。经过了宋元时期的大繁荣,中国传统家训在明清时期,开始由鼎盛逐步走向了衰落。此时的家训发展,经过了明初至清代前期的鼎盛,也经历了清代后期的衰落,显示出许多前朝家训未曾出现的特点。例如,贞烈观念的加强及女训的大量增

---

① 庄辉明,章义和. 颜氏家训译注[M]. 上海:上海古籍出版社,1999:227.
② 李梦苏. 家范[M]. 呼和浩特:内蒙古人民出版社,2003:4.
③ 李梦苏. 家范[M]. 呼和浩特:内蒙古人民出版社,2003:7.
④ 李梦苏. 家范[M]. 呼和浩特:内蒙古人民出版社,2003:28.
⑤ 李梦苏. 家范[M]. 呼和浩特:内蒙古人民出版社,2003:38.

加，对子弟进行的社会风俗教化的内容明显增加，同时重视宗子的教育，通过宗规族训和家法惩戒对子弟的行为规范进行了严格的管束。此时的家训同前代家训相比，不再要求全部子弟读书致仕，而是提倡实事求是、因材施教，喜欢读书求仕的子弟参加科举选拔，志不在此的子弟也可学习经世致用的技艺自立。同时，明朝的灭亡及清朝的建立，使得此时的家训格外重视个人节操和民族气节的教育，要求对子弟进行高尚的节操教育和熏陶。这一时期的家训，在注重道德教育的同时，也加入了对子弟的养生之法、健身之道的训示。

晚清名臣曾国藩的家训，是中国古代仕宦家训的巅峰之作，既有一般仕宦家训的传统性，又有追求发展的时代性。他将家规总结为"八好六恼"，即"书、蔬、鱼、猪、考、早、扫、宝，常设常行，八者都好。地、命、医理、僧巫、祈祷、留客久住，六者俱恼"①，这体现出曾国藩家训的耕读家风及反对封建迷信、相信自然科学的历史进步性。曾国藩的家训中，要求子弟刻苦读书，树立大志，效力朝廷，他说"君子之立志也，有民胞物与之量，有内圣外王之业，而后不忝于父母之生，不愧为天地之完人"。在此基础上，曾国藩还针对子弟的实际，加以具体引导，如"一刻千金，切不可浪掷光阴"②和"读者，如《四书》、《诗》、《书》、《易经》、《左传》诸经、《昭明文选》，李、杜、韩、苏之诗，韩、欧、曾、王之文，非高声朗诵则不能得其雄伟之概，非密咏恬吟则不能探其深远之韵"③等。曾国藩关心子弟的从政之路，要求子弟讲德修业以求取功名利禄，"大约军事之败，非傲即惰，二者必居其一，而已除'傲'字为第一义"④。还总结了"三不"原则即"不贪财、不失信、不自是"⑤，作为为人处世之本，培养子弟勤、俭、刚、明、忠、恕、谦、浑的品德修养。除此之外，还要求子弟以慎独、主敬、求仁、习劳来要求自己。曾国藩尤其重视子弟谦谨、敬恕的道德品质，他提到："劳则不佚，谦则不傲，万善皆从此生矣"⑥和"作人之道，圣贤千言万语，大抵不外敬恕二字"⑦等。同时，曾国藩还以因材施教、以身作则和爱之以德的方法，训导子弟平日要勤俭持家，善待邻里，如"戒富贵之家不可敬远亲而慢近邻也"⑧。

3. 传统家训的核心价值取向

传统家训历经了数千年的传承和发展，蕴含的思想十分丰富，内容囊括处事、生活、求学、致仕等各个方面，所体现的核心价值观也较为完整。通过梳理，笔者认为我国传统家训中所体现出来的价值观的核心主要包括以下几方面。

（1）孝敬亲长，睦亲齐家。与传统伦理所倡导的"以孝为本"的忠孝观念及"齐家"

---

① （清）曾国藩. 曾国藩家训·致澄弟[M]. 重庆：重庆出版社，2006：105.
② （清）曾国藩. 曾国藩家训·谕纪泽（1856年书）[M]. 重庆：重庆出版社，2006：118.
③ （清）曾国藩. 曾国藩家训·谕纪泽（1858年书）[M]. 重庆：重庆出版社，2006：122.
④ （清）曾国藩. 曾国藩家训·致沅弟季弟（1860年书）[M]. 重庆：重庆出版社，2006：41.
⑤ （清）曾国藩. 曾国藩家训·致澄弟沅弟季弟（1848年书）[M]. 重庆：重庆出版社，2006：23.
⑥ （清）曾国藩. 曾国藩家训·致澄弟沅弟季弟（1862年书）[M]. 重庆：重庆出版社，2006：96.
⑦ （清）曾国藩. 曾国藩家训·谕纪泽（1864年书）[M]. 重庆：重庆出版社，2006：177.
⑧ （清）曾国藩. 曾国藩家训·谕纪泽（1866年书）[M]. 重庆：重庆出版社，2006：196.

思想相适应,传统家训也非常强调睦亲齐家的重要性。几乎每篇家训都将此作为一个重要内容。因此,梳理各个阶段的家训内容就可以发现,也许因时代的变迁侧重点各有不同,但"孝敬亲长,睦亲齐家"的核心价值观却自始至终贯穿其中。这也体现出我国古代传统文化中,孝悌齐家的重要地位。

(2)正身率下,憎爱不偏。传统家训都强调家长以身作则、率先垂范及公正不偏对于"齐家"的重要意义。司马光在《居家杂仪》中指出:"凡为家长,必谨守礼法,以御群子弟及家众。"作为一家之长或一族之长,只有自己先正身,才能给被教育者树立榜样,只有这样才能建立威严,得到家人尊重以"御群子弟"。李昌龄也认为为父、为师之道惟严与正而已。只有家长正身率下,憎爱不偏,家庭才能和睦,才能安居乐业。

(3)勤劳节俭,清廉自守。我国封建社会,不论是豪门显贵还是布衣百姓,都将勤劳节俭、清廉自守作为为人处世的基本原则,教导子弟不可奢侈浪费,在家时要注意勤俭持家,在外时要清廉自守。

(4)爱子有道,养正于蒙。"蒙以养正"的教育思想,在我国古代家训中多有体现,很多家训都论述过"严"与"爱"的关系,要求父母在对待子女时要严苛有道,不能过分溺爱。家训中十分重视对子女幼时的教育,认为培养良好德行必须从懵懂小儿抓起,如《孝友堂家训》就认为"蒙养不端,待习惯成性,始识补救,晚矣"。意思就是在儿童时期没有注意养成良好的品行,待恶习成性后再想去让他校正,为时已晚。

(5)谨言慎行,慎择师友。传统家训注重环境对人的影响,不论是家庭环境还是社会环境,抑或是周遭之人的言行,都会对子弟的品行养成产生潜移默化的影响。因此,不少家训不仅要求自家弟子要在拜师和交友时亲善远恶,还要在生活中时刻注重自己的言谈举止。他们教导弟子要谦恭谨慎、宽厚待人。

(6)立志高远,励志勉学。自东汉以来,几乎所有的传统家训著名经典都鼓励族中子弟要立志高远、刻苦读书。许多家训的作者都以自己的经验教训向子弟传授治学方法,从小就注意培养他们的良好学风。这不仅是社会发展的要求,也是家族风气的体现。"志当存高远,慕圣贤""非学无以成才,非志无以成学",就是诸葛孔明用来勉励族中子弟的圣论。

(7)洁身自好,修身养性。古代家训特别注重对子弟的修身教育,劝导子弟进德修身、洁身自好,这也是我国传统家训的主要价值观之一。上至帝王世家下至庶民之家,不仅通过诵读经典,效仿圣贤以培养子弟良好的道德品质,还制定了一些惩罚措施用以约束子弟的行为,改掉子弟身上的不良习惯。

(8)修养名节,树立家风。西汉时期的家训就开始重视对子弟名节的培养,国家的变迁和民族的矛盾使得气节、节操的培养在家训中格外明显。尽管因时代不同,门第、家境各异,但其基本内容无外乎要家人"清白做人,自立自重,忠君爱国,宽柔慈厚"等。《颜氏家训》开篇在述及写作家训的目的时,就谈到重家风、树家规之事,说"吾家风教,素为整密"。维护美好的家庭形象是传统家训的主要内容之一,良好的家风能够更好地引导子弟在优越的家庭氛围中提高自身修养。

(9)择偶之道,夫妇人伦。婚姻、家庭作为宗法的承载体,在中国古代社会中占有十分重要的地位。古代家训教育子女要有正确的择偶观,其判定基础是建立在对方的道德品行是否良好上,而对道德品行的鉴定,最基本的又是孝道。传统家训中大都会将婚姻、家庭伦理规范加以系统地阐述。这些论述虽然局限于"三纲五常""三从四德"的封建伦理范围之内,但仍有不少的积极成分可以古为今用。例如,《袁氏世范》在关于配偶的选择及夫妻关系的调适上,除了谈到要按照封建礼教的准则行事之外,还特别强调不可在儿妇幼小之时就议定婚姻,因为这样既易于耽误他们一生的幸福,又容易引起家庭的不和。《蒋氏家训》《温氏母训》等还提出了寡妇再嫁,家人应予支持、亲属不得阻挠的可贵而明智的见解。

3.3.3 理学家论传统蒙学

朱熹是我国传统儒家哲学发展到宋明时期的集大成者,他不仅是拥有非凡造诣的哲学家,还对教育思想有着极其丰富、颇有见地、深邃透彻的见解。朱熹非常重视儿童教育,他在概括总结前人教育经验的基础上,还结合自己的教育实践,把人的教育过程分成了"小学"和"大学"两个既有区别又有联系的阶段,并提出了相应的教育方法和内容。因本书研究的需要,笔者以《小学》为主要对象,来分析我国古代社会理学家所提倡的蒙学思想。

《小学》载,"古之小学教人以洒扫应对进退之节,爱亲敬长隆师亲友之道,皆所以为修身齐家治国平天下之本。而必使其讲而习之于幼稚之时,欲其习与智长,化与心成,而无扞格不胜之患"。在朱子看来,"小学"所应当教习的就是"洒扫应对""爱亲敬长""隆师亲友"等规矩和礼节,而这些规矩和礼节,就是"大学"教育的基础和根本所在。而"小学"的任务,就是"习与智长,化与心成,而无扞格不胜之患也",即在人幼年时就要开始训练正确的行为规矩,防止日后养成恶习,难以改正。所以,"小学"教授的内容虽然只是一些简单的生活细节和具体的规矩,但它却是一个人一生的道德品行的起点和根本。

朱熹认为"小学"所教的内容是六艺和孝悌忠信之事,"小学"所教的"洒扫应对"是"大学"的"格物穷理"的基础。因此,"小学"和"大学"是一脉相承的,即朱子所云:"古者初年入小学,只是教之以事,如礼、乐、射、御、书、数及孝弟忠信之事。自十六七入大学,然后教之以礼,如致知格物及所以为忠信孝弟者。""小学"与"大学"的区别就是"学其事"与"学其理"的区别,前者只是外在的规矩,后者则是内在的义理。这些规矩朱熹将其称为"眼前事",他说"据某看,学问之道只在眼前日用底便是,初无深远幽妙",所以他将"小学"的主要任务规定为"学其事",要求孩童学习眼前日常之事,就包括了上述所说种种,即"洒扫应对进退之节"、"礼乐射御书数之文"和"爱亲敬长隆师亲友之道"等内容。

朱熹将古代的童蒙读物加以选择和扩充,辅以古今圣贤的嘉言善行汇集成《小学》一书。全书分内外篇共六卷,内篇四卷为《立教》《明伦》《敬身》和《稽古》。《立教》点明教育的重要性和正确的方法;《明伦》讲父子之亲,君臣之义,夫妇之别,长幼之序和朋友之交,是最为重要的一卷,也是朱熹认为立教的目的;《敬身》主要讲恭敬修养功夫;而《稽古》则收录了历代思想家的行为表现。外篇两卷为《嘉言》和《善行》，分别收录了汉代至宋代思想家的言论和行为表现，作为内篇的补充。朱熹编写此书，是为了让儿童从小就懂得基本的道德观念和行为规范，以培养他们良好的道德品质，促使儿童成人成才，更好地服务于封建统治阶级。

1. 《小学》的主要内容

（1）立教。"子思子曰：'天命之谓性，率性之谓道，修道之谓教。'则天明，遵圣法，述此篇，俾为师者知所以教，而弟子知所以学。"这是朱熹《小学·立教》的开篇，其意思是童蒙教育，必定是父母长辈教导幼儿，幼儿跟随父母长辈学习成长。所以《立教》一篇是专为父母长辈所写的关于幼童教育的基本原则和核心理念。朱熹认为，从幼童孕育初始，父母就应当更加注意自己的行为举止，要改掉不好的生活习惯并且避开不好的外界因素："寝不侧，坐不边，立不跸，不食邪味。割不正不食，席不正不坐，目不视邪色，耳不听淫声，夜则令瞽诵诗，道正事。"这样，才可诞下"形容端正，才过人矣"的孩子。不仅如此，朱熹还要求幼童的"诸母"具备宽裕慈惠、温良恭敬、慎而寡言的品质。在这样的环境中，幼童成长至稍有自主能力时，朱熹认为就应当着手教育幼童生活的规范行为，即"子能食食，教以右手。能言，男唯女俞。男鞶革，女鞶丝。六年，教之数与方名。七年，男女不同席，不共食。八年，出入门户及即席饮食，必后长者，始教之让……"如此教育，才可让幼童知礼明事，先树其礼，后知其义。

（2）明伦。《明伦》是《小学》中最重要的一卷，不论是"立教"还是"敬身"，其目的都在于"明伦"。"明伦"所教乃"五伦"之所在，即父子之伦、君臣之伦、夫妇之伦、兄弟之伦和朋友之伦这五种人际关系，而儒家对这五种关系的基本原则就是"父子有亲，君臣有义，夫妇有别，长幼有序，朋友有信"。也就是说，"小学"要教授孩子最基本的东西，就是"明人伦"。

朱熹十分重视培养幼童的行为举止，在《明伦》中，他讲到"男女未冠笄者，鸡初鸣，咸盥漱，栉縰，拂髦，总角，衿缨，皆佩容臭""在父母舅姑之所，有命之，应唯敬对。进退周旋慎齐"等，这些都是教育幼童在日常生活中，一切行为举止都要尊敬长者，要明确地知道自己在家中的角色并且做好此角色所要做的事。朱熹教幼童知"五伦"，无一不是从日常应对、行为举止中进行潜移默化式的教育，如"父母有过，下气怡色，柔声以谏""君事臣以礼，臣事君以忠""男不言内，女不言外"等。这些规矩细节承载着朱熹对幼童相应的品德要求，教者须以明伦为教，学者须以明伦为学。

（3）敬身。《小学》所教的第三部分，就是"敬身"，体现在"心术""威仪""衣服""饮食"等具体言行举止的细节之中。朱熹在此篇开篇即云："孔子曰：'君子无不敬也。敬身为大。身也者，亲之枝也，敢不敬与？不能敬其身，是伤其亲。伤其亲，是伤其本。伤其本，枝从而亡。'仰圣模，景贤范，述此篇，以训蒙士。"

朱熹非常强调一个人的修养功夫，在修养功夫中，又尤其重视"敬"的功夫。他说"二先生拈出敬之一字，真圣学之纲领，存养之要法""敬之功夫。乃圣门第一义，彻头彻尾。不可顷刻间断"。"敬"的功夫是万善之根本，而善，是儒学所追求的根本目的。所以在《敬身》篇中，朱熹着重讲述恭敬修养的功夫。朱熹认为，"小学"所培养的是"圣贤坯子","大学"的功夫只是在这"坯子"上面增加"光饰"而已。所以,恭敬修养的功夫宜在"小学"就早早重视。如果"大学"以后才强调,则已为时太晚。朱熹在《稽古》中,也列举了不少古代各种名人的事迹,以证此理。

(4)稽古、嘉言、善行。朱熹在《稽古》中收录了历代思想家的行为表现。外篇《嘉言》和《善行》中,作为内篇的补充,又分别收录了汉代至宋代思想家的言论和行为表现。

朱熹认为"慎择师友"对幼儿的成长非常重要,所以选录了大量古代名人的事迹和古代圣贤之言,让幼童可选贤为师。再者朱熹还熟知并遵循幼童的心理发展规律,这些生动的典故名言,可以引起幼儿读书的兴趣,易于幼儿的理解。

2.《小学》的核心价值理念

朱熹将"明伦"作为教育目标,因此"明伦"也体现着《小学》的核心价值理念。

(1)孝顺。"五伦"之首,就是父子之伦,也就是"孝"。"孝"是我国传统伦理道德之根本,在该篇中,"孝"占据了很大篇幅。重视孝道是儒家思想的一大特征,而蒙学中所称的"孝",由于对象是幼童,所以深入浅出,讲的都是一些具体的"事"。旨在教会幼童在日常行为中如何具体应对,如《曲礼》曰:"凡为人子之礼,冬温而夏清,昏定而晨省……出必告,反必面。所游必有常,所习必有业。恒言不称老""问所欲而敬进之,柔色以温之""寒不敢袭,痒不敢搔,不有敬事,不敢袒裼""父母有过,下气怡色,柔声以谏。谏若不入,起敬起孝"等,涵盖了晚辈与长辈相处的大事小则,无不详细。

(2)忠诚。作为"五伦"中的第二部分,所谓"君臣有义"就代表着人应当尊上忠诚,恪守忠义。对于"君臣"之间如何相处,在《小学》中也有一些具体的规范。例如,"入公门,鞠躬如也,如不容。立不中门,行不履阈""有官守者,不得其职则去;有言责者,不得其言则去"等。他认为君臣之道在于"君事臣以礼,臣事君以忠",为人君者尊重下级、以礼待之,为人臣者也要对君王、对国家衷心效力。

(3)责任和角色。在"夫妇有别"这部分内容中,朱熹讲到"男不言内,女不言外""男女有别,然后父子亲,父子亲,然后义生,义生,然后礼作,礼作,然后万物安"等。这就是说夫妻相处,要准确定位自己的角色,知道自己的责任,在其位而谋其事,做好自己应该做的事。这样才能使夫妇间和谐相处,家庭和睦。

(4)规矩。"长幼有序"是指要有尊长爱幼的规矩,这是我国传统价值观的重要组成部分,是对"孝道"的扩展延伸,也是儒家博爱思想的内容之一。朱熹在《小学》中对儿童应该如何尊敬长辈和教师做出了明确并且细致的规定,如"从于先生,不越路而与人言。遭先生于道,趋而进,正立拱手",意思是和教师一起行走时,不能越过教师和他人说话,遇到教师,要赶紧上前立正行礼。再如"年长以倍则父事之,十年以长则兄事之,五年以长则肩随之",即对待其他人,年长几倍的要以待父之礼事之,年长十年左右的就要待之如兄长等。这些都是非常明确且细致的规定,从儿童年幼起就要教育其遵守这些尊老敬长的礼仪规范。

(5)信义。正所谓"朋友有信",在与朋友相处时,朱熹时刻教导幼童要"慎择师友""益者三友,损者三友。友直、友谅、友多闻,益矣;友便辟、友善柔、友便佞,损矣"。在这里他告诫儿童择友的重要性,从小就教导儿童近善远恶,让儿童认识到良师益友对自己未来人生将产生的巨大影响。不仅如此,朱熹还告诫幼童与朋友相处时要存有信义,即诚信和道义。学者周敦颐曾说过:"诚,五常之本,百行之源也。"诚实守信是儒家伦理道德思想的重要内容,不仅是一个人在社会上安身立命的基础,更是衡量一个人道德品质的基本标准。《小学》强调在对待朋友时要诚实、守信、有义,可以从儿童幼小时就培养其养成这种良好的品德。唯此在未来的社会生活中,才不至于做出背信弃义、卖友求荣之事,这样就可以更好地进行人际交往,将习惯升华为良好的道德素养。

朱熹的《小学》总结继承了历史上诸多优秀蒙学教材的内容,同时收录了古代先贤的谆谆教导,最后加上先贤事迹,成为一本涵盖面广、针对性强的封建蒙学教材,为封建社会培养齐家、爱国的有识之士,起到了至关重要的作用。在培养幼童方面,朱熹还强调早教、学礼,以明"五伦"为教育目的,为将来的"大学"学习打下良好的知识基础,也为幼童一生的道德品质打好了"圣贤坯子"。

3.3.4 我国古代蒙学的现实意义

我国传统蒙学历史悠久,其中流传下来的诸多蒙学经典至今仍对当代儿童教育有着非常重要的启示作用。蒙学经典教材不仅注重知识启蒙,而且注重伦理道德教育;在蒙学教育方法方面,传统蒙学充分重视激发儿童兴趣志向,因势利导地帮助幼儿形成知行合一的良好习惯。基于前面对传统蒙学的诸多分析,笔者认为传统蒙学给当代儿童教育带来了三点启示。

(1)重视伦理道德教育。我国传统蒙学均以"孝道德"教育为核心,以传统礼仪教养为基础,以"立身正心"为目标来进行儿童启蒙教育。在我国当代儿童教育中,重智育而轻德育的现象往往容易使孩子从小就形成以学习成绩论英雄的心态,不注重自身良好习惯和品德修养。近些年来,传统文化的淡出现象日益凸显,道德滑坡引起的社会问题也越来越多且日益严重。以伦理道德教育为主的传统蒙学中,如行孝、重义、谨信等道德要求,在今天依然应该作为整个社会的道德准绳,不断体现文化自信。因此,在摒弃封建糟粕的同时,对蒙学经典教材内容进行合理分析、提炼、开发和利用,使之重新进入儿童的成长教育中,让其成为继承和发扬中国优秀传统文化的重要途径,这无疑有着重大的理论价值和现实意义。

(2)重视儿童教育方法。传统蒙学教学中注重对蒙童采取的因材施教、涵泳背诵、循序渐进、兴趣启迪、习惯养成等方式方法,充分适应了孩童的一般心理发展要求,这些方式方法的坚守和创新,有助于改变当代儿童教育中一味强调放手任性、揠苗助长、不愤不悱等问题现状,有益于蒙学教育方法论层面的良性发展。古代蒙学中注重在生活中自然养成儿童良好的行为习惯,从而达到教育目的的方法,放在今天,也是一种科学教育儿童的方法。除此之外,传统蒙学对今天儿童教育的启发还在于:可以引导孩子在学前吟诵通俗易懂的蒙学经典,利用讲故事、树榜样、做游戏等儿童喜闻乐见的方式，培养儿童广泛的学习兴趣。这样可以更好、更有效地让学龄儿童在生活玩乐中自觉地养成自觉阅读、积累词汇、锻炼表达和培养自信的良好习惯，并修养其良好的心性。

（3）重视家庭教育。相较于现代儿童教育，古代的家庭教育在蒙学中占有非常重要的地位，包括"家训、家范、家诫、家教"等方面。在家庭中由父母或长辈对子女进行的教育，在儿童教育中具有举足轻重的作用。家庭是儿童最早接触的教育环境，即使在现代社会结构和家庭结构都发生了重大变化的今天，家庭对于儿童的影响依旧是无法忽视的基础性重要因素。因此，家庭教育重在从细节培养教育儿童，以陪伴引导、言传身教和榜样示范的方式对孩子潜移默化，逐步培养孩子良好的品行并使孩子拥有一个良好的成长环境。

3.4 当前国内外学前教育组织文化建设的理论研究及实践

在现代社会，学前教育机构的文化建设，越来越受到国家、社会及职能主管部门、学术界和幼儿园自身的高度重视，学前教育组织文化建设最核心的是学前教育的价值观对学前教育的发展起到了主导作用。

3.4.1 学界的研究状况

学界基于幼儿好动、好奇、易受教、喜欢合群、愿意被赏识等特征，旨在适应幼儿身心发展需求，对学前教育组织中的教师、环境、课程建设等方面都进行了大量的考察研究，从而为制定学前教育的目标和指导意见提供了理论和现实依据，并为其实施奠定了坚实的基础。

1. 国外学前教育理论研究

自20世纪80年代起，加强学前教育就已经成为世界级未来教育的主要目标之一。纵观国外学前教育理论的研究成果，我们可以看到国外学前教育理论最早倾向于"自然主义"的教育思想。其后的学前教育理论思想大多基于"自然主义"，并不断进行深化和发展。国外学前教育理论大致可分为以下四类。

（1）尊重天性的"自然主义教育思想"。"自然"一词源于拉丁文 *natrua*，在拉丁文中，它最初意指诞生、生长。希腊人把它理解为"出现"或者"涌现"，理解为"自行开启"[①]。17世纪捷克著名教育学家夸美纽斯，继承并发展了自然主义儿童教育思想。在他创立的"教育适应自然说"中，批判棍棒纪律的学校教育，倡导教育、教养

---

① 郑轩. 西方自然主义儿童教育思想：发展与创新[J]. 新课程研究（中旬刊），2013，（9）：184-186.

和教学应当以儿童的本性为基础。他认为教学的内容要根据儿童的年龄特征来组织，以便更好地促进儿童身心循序渐进地发展。夸美纽斯将遵循自然规律作为一切教学活动的基础，将自然适应原则视作在一定的规律上组织教学过程的教育方法。依据夸美纽斯的观点，"顺应儿童的本性发展，培养心智和谐发展的自然人"，才是学前教育的主要目标。

（2）培养德行的"爱的教育思想"。"爱的教育"是19世纪瑞士著名教育家裴斯泰洛齐教育思想的核心，是其对自然主义儿童教育思想的升华。裴斯泰洛齐认为，人具有低级天性和高级天性，其中低级天性即动物性，是指自我保护及可能由此发展而来的损人利己、狡猾贪婪、残忍恶毒的品性；而高级天性，则是指人所独具的理性，包括追求真善美和自我完善、热爱上帝、利他等德性[1]。高级天性和低级天性两者本质不同却又相互联系。低级天性是高级天性的基础，高级天性是由低级天性产生并加以发展的。"爱的教育"便是让人性从低级走向高级，从自然状态提升到道德状态的原动力。裴斯泰洛齐强调儿童各方面的能力需要均衡培养，德育是引领德、智、体全面发展的核心，是儿童教育的重要组成部分，而"爱的教育"正是培养儿童德行的中心内容[2]。因此，"爱的教育"一方面可以帮助启发儿童树立真善美的德行，另一方面又可以鼓励教育者用慈爱之心净化心灵。

（3）创造快乐的"快乐教育思想"。19世纪英国著名教育家赫伯特·斯宾塞将"快乐教育"的理念贯穿于教育实践中。他认为，教育的目的就是让孩子成为一个快乐的人，是为将来完满的生活做准备的。斯宾塞说"孩子在快乐的状态下学习是最有效的，此时孩子的学习也是快乐的，整个教学过程也应该是一个愉快的教育过程"。体验快乐学习，首先，要有一种轻松愉快的状态。快乐教育应该带给儿童内在的满足，使他们的学习过程充满乐趣。其次，积极的鼓励是快乐学习最好的帮手。最后，在教育过程中要注意尊重儿童的天性。

（4）以儿童为中心的"儿童中心教育思想"。在西方学前教育史中，各专家学者对"儿童中心论"的理解和定义各有不同，主要分为四类。

第一类，以儿童"人权"为中心。"儿童中心"最早起源于卢梭的教育思想。在论述自然教育时他指出，为了达到培养"自然人"的教育目的，应在自然教育的原则下，从儿童的天性出发，安排教育的具体内容和方法。卢梭认为，人作为一种社会存在，自由、平等具有不可侵犯性，一切的奴役、不平等和统治都是违反法律的。教育也应以培养平等的自然人、自由人为目的。因此，卢梭所倡导的儿童中心更多是建立在尊重儿童与生俱来的自然权利的基础之上的。

第二类，以儿童"本能"为中心。杜威的"儿童中心论"，是其自然主义教育观的一个具体体现，主张教育要遵循儿童的自然本性。他认为儿童心理活动的内容，基本就是以本能活动为核心的习惯、情绪、冲动、智慧等天生机能。他强调教育是促进儿童本能生长的过程，教材编制要遵循儿童的本能需求与兴趣。他批判传统的旧"三中心论"

---

[1] 杨汉麟，周采. 外国幼儿教育史[M]. 南宁：广西教育出版社，2003：132.
[2] 袁传明，杨汉麟. 裴斯泰洛齐的教育思想——"爱的教育"浅析[J]. 教育探索，2010，（2）：6-8.

（即"课堂中心""教材中心""教师中心"），要求彻底解放儿童的天性。他指出教育内容应与儿童的实际生活紧密联系，引导儿童积极参与到教育活动中，充分发挥儿童的主动性、创造性。[①]

第三类，以儿童"认知"为中心。瑞士心理学家皮亚杰受杜威"儿童中心论"的影响，在此基础上提出了以儿童的认知为中心的学前教育理论。所谓"认知"是一种属于智能方面的心理过程，是人对客观世界的认识活动。皮亚杰认为，儿童一出生就以多种无条件反射反应外界的刺激，发出自己需求的信号，以此与周围环境相互作用。教育应该遵循儿童思维发展的规律，符合儿童的心理发展水平。皮亚杰重视儿童的兴趣、需求和儿童的社会交往，主张教育不能强行灌输知识，而是要发挥儿童的主体性，促进儿童自行学习。

第四类，以儿童"自我活动"为中心。美国教育学家弗兰西斯·帕克曾在其著作《关于教育的谈话》中，反复提及"自我活动"一词，他将儿童的"自我活动"看作是儿童发展的根本法则。他认为，"个体的发展是由不变的法则所决定的，这其中最为根本的法则便是自我活动，所有心理和道德发展都依靠这种自我活动"[②]。

2. 国内学前教育理论研究

近现代以来，当国内学前教育被不断涌入的卢梭、洛克、福禄培尔、蒙台梭利、杜威等西方先进教育思想充斥时，以陶行知、陈鹤琴等为代表的中国教育学家，坚决主张结合中国实际的本土文化，探索和倡导具有中国特色的、符合我国幼儿成长需求的学前教育理念。他们关注培养幼儿的创造性和良好的德行，重视切合实际的学前教育组织的教育和教学方法。

（1）"生活即教育"的理论研究。我国教育家、思想家陶行知先生提出的"生活即教育"理论，与杜威的"教育即生活"理论刚好相反。陶行知认为生活决定教育，教育通过生活发生效力，没有生活做中心的教育就是死教育。他主张教师应该注重教授学生学习方法，而不是强硬地灌输知识；学前教育应重视儿童的兴趣，创新教学方式，按照孩子的接受能力开展教学进度；让儿童在亲历生活的过程中，发现问题，提出问题，解决问题；在既动手又动脑的体验里增长能力，建构知识。陶行知指出："我们的教育是供给人生需要的教育，人生需要什么，我们就教什么。"他鼓励教师在具体教学活动中，解放孩子的思想，根据孩子的需要提供教育。孩子需要自由的空间，便给予培养孩子创造力的空间，让他们在自我探索中掌握知识。我国于 2001 年颁布的《幼儿园教育指导纲要（试行）》在很多方面都体现了陶行知先生"生活即教育"的思想。

（2）"活教育"的理论研究。我国著名的教育学家，儿童心理学家陈鹤琴，一生致力于探索符合儿童身心发展的中国特色的儿童教育之路。他指出，先要了解儿童心理，认识儿童以后才能谈到教育儿童。通过长期的亲身实践和研究，他创建了"活教育"理论体系，对我国学前教育理论与实践的发展，起到了重要的推动作用。"活教育"提倡

---

① 尹爱英. 杜威的"儿童中心"的教育理论及现实启示[J]. 安徽文学（下半月），2009，（3）：284-285.
② 张斌贤，王慧敏."儿童中心"论在美国的兴起[J]. 北京大学教育评论，2014，（1）：108-122，190-191.

教材要活、方法要活、课本要活。他提出,"自然和社会环境就是儿童最好的活教材,要利用活教材教学,使教学的形式灵活生动多样"。首先,"活教材",顺应儿童好奇、好动、喜欢大自然和户外运动的天性,让孩子在兴趣中探索知识。通过这样的方法获取的知识,既是快乐的,印象也会更加深刻。其次,"活方法",要有别于传统教育只注重传授知识的教学。它注重让学生自己做,注意分组学习,强调让学生在集体讨论中相互切磋,积累经验。陈鹤琴反对禁止孩子活动、规定不做这样不做那样,提倡教小孩做这样做那样,积极鼓励儿童去认知自己的世界。最后,"活课本",指的是教育的内容不要完全拘泥于编制的教材,要借助生活中的天然"课本",让孩子进行观察、实际操作以获得直接的经验。这样的教学更灵活,孩子也容易接受和理解。同时需要注意的是,课本的编定需要符合儿童的生理和心理需求。陈鹤琴认为,学前教育的目的在于培养孩子做人的态度,养成他们良好的习惯,发现其内在的兴趣,使他们能够获得求知的方法,训练人生的基本技能。正如陈鹤琴所提出的"活教育"的目标,就是要培养幼儿成为具有健全的身体、创造的能力、服务的精神、合作的态度和具有世界的眼光的中国人。"活教育"是对儿童德、智、体发展的全面培养,是对学前教育应该做什么、应该怎样做提出的具体要求和方法。

3. 国内外学者对学前教育教师要求的研究

幼儿教师在学前教育中扮演着非常重要的角色,作为学前教育实践、改革和发展的中坚力量,为践行学前教育价值观发挥着突出的作用。那么,如何成为一个合格的教师呢?

英国哲学家约翰·洛克在他的《教育漫话》中,对教师职业的认识:教师的任务是培养学生尊重知识,鞭策和鼓励他们自觉接受和掌握知识。教师的技巧是保持学生的注意力,在其所能及的范围内主动探索和求知。教师不应该靠鞭笞和体罚来强迫学生学习,更不应该滥用教师权威忽视学生的快乐和兴趣。[①]洛克强调教师与学生之间应该亦师亦友、人格平等。他倡导教师和学生之间要互动讨论,教师既要树立自己的学术威严,又能给学生充分表达自我观点的机会。与此同时,他还提到教师的文化素养和礼仪行为会直接影响到对学生的教育效果。

我国教育学家陈鹤琴在谈到教师的职业时强调:"一个理想的教师,第一要有健全的体格,良好的心境;第二要有爱护小孩的心肠,认识小孩的个性;第三要有研究的态度,要能多方采取新的教材与教法。"

时至今日,教师这个名词已不再仅仅指一种职业,而是作为一种文化在不断地传承与创新。美国著名教育家安迪·哈格里夫斯在其《教学文化:一个转变的焦点》一文中以"内容"与"形式"来诠释教师文化。所谓"内容",指的就是教师共有的价值、态度、信念、规范,而"形式",则是指教师之间关系的形态及成员间的结盟形式。日本学者佐藤学认为,教师文化是指教师的职业意识与自我意识、专业知识与技能、感受"教师味"的规范意识与价值观、思考、感知和行动的方式等,即教师所特有的范式

---

① 〔英〕约翰·洛克. 教育漫话[M]. 傅任敢, 译. 北京:人民教育出版社, 1986:190.

性的职业文化①。我国幼儿教师文化的发展起源于 20 世纪 50 年代，起初只强调"传道授业解惑"的知识传授和分科教育，发展至今，幼儿教师文化更加注重的是教师专业发展的价值取向和教师价值观的建立。目前针对幼儿教师的自身发展，提出了文化知识水平提升、价值观取向、行为方式培养等要求。

4. 国内外学前教育建设环境研究

（1）园所环境研究。蒙台梭利教育理论指出，儿童的心理发展虽然是受其内在生命力引导，但是，环境对于儿童的心理发展也具有举足轻重的作用。儿童天生具有特殊性本能，如吸收性心智、敏感期和自发性活动等，这些潜能发展均需要通过与适宜的环境相互作用得以完善。我们所接触到的自然环境、人文环境等都能帮助儿童实现其内在潜能的主动发展。蒙台梭利的"有准备的环境"学说，强调以"有准备的环境"作为教学活动的核心和基础。这一学说主张教学活动要尊重儿童，借助适宜的环境培养儿童的自主学习、自我塑造、自我管理的能力。可见，被寓为激发儿童内在力量的园所环境建设，是儿童成长的重要影响因素。幼儿园作为儿童活动的主要场所，环境的创设是每位幼儿工作者必须思考和创新的工作重点之一。

（2）园所教育理念研究。"以人为本"的管理理念，已成为我国现代学前教育科学发展的核心思想。"以人为本"包括以儿童为本和以教师为本两个部分。以儿童为本是以儿童身心发展为中心，园所的一切活动均围绕儿童的需求展开。作为园所的主体，教师需要充分了解儿童的天性、需要；尊重儿童的人格、行为、思想；关注儿童的健康、兴趣、情感；民主平等地善待每一位小公民，并给予其积极的引导和帮助。以教师为本则是要求园所建设应当充分尊重教师的个人价值，在管理机制上满足教师的合理诉求，解决其后顾之忧；在队伍建设中关注教师的个人成长，为其创造良好的发展平台；在精神、物质上给予积极的支持，调动其工作热情。总之，以人为本的管理理念是以人为中心和出发点，重视个体价值，在实现人的发展的基础上促进园所建设的管理思想。

除此之外，还有"全人教育"理念——即"以人为本"和"社会为本"两种教育观点的整合。"全人教育"理念融合了古今中外诸多教育思想家的教育智慧，是既重视人的价值又重视社会价值的教育理念。我国有教育学者曾这样界定："全人教育是以儿童为核心，以幼儿园为主导，家庭共同参与实施的、整体的、系统的教育。该教育面向全体儿童，通过课程建设、师资培训、课堂教学、综合实践活动、家长学校等途径，致力于儿童的心智与体魄的全面发展、和谐发展、持续发展。"简而言之，全人教育的目的就是通过协作，实现人的整体发展。而将全人教育的理念推行到学前教育中，就是要将教育立足于儿童发展的同时，关注其成长对社会的价值实现。因为儿童是社会中的儿童，儿童的全面和谐发展是实现社会价值的重要组成部分，实现了儿童的发展价值，即实现了社会价值的重要方面，全人教育显然需要环境的熏陶。

---

① 〔日〕佐藤学. 课程与教研[M]. 钟启泉，译. 北京：教育科学出版社，2003：253-254.

3.4.2 国内学前教育组织的实践情况

我国新时期学前教育价值观强调对每一个幼儿的情感、态度及价值观的培养。在调研中，我们看到了学前教育组织所取得的进步，但是也能明显感受到在文化建设方面存在的缺憾。

1. 办园理念

办园理念即指学前教育组织建设的出发点和指导思想。学前教育组织的办园理念是幼儿园经过多年探索概括总结出来的，以促进幼儿身心健康发展、推动园所建设为目标的思想结晶，是指引幼儿园各项工作的方向标。通过研究归纳，我们认为，我国现阶段的学前教育组织大致可以概括出以下四类比较具有代表性的办园理念。

（1）以"爱心""智慧"为主题的办园理念。幼儿园及其工作人员对孩子的"爱"通常是无条件的，在教学活动中园所组织者倡导教师和家长应该多给予幼儿鼓励和支持。这种爱心包括师德、教学、管理和服务的各个方面，因为对于孩子的爱心，是每一位教师所应当具备的基本素质。在实际教学活动中，这种办园理念可以指导教师在爱中进行教育，平等地对待每一个孩子，不嫌弃孩子的毛病，不伤害孩子的自尊。将爱作为园所解决问题的手段和出发点，以爱作为幼儿养成教育的落脚点，培养幼儿良好的行为习惯。

在课题组进行调研中我们了解到，一些幼儿园负责人将爱心比作基石，智慧比作爱心的两个翅膀，爱心和智慧相互配合共同促进幼儿的和谐发展。智慧具有多层理解，包括幼儿园管理智慧、教育教学智慧、做家长工作的智慧、对幼儿的保护和服务智慧等。尤其在管理智慧上，幼儿园立足于幼儿的现实发展水平和个性差异，创造人性化的管理氛围，为实现孩子身心和谐发展、教师与幼儿和谐发展、家长与幼儿园和谐发展做基奠。

（2）以"健康""快乐"为主题的办园理念。"健康"的办园理念是从幼儿饮食、心理和身体三方面入手，饮食健康要求膳食合理搭配；心理健康要求教师对孩子多一些耐心和关心；身体健康要求加强孩子的体育锻炼，并与之配合开设健康、体能训练课程等，为孩子传递远离危险、保护自己、锻炼体魄的理念。此外，幼儿园还呼吁要关注家庭教育对幼儿身心健康发展的重要作用。"快乐"的办园理念是强调让幼儿在快乐中成长，在快乐的游戏中学到知识、得到锻炼。要在教学中引导幼儿自己去发现问题寻找答案，不提倡幼儿按照教师给出的模式去顺从和生搬硬套。教师要鼓励幼儿说出自己的想法，树立自信、赢得快乐。快乐的理念同样也针对教师，教师的整体状态是影响学前教育的重要因素，教师的快乐与否，会直接影响幼儿的情绪和教学的顺利进行。为此，学前教育管理者都会关注教师的切身利益，在管理和后勤保障等方面为教师解除后顾之忧；关心教师的业余生活，在课余时间组织各种活动帮助教师放松心情；顾及教师的切身感受，在文化归纳、章程制度建设方面听取教师意见等。幼儿园的体制机制人性化、科学化，教师就能在工作中更加放松和愉快，快乐的教师无论在教学还是生活中，都会让孩子更加喜欢，而在快乐中学习的孩子才是最幸福的。

一些幼儿园十分关注幼儿快乐地成长，将真正的快乐建立在发展的快乐、有价值的快乐之上。对幼儿成长进行跟踪评估，力求借助已有的平台，做到幼儿、教师、家长三者共同发展。除此之外，幼儿园还开设一些快乐体验课程，给幼儿参与各种职业体验的机会。这种快乐体验课程，重视幼儿的发展需求，能够培养幼儿学会生活、体验生活、表达生活的能力。"快乐办园"的理念着重于关注幼儿的兴趣和需要，积极探索温馨的育人环境、民主的教育方式、精致的文化品位及独特的园本课程。注重利用家庭、社区及周边环境等教育资源带给孩子体验快乐的教育。

（3）"教育即工程"的办园理念。将学前教育工作当成是一项系统工程来建设，也是一种办园特色。首先，幼儿园提倡权利均等的原则。教师认为幼儿园展示的舞台并不是优秀孩子的专属，从幼儿发展机会均等的原则入手，采取轮流制体验，给每个孩子提供表现的机会。例如，组织小小升旗手、小主播、小教师、今天你是小绅士小淑女等活动。能力弱的孩子会在这样的活动中积累经验，增加自信，促进自身全面发展。其次，为孩子制定诸多行之有效、力所能及、简单易行的规则。教师将规则比喻成雨露，"多了会涝，少了就旱"，这一简单的比喻，足见适量的"规矩"对孩子的必要性。例如，有秩序地排队、不浪费粮食、物归原处、走路静悄悄等，这些简单的规则意识不仅会对孩子的幼儿时期行为模式和心理健康产生巨大影响，也会从细小习惯的养成入手，影响孩子的未来。教师会通过规则教育培养孩子的社会意识，如教育孩子在不妨碍他人的前提下，成就最好的自己，在做最好自己的同时，做最好的小公民。

（4）"自然中教，游戏中学，教在有心，学在无意"的办园理念。以尊重孩子的个性为主，创设适合孩子成长的环境，将全面保障幼儿身心和谐健康，作为幼儿园建设和发展的办园思想。开设以户外活动教育为主的课程理念，结合"亲近自然，启迪智慧"的主题活动，让孩子从大自然的课本中，感受和体验学习的乐趣，在游戏教学中自然而然地积累知识和经验。

从以上这些具有代表性的幼儿园办园理念中不难看出，每一个园所都有自己的办园特点和办学主张，在多年的学前教育实践中，办园理念愈加凸显幼儿的发展特点和个性需求，并且与新时代的发展特征相适应。那么如何将这些办园理念联系实际来体现学前教育组织的办园思想，使理念真正起到指导各项教学工作的作用，就成为我们目前比较关注的问题。就目前学前教育文化建设来看，办园理念与幼儿园文化建设实践相脱节的情形比较普遍，具体表现在：一是概括雷同现象比较突出，不能真正体现自身的园本特色；二是幼儿教师自身素质水平有限，不能真正领会办园理念的深刻含义，不能很好地树立起对照本职工作体现办园理念的价值观；三是办园理念往往体现在标语口号层面，没有完全渗透到教育教学管理服务保护等各个环节之中，缺乏对实际工作的指导意义等。

2. 教学活动

多元化的教学活动，致力于实现幼儿教育水平的新提升，是实现幼儿启发式教学，培养幼儿良好个性的有效新途径。

（1）区角活动。学前教育历来倡导在教学活动中给予孩子更多的自由空间和自主选择的机会，在快乐游戏活动中培养孩子的学习能力、生活能力、组织协调能力、与人交往合作能力及遵守规则的良好习惯。目前在我国很多城市幼儿园开展的区角活动，就贯穿了这一思想。

正如前面我们已经提到的，所谓区角活动，就是指教育者在活动室划分不同区域，利用活动材料为幼儿模拟情境，幼儿根据自己的喜好自主选择相应的区角进行的活动。区角活动充分考虑了幼儿的兴趣和个性化要求，帮助幼儿在轻松的环境中通过与材料、环境、同伴、师生之间的充分互动交流而获得学习与发展。通过借助模拟环境为孩子提供探索、求知、交往的机会，丰富孩子的经验和感受，满足孩子情感、认知、交流和道德提升等多方面的需求。在满足幼儿游戏需求的前提下，提升孩子协商、合作、适应社会的能力。在此项活动中，教师只是作为活动参与者，对孩子的活动进行观察，引导孩子操作和体验。教师通过对孩子需求的观察和了解，为区角投放不同的材料，设计活动内容，调整活动方案，从而更有效地推动幼儿的自主学习和经验提升。在我国大多数幼儿园特别是优秀幼儿园中，区角活动开展得如火如荼，其推广和应用并没有采用统一的套路和简单的模仿，在形式和内容上因地制宜、各具特色。

（2）"幼小衔接"活动。为了使幼儿能顺利从幼儿园阶段过渡到小学阶段，幼儿园专门针对大班小朋友开展专项教学活动，为适应小学生活做好充分的准备。一是为幼儿提供多种展示自我的舞台。例如，开展"诗歌朗诵""我是故事大王"等比赛活动，其目的是提高幼儿的阅读识字和表达能力，通过幼儿自我展示，锻炼孩子的专注力、自信心和语言表达能力等。二是严把班级常规，细化班级制度要求。例如，对幼儿的握笔姿势、坐姿、排队、吃相、举手姿势等进行考核；执行班级幼儿轮流值日的制度；班级定期对幼儿小书包、学具、日常用品等的整理情况进行评比，引导幼儿学会归类和保管自己的物品。这些评比活动目的在于培养幼儿的自我管理和自我约束能力，培养幼儿的责任意识和良好习惯。三是为幼儿创设游戏化的识字环境体验。配置"识字游戏操作板"，鼓励幼儿在区域活动中参与"识字游戏"，同时训练幼儿进行简单的加减法，掌握数字的书写笔画，做好入学前识字算数的积累工作。四是组织幼儿到小学参观以增强适应性，让幼儿提前了解小学生的学习和生活状况，减轻孩子的焦虑感。

幼儿园借助这些形式多样的教学实践活动，可以培养幼儿良好的思维学习习惯、生活自理能力和自我管理能力。同时，教师积极引领家长正确对待幼小衔接工作，不给孩子们太多的紧张气氛，让家长明白幼小衔接的重点不是知识的灌输而是习惯的养成，消除家长的各种顾虑，为孩子们顺利地度过幼小衔接做好铺垫。

3. 课程建设

（1）适应性课程，将儿童为本的教育理念体现在以幼儿为主体的课程建设中。课程建设作为学前教育发展的核心，力求根植于幼儿的适应性。其内容重在选择与幼儿身心发展相吻合，立足于满足幼儿需求等最基本的问题。例如，贵州省一些幼儿园开展的课程建设，就是"以儿童发展为中心，以课程建设为切入点"，构建适应性课程体系。"适应性发展课程整合了中外学前教育的先进经验和做法，用共同性活动和选择性活动作为幼儿园课程的基本框架，以满足所有幼儿的成长为目标。"[1]适应性课程不仅关注幼儿的个性发展和个体差异，而且对教师提出创新和改进的发展要求，推动了教师队伍的能力提升和自我发展。

（2）体能课程。幼儿体质是学前教育目前应当重点关注的问题之一，体能训练课程在学前教育中被广泛关注，但在实践中的运用却并不尽如人意。因种种原因导致的幼儿健康问题，如孩子的动手能力和身体协调能力，远弱于孩子的语言表达能力；儿童体能与生活水平基本不成正比；大多数孩子的身体健康状况达不到要求指标。甘肃省兰州市某著名幼儿园通过引进适合的体能游戏课程，借助教师丰富的教学经验，在经过多年的实训之后，对孩子的健康培养效果明显。孩子在体能游戏中不仅提高了身体素质和活动能力，还培养了孩子的意志力和自信心。尽管孩子活动的安全问题、家长的配合和理解程度问题等成为该项课程实施的巨大阻力，但是幼儿园仍然坚持克服教学工作中的种种困难，推进体能课程的实施。用该幼儿园负责人的话说："学前教育不光是要努力培养孩子的心理健康、学习兴趣和生活习惯，还要为孩子的身体健康负责。"

（3）特色课程。特色课程的设立可以更大程度地增加孩子在学习中所体会到的快乐，注重培养和发现孩子的兴趣。近年来，这种多元化的特色课程被越来越多的学前教育组织接受并运用于实践之中。

一是创新优秀传统文化课程。幼儿园开设国学课程，传播我国优秀传统文化。例如，朗读和倾听《三字经》《弟子规》，通过背景音乐和故事相结合，用孩子喜闻乐见的能够接受的方式，潜移默化地灌输做人的道理，从点滴做起培养孩子的文化自信。幼儿园将此作为一种幼儿品德教育，通过和幼儿一日生活常规相结合，再配合教师在生活中的指导，提高孩子的美德认知，践行美德行为，逐渐养成良好的行为习惯。还有一些幼儿园根据地域特点将传统文化结合在课程当中，如厦门某幼儿园每周会为孩子们安排介绍闽南文化的课程，会在游戏中加入本地文化的元素，甚至在楼梯墙报中及幼儿绘画、音乐、讲故事等活动中，让孩子们了解和熟悉地域传统，喜爱本土文化，从而转换为幼儿对自己民族和文化的认同。

二是奥尔夫音乐班课程。奥尔夫音乐课程最大的特点就是关注对孩子内心世界的开发，让孩子在玩耍的过程中感知音乐，在快乐中培养孩子的反应能力、身体协调能力和互动沟通能力。该课程的教学方法内容多样，形式简单。幼儿园通过委派教师接受专业的培训，经过严格考核持证上岗，避免盲目引进课程带来误导。有经验的教师会让教学更加游刃有余，孩子接受专业的指导，对身心发展非常有利。

三是情景体验课程。设立体验馆开展各种职业的体验课程，如木工体验馆、美食体验馆、邮递员体验馆、手工艺体验馆、医院体验馆、超市体验馆、过马路体验馆、理发室体验馆、公交车体验馆、影剧院体验馆等。体验课程更多注重的是让孩子们在生活背景、知识背景、家庭背景、学校背景的基础上充分体验各类生活情景，从而积累儿童的生活经验。

四是科学教育课程。以科学教育为切入点，以体验活动为主要手段，将科学教育有

---

[1] 薛扬. 欲穷千里目，更上一层楼——关于贵州省幼儿园适应性发展课程建设的思考[J]. 贵州教育, 2012, (1): 17-18.

机地融合于社会、艺术、语言、健康等领域,建构以"启蒙性、整合性、开放性"为特征的科学教育课程。致力于探究以培养幼儿的科学态度、科学精神、科学思维,促进动手能力为要旨的教育方法。科学教育课程能够让幼儿快乐地亲历探索世界奥秘的过程,在观察、提问、设想、动手、表达、交流的过程中,获得科学知识。通过这样的课程,孩子能够得到更加全面和谐的发展,为成为具有良好科学素养的未来公民打下坚实的基础。

以上各具特色的多元文化课程,既能丰富孩子的学习内容,广泛培养兴趣,又能开拓孩子的视野,增长见识,一举两得。但是随着愈演愈烈的市场竞争,有些幼儿园开设特色课程的目的,并不是以孩子为中心、为满足儿童身心健康发展考虑,有些幼儿园更多的是偏向于顺应家长的需求,盲目扩大生源率,使之成为一种隐蔽性较强的招揽"生意"的诱饵。若是如此作为,那么这种多元化的课程开设就会失去其原本的意义。

4. 教育环境

适宜的环境可以促进孩子心理的健康发展,随着学前教育理念的不断发展和社会的不断进步,教育环境作为"隐性课程",已成为学前教育组织文化建设的重要组成部分。

就目前来看,全国各地幼儿园基本都在努力遵循"设计科学、规划合理、经济实用、整洁舒适"的原则实施教育环境建设。一般幼儿园室外都会为幼儿们精心规划游戏场所、丰富的娱乐设施,这些无不满足着幼儿爱玩的天性。进入室内,眼前色彩化、多元化的装饰风格,地板、墙面、窗帘的用心搭配,每一处细节都会体现出教育者的良苦用心。这样的环境既贴近孩子的心理,又给孩子创造安全感,让孩子从内心喜爱自己学习和成长的环境。有条件的幼儿园还会通过对环境独具匠心的创设,培养孩子的想象力。例如,根据儿童的天性创造主题式的环境,因地制宜地将幼儿园的每一楼层打造成不同的建筑装饰风格:海洋世界、森林公园、未来太空等。跟随孩子的好奇心,将他们带入另一种未知的探索空间,通过变幻的环境吸引和激发孩子无限的想象力。还有的幼儿园借助公共区域进行环境创建,如幼儿作品展览角、传统文化宣传栏、地方特色文化长廊等,为幼儿搭建交流互动平台,培养创新精神,用挑战性的互动发展孩子积极向上、勇于探索的品质。

但是,我们也要看到,在幼儿园越来越重视环境建设的过程中,也反映出一些不可忽视的问题。首先,表现在环境的创设过于突显装饰性而忽略教育性的功能,也就是所谓的"重形式而轻内容";其次,园所环境建设缺少幼儿参与及与幼儿的互动,大多数情况下都是教师在大包大揽,忽视了培养幼儿的主人翁意识和幼儿创造能力的培养。

5. 制度文化

从目前我国学前教育组织的章程建设上来看,幼儿园对章程建设方面普遍不够重视,对章程的概念模糊不清,大多数人将章程和具体的规章制度混为一谈。章程建设要么借鉴和分享已有的网络资源,要么事无巨细,其内容不是纲领性的文件而是涉及幼儿园工作的方方面面。

从具体的规章制度建设上来看，我国幼儿园制度通常是在国家颁布的教育方针、法律、法规基础上，结合自身教育管理和保护要求制定相应的规章制度。一般包含岗位工作职责，教育教学科研日常工作要求，学习管理常规，卫生安全管理制度等内容。在考察中，我们看到了以下方面的特色做法。

（1）绩效考核制度。除了日常管理制度之外，有些民办园所会将各岗位工作职责、工作流程、教师考核、员工晋升等内容包含在幼儿园制度当中。将绩效考核和工资挂钩，其目的是充分调动教师的工作积极性。例如，一些幼儿园把招生能力、溜生率、出勤率等，作为对业务指标的考核标准。同时将绩效考核与员工晋升制度联系在一起，这些制度既对教师起到约束和管理的作用，又能督促和激发教师全身心地投入工作。

（2）服务标准化制度。现阶段国内很多幼儿园特别是一些集团化幼儿园，都提出"金字塔"式的服务标准制度。纵向是明确各层级的服务关系，各层教师的工作重点都是全心全意为孩子服务，孩子在塔尖，一线的保教人员为孩子的身心发展服务，后勤人员为一线教师和孩子服务。横向是对教师每日的教学服务工作提出的一系列标准化要求。例如，每天早上欢迎小朋友入园，给幼儿爱的拥抱；孩子喝水和上洗手间分别安排教师，各自分工细心照顾；每周各班级教师结合教学的主题，定期对每个幼儿进行评估和客观评价，并及时向家长反馈；后勤人员定期发放生活用品到各个班级等。每一个细节都体现着幼儿园管理的标准化流程，力求在全方位时空上都能够保证每位教师以孩子为主。这些标准化的服务制度，是经过全园教职员工参与制定的，是建立在每个人员都自觉自愿严格执行的基础之上的。这种标准化的流程制度，既能够明确各岗责任到位，也有利于新任教师尽快熟悉环节、执教上岗。

除此之外，值得一提的是我国的集团制幼儿园的制度建设。集团幼儿园的制度建设有别于普通园所。因为涉及多个幼儿园的管理，集团幼儿园通常会统一制定章程，制度由分园研究制定后向集团总部报批。制度制定的原则就是分园依据自身的实际情况，由园长亲自主持拟定，经教研会商讨通过后实施和落实。分园的制度建设以一学年作为一个阶段进行微调，每一学年开学前会对微调内容和新建设制度进行审核，审核通过后执行。分园的制度基本上分为三部分组成：常规制度、奖惩制度、专项制度。此外，幼儿园岗位常规实行一岗一规定，为避免常规工作和实际工作内容相脱节，每年会做相应调整。

6. 教师培训

教师在幼儿教育过程中扮演着极其重要的角色，各幼儿园都在力求根据自己的实际情况，为教师安排不同类型的职业培训。

（1）新人培训：成长专项培训、职业道德和教育教学适应性培训、实践活动培训等；由学校的骨干教师和外聘专家对新教师进行评优、学期专项诊断，提出合理化建议等；为新任教师安排自己的导师，在日常工作中给予指导和提出要求。

（2）分层培训，分类培训：新入职教职工培训，入职3年和5年的教师培训、优秀骨干教师的培训等。

（3）常规培训：将日常教学过程中探索出的理念和想法，经过探讨后，对具有可实施性的部分，进行全园培训。

（4）科研专题培训：安排与教职工本职工作相适应的培训，如语言的培训、户外活动的培训、专题活动的培训等。

（5）梯队培训：根据教师队伍中老、中、青三代教师具有的不同工作特点进行常规培训，由经验丰富的老年教师传授经验，对青年教师起到"传、帮、带"的作用。

还有诸如园长培训、骨干教师培训、管理服务人员培训等。这些制度文化的建立和践行，对幼儿的健康发展，具有积极的意义。

3.4.3 理论研究及实践现状评析

发展学前教育事关亿万儿童的健康成长，事关千家万户的切身利益，事关国家和民族的未来，古今中外学界无不高度重视。在学前教育文化理论研究方面，学界进行了比较深入系统的探索和研究，涌现出了一系列深刻的具有指导意义的成果，但还存在如下可以进一步求索探究的空间：一是我国学者比较注重吸收借鉴国外先进学前教育理念，但对于本土传统优秀文化的传承和吸收有待进一步加强；二是十分关注教育教学内容、方法的凝练和总结，但对于实现教育管理保护职能的保障机制的研究，尚不能满足学前教育机构飞速发展的需要；三是宏观的总结概括较为常见，但微观的具体化的接地气的研究较少。

作为国民教育体系的重要组成部分，近年来我国学前教育实践取得了长足发展，普及程度逐步提高，但如前所述，学前教育在整个教育系统中目前仍是一个薄弱环节，面临着许多困难和问题，在具体实践中还存在一些值得改进的地方。

（1）幼儿主体地位缺失。"儿童中心理论"强调幼儿的主体地位，主张幼儿自主探索的学习生活。但是在实际教育教学活动中，仍然存在着重教师轻学生的问题。教师仅仅作为传授知识的主体，在一定程度上忽视了幼儿自我学习、自我探索能力的培养。孩子的学习和生活，被限制在条条框框的约束当中，被动地接受教师的安排已成为他们的常态。因此，孩子在遇到问题的时候，会展现出比较强的依赖性，缺乏独立思考、解决问题的能力和相应的自信心、主动性和创造性。

（2）师幼互动缺少平等性。幼儿和教师被称为新型的伙伴关系，或师或友，孩子只有在教师营造的宽松、民主、和谐的人际氛围中，才会更加大胆、自主、尽情地投入教学活动当中，才能和教师积极地交流互动，以促进情感交流。但是由于部分年轻教师盲目地要求和评判孩子的对与错，使得很多孩子畏惧教师的权威。这种凌驾于儿童之上的特权思想，使得幼儿和教师的平等交流受阻，幼儿的情感和需求不容易充分展现出来，不利于幼儿教学目的的顺利实现。

（3）儿童个性发展需要重视。所谓"世界上没有两片相同的叶子"，孩子也是一样，100个孩子100种性格。我国学前教育理论也强调每一个孩子的个体发展，提出对儿童个性的尊重和引导，但是在实践中往往容易出现忽视儿童个体差异的情况，主要体现在发展水平、能力倾向、学习方式、原有经验等各个方面。如何更好地因材施教，促进幼儿的个性发展，是幼儿教师的重要责任。

（4）学前教育师资力量薄弱。学前教育师资建设不仅关乎幼儿的健康成长，也是整个幼教事业发展的关键所在。目前，我国幼师队伍建设依然存在着很多问题，突出表现在：首先，幼儿教师的学历普遍不高，多来自于幼师专业的大中专毕业生，资料显示，目前全国"在岗在职并已领取教师资格证的幼儿教师只有 40%左右"[①]，教师的整体素质有待进一步提高；其次，"编制不足、流动性大、教师待遇偏低也成为影响当前幼儿教师队伍建设的重要问题"[②]；最后，职前的专业课教育难以和实践相结合，教师在职进修培训机会太少，很难促进教师自我发展。

3.5 甘肃省保育院文化建设研究

甘肃省保育院在文化建设中，十分注重吸收借鉴古今中外学前教育的先进理论和实践经验，兼收并蓄，扬长避短，不断提升自身的现代化、科学化、专业化和国际化水平。

3.5.1 文化建设现状

正如前面所述，国外学前教育文化建设研究主要体现在以下几个方面：首先，亚里士多德提出的"自然教育"这一原则被许多教育思想家所接受。例如，在《爱弥儿》中，卢梭通过主人公爱弥儿的成长经历，详细地论述了其教育思想的相关理论，他的教育目标是将儿童教育成一个健全的"自然人"；而夸美纽斯在《大教学论》中，也始终贯穿着一个核心的指导原则，即教育必须适应自然的原则。其次，福禄培尔、蒙台梭利和约翰·杜威等具有广泛影响的著名幼儿教育家，在此基础上继承和发展了这一教育思想。福禄培尔认为人的本性是善良的，所以"教育必须遵循儿童的内在生长法则，使之获得自然的、自由的发展"，而"教育、教学和训练，在根本原则上必须是被动的、顺应的、而不是命令的、绝对的、干涉的"。苏霍姆林斯基始终强调应当把教育过程本身看作是一种对理想的追求，即体现理想社会完美关系那种人的活生生的形象的追求。总之，他们认为幼儿是学前教育的中心，教育要遵循儿童的自然本性，不断发展，不断生长，教育就是生活。

甘肃省保育院的文化建设和发展，一方面汲取了上述国外先进的教育理念，另一方面，中国优秀传统文化在其教育内容和方法的构成中，日益显现出其举足轻重的地位。根据前面研究发现：中国优秀传统文化中关于学前教育的价值观构成，主要是以外在的规矩约束和内在的道德养成为主线组成的。传统蒙学承担着开启蒙昧、教化国民、传承文化的重任，不论是蒙学读物还是家训经典，传统蒙学在蒙以养正、道德教

---

① 杨艳玲. 当前我国学前教育发展状况调研报告——基于对第2期全国学前教育管理者高级研修班学员的调研[J]. 江西师范大学学报（哲学社会科学版），2013，(3)：126-130.

② 赵菊敏. 我国当前学前教育的研究状况综述[A]//河北省教师教育学会. 河北省教师教育学会第五届优秀课题成果展论文集[C]. 河北省教师教育学会，2013：44.

育、规矩养成及环境濡染等方面都有自己独到的见解。而甘肃省保育院以"让孩子回归丰富多彩的生活"为核心的文化建设，把这些先进的教育理念融入其中，体现出其自身特质。

3.5.2 核心价值理念建设

核心价值理念是某一社会群体判断事物时所依据的是非标准、遵循的行为准则。因此，每一个教育组织在建设和发展中都应该有自己的核心价值，而这个价值一般来源于教育目标。

1. 幼儿园教育目标

任何事物都有核，教育也有核，而这个核就是教育目的。孩子从出生之后（甚至胎儿）就开始了受教育的过程，家庭、社会环境及教育机构都在有意无意地向孩子施加各种教育影响，期望孩子能够成长为有益于社会的成员。也就是说，教育是人类的一种基本活动，没有教育，人类社会就难以延续和发展。教育的意义和作用在于：能够使一个娇弱无能、感觉混沌、无知无识的幼小婴儿，成长发展为掌握知识技能、能适应社会生活、对社会发展有用、受社会规则约束的"真正的人"。因此学前教育担负着教育幼儿，管理幼儿，保护幼儿，促进其身心和谐发展，帮助其健康成长等多方面奠基作用的重要责任。幼儿园教育目标是普遍教育目的在幼儿园教育这一特定阶段的具体体现，是国家对幼儿园提出的培养人的规格和要求，是幼儿教育机构的指导思想。

1）国外幼儿园的教育目标

在美国，为了培养幼儿的独立精神和探索精神，发挥其丰富的想象力和创造力，幼教工作者通常会将幼儿园布置成不同的体现现实生活诸多方面的活动区域，如电脑区、图书区、泥塑区、植物区、动物区、积木区、玩沙区、玩水区、烹调区等，让幼儿自己选择活动区域，自己取、放玩具和物品，活动结束后自己收拾场所和物件。除此之外，还十分注重培养孩子发现问题、解决问题的实际能力及其独立精神和探索精神，要求孩子能对成人的各种要求做出反应，有信任感、责任感、自尊心。能够准确表达自己的需要，学会与人分享和合作，友好地与同伴交往；不断提高肢体动作的准确性、手眼动作的协调性；通过游戏丰富知识、经验，并对知识经验进行总结、分类；通过培养艺术技能和认知技能，发展他们的社会性和健康情感；培养学习技能，如读、写、算等，但并不会强迫孩子学习，而是让他们根据自己的接受能力进行学习。

在英国，幼儿教育的目标首先是培养孩子的语言能力，以及独立性和创造性；其次是发展幼儿聆听、观察、讨论、实验的能力；再次是注重对孩子兴趣和个性的培养，注重对孩子能力的全面发展，注重培养幼儿的思维与想象能力，让孩子可以在开放式的环境中充分展示自己；最后是培养幼儿爱的理念，铸造自信的人格，锻炼其社交技能。

在法国，首先，将幼儿教育与家庭教育密切结合是幼儿教育的一个特色，大到幼儿园的课程设置、环境布置、活动安排等，都要充分听取在园幼儿父母的意见，与父母委员会一起讨论决定；小到每个幼儿在家里和在幼儿园的表现情况，教师都要利用父母接送时间或者通过其他途径及时进行沟通，以便在教育上更好地互相配合，促进幼儿积极地与教师、同伴沟通交往。其次，把绘画和艺术活动引入教学，是法国幼儿教师常用的方法。通过让儿童使用不同的材料与工具画画、举办木偶戏表演、做角色装扮游戏等活动，来发展他们的语言能力、情感表达能力、艺术表现力和创造力等各种能力。最后，科学技术活动也是他们十分重视的一个方面，幼儿教师能够随着幼儿年龄的增长，不断地加强他们的科学技术教育活动。幼儿在动手动脑的制作、拼拆、修补等活动中，了解事物的属性、特征及事物之间的联系。教师注重发展幼儿自由探索、独立创造的精神，并使其在儿时获得有关科学技术方面的基本知识与技能。

在新西兰，幼儿园注重邀请父母和社区的其他人员一起参与到教学过程中，使得幼儿在家庭、社区、幼儿园这些不同的环境里，通过与不同对象的交流，来认识自己是"社会"中的一份子。使他们懂得即使性别、能力、年龄、种族、社会背景等因素会有不同，自己都应该得到尊重，同时也要尊重别人。与此同时，新西兰幼儿园会加强幼儿适应幼儿园这个"小社会"的日常生活，能在生活中判别自身与他人行为的对与错。使儿童身心健康，情绪愉快，充分发展其个性，并学会与同伴相互学习。除此之外，还注重发展幼儿语言交往技能与非语言交往技能，并运用不同的方法去创造和表现。通过积极的探索来学习，使幼儿获得对身体的控制能力与自信心，进而不断学习思考与推理，从而认识自然、认识社会。

在日本，幼儿园的每个幼儿都要学会自己穿衣服、整理衣橱、收拾餐具、摆放桌椅、打扫卫生等，坚持自己的事情自己做。大量的室外体育运动是幼儿园的重要科目，他们的体育运动丰富多彩，有些是我们认为对幼儿不适宜的，可能会造成脱臼、扭伤的项目，如拉单杠、荡绳、爬网绳、堆沙丘、钻山洞、相扑、走平衡木、应对灾难等活动。这些运动可以培养幼儿不怕困难的精神、健壮的体魄和灵巧的技能，而且在实践中也鲜见幼儿受到损伤的事件。诸如远足这样的室外活动，不仅要锻炼幼儿的体力和意志，还会给幼儿布置沿途采集标本回来展出的任务，幼儿们往往兴致很高，能主动地、有创造性地参与活动。另外，识别交通灯、懂得必须走人行道、知道在火灾或地震等来临时怎么保护自己，公共场合不能大声喧哗等训练，都是日本幼儿园课业中必不可少的内容。

在奥地利，幼儿园的教师们会充分利用童话、太空世界等多种素材，让幼儿通过扮演童话人物、自编童话故事、做太空旅游游戏等项目，展开想象的翅膀，促进其创造力的发展。而在想象与现实的比较中，幼儿还可以充分掌握理性的对比方法。在幼儿园有专门的手工间，有专供幼儿使用的刨子、锯子等工具；有专门的厨房，里面的设备也是适合幼儿使用的。幼儿在劳动游戏中，不仅提高了动手动脑能力，对自己的能力充满信心，还对社会工作有了感性的认知。我们都知道，奥地利是一个"音乐国度"，所以奥地利幼儿教育对音乐教育也是十分的重视。为了培养幼儿的乐感和节奏感，规定音乐教师必须会弹奏吉他，同时至少还要学会其他一种乐器。但重视音乐教育并不是强制孩子学习，不会因为强制孩子学习音乐而扭曲孩子自由发展的天性，也没有"督促"孩子学习音乐（包括乐器）的做法。幼教工作者还常常将画画与诗歌欣赏相结合，鼓励幼儿为自己的图画、雕塑、木刻作品，创作出三言两语的儿歌来描绘，并朗诵出来。这些似乎是艺术家做的事，可对幼儿来说，绝大多数都能胜任这样的创造性工作。

2）我国幼儿园的教育目标

"对幼儿实施体、智、德、美全面发展的教育，促进其身心和谐发展"，这一目标明确了幼儿园的教育任务，是评估幼儿园教育质量的基本依据，是国家对全国幼儿教育进行的领导和调控原则。我国幼儿园教育的目标，是根据教育目的并结合幼儿教育的性质和特点提出来的。培养体、智、德、美全面发展的幼儿，体现了我国教育目标的基本精神，并兼顾幼儿教育的性质和特点，其本质就是把受教育者培养成适合社会生活、有利于社会发展的合格小公民。

早在1996年，国家教育委员会颁发的《幼儿园工作规程》第5条就明确规定："促进幼儿身体正常发育和机能的协调发展，增强体质，培养良好的生活习惯、卫生习惯和参加体育活动的兴趣。发展幼儿智力，培养正确运用感官和运用语言交往的基本能力，增进对环境的认识，培养有益的兴趣和求知欲望，培养初步的动手能力。萌发幼儿爱家乡、爱祖国、爱集体、爱劳动、爱科学的情感，培养诚实、自信、好问、友爱、勇敢、爱护公物、克服困难、讲礼貌、守纪律等良好的品德行为和习惯，以及活泼、开朗的性格。培养幼儿初步的感受美和表现美的情趣和能力。"

甘肃省保育院围绕教育目标，根据本院教育的核心理念，吸收国际先进经验，所推出的各种教育实践活动，如区角活动、家园共育活动、音乐天地、防风险训练、科学探索园、优秀传统文化回放、本土文化熏陶、适应社区环境教育、小幼衔接，以及保持优雅自我、自己的事情自己做、结对帮扶等系列主题教育实践，充分体现了先进的教育理念和体、智、德、美全面发展的教育方针。

2. 我国幼儿园的核心价值观

祖国大江南北各个幼儿园都根据国家的教育目标提出了自己的核心价值观。例如，济南某幼儿园提出"爱"，即教师的爱像阳光、空气、雨露一样，我们的爱就是给这些孩子无条件的爱心，包容他们；杭州某幼儿园提出："孩子源生活、行知真教育"，即不仅仅要在生活中教育，还要做有生活的教育；杭州某幼儿园还提出"玩中学，做中学"，通过主题活动、小实验、小制作、小游戏等形式体现科学教育的特色，是该区域内唯一的一家科普幼儿园；厦门某幼儿园提出"把爱渗透进去"，其管理理念是"我是一切的根源，爱是一切的答案"，就是说在任何时候，教学管理服务人员带头做起，爱是一切的手段；济南某幼儿园提出："儿童为本，亲情无限，崇尚童真，回归自然"，即孩子是幼儿园的核心，幼儿教育是一种亲情教育。

甘肃省保育院作为甘肃省首批省级"示范性幼儿园"，在"让孩子回归丰富多彩的生活"办园理念的引领下，推崇"爱心、养正、关怀、启蒙""一切为了孩子、为了一切孩子、为了孩子的一切"，努力实现"一流的教学设施、一流的师资队伍、一流的管理体系、一流的服务水平"的办学目标，做到让家长满意，让社会放心。"爱心"是一种奉献精神，也是一种关怀、爱护幼儿的思想感情。它要求幼儿教师对幼者无怨无悔的教化，虽愚钝无知而不舍其教；"养正"，即涵养德性、引领正道，"养正"更侧重于行动的、体验的教育，通过"养正"，使学生得以成长为"乐群自主、才高志远、大气灵动"的一代新人；"关怀"，指关心，含有帮助爱护照顾的意思（多用于上级对下级或集体对个人语境下）；"启蒙"，即启迪智慧点化生命，侧重于认知的、显性的教育，通过"启蒙"，学生才得以"明理"。

每个儿童从出生的那一刻起，就处于一定的社会环境和社会关系之中。特定的社会环境和社会关系，既构成了儿童身心发展的基本条件，也构成了儿童身心发展的重要内容。社会是个体发展的源泉，社会化则是个体学习和发展的基本过程。社会化有广义和狭义之分。广义的社会化，指的是儿童通过接受教育，从生物人（自然人）向社会人的逐步转化，激活人类所具有的基本特征（包括直立行走、使用工具、言语交流、抽象思维、遵守规则等）；狭义的社会化指儿童融入所在的社会环境和社会关系，接受所在社会群体认可的价值观和行为方式等一系列过程。同时，由于人"不仅是一种合群的动物，而且是只有在社会中才能独立的动物"，在这一时期，幼儿应当力所能及地学习怎样与人相处，怎样看待自我，怎样对待别人；逐步认识周围的社会环境，潜移默化社会行为规范；逐步形成对所在群体及其文化的认同感和归属感，发展适应生活的能力等。

我们总在强调人的基本属性是社会性，那么幼儿也是一个完整的、拥有充分的生存权和发展权的人，他们有自己独特的生活和学习方式，而丰富多彩的大自然和社会生活就是他们的生动教材。有鉴于此，甘肃省保育院提出了其核心价值理念"让孩子回归丰富多彩的生活本身"。甘肃省保育院以教育部印发的《3—6岁儿童学习与发展指南》作为科学的幼教观念、方法、途径等方面的指针，在教材、课程、活动中渗透自己的核心价值理念，在教育过程中注重以生活来教育儿童，充分体现对幼儿身心发展规律与学习特点的尊重。例如，支持幼儿自发地观察活动，对其发现表示赞赏和鼓励；引导孩子观察不同树种花卉等植物的形、色、彩等；利用社会生活实际，帮助幼儿了解基本行为规则或其他游戏规则。

正如马拉古奇所言："幼儿的学习，并非教师教授后一个自行发生的结构，大部分是由于幼儿自己参与活动的结果及我们提供的资源。"这一观点强调了重视幼儿的直接经验和当下生活，注重对幼儿发现问题、解决问题能力的培养。但这一观点对家长、教师和幼儿园的要求比较高，教育中不再追求外在的目标，而是更加注重教育的内在品质，也就是让幼儿园的儿童、教师，包括家长在内的人都能生活得幸福愉悦。

3.5.3　核心价值观视阈下的幼儿园师资建设

学前教育是学校教育和终身教育的奠基阶段。幼儿素质教育的实施，关键在教师，加强幼儿教师的培养，是幼儿师资队伍建设的关键所在。幼儿园应重视加强师资建设，努力提高教师素质，采取多层次的培养措施。

面对时代的发展与变化，幼儿园核心理念的更新，社会及家长对幼儿园和幼儿教师提出了更高的要求，甘肃省保育院对教师的要求不仅仅是学历、专业素养，还与时俱进地提出了更加深层次的要求。

（1）健康的心理，积极的生活态度。幼儿正处在身体与心理发育和发展的最初阶段和重要时期，维护和促进幼儿身心健康是第一位的，也是最重要的。因此，作为幼儿教师，需要有一个健康的心理，才能全面地照顾、关爱和教育儿童，减少外界不良因素对孩子的伤害。

（2）与时俱进，改变教师的教育理念。教育理念在幼儿教师的保教工作中发挥着极其重要的作用，然而幼儿教师的教育理念，又由于其内隐性往往容易被忽视。因此，在当前树立学前教育新理念，极为重要且有效的一个途径，就是通过先进教育理论的传授、普及和应用，在提升幼儿教师素养的过程中，促进教师树立新的教育理念。坚持将时代发展特征、社会要求与教师的教育理念结合起来，与时俱进，不断发展先进的科学的教育理念。

（3）加强教师的思想建设，将师德修养放在首位。组织教师学习有关法律法规和政策，学习《幼儿园管理规范》《幼儿教师行为规范》等文件，学习本院的相关规定并定期进行测试和评估考核，学习先进的教育理论，学习优秀的传统文化，用先进科学的思想和理念激励教师树立正确的世界观、人生观和价值观，培养教书育人、为人师表、敬业爱幼、安心于本职教育教学岗位的思想观念。

3.5.4 核心价值观视阈下的幼儿园环境建设

俗话说："近朱者赤，近墨者黑。"环境对一个人的影响是非常重要的，特别是对幼童的影响是显而易见的。教育家苏霍姆林斯基曾指出："教育的艺术在于，使用器物——物质和精神财富，能起到教育作用。依我看，用环境，用学生自己周围的情景，用丰富的集体生活的一切东西进行教育，这是教育过程中最微妙的领域之一。"这里所谓的"最微妙"，就是指环境教育的内容和效果完全不同于其他教学元素的教育形式，这充分说明环境的无法取代的教育功能。我国儿童教育家陈鹤琴先生也认为"环境的艺术化，是教育的一种手段"。21世纪全球教育的四大支柱是学会认知、学会做事、学会共同生活、学会生存。幼儿更是在与环境（人、物、时、空）的相互作用中成长的，幼儿教育的本质，在一定意义上讲是一种环境教育。它从时间、空间、材料等方面创设激励、感染幼儿自发地投身活动的机会与条件，让幼儿在主动、积极地与周围环境的交互作用中，得到充分自由而全面的发展。

在课题组调研的过程中我们发现，一些先进的幼儿园将幼儿人格与智慧的整体发展，与环境营造、设施设计、材料投放、区域活动巧妙地融为一体、互生互补的做法，有助于促进师生、生生、人与环境之间的相互激发并促进人的智慧的生成和发展。争取为幼儿创设一个系统、自然、优美、开放、生态式的环境，意在让幼儿成为环境的主人，成为主动的学习者和积极的探索者。在幼儿求知探索的过程中，良好的环境不仅可以愉悦幼儿身心，更重要的是可以激发幼儿的好奇心和创造力，使其获得自由而快乐的体验。这种体验式的活动，可以让儿童学会协作分享，实现认知结构的自我建构和个性的全面发展。例如，济南某花园幼儿园，将幼儿园倡导的"爱的教育"与"爱的文化"，将"让爱更多一点"的核心价值理念，以及大爱文化融入环境的创设之中。依托于人类赖以生存的大自然的主题化设计，再现"崇尚童真，回归自然"的办园理念。其环境创设的第一部分为"迷幻海底"，意为母爱宏阔，深沉如海。寓意幼儿园像大海，让每一个孩子似晶莹剔透的水珠融入其怀抱，我用宽阔的胸怀包容孩子们纯洁无瑕的心灵。第二部分是"广袤森林",意为博爱辽阔,情如大地。寓意幼儿园是森林,让每一个孩子似雨后春笋,散发出生命的光辉,我展开坚实的臂膀,呵护每一颗稚嫩而艳丽的幼苗。第三部分是"浩瀚天空",意为大爱无际,宛若宇宙。寓意幼儿园是天空,让每一个孩子似灿烂的繁星在无边的宇宙中自由翱翔,我张开有力的双手,帮助孩子实现彩虹般绚丽多姿的梦想。

亲近大自然可以更好地促进幼儿想象力、创造力的发展,美好的自然环境对促进幼儿养成现代文明素养和环境意识,普及环境科学知识和环境法律知识,树立其良好的生态与环境道德观念,养成良好的保护环境行为习惯不无裨益。

甘肃省保育院在幼儿环境建设中,将本园的核心价值理念融入幼儿园环境设计中,注重能够更好地"让孩子回归丰富多彩的生活"的园所环境的建设。不仅如此,甘肃省保育院还将幼儿园的发展和国家制度政策融入环境创设之中。例如,用极其生动的画面,展示人与自然和谐共处的关系,体现了环境保护是我国一项基本国策,幼儿是祖国的未来和希望,也是未来环境的主人,从小培养幼儿热爱自然、爱护环境,与大自然和谐相处的优良品格,彰显了幼儿园义不容辞的责任和义务。这样既可以促进幼儿养成现代文明素养和环境意识,普及环境科学知识和环境法律知识,也能促使幼儿树立良好的生态环境道德观念,养成保护环境的行为习惯,推进素质教育和社会主义精神文明建设。

值得一提的是,在环境创设中,甘肃省保育院还融入地方特色文化成分。甘肃是中华文化的发祥地之一,华夏始祖伏羲氏在这里推八卦、授渔猎,马可·波罗东游中国时也被这里的风土人情所吸引,曾在此停留感慨;作为我国东南部通向西北的交通要道、汉唐丝绸之路的必经之地,甘肃大地上,散布着上千处人文景观,其中有堪称世界石窟壁画艺术宝库的敦煌莫高窟、万里长城的最西端嘉峪关、以泥塑著称于世的天水麦积山石窟。不仅如此,甘肃还有得天独厚的自然景观,如位于河西走廊中段的张掖市,美不胜收的原生态城市湿地,气势磅礴的彩色丹霞地貌,中国最美的油菜花海,亚洲最大的万匹军马在广袤的草原上驰骋,祁连山草原风光,沙漠冰川奇景……雪山、冰川、森林、草原、湖泊、碧水、沙漠相映成趣,既具有南国风韵,又具有塞上风情,素有"不望祁连山顶雪,错将张掖当江南"这样的佳句。甘肃的红色文化在全国也是独树一帜,甘肃独特的裕固族、东乡族、保安族风情迥异,在全国也是可圈可点,等等。甘肃省保育院通过电子实验室,将红色文化、民族风情、自然景观、历史人文尽显其中,让孩子了解少数民族的衣食住行、服饰特点、风俗习惯;了解黄河上游地区新石器时代晚期的马家窑文化(主要分布在甘肃省,因为最早在甘肃省临洮县瓦家坪马家窑遗址发现而得名)、丝绸之路的历史变迁、红西路军的光辉征程等;让孩子了解本地风土人情和地方特色,体现文化自信。

甘肃省保育院还着力设立温馨、和谐、贴近生活的课室,让孩子从视觉上、感情上热爱自己的课室,热爱自己的园所,从而主动地接受知识并充分发挥其主观能动性。

3.5.5 核心价值观视阈下的幼儿园活动建设

幼儿"活动",一方面从功能的意义上讲,是指建立在兴趣上的行为;另一方面也可以从执行的意义上讲，是指某种外在的运动性质的操作。而从这两个意义上说，最恒定的是建立在兴趣上的行为。1989年，教育部在《幼儿园工作规程（试行）》中第一次正式将幼儿园教育工作的组织形式称为教育活动，这使教育活动名正言顺地成为我国学前教育领域的规范用语。活动作为儿童身体与外物相接触的中介物，主体与客体之间相互作用的载体，体现了"认识来源于活动"的规律。因此，以幼儿园核心价值观为基础所进行的幼儿园活动建设成为必然。例如，杭州某幼儿园设立各种体验馆（美术体验馆、美食体验馆、亲子体验馆、木工体验馆等）活动载体的同时，在园外也与儿童嘟嘟城等类似儿童体验场所建立了良好的协作伙伴关系，孩子们可以去那里体验消防员、邮递员、手工工艺等角色和操作。甘肃省保育院也极其重视各项活动建设，特别是幼儿区角活动。

1. 甘肃省保育院区角活动的特色

区角活动中，教师利用游戏特征创设情境，让幼儿以个别或小组的方式，自主选择、操作、学习，从而在与环境的相互作用中，利用和积累、修正和表达自己的经验与感受。区角活动其价值在于将附着在区域内的操作材料寓于情境和行动中，材料、情境和行动承载着教育功能，幼儿通过这些活动可以获得多种直接、自然的经验。

甘肃省保育院创设有不同的区角活动空间，配备了丰富的游戏材料、玩具和幼儿读物，为幼儿自主游戏和学习探索提供了充分的机会和条件。活动区域包括室内和户外两个部分，室内活动区域的基本类型有角色区、建构区、益智区、科学区、阅读区、表演区、美工区和模拟区等，其中每个活动区域内配备若干数量的玩具和材料。室外活动区域的基本类型有玩沙玩水区、种植养殖区、攀登区、平衡木区、障碍通过区等。同时，甘肃省保育院把整个校园环境作为一个大的活动区，特别重视室内室外育人环境的创设（如院内雕塑、风景布置、功能分区等），加强园本文化建设，努力打造办园特色。

甘肃省保育院区角活动有其自身明显的优势和特点：一是活动的素材基本上是教师、幼儿及后勤服务人员利用废旧环保材料自制的；二是活动区的活动多为幼儿的自主活动，为幼儿提供更多的按照自己的兴趣和能力进行活动的机会，满足幼儿个性化的要求；三是活动区活动是幼儿的自主活动，他们只有自主选择而没有压力，在这样的环境中边玩边做，生动、活泼、主动、愉快地活动，能够从中体会到更多的乐趣；四是活动区的活动多为幼儿的小组活动，为幼儿提供更多的自由交往和自我表现的机会，增进同伴之间的了解，也潜移默化了社会化的规则意识；五是幼儿活动中的突出作品经过长年积累形成了系列档案等。

2. 甘肃省保育院区角活动的核心理念

甘肃省保育院区角活动长期秉承的核心理念是，以儿童学习和发展为本，尊重儿童的天性和差异，激发儿童的探究欲望，让孩子回归丰富多彩的生活。儿童的学习特点是建立在其思维特点之上的，幼儿思维发展的特点，是从直线行动思维逐步发展到具体形象思维的，其认识发端于动作。幼儿在操作中可以更好地认识身边的事物，感知周边的世界。在区角活动中，通过师幼互动，扩大幼儿与教师之间的互动机会，教师能够更多地观察指导幼儿。这样既可以使幼儿能够更多地感受到教师的关注，教师也能够更好地观察指导幼儿。

3. 甘肃省保育院区角活动的成效

对幼儿而言，区角活动是一种开放型的、低结构性的活动。幼儿可以以自己的兴趣、需要、意志为导向进行自主活动。区角活动的主要内容、时间、节奏、顺序及活动的伙伴、规则等都可由幼儿自己决定或与同伴商量、协调，在摆弄与操作、探索与发现、交流与询问等过程中自主学习。

对教师而言，区角活动是教师基于对幼儿兴趣与需要的了解，并能反映一定教育价值而组织的活动。教师将自己的主导作用通过环境创设、材料投放、活动内容与形式的建议、伙伴间的影响加以感染渗透。与过去那种灌输式的计划活动不同，它需要教师时刻追随幼儿心理和行为，通过观察幼儿活动过程，了解活动结果，不断调整活动方案，使区角活动的内容和材料更好地定位在幼儿的最近发展视域上，进而更有效地去推动幼儿的自主学习和经验提升。

现阶段甘肃省保育院的幼儿活动建设，本着"让孩子回归丰富的生活本身"核心理念，要求作为教师、家长，学会放手让孩子去体验生活，拥有更多的自由发展空间。对幼儿来说，生活需要以实际体验为基础。体验既是一种活动，也是活动的结果。体验是幼儿重要的学习认知方式，是认识和态度形成的基础。各领域的学习，尤其是涉及情感态度方面的学习，都离不开相应的体验。在体验中获得的感受和领悟是最直接、最深刻的，极具个人特征，他人无法代替。

甘肃省保育院将办园核心理念融入区角、区域活动中，有效促进孩子自主学习知识、提升经验。在其区角活动中，孩子通过互相交往、互相合作、共同商讨，有效提高了他们处理问题、解决问题的能力，同时还有效促进了孩子良好的个性发展。游戏是幼儿最喜欢的教学模式，针对小班幼儿年龄较小、较好动、坐不住的特点，选择以游戏为主的教学活动是最适宜的。通过玩游戏的形式充分调动幼儿的学习兴趣，让幼儿专注地学习、开心地学好本领。

实践证明，幼儿具有在某种物品通常的使用方法基础上发现该物品的特性和功能的潜质，甚至具有创造出成人想象不到的新的作品的能力。幼儿会陶醉于自己的想象之中，对于那些经过自己用心动手做出来的东西，会感到极大的满足和欣慰，能更好地提升其自信心。通过区角活动，在园幼儿的交往、合作、自信心、想象力、动手能力等都会有质的飞跃。

3.5.6 核心价值观视阈下的幼儿园课程及教材建设

幼儿园教育目标是教育的根本问题，实现教育目标最重要的载体就是课程和教材。幼儿园课程和教材既是幼儿园教育活动的基础，也是幼儿陶冶情操、获取知识、技能和学习策略的主要来源之一。

1. 幼儿园课程

幼儿园课程是指在幼儿园教师的直接和间接指导之下，出现的学习者与教育环境相互作用的学习活动的总体。它不仅包括教育机构的课程设计，课程表上所列教师有计划组织的各课程的教学活动，还包括有计划有组织的和学生自动自发的所有活动。

随着社会的不断发展，幼儿园课程从课堂教学到活动课程，再到尊重儿童学习特点的游戏中学习的综合教育课程，人们对幼儿园课程的理解和认识也在不断深化。在我国，不同时期幼儿课程具有不同的特点，据此我们将幼儿园课程体系建设划分为三个阶段。第一阶段是1940~1950年，我国幼儿园课程体系进行了第一次改革。我国著名幼儿教育家陈鹤琴曾指出："幼儿园应该给儿童一种充分的经验，这种经验来源有两个：一是与实物接触，二是与人接触。应该把儿童能够学而且应该学的东西有选择地组织成系统，应该以儿童的两个环境——自然环境和社会环境——为中心组织幼儿园课程。"[1]我国著名幼儿教育家、男性大学生幼教第一人张宗麟认为："幼稚园课程者，有关一说之，乃幼稚生在幼稚园一切活动也。"[2]我国著名幼儿教育家张雪门也曾指出："课程是什么？课程是经验，是人类的经验用最经济的手段，按有组织的调研，用各种方法，以引起孩子的反应和活动。幼儿园的课程是什么？就是给三足岁到六足岁的孩子所能够做而且喜欢做的经验的预备。"[3]从这些精辟的论断不难看出，这一阶段我国幼教先驱表达的观点是：幼儿园课程就是幼儿的经验、幼儿的活动，其中幼儿的活动是课程应当关注的重心。第二阶段是1950~1979年，其间我国幼儿园课程进行了第二次改革。幼儿园课程即幼儿园所设科目，如体育、语言、常识、计算、音乐、美术等六科，这些科目及其进程安排构成了幼儿园课程的总体，多是采用课堂教学形式完成教学。第三阶段是1980年以后，我国幼儿园课程的第三次改革。中国幼教名师王月媛认为：幼儿园课程是"幼儿园中幼儿的全部活动或经验"[4]。北京师范大学教育系教授，博士生导师冯晓霞指出：幼儿园课程是"幼儿在幼儿园教育环境中进行的，旨在促进其身心全面和谐发展的各种活动的总和"[5]。李季湄教授认为：幼儿园课程是"幼儿在幼儿园有目的、有计划的安排与教师指导下，为达到幼儿教育目标而进行的各种有程序的学习活动"[6]。在21世纪初期，虞永平博士认为：幼儿园课程是"从幼儿身心发展的特点和特定的社会文化背景出发，有目的地选择、组织和提供的综合性的、有益的经验"[7]。通过以上相关论述内容，我们看到幼儿园课程的内涵，是随着社会的发展进步而不断丰富和发展的，同时更加重视对幼儿成长需求的关注及对特定的本土社会文化的吸收。当代幼教专家普遍认为，幼儿园课程是从幼儿身心发展的特点和特

---

[1] 陈鹤琴. 陈鹤琴全集(第二卷)[C]. 南京：江苏教育出版社，1989：23.
[2] 张宗麟. 张宗麟幼儿教育论集[C]. 长沙：湖南教育出版社，1985：31.
[3] 张雪门. 张雪门幼儿教育文集(上)[C]. 北京：北京少年儿童出版社，1994：24.
[4] 王月媛. 课程使用指导[M]. 北京：北京师范大学出版社，1995：17.
[5] 冯晓霞. 学前课程[M]. 北京：北京师范大学出版社，2000：43.
[6] 李季湄，肖湘宁. 幼儿园教育[M]. 北京：北京师范大学出版社，1997：104.
[7] 虞永平. 试论幼儿园课程及其特质[J]. 早期教育，2001，(1)：4-6.

定的社会文化背景出发，有目的、有计划地组织和实施并贯穿于幼儿一日生活之中的经验。这种经验是幼儿园施加教育影响的一种中介，以引导和促进幼儿朝着社会所需要规格的方向发展。这一定义既反映了一般课程的基本特征，如目的性、计划性、结构性等，也反映了幼儿园教育的独特性和不可替代性。独特性意味着某些教育任务和要求（如身体保育）是幼儿教育阶段所特有的，对幼儿的成长和发展必不可少的；不可替代性则意味着其他任何年龄阶段的教育功能、目标、内容及方法都不能直接移植到幼儿园教育上。甘肃省保育院在课程的设置上秉承"让孩子回归丰富多彩的生活"这一指导思想，体现了现代特色。

（1）在幼儿健康课程的内容方面，强调培养孩子的健康意识和自我保护意识。首先，健康课程讲求传授幼儿健康生活方面的知识与经验，如培养幼儿衣食住行方面的卫生知识与良好的生活习惯。其次，关于生态安全、运动安全、食物安全、交通安全等方面的安全保护和教育内容，如对大自然的热爱和对环境的主动保护意识的养成等。再次，在课堂中注重培养幼儿的运动兴趣，提高幼儿的运动能力，促进幼儿身体良好发育等。最后，增加培养健康心理素质方面的内容，培养儿童稳定的情绪、活泼开朗的性格、自信心、感恩心，养成其勇敢、坚强、乐观、担当和向上的心理。

（2）幼儿科学课程的内容方面，注重引导学前儿童主动探究和发现物质世界经验的教育。这类课程的内容注重让幼儿获得认识周围物质世界的直接经验，培养幼儿对科学的好奇心及探究精神，促使幼儿形成内在的探究心理。首先，传授给儿童简单的科学知识并引导其加深对科学的理解，如对于生命和生命过程的内容，关于信息与通信及人类交流方式的内容，某些物质材料的性质方面的内容，对一些简单的自然现象产生的解释等。其次，注重培养孩子的科学探究技能，提高其利用感官进行观察、分类、实验和推理的能力，如用绘画的方式记录自己所观察的事物、描述自己在观察中的发现等。最后，培养孩子正确的价值观与人生态度，包括对待自我的态度、自我人生观的初步形成、对待他人的价值评价和态度及对待科学的态度等。

（3）社会生活方面的课程内容，社会课程是引导学前儿童从自然人向社会人转化的经验教育，包括自我意识、交往和人际关系、个人与社会关系等诸多方面的内容。在这一课程的设置上，甘肃省保育院巧妙地加大了对传统国学的宣传力度，注重对孩子社会知识的感知和传授，帮助他们认识自己、接纳自我、融入社会环境。例如，帮助和引导孩子学习社会基本的行为规范和道德准则，让孩子认识和了解本民族和其他民族的风俗习惯、节日及本地特色文化和风土人情等，培养幼儿积极向上的社会情感和态度，教授他们促进社会交往和人际关系的技能等。

（4）语言课程的内容，根据儿童语言发展的特点及规律来设置课程内容。首先，培养孩子正确发音、正确理解和正确使用语言表达的能力，加强日常会话能力的训练。其次，培养孩子善于且乐于用语言来描绘自我情感与态度的能力，使孩子能够有信心较准确地向他人阐述自己的观点和需求，乐于与人交流，乐于倾听和表达。最后，提高孩子使用语言的技能，坚持使用普通话教育，培养幼儿对阅读和书写的兴趣，并创造一些可以让孩子欣赏与表演优秀文学作品的机会和平台等。

（5）以发展儿童审美能力、审美情趣为出发点，对幼儿进行艺术课程的教育，重点是以陶冶幼儿情操为目的，培养孩子欣赏自然、社会及感知生活中美的情趣，促进孩子个性发展，在艺术鉴赏和体验中发现和发展孩子的兴趣。

2. 幼儿园教材

幼儿园教材是幼儿教师为实现一定的教学目标，在教学活动中使用的，供幼儿操作、探究和练习的，负载着促进幼儿发展的知识和经验的一切手段和材料，包括图书材料、视听教材、电子数据、操作教材、评价材料及来源于生活的现实教材等。因此，幼儿园在参考幼儿专业选配教材的同时，除了要考虑幼儿园的办园理念，还需要考虑幼儿的身心特点，根据教学计划和教学大纲的要求，严格把关，选用适合学生学习的专业教材。

1）幼儿园教材建设的历史

纵观我国幼教100多年的发展历史，教材建设一直是幼儿园文化建设的重中之重，受到社会各界的广泛重视，其发展阶段学界通常分为四个时期。

（1）萌芽时期（1903～1908年）。本时期的幼儿园教材有两种类型，一种是从四书五经中选编，另一种是完全移植国外幼稚园教材。

（2）起步时期（1919～1949年）。本时期有专为幼儿园编写的教材，不仅有儿童学习的内容，也有教养员用书，也就是今天教材中的教学参考书。同时本阶段是中国历史上幼儿园教材与幼儿园课程紧密联系的起步时期，教材体现课程思想，或者说课程理念体现在教材之中。

（3）建设时期（1950～1981年）。这一时期是国民经济调整、恢复和社会主义建设时期，由于受到时代发展变化的影响，幼儿园教材在编排形式上模仿苏联的痕迹比较明显。

（4）快速发展时期（1981年以后）。在经历了幼儿园教育恢复时期、学前教育蜕变时期，尤其是2001年《幼儿园教育指导纲要（试行）》颁行后，根据纲要的精神，不少省市都相继出版了幼儿园的省编教材。随着这一时期对幼儿园课程研究的进一步深入，不少幼儿园还根据自身特点出版了自己的园本教材。该时期幼儿园教材编写呈现出两大变化：一是教材分为了两个部分，即教师用书和幼儿用书，还有教学挂图及配套的教学材料、教具等。二是在教材编写体例上的百花齐放、各具特色，首先，教材的内容充分体现了教材内含的课程思想；其次，教材除了常规的教学活动如何组织等内容外，还增添了诸如活动（主题）的背景分析、活动的延伸、教师的反思等内容。

2）国内外幼儿园教材建设现状

随着幼儿园课程改革的不断深入，教材作为课程的体现也越来越显示出重要性。幼儿教材的编写及使用是否科学、是否合理、是否实用、是否有效、是否能够适应时代发展的需要，是否有可持续发展性，直接影响幼儿教育教学的开展和幼儿教育质量的提升。借鉴国外先进经验，目前幼儿园教材领域出现了编写方法、编写内容等多元化趋势。

从国际来看，在美国、加拿大等国家，所看到的大多是符合不同年龄、不同能力发展与不同环境下的适宜性教育。他们只有一个统一教育大纲，而没有统一的教材，教材与教育模式完全由各园根据自身实际情况来进行调整。全美幼儿教育协会和加拿大教育中心，给各幼儿园提供的是大量的教育资源与信息，各家幼儿园可以根据自身的情况自主选择,选择性与适宜性教育在这里体现得淋漓尽致。日本是亚洲最早进入资本主义和工业化行列的国家,第二次世界大战惨败后,短期内迅速崛起,成为世界经济强国。其中一个成功的秘诀就是科教兴国,全面推进教育的普及和发展,包括学前教育也走在世界前列,然而日本也没有全国统一的幼儿园教材。在新加坡,幼儿园的常识教育采用全国统一的教材,三个年龄班都配有教师用书和幼儿学习用书。它们的主要特点:一是内容十分广泛,包括自然和社会等各个方面,从幼儿自身及身边事物出发,再扩展到周围环境,具有较强的可接受性。二是注重幼儿智力和能力的发展,教学形式灵活多样,注重与其他学科互相联系、互相渗透,让幼儿获得完整的、综合性的适应年龄和心理发展特点的知识。三是具有较强的地方性,新加坡属于多种族国家,各种族的习惯、风俗、节日、食物等各不相同;地处热带,常年高温多雨,没有四季之分,植物品种繁多等,这些内容在幼儿教材中都有不同程度的呈现。

从国内来看,幼儿教材作为幼儿园课程实施的重要组成部分,在教育教学中起着特殊且重要的作用,它不仅是幼儿教师组织教学活动的主要依据,也是幼儿获得有关知识、技能和学习策略的主要来源之一。因此,从一定程度上说,教材的使用状况可以反映课程实施的水平。根据调研统计的结果显示,部分幼儿园特色教材自主遴选,有通过出版社购买的幼儿教材,也有幼儿园自行编写的幼儿教材。由于幼儿园"小学化"现象的出现,使得幼儿园不得不以举办兴趣班、特长班和实验班为名,提前教授拼音、写字、笔算等小学教育内容。为贯彻《国家中长期教育改革和发展规划纲要(2010—2020年)》和国务院《关于当前发展学前教育的若干意见》的相关规范,2012年教育部制定了《3—6岁儿童学习与发展指南》,并及时在北京市幼儿园进行试点,2013年北京市各幼儿园开始使用统一的育儿教材。在成都等地,也通过层层申报,专家评估后,最终确定了教材试点,它们设置更合理的课程和教育方法,帮助幼儿实现每一阶段的成长,这些园所引领全国各幼儿园贯彻《3—6岁儿童学习与发展指南》精神,彻底改变了幼儿园教材各自为政的局面。与此同时,江苏省教育厅也在苏北、苏中、苏南分别选择一个县(市、区),作为《3—6岁儿童学习与发展指南》实施的首批省级实验区。浙江省幼儿园也从《幼儿园体验·探究·交往课程》《幼儿园建构式课程》《幼儿园课程指导》三套审定教材中选取使用。厦门等地也实行从省编教材中选取幼儿园教材的做法。

甘肃省位于西部内陆,地处黄河上游,黄土高原、青藏高原和蒙古高原交汇地带,在经济、社会、文化、教育等方面相对落后,为深入贯彻落实《国务院关于当前发展学前教育的若干意见》,指导幼儿园实施素质教育,全面提升幼儿园教育质量,2012年甘肃省教育厅依据国家颁发的《幼儿园管理条例》《幼儿园工作规程》《幼儿园教育指导纲要(试行)》《托儿所幼儿园卫生保健管理办法》等规范性文件,结合本地实际制定了《甘肃省幼儿园教育指导纲要(试行)》。2015年5月,为促进全省农村幼儿园办园的标准化、科学化、规范化,引导农村幼儿园依法依规办园,促进农村学前教育持续健康发展,省教育厅又制定了《甘肃省农村幼儿园基本办园标准(试行)》,进一步规范了包括教材建设在内的学前教育。但是,甘肃省幼儿园目前尚无统一审定的教材,各幼儿园基本上由自己遴选或通过出版社购买教材。由于种种原因,幼儿园对教材的选择和把握,注重知识性、趣味性、科学性、规范性、系统性、综合性、适宜性、前瞻性,但探索性等略显不足。

3）甘肃省保育院幼儿教材

幼儿教材是幼儿园课程内容的物化，承载着传递教育理念、教育思想和传承文化、促进幼儿健康发展的重任，在学前教育领域中占据重要位置。幼儿教材应当帮助教师树立正确的教育理念，落实促进幼儿全面发展的教育目标，提供丰富的教学材料和课程实施思路，便于教师组织教学，也利于幼儿学习，有助于幼儿园形成自身课程管理特色。甘肃省保育院充分考虑自身的办园理念、所处的环境和地位，考虑幼儿园教育对象的特殊性、教育思想和教育手段的独特性，其所采用的教材具有以下特点。

（1）趣味性。兴趣是一种行为动机，是推动幼儿学习行动的直接动力。幼儿只有对要学的东西具有浓厚的兴趣，才会产生强烈的学习欲望，从而获得自身的发展。

（2）可操作性。依据儿童知识和经验是通过自身与客观世界的交互过程中自我构建的原理，教材内容的设计考虑了鼓励儿童手脑并用，看说结合。

（3）灵活性。幼儿园教材的灵活性，要求教师能更快地提高自身素质，既紧跟时代变化的步伐，又根据幼儿的发展，对原教材进行一些创造性的改编或自编，都达到了理想的教育效果。

（4）基础性。从人的发展角度看，幼儿正处于人生发展的起始阶段，是从懵懂迈开脚步走向学校的开始，因此幼儿教材不寻求传授知识的高深、系统，只需让幼儿体验关于自然、社会与人类的最浅显的知识和观念，帮助幼儿认识他们周围的世界，开启幼儿的智慧与心灵，萌发他们优良的个性和品质。

（5）生活性。幼儿在现实生活中，通过与大量的人物、事物相互作用，从而获得知识、习得态度、体验情感、形成个性。因此，甘肃省保育院的幼儿教材带有浓厚的生活特性。

（6）全面性。幼儿园教材应以实现幼儿在身体、认知、情感、社会性等方面的和谐发展为目标，要具有全面性。

4）甘肃省保育院对教材建设的思考

"统一教材不会取代幼儿园的自选教材，但会成为幼儿园幼儿发展的一种指南、目标和引导"，这是幼儿园教材建设的基本策略。《3—6岁儿童学习与发展指南》从健康、语言、社会、科学、艺术等五个领域描述幼儿学习与发展，分别对3~4岁、4~5岁、5~6岁三个年龄段末期幼儿应该知道什么、能做什么、大致可以达到什么发展水平提出了指导目标，并对幼教在育儿过程中的行为也进行了一定规范，对幼儿园育儿的各个方面都进行了细致化的规定。例如，在保障幼儿健康方面，《3—6岁儿童学习与发展指南》提出要保证幼儿午睡达到两个小时左右，烹调方式要科学，尽量少煎炸、烧烤、腌制等。同时，对于幼儿教师的育儿行为规范，也提出了相应的要求，要求教师应以欣赏的态度对待幼儿；注意发现幼儿的优点，接纳他们的个体差异，不简单粗暴地与同伴作比较；幼儿做错事时要冷静处理，不厉声斥责，更不能打骂等。好的教材应对幼儿的"体智德美"全面发展进行通盘考虑，幼儿教育要把教育目标定位于幼儿的全面发展上，并通过教材得以体现和实施。幼儿园教材建设需重视以下因素。

（1）树立现代幼教理念。第一，无论政府主管部门，还是图书出版商，还是幼教工作者及幼儿家长，都应当树立现代幼儿教育理念，要明确幼儿是积极主动的学习者，促进幼儿身心发展最重要的是要为幼儿创造机会和条件，注重激发和保护幼儿的好奇心、求知欲和学习兴趣，调动幼儿学习的积极性和主动性，鼓励、支持、引导幼儿去主动探究和学习。第二，要珍惜幼儿童年生活的独特价值，要充分认识生活和游戏对幼儿成长的教育价值，把握蕴含其中的教育契机，让幼儿在一日生活中，在与同伴和成人的交往中，感知体验、分享合作、享受快乐。第三，要尊重幼儿的学习方式和学习特点，要最大限度地满足和支持幼儿通过直接感知、实际操作和亲身体验获取经验的需要，不能进行"揠苗助长"式的超前教育和强化训练。第四，要尊重幼儿发展的个体差异，幼儿的学习方式和发展速度各有不同，在不同学习与发展领域的表现也存在明显差异。孩子年龄越小，个体差异就越明显。成人不应要求孩子在统一的时间达到相同的水平，应允许幼儿按照自身的速度和方式到达《3—6岁儿童学习与发展指南》所呈现的发展"阶梯"，不能用一把"尺子"衡量所有幼儿。第五，要重视家园共育，强调家庭教育对幼儿终身学习和发展的基础性影响，倡导建立良好的亲子关系，创设平等、温馨、和谐的家庭环境，注重家长对孩子言传身教和潜移默化的影响。只有家长和幼儿园共同努力，才能有效地促进幼儿身心健康成长，否则就会事倍功半。

（2）作为政府部门，应建立幼儿教材质量监督体系，严把幼儿教材质量关。从授权幼儿教材开发，到审批目标、内容、形式等主要方面，都应层层筛选、严格把关，只有这样才能有助于加强对幼儿教材质量的监督，有助于教材质量和教育质量的提高。

（3）幼儿园在教材的选择上应当以幼儿的发展为本，要符合幼儿的年龄特点、认识能力，调动幼儿学习的积极性和主动性。作为幼教工作者，要学会顺应幼儿的思维轨迹，将教材内容真正地转化为幼儿的实践活动。

3.6　甘肃省保育院文化建设核心理念的概括与说明

3.6.1　甘肃省保育院的核心价值理念

经过深入调研，我们认为甘肃省保育院经过几代人多年的奋力拼搏和辛勤耕耘，长期秉承的核心价值理念可以概括为："让孩子回归丰富多彩的生活。"

学前教育回归生活的理念是一种以人为本的、注重人文关怀的教育理念。它要求教育应当以幼儿的生活体验为基础，将教育融入生活过程。其目标是把儿童从抽象枯燥的概念中解脱出来，让他们全面地、整体地体验自我、社会和自然的内在联系，在与周围的现实世界的交流与对话中产生对世界的好奇心，从而自发地、愉快地去探索生活中的奥秘，实现儿童自身与社会和自然的和谐发展。基于这种办园理念的学前教育，就要在园所的环境设置和幼儿教育活动及课程的展开中注重与生活的密切联系，同时注重将儿童已有的生活经验应用在实际教学中。换句话说，幼儿到甘肃省保育院不是来"受教育"的，而是来"生活"的，这里的生活内容比家里要丰富多彩得多。

"让孩子回归丰富多彩的生活"这一办园理念的实质在于全人教育。在我国古代蒙学教育中，古人认为蒙学教育的目的就是要教导儿童"常德"，即全人教育。《周礼》道："德行，内外之称，在心为德，施之为行。"在我国古代社会的蒙学教育中，培养儿童良好的日常行为和生活能力是其核心指导方针。很多古代圣贤都认为应当经过长期的规范行为来养成儿童良好的品德，而良好的道德品行也是体现在日常生活的待人接物之中的。就如《蒙学须知》中所云："养正莫先于礼。盖人之失其正，以自外于圣人之途者，率以童幼之年，不闻礼教，则耳目手足，无所持循；行止语默，无所检束。及其既长，沿习偷安，徇情任气，如已决之水，不可堤防；已放之条，不可盘郁，何所不致哉！是故朱子《小学》，必先洒扫应对之节，程子谓即此便可达天德，信非诬也。"由此可见，我国古代的蒙学教育十分注重从生活的点点滴滴中教育孩子，也即生活就是教育、教育就是生活。如果把教育和生活分开，后果是很严重的。

在近代西方国家的儿童教育研究中，教育思想家杜威认为儿童教育其目的就是将接受教育的儿童培养成为能够完全适应生活环境和社会的人。根据这一认识他提出了"教育即生活"的教育理念：学前教育应当以儿童现有的生活作为最好的教材，这不仅有了实际的学习内容，而且能为生活提供指导，可以教会儿童如何适应自己的生活。自我国近现代以来，以陶行知、陈鹤琴为代表的教育学家在结合我国独特文化背景的基础上，吸收西方先进的教育理念提出了"生活教育"的理念："我们的教育是供给人生需要的教育，人生需要什么，我们就教什么。"学前教育应当立足于孩子的实际生活，以现实生活为场域和内容，将教育与生活融为一体，从而培养出健全的孩子。

3.6.2 核心理念的具体运用

（1）回归生活的环境创设。重视环境对幼儿感性活动的影响，强调物质环境和精神环境的平衡和谐。为儿童营造一个健康、温暖、适宜模仿学习的环境以激发幼儿自主学习的动力。

斯坦纳强调，孩子七岁以前没有辨识能力，对外界环境是完全开放的，是与环境融为一体的。他把孩子与环境的关系描述成"忠于身体的体验"，所谓的"忠于身体"指的是孩子与环境互动时，会为了体验而放弃自我，产生某种全心投入的特质，达到完全无我的状态。因此，在幼儿教育中，和谐的、健康的、适宜学习的环境是十分重要的，会直接影响孩子的认知和情感。

一是贴近自然的室外环境建设。强调儿童不应与自然环境隔离开来，自然环境能够激发儿童的想象力与创造力。苏霍姆林斯基曾说："大自然是世界上最美妙的书，它是思想的、活的源泉。"

二是温馨、美好的生活化教室环境建设。强调室内环境布置的重要作用，教室在一定程度上是孩子精神家园的房子，会直接影响教育的效果。

三是自然化、生活化的活动材料。强调儿童的创造力和想象力需要有合适的材料来展现，这样的活动材料可以满足儿童以游戏的方式演绎生活的欲望。福禄培尔提出儿童教育应当遵照创造性原则，并需要用其称为"恩物"的一系列简单自然的活动材料来开发儿童的智力、发挥儿童的创造性。

四是简单、低控制性、贴近生活的教学活动。园所的课程设置和活动开展应当在内容的选择和开展的形式方法上尊重儿童自身生理、心理发展的规律和特点,以贴近生活的教学活动来让孩子更好地感受生活,提高其学习兴趣和学习动力。斯坦纳强调幼儿时期需要"安全的依赖、富有创造力的、自由的想象以及心灵的滋养"。从心理学的角度讲,幼儿的身心发展还不成熟、不完善,他们的各种感官、认知、情感的发展是一个交织在一起的统一整体,他们的发展应该是全方位的,是从身体到精神的整个人的均衡和谐的发展。低控制性且贴近生活的活动不仅可以更好地培养孩子的生活能力和认知能力,还可以更好地促进孩子的想象力和创造力发挥,使他们通过这样的教学活动来充分地发展感官、认知、情感和社会性,从而适应生活、创新生活。正如福禄培尔所说:"一切专断的、指示性的、绝对的和干预性的训练、教育和教学必然地起着毁灭的、阻碍的、破坏的作用。"

(2)充分发挥教师在教育中的积极作用,加强教师对核心理念的理解和运用。幼儿园教育活动是在教师与幼儿之间展开的,教师与幼儿的关系、教师对于生活教育的理解、教师是否能够发现生活中的教育契机、是否能创造性地利用生活情境展开教育活动等因素,在教育的具体实施中都会发挥非常关键的作用。我们应该首先认识到幼儿教师已不再是单纯的"教书匠",在生活教育中他们并非是纯粹意义上的教学计划执行者。幼儿教师与幼儿的接触最密切,教师们应充分肯定自然、生活对于幼儿教育和儿童自身发展的独特价值并在每天的教育活动中逐步加深对每个儿童的全方位了解。

(3)加强园所与家长间的有效合作。要教育孩子,先改变家长。组织家长参加培训、讲座、读书会等活动,向家长介绍"让孩子回归丰富多彩的生活"这一理念。在学校活动中加强亲子活动的同时,教师也要与家长建立密切的伙伴关系,建立一个可以推动生活教育理念发展的良好合作关系。生活教育的特征决定了这种教育的实施不能仅限于学校当中,家长与家庭环境也非常重要,教育回归生活理念应当在家庭教育中同样得到体现,在家庭中得到延续与发展。因此,面对处在不同文化背景和不同职业、不同知识素养水平层面上的家长,我们需要进行一系列的宣传和活动来树立其对园所核心理念的支持,并在此基础上在家庭教育中切实贯彻这一理念,与园所更好地配合来对孩子进行教育。

第4章　甘肃省保育院章程建设

现代教育制度要求教育机构建立章程，通过章程实现治理结构的变化和治理能力的提升。幼儿园章程作为幼儿园的"根本法"，对上承接国家的法律、法规和规章，对下统领幼儿园各方面的规章制度。从幼儿园外部来讲，幼儿园章程是政府对各级各类幼儿园实施干预的边界，是连接幼儿园内外制度的纽带；对于幼儿园内部而言，章程则是幼儿园依法自主办园、自我治理的"基本法"。[①]幼儿园章程建设的重大价值和意义还在于，它不仅是依法治国战略的深入及其在教育领域的延伸，依法治教和依法治园的具体体现，而且是我国教育改革与发展由规模转向内涵式发展的必然要求，更是建立现代幼儿园制度的载体和突破口[②]。

4.1　幼儿园章程建设导论

4.1.1　幼儿园章程的概念与含义

1. 幼儿园章程的概念

章程的概念界定有两种：一是各种制度，二是组织规程或者办事条例。根据《法学辞源》对"章程"的解释，学者们对章程有不同的理解。傅永和在《现代实用文体写作技巧与经典范例全书》中对章程作了如下的解释："章程就是某个政治、经济、文化等组织或团体的一种纲领性的公文文体，可以说，它是该组织、团体内部的法规，是该组织或团体及其每个成员的言行准则，要求全体成员严格执行。"陈时恩在《中国企业法律文书格式知识全书》中认为："章程，是一种组织规程，它由有关会议通过，有关机关颁发，一经通过、颁发，在相应范围内具有强制遵循和执行的权威性和约束力，也就是说，一个企业、单位或团体的章程，是这个企业、单位或团体的每一个成员思想、行动的准则，大家都得严格地遵循和执行，不能在言行上有所违背。"中国公文学研究所所长张保忠在《公文写作格式与技巧》一书中写道："章程是一个政党或社会团体用以说明该组织的性质、宗旨、组织原则、机构设置、职责范围等而形成的文件，它在组织

---

① 陈立鹏，符琼霖. 我国大学章程建设之路[N]. 光明日报，2013-09-25(16).
② 张文显，周其凤. 大学章程——现代大学制度的载体[J]. 中国高等教育，2006，(20)：7-10.

内部具有规范与约束作用，组织的一切活动，包括行动方向、组织建设、会务活动、经费来源等，都必须以章程为准则。"

综上所述，我们将幼儿园章程理解为保证幼儿园正常运行，主要就办学宗旨、内部管理体制及财务活动等重大的和基本的问题，作出全面规范而形成的自律性基本文件。

2. 幼儿园章程的含义

从不同的维度，对幼儿园章程可以做如下阐释。

（1）幼儿园章程是幼儿园办学和管理的纲领性文件，是幼儿园的"基本法"。幼儿园章程规定的是幼儿园的办学宗旨、发展目标、教育原则、内部管理体制及运行机制、重大财务制度等重大问题和基本问题，一些次要的和细小的具体的事务性的问题，没有必要在幼儿园章程中规定。幼儿园章程是该园办学和管理的基本依据和基本行为准则，在幼儿园各项规章制度体系中处于"母法"层次和"龙头"地位。

（2）幼儿园章程是幼儿园成为法人组织的必备条件，是幼儿园成为独立法人主体的基本文件之一。幼儿园章程经过主管部门核准后，幼儿园便可在章程规定的范围内自主开展各项活动，不受外界非法干预。《中华人民共和国教育法》明确规定："按照章程自主管理""依法接受监督"。

（3）幼儿园章程是政府、社会及幼儿园依法治园的重要依据。随着我国依法治教、依法治校的推进，除了国家颁行的教育法律法规外，幼儿园章程越来越成为政府、社会及幼儿园依法治园与依法监督管理的重要依据。

（4）制定幼儿园章程的目的是保证幼儿园的正常运行，实现幼儿园的科学、持续、健康发展，提高幼儿园办学与管理的质量和效率。从外部环境和内部治理上，最终形成在政府宏观调控下，幼儿园面向社会依法按章程自主办学的良性运行机制，从而实现幼儿园的正常运行和科学发展。

4.1.2 幼儿园章程的内容与特征

1. 幼儿园章程的内容

幼儿园章程应包括哪些内容？怎样使制定出的幼儿园章程更加合法有据、科学有效？怎样通过幼儿园章程内容的设计，促进幼儿园与政府及社会各方面关系的建立和完善，促进幼儿园内部管理的科学化、民主化、法治化？这些是当前在幼儿园章程建设中人们重点关注的问题。根据国家有关法律法规政策规定及幼儿园章程的性质、地位，并借鉴国外幼儿园章程的制定经验，我们认为，幼儿园章程主要应包括如下内容。

（1）名称、住所。幼儿园章程在载明幼儿园名称时要做到真实、准确，可包含中文名和英文名。幼儿园的住所要具体、明确，标明幼儿园所在的行政区域及具体地点，有多个校区的幼儿园，应详细载明所有园区的地址。

（2）办园宗旨。办园宗旨是幼儿园办园目的、所实施教育的性质和培养目标的具体体现。幼儿园的办园宗旨既要符合法律法规政策的规定，如贯彻国家的教育方针、不以营利为目的等，又要反映幼儿园自身的特点。为体现幼儿园的办园宗旨，幼儿园章程一般应对本园的办园目的、培养目标、使命、愿景和教育的基本原则等作出明确规定。

（3）办园规模。幼儿园章程应载明幼儿园的编制数，现有教职工人数、年级数、班级数、幼儿人数及正常的变动幅度，幼儿园的预期规模等。

（4）内部管理体制。幼儿园内部管理体制是指幼儿园权力的配置及运行方式。我国幼儿园目前实行的内部管理体制有"园长负责制""党委领导下的园长负责制""董事会领导下的园长负责制"等。幼儿园章程要根据不同情况，对幼儿园的内部管理体制作出明确规定。要具体规定园长的职责、权限及履行职责、权限的方式，党的基层组织在幼儿园中的职责、权限及开展工作的方式，幼儿园重大事项的决策程序和方式，幼儿园主要的会议制度（如园务委员会制度、党政联席会议制度、行政办公会议制度、教职工代表大会制度、教职工大会制度等），教职工和幼儿家长参与幼儿园民主管理监督的形式与途径，幼儿园主要机构的设置及其职能分工等。实行"董事会领导下的园长负责制"的幼儿园，其章程还要对董事会的职责、权限、议事规则等作出明确规定。

（5）幼儿园重要工作的管理。制定幼儿园章程的一个很重要的目的，就是规范幼儿园管理，提高幼儿园管理的科学性和高效性。因此，幼儿园章程应对幼儿园的教育教学管理、科研管理、后勤总务管理、安全管理等作出原则规定。

（6）教师、其他教育工作者和学生。幼儿园章程要对教师和其他教育工作者的来源、聘任或者解聘、晋升、奖励或者处分等作出明确规定。要根据法律法规政策的规定，明确和落实教职工在幼儿园中的权利和义务。为体现教师在幼儿园发展中的主导地位，幼儿园章程还应载明幼儿园加强教师队伍建设的思路、目标、举措等。

（7）经费来源、财产和财务制度。幼儿园必须有稳定的经费来源，这是其设立及取得法人资格的基本条件之一。幼儿园章程应明确幼儿园日常办学经费的来源。根据我国现行教育经费投入体制，国家设立的幼儿园以国家财政性教育经费拨款为主，其他渠道筹措教育经费为辅。社会力量举办的幼儿园的日常经费来源，一般主要靠收取学杂费和社会资助解决。幼儿园章程在规定幼儿园日常办学经费来源的同时，要对经费的使用和管理原则作出规定。章程中应载明幼儿园经费的开支范围和审批支付程序，教职工福利待遇的基本标准和分配原则，幼儿园经费的管理机构、管理原则和主要人员的职责，以及校内财务检查、监督体制等。

（8）幼儿园与家庭、社区的联系。现代社会是民主社会、开放社会、法治社会，幼儿园的发展离不开家庭、社会，尤其是幼儿园所在社区的支持与配合，同时，家长、社区及相关利益主体，也有对幼儿园发展的知情权和监督权。《全面推进依法治校实施纲要》明确提出："幼儿园应当逐步建立健全家长委员会制度。家长委员会承担支持教育教学工作、参与和监督学校管理、促进学校与家庭沟通、合作等职责。""幼儿园要加强与所在社区的合作。""完善与社区、有关企事业组织合作共建的体制、机制。"因此，在幼儿园章程中应载明幼儿园与家庭、社区联系和合作的方式、渠道及内容等。

（9）章程的修改程序。幼儿园章程是幼儿园投资者、教职工及幼儿园主管部门意志的共同体现，对教职工及幼儿园的发展有重大影响。幼儿园章程的这种性质和地位，决定了其具有较大的稳定性，不能朝令夕改，因领导人或其他非根本因素的变更而随意变更。为维护这种稳定性，在幼儿园章程中应对其修改程序作出严格规范。

在幼儿园章程中，幼儿园还可根据自身的实际，规定一些有较强个性的内容，如园训、园徽、园歌、园旗、园树、园花、幼儿园成立纪念日等。

2. 幼儿园章程的特征

1）幼儿园章程具有法律的一般特征

（1）幼儿园章程的意志性。法的本质是具有国家意志性，幼儿园章程也具有意志性，它不仅体现国家意志，而且体现组织内部各成员的共同意志。前者主要表现为任何组织制定的章程，如果缺乏法律所要求必须记载的事项，与相关法律法规相违背，那么整个章程统归于无效。后者主要表现为法律允许组织内部成员在国家法律必要规定的范围以外，本着"私法自治"的原则制定章程。

（2）幼儿园章程的规范性。法律是肯定的、普遍的、明确的、具体的规范。幼儿园章程也具有规范性，章程的规范性是指它具有规范组织行为的作用。章程的规定是组织最基本的准则，它要规定本组织的性质、行为原则、组成机构、运作范围、本组织未来的发展方向，以及组织机关及其成员的职权等。组织在运行过程中，除遵守法律和相关政策规定以外，必须遵守章程的规定，一切超越和违背章程的活动均没有法律效力。

（3）幼儿园章程的公开性。章程的公开性是指章程具有公开组织情况的功能，它不仅表现为对与组织有利益关系的主体公开，而且表现为对希望了解组织情况的社会公众也要公开。

（4）幼儿园章程的稳定性。法律具有稳定性，幼儿园章程也应当具有稳定性，其内容不得随意变动。章程的稳定性主要通过它的修改程序体现出来，章程的修改必须先由有章程修改提议权的主体提出修改建议，再由有章程修改表决权的主体进行表决并通过，最后还要报经组织的原审批机关批准和备案。

2）幼儿园章程与其他规章制度的区别

（1）从幼儿园章程的地位看，它的地位显著高于幼儿园其他规章制度的地位。幼儿园章程是幼儿园的基本法，是制定幼儿园其他规章制度的基础和依据，是幼儿园最基本的规章制度，也是幼儿园申请设立的基本要件之一。幼儿园章程在幼儿园规章制度体系中处于"母法"层次。从这个意义上讲，一个幼儿园可以没有其他规章制度，但是不能没有自己的章程。而如教育教学制度、教师管理制度、财务管理制度、学籍管理制度、安全管理规章制度等，只是幼儿园章程的具体细化，它们在幼儿园规章制度体系中处于"子法"层次，与幼儿园章程形成"子"与"母"的关系。幼儿园章程保障幼儿园"按照章程自主管理"的权利，幼儿园的主管部门和社会均不得非法干预。

（2）从幼儿园章程的内容看，它的内容比幼儿园其他规章制度的内容更为重要、更为核心。幼儿园章程规定的是幼儿园的重大的和基本的问题。对于这些重大的和基本的问题，幼儿园章程必须做出明确规定，而对于一些次要的、具体的和细小的问题，则没有必要在幼儿园章程中做出规范。各国教育法一般都规定幼儿园章程应当规定幼儿园的名称、住所、办园宗旨、经费来源、办园规模、学科门类的设置、教育形式、内部管理体制、财产和财务制度、举办者与幼儿园之间的权利和义务、园长的权利和义务、幼儿园重大事项的决策程序、章程的修改程序等事关幼儿园建设和发展的重大的、基本的事项。而幼儿园的其他规章制度只是就幼儿园的局部问题或局部问题的某一方面做出规范，如图书馆管理制度、学籍管理制度、教师行为规范、食品操作间卫生标准、门卫制度、安全教育管理制度等，一般都规定得比较明确、具体，有较强的针对性和可操作性。

（3）从幼儿园章程的制定程序和修改程序看，幼儿园章程的制定程序和修改程序，比其他规章制度的制定程序和修改程序严格。在我国，幼儿园章程的制定一般要经过章程的起草、章程的审议、章程的核准、章程的公布等程序。幼儿园章程的修改程序也十分严格，必须按照章程规定的程序进行，如公办幼儿园章程的修改须经教职工（代表）大会三分之二以上的代表审议通过，然后由园长签名，报教育行政主管部门核准，而幼儿园其他规章制度的制定程序和修改程序就没有这么严格。

（4）从幼儿园章程的效力看，它的效力高于幼儿园其他规章制度的效力。当幼儿园章程和幼儿园其他规章制度不一致时，后者不发生法律效力。幼儿园章程不仅对幼儿园师生员工发生法律效力，而且对幼儿园举办者和教育行政部门也具有法律效力。而幼儿园其他规章制度只对本园的师生员工产生法律效力，对幼儿园举办者和教育行政部门通常不具有法律约束力。

（5）从制定幼儿园章程的目的看，制定幼儿园章程的目的，不仅仅是为了"保证幼儿园工作正常运行"，更主要的是保障幼儿园依法行使"按照章程自主管理"的权利。因为"保证幼儿园工作正常进行"是所有幼儿园规章制度的共同目的，制定幼儿园章程当然也是为了保证幼儿园工作的正常进行，但同时幼儿园章程作为最基本的规章制度，更主要的目的是调整幼儿园的重大的和基本的问题，使幼儿园"按照章程自主管理"的办园自主权落到实处，而且这才是制定和实施幼儿园章程最根本的目的。

4.1.3 幼儿园章程建设的价值与意义

正如一个国家需要宪法，一个政党需要党章一样，幼儿园在办学过程中也离不开章程。制定和实施幼儿园章程的价值和意义，体现的是幼儿园章程对有关社会主体的有用性，是主观和客观的统一，也是幼儿园章程性质和作用的体现。制定和实施幼儿园章程可以更好地落实幼儿园办学自主权，促进幼儿园建立和完善自主办学、自我发展和自我约束的机制，建立现代幼儿园制度，实现依法治园，也有利于政府对幼儿园的监督和管理，实现依法治教。

（1）制定和实施幼儿园章程是适应现代教育发展的需要。现代教育日益发展成为复杂而有序的社会化教育，它已由专门的按一定组织形式构成的专业化独立实体来实施，这种独立实体除需要一定的人员、经费和物质条件外，还必须按一定的规则组织起来，形成彼此分工又相互合作的关系，并且，作为联系各类实体要素的基本规则，已经开始更多地倚重于法律规范和体现当事人意思自治的幼儿园章程。所以现代教育逐渐表现出来的最重要的特征，是规范化、民主化、科学化和法治化，这种规范化、民主化、科学化和法治化机制，不仅仅指技术手段的现代化，更重要的是指教育工作的法治化、民主化、科学化和规范化。政府通过立法确立幼儿园章程的法律意义，幼儿园依法制定章程并按照章程自主办学，就是教育工作法治化、民主化、科学化和规范化的要求，也是当今国际教育发展的必然产物，几乎成为世界各国的普遍共识。1944年，英国颁布的《教育法》，作为英国战后教育改革的指导性文件，非常强调办学机构章程的作用，办学机构工作的诸多内容须用章程来规范，如"地方教育当局和学校校长或董事各自关于解雇教员方面的职能，均应由学校管理条例或办学章程规定""对学生实行的一般教育，除根据学校的管理条例或办学章程另有规定外，应由地方教育当局管理"。1947年，日本颁布的《学校教育法》，将办学机构章程作为保障新设办学机构管理运行的重要内容之一，如关于专修学校一条规定，"专修学校的设立者欲更其设立的专修学校的名称、位置和学校章程时，以及在其他政令对此已有规定时，应向监督部门呈报"。同年颁布的《日本学校教育法施行规则》中规定，关于学校设置许可的申请或申报，许可申请书或申报书必须分别附加记载"校章"等事项的文件；关于设置分校许可的申请或申报，许可申请书或申报书必须分别附加记载"校章的变更事项"等事项的文件。1992年7月批准实施的《俄罗斯联邦教育法》辟有章程专条，要求章程由9个部分组成，涵盖26项内容，包括校名、地点、创办人、教育大纲、教学使用的语言、招生办法、学习期限、学校与学生及其家长关系的确定程序、学校财务和经营活动、学校的管理程序、教育过程参加者的权利和义务等。同时规定："教育机构在俄罗斯法令和教育机构章程范围内自行实施教育过程。"澳大利亚的维多利亚州为增强公立学校的办学自主权和责任感，提高教育质量和竞争能力，于1993年7月启动了"未来学校"计划。"未来学校"计划包括四项主要内容，其中最重要的一项内容就是要求每个学校必须制定一份学校章程，明确学校的发展规划、发展目标、发展重点、教职员工和学生的行为准则、学校的各项财务预算及评估等，学校按照章程进行教学和管理，接受所在社区的监督。从以上各国的制度和做法可以看出，现代学校管理制度的一个显著特点，是政府以法律的形式确认其对学校的控制、约束、监督、引导，而学校章程是各国纷纷采用的一种法律形式。我国政府也通过立法的形式确立了学校章程的法律地位，要求学校按照章程自主管理，并以学校章程的形式监督学校的办学活动。这是我国政府重视教育工作规范化、法治化、科学化的具体体现，也是我国政府适应当今国际教育发展规律的必然做法。制定一部好的学校章程是学校提高竞争力、适应现代教育的发展、满足教育现代化的必然要求。

（2）制定和实施学校章程是实现依法治教的需要。1996年3月，八届全国人大四次会议通过的《中华人民共和国国民经济和社会发展"九五"计划和2010年远景目标纲要》，把依法治国确定为治国基本方略。1997年9月，党的十五大报告第一次将"依法治国，建设社会主义法治国家"，确立为中国共产党领导全国人民治理国家的基本方略。1999年3月，全国人大九届二次会议通过的宪法修正案正式把"依法治国，建设社会主义法治国家"写入宪法，从而以国家根本大法的形式确定了这一治国基本方略。依法治国方略的贯彻也向教育系统提出了依法治教的要求，依法治教是依法治国不可缺少的一个有机组成部分。所谓依法治教，是指国家机关及有关机构依照教育法律的规定，在其职权范围内从事教育治理活动，以及各级各类学校及其他教育机构、社会组织和公民个人依照教育法律的规定，从事办学活动、教育教学活动及其他有关教育活动。可见，依法治教为教育管理方式由"人治"向"法治"的转变提供了契机，保证了学校内部的各项管理工作都纳入法治轨道。但是，实现依法治教的重要前提条件是"有法可依"。这里的"法"在一定意义上讲，不仅仅指教育法律、法规和教育行政规章，也包括学校的规章制度，而学校规章制度中最根本的就是学校章程。因此，制定幼儿园章程是实现依法治教的前提和基础。章程不仅对幼儿园的行为具有规范作用，而且对教育行政部门的行为也具有规范作用。一方面，幼儿园章程一旦确定，幼儿园自我管理的行为就会得到规范，师生员工的一切行动有章可循，照章行事，特别是对园长的办学行为起到了很大的制约和规范作用，园长必须以幼儿园章程为准绳，自觉维护幼儿园章程的严肃性，确保幼儿园各项工作沿着正确的轨道前进，实现幼儿园的教育目标和管理目标，不得随意修改幼儿园章程的内容。另一方面，幼儿园章程也制约着教育行政部门对幼儿园的管理行为。幼儿园章程是基于《中华人民共和国教育法》和其他相关法律、法规和政策而制定的，它需经教育行政部门的审核和认可才能生效，教育行政部门对幼儿园章程进行审核和认可的过程，也是他们对幼儿园办学自主权和幼儿园独立法人地位进行确认的过程，幼儿园章程一旦生效就意味着教育行政部门对幼儿园的管理行为要受幼儿园章程的规范和制约。幼儿园章程建设工作搞好了，其自我管理活动和教育行政部门的教育治理活动才不会"纸上谈兵"。因此，制定和实施幼儿园章程是实现依法治教的需要，它使幼儿园的自我管理活动有章可循，照章行事，使教育行政部门以幼儿园章程为依据监督、管理幼儿园，开展教育治理活动。

（3）制定和实施幼儿园章程是遵守教育法律、法规的需要。1995年3月18日，第八届全国人民代表大会第三次会议审议通过了我国教育领域的基本法——《中华人民共和国教育法》。《中华人民共和国教育法》第二十六条规定，"设立学校及其他教育机构，必须具备下列基本条件：（一）有组织机构和章程……"这是我国教育法律首次对学校和其他教育机构提出制定章程的明确要求。《中华人民共和国教育法》施行后，1995年8月15日，国家教育委员会下发了《关于实施〈中华人民共和国教育法〉若干问题的意见》，进一步强调，"各级各类学校及其他教育机构，原则上应实行'一校一章程'。《教育法》施行前依法设立的学校及其教育机构，凡未制定章程的，应当逐步制定和完善学校的章程，报主管教育行政部门核准"。在《中华人民共和国教育法》的指导和推动下，1996年3月9日，国家教育委员会制定了《小学管理规程》。该规程第五十八条规定，"小学应根据《中华人民共和国教育法》和本规程的规定，结合本校实际情况制定本校章程"。1996年5月15日，第八届全国人民代表大会常务委员会第十九次会议通过了《中华人民共和国职业教育法》。该法第二十四条规定，"职业学校的设立，必须符合下列基本条件：（一）有组织机构和章程……"必须具备"章程"这一原则也体现在特殊教育学校中。1998年12月2日，教育部制定了《特殊教育学校暂行规程》。该规程第六十五条规定，"特殊教育学校应当根据《中华人民共和国教育法》《中华人民共和国义务教育法》《残疾人教育条例》和本规程的规定，结合实际情况制定学校章程"。《普通初级中学管理规程（征求意见稿）》《普通高中管理规程（讨论稿）》也重申了这一原则。1999年12月2日，教育部《关于加强教育法制建设的意见》强调，"各级各类学校特别是高等学校要提高依法管理学校的意识，依据法律、法规的规定，尽快制定、完善学校章程，经主管教育行政部门审核后，按章程依法自主办学"。2003年7月17日，教育部《关于加强依法治校工作的若干意见》进一步强调，"学校要依据法律法规制定和完善学校章程，经主管教育行政部门审核后，作为学校办学活动的重要依据"。对于民办学校，我国教育法同样做出了要制定学校章程的规定。2002年12月28日，第九届全国人民代表大会常务委员会第三十一次会议通过的《中华人民共和国民办教育促进法》第十四条规定，"申请正式设立民办学校的，举办者应当向审批机关提交下列材料：……（三）学校章程、首届学校理事会、董事会或者其他决策机构组成人员名单"。以上这些教育法律、法规都对学校制定和实施学校章程作出了规定，在依法治国的新形势下，国家制定教育法律、法规，强调学校要根据国家法律和政策的规定并结合教育规律和学校实际，加快学校章程建设，确保每所学校都有自己的章程，可谓意义重大。各级各类学校按照这些教育法律、法规的规定制定和实施学校章程是遵守教育法律、法规的需要，是对有法可依、有法必依的推动和对法律的尊重与维护。

（4）制定和实施幼儿园章程是实现幼儿园自主管理的需要。幼儿园的运行首先应遵守国家法律、法规和行政规章等外部规范，其次是遵守幼儿园内部规范。外部规范规定了幼儿园必须做什么、可以做什么和禁止做什么，而幼儿园内部规范是将国家法律的规定落实到幼儿园内部的具体人员身上，即幼儿园哪些人必须做什么、哪些人可以做什么和哪些人禁止做什么。因此，作为最重要的幼儿园内部规范，幼儿园章程的制定和实施体现了"责任到人"的细化过程，是幼儿园自主发展、自我约束的基本依据。《俄罗斯联邦教育法》作出规定："教育机构在俄罗斯法令和教育机构章程范围内自行实施教育过程""自教育机构注册之日起，教育机构的法人就有权从事章程规定的为准备教学工作而进行的财务活动"。我国教育法在许多地方也表现出对学校章程在规范学校内部运作方面作用的尊重。《中华人民共和国教育法》第二十八条规定，"学校及其他教育机构行使下列权利：（一）按照章程自主管理……"教育部《关于加强教育法制建设的意见》中强调，"各级各类学校特别是高等学校要提高依法管理学校的意识，依据法律、法规的规定，尽快制定、完善学校章程，经主管教育行政部门审核后，按章程依法自主办学"。据此可知，学校章程作为保证学校正常运行的基础性自治规范已得到国家的确认，即学校章程是学校"为了实现正常运行，对其办学宗旨、管理体制、财务活动等基本的、重大的问题，作出全面规定而形成的自律性基本文件"。学校及其他教育机构依据本机构的章程，可以制定具体的管理规章和发展规划，自主地作出管理决策，并建立、完善自身的管理系统，组织实施管理活动，而不必事无巨细地请示主管部门或举办者；同时，学校及其他教育机构可以根据由本机构的章程所确立的办学自主权，排除来自上级和外界对学校工作的非法干扰。但是到目前为止，我国尚有一些幼儿园未制定章程或者制定的章程形同虚设，没有通过章程将幼儿园重大的、基本的问题明确和规定下来，因而在幼儿园管理中存在较大的随意性和主观性，这对于幼儿园的自主管理、自我发展是极为不利的。由于幼儿园没有从制度层面保障自我发展、自我约束的良性运作机制，一些幼儿园本可以依据章程自主制定的具体管理制度、自主做出的决策和自主实施管理的活动，却不得不请示主管部门或学校举办者，这样做不仅造成管理成本的增加、工作效率的下降，而且使幼儿园丧失了许多更好更快发展的时机。所以，制定和实施幼儿园章程是学校实现《中华人民共和国教育法》规定的"按照章程自主管理"这一基本权利的前提，是实现幼儿园真正按照章程规定的原则和规范进行自主管理的需要。

（5）制定和实施幼儿园章程是适应政府职能转变的需要。政府职能的转变，是指政府在一定时期内，根据经济和社会发展的需要，对其职能范围、内容、方式的转移与变化。它受社会环境的变迁、行政管理的科学化、技术手段的创新、传统行政文化等因素的影响。其中，社会环境的变化是决定政府职能转变的外在动因。在我国经济体制由计划经济向市场经济转型的过程中，政府管理教育的职能必将随着经济体制这一外部环境的变化而变化，即政府管理教育的范围、内容和方式将发生很大的变化，尤其是政府管理教育的职能方式的转变。在计划经济体制下，政府实行高度集权、计划管理的方式，政府包揽一切经济事务和社会事务，利用单一的行政手段对学校及其他教育机构进行事无巨细的微观管理、直接管理，学校只是作为政府职能部门的附属物而存在，学校的一切工作都要靠领导指令完成，事前请示、事后汇报成为办学活动的习惯，学校无办学自主权可言。而在市场经济体制下，政府将简政放权，进一步理顺其与学校及其他教育机构的关系，扩大学校的办学自主权，对学校的管理由计划经济体制下的微观管理、直接管理为主，转变为市场经济体制下的宏观指导、间接管理为主；由计划经济体制下的单一行政手段，转变为市场经济体制下综合运用经济手段、法律手段为主，辅之以必要的行政手段。然而，转变政府管理教育职能方式的重要前提条件是学校要有章程。现代学校活动的公益性，使得它必然与体现社会公共利益的国家发生各种关系，不管是公办学校还是民办学校，国家都会通过各种途径和方式来监督和管理它们，其中，通过学校章程来实现对学校的监督和管理就是途径之一。这主要表现为通过立法确定学校章程在学校中的地位；确立学校章程必须记载的内容；确立学校章程制定与修改的特别程序；通过审核检查学校章程的真实性、科学性、规范性，依据学校章程采取不同的行政措施等；通过司法制度对学校违反章程的行为进行法律制裁等。例如，《俄罗斯联邦教育法》规定，"教育管理机关应当对其下属的教育机构实施监督，教育机构如果违反俄罗斯联邦教育法令或教育机构的章程，国家教育管理机关有权在法院做出判决之前下令制止上述行为""教育机构注册机关因该教育机构不能完成章程规定而有权做出撤销该教育机构的决定"。《中华人民共和国教育法》也明确规定，学校及其他教育机构"按照章程自主管理""依法接受监督"。据此可以看出，《中华人民共和国教育法》确立了学校及其他教育机构章程的法律地位，学校及其他教育机构章程成为我国政府及社会监督、管理学校的重要依据。因此，政府只要依据学校的章程，看学校是否遵守国家法律，是否依章程办学，是否完成了章程规定的任务，就可以实现政府管理教育的职能方式由微观管理到宏观管理，由直接管理到间接管理，由运用单一行政手段到综合运用经济手段、法律手段为主，辅之以必要的行政手段的转变；相反，如果没有学校章程，政府对学校的监督、管理就失去了重要依据，依据的缺失很可能会使政府重又走上运用行政手段对学校进行微观管理、直接管理的老路，对学校的监督、管理就会有较大的随意性和盲目性，学校的办学自主权就不可能真正得到落实。因此，制定和实施学校章程是适应政府职能转变的需要。

（6）制定和实施幼儿园章程，是促进社会了解本幼儿园的需要。现代社会的开放性，决定了幼儿园必须由原来的封闭状态向开放状态转变，不断与社会发生更加紧密的联系，进行信息的交流，更多地面向社会，更多地对社会负责。一方面，对幼儿及其监护人来说，幼儿园章程是他们选择幼儿园最直接的依据。在现代社会条件下，幼儿园只有拥有广泛的生源才有生存下去的可能，唯此才能进一步发展，而获得充足的生源需要幼儿园本身具备良好的教育质量，需要幼儿园教育管理服务等各方面的情况被幼儿及其监护人了解。然而，教育效果的长期性和隐性化，决定了幼儿及其监护人有时很难判断一个学校的教育质量的好坏，特别是对于刚刚设立的幼儿园而言更是如此。这时，学生及其监护人可以以学校章程为依据。因为，学校章程是经教育行政部门审核批准的学校法定文件，它是对决定学校教育质量的一系列重要条件如学校性质、目的、规模、物质保障条件等记载事项作出规定的法定文件，可以成为学生及其监护人选择学校最直接的依据。另一方面，对教师来说，学校章程是他们选择工作单位的重要依据。随着《中华人民共和国教育法》和《中华人民共和国教师法》的颁布和实施，教师聘任制在我国逐步得到推行和落实，这使得教师在不同地区、不同学校间的流动变得更加频繁、方便。教师聘任制的一个显著特征是学校和教师双方的地位是平等的，这意味着学校在选择教师的同时，教师也可以选择所供职的学校，双方在自愿平等的基础上双向选择。教师对学校做出选择的一个重要参考标准就是本人对学校教育理念、管理方式、校园文化等的认同，而教师获得这些信息的重要依据就是学校的章程，它们在学校章程中得以体现。因而，学校章程成为社会了解学校的一个重要窗口，制定和实施学校章程是促进社会了解学校的需要。

章程作为幼儿园的基本法，凝聚了全园师生的集体智慧，彰显了幼儿园的历史传统、办园理念、办学宗旨、办学特色及幼儿园发展目标和战略，规范了园内各种关系，明晰了领导体制、组织结构、管理模式，规定了幼儿园、教师和在园幼儿各自的权利和义务，从而向社会展示出幼儿园的形象和品位。

4.2　幼儿园章程的法理分析

幼儿教育是基础教育的有机组成部分，是学校教育和终身教育的奠基阶段。幼儿园作为以保育为先同时实施幼儿教育的办学机构，依现行法律法规规定需要章程。当前对于学校章程的理论研究主要集中在大学章程上，在公开刊物上尚未见专门对幼儿园章程进行研究的成果。本书在对幼儿园章程进行法理分析时，借鉴了一些关于大学章程研究者的观点，同时也根据幼儿园与大学的区别对幼儿园章程进行了初步探讨。

甘肃省保育院创办于1949年，是甘肃省内历史最悠久的幼儿园之一，为省级示范幼儿园，属于公益二类事业单位，目前为省内唯一一所隶属于甘肃省教育厅的公办幼儿园。本章节的研究限于公办幼儿园，未作特别说明时，所述幼儿园皆指公办幼儿园。

4.2.1 幼儿园章程的法律属性

要分析幼儿园章程的法律性质，必须先分析幼儿园的法律性质和地位。幼儿园是什么？笔者不认同幼儿园是学前教育机构的常见说法，认为应该明确幼儿园是实施幼儿学前教育的学校。理由如下：其一，《中华人民共和国教育法》第 17 条规定"国家实行学前教育、初等教育、中等教育、高等教育的学校教育制度"，根据此条规定，学前教育也实行学校教育制度，学前教育的学校教育制度只能是幼儿园制度；其二，权威的学校教育的概念认为，学校教育是由专职人员和专门机构承担的有目的、有系统、有组织的，以影响受教育者的身心发展为直接目标的社会活动，幼儿园符合学校教育概念的基本要件；其三，从学校的历史演变看，其前身为学堂，根据历史记载，《钦定学堂章程》和《钦定蒙学堂章程》属于包含与被包含的关系，近代所称之蒙学堂包含在学堂之列，也即现代所称之幼儿园在历史上就包含在学校之列。

从当前研究者对学校章程法律性质的研究来看，对学校章程法律性质的论述主要有三种理论，即契约说、自治法说和准行政法说。

1. 契约说

一般来说，"契约""合同"均属于民法范畴的术语，两者含义基本一致，对其使用源于不同习惯和学者的个人喜好[①]。不同国家的法律对契约有着不同的表述，罗马法把契约表述为"得到法律承认的协议"[②]。法国民法继承了罗马法的传统说法，《法国民法典》第 1101 条规定，契约是一种协议，个人或者机构团体之间的负担给付、作为或不作为的债务。英美法系则认为契约是一项许诺，英国《大不列颠百科全书》的表述如下：合同这个诺言是可以依法执行的诺言，可以是作为，也可以是不作为。美国律师协会《合同法重述》第 1 条是这样表述契约和合同的："契约及合同是一个或者一系列由法律给予救济的允诺，履行允诺是法律所确定的义务。"我国法律也沿袭了大陆法系的传统，《中华人民共和国合同法》将契约和合同定义为：契约和合同是作为平等主体的自然人、法人及其组织之间设立、变更及终止民事权利和义务的协议，强调了当事人之间的合意性。

幼儿园章程在一定程度上符合契约的特征，"契约根据订立的目的和功能的不同，可以分为身份性契约、交易性契约和组织性契约"[③]。身份性契约是指民事主体之间形成的亲属身份关系，交易性契约就是民法通则中所指的债权债务关系，组织性契约是指为保证组织的良性循环，而设立的组织成员之间的权利义务关系及组织内部关系。学校属于组织体，学校章程主要是设立学校师生之间的权利义务关系及规范学校内部关系。举办者、办学者及学校师生是学校的主体，举办者对该内容具有合意性，举办者在不违反法律规定的前提下，就本校的内部事务达成一致意见而设立章程，来实现其办学目的。

[①] 贺卫方. 契约与合同的辨析[J]. 法学研究，1992，(2)：36-40.
[②] [意]彼德罗·彭梵得. 罗马法教科书[M]. 黄风，译. 北京：中国政法大学出版社，1992：307.
[③] 唐英. 公司章程性质探析[J]. 吉林省经济管理干部学院学报，2003，(2)：20-23.

因此，幼儿园章程，是举办者之间的组织性契约，符合组织性契约的特征。

幼儿园章程也符合法律对格式合同的规定。根据《中华人民共和国合同法》的规定，"格式合同"的特点可以表述为以下几个方面：一是由一方预先设定；二是可以重复使用；三是订立合同时需主体自愿。学校章程体现了校内各方主体的权利和义务，既对教职员工和学生的权利义务做出了明确的规定，也体现了学校的内部关系，是学校的举办者当初为了建立学校而对学校的重大问题完成的组织性契约，由举办者预先设定，对于即将成为该校的师生而言就是格式合同。学校章程一经主管教育部门核准就具有了法律效力，可以重复使用。同时，学校章程必须公布，在社会上广而告之，使即将进入该校的师生在了解章程内容基础上作出自由选择，因此，符合了格式合同自由自愿的特征。由此可见，学校章程是学校主体之间的格式合同。

笔者认为，仅以契约说认定幼儿园章程的性质存在明显缺陷，理想的幼儿园章程契约说状态应该是新成立的幼儿园，由举办者之间或者举办者与办学者之间达成的组织性契约。当前众多幼儿园在章程方面存在的重要问题是无章办学，以补定章程为主。在章程补定过程中，幼儿园与其举办者之间的关系并非如签订契约主体之间独立、平等的关系，而是隶属关系。契约说也不能完全解释幼儿园章程中的强制记载事项，对于强制记载事项，不管举办者或办学者是否愿意都必须在章程中记载，这与契约说相悖。

2. 自治法说

章程的自治法属性源于私法自治。从字面意思来理解"自治"的含义，其意思是自我管理、自我治理。《辞海》的解释是"自己治理自己"[①]。私法自治是近代民法确立的基本原则，是指私人生活关系原则上依据个人自由而予以规范，主要是私人形成法律关系，政府只是予以确认，而不妄加干涉。只有当事人不能解决之问题，国家才能出面予以解决。

当今社会仍存在着或可能存在着自主立法的领地，即使一个拥有大量立法权力的法治程度极高的现代国家，也不可能幼稚到制定出具体针对每一件事和每一个人的法律。国家法律仍留下大量的真空领域，而这些领域则必然或能够通过行使"私性"或者"准私性"的立法权力予以填补。

幼儿园作为事业单位法人，从法理上讲是既有办学自主权又能自治的组织。自治法说认为，学校章程具有自治法属性，学校章程对举办者、组织者均有普遍的约束力。具体来说，章程是学校的"宪法"，主要依据的是国家教育法律法规，其特色是法律赋予学校更大的自治权、为学校组织及其内部活动制定了明确的准则，学校的一切教育教学、行政管理、后勤服务等活动必须以章程为依据，学校的其他规章制度都要根据章程制定，不得与学校章程相违背，全校师生都必须严格遵守学校章程的规定。

幼儿园章程的自治法性质主要体现在以下三点。

（1）幼儿园章程是由举办者或办学者在不违背法律规定的前提下依法自行制定的，而不是由国家立法机关按照法定程序制定的。国家法律特别是教育法只能就幼儿园的普

---

① 辞海编辑委员会. 辞海[M]. 上海：上海辞书出版社，1979：557.

遍性问题作出规定，不可能顾及每一所幼儿园的特殊性。章程为幼儿园提供切合实际的、可行的行为规范，能够充分反映幼儿园的个性，也为幼儿园办出特色提供了制度依据和保障。

（2）由于幼儿园章程是由幼儿园举办者或办学者在不违背有关法律法规的前提下自己制定，各个幼儿园都有自己的办园特色，允许在符合自身特色的基础上制定出自己特有的行为规范，所以它是一种国家法律之外的行为规范，由幼儿园本身实施解决，而并非以国家的强制力作为后盾。如果仅仅是违反幼儿园章程的行为，而没有违反国家的法律法规，那么，就由幼儿园自主或者幼儿园借助司法途径解决。

（3）幼儿园章程对幼儿园组成者和相关主体有效力，主要是针对幼儿园内部的行为规范，对幼儿园以外主体没有普遍的约束力。幼儿园章程在本园发挥着类似法律法规的作用，是对法律规范的进一步具体化和补充。幼儿园章程是对幼儿园内部秩序的调整，规定幼儿园的组织结构及组成者的权利和义务，幼儿园章程也体现了幼儿园的自主管理权。

3. 准行政法说

众多学者在对高校章程性质探讨过程中多认可准行政法说，主要从两个方面加以论证。第一，高校是行使授权行政行为的行政主体。《中华人民共和国教育法》《中华人民共和国高等教育法》规定高等学校有聘任、考核、解聘、晋升、奖励或者处分教师的权力；《普通高等学校学生管理规定》《研究生学籍管理规定》，明确了高等学校对受教育者有进行学籍管理、奖励、处分等权力；《中华人民共和国学位条例》授予高校代表国家颁发相应的学业证书、学位证书给受教育者的职责。考虑高等学校事业单位的身份，结合前述教育法律法规相关规定的立法意图，可以认定高校是行使授权行政行为的行政主体。第二，高校章程可作为行政相对人提起行政诉讼的依据。研究者多以"田永案"和"刘燕文案"中高校作为行政诉讼的被告且败诉，论证高校章程可作为行政相对人提起行政诉讼的依据，表明了高校章程的准行政法性质。

幼儿园与高校同属事业单位，民办幼儿园同样具有非企业法人的性质，高校章程所具有的准行政法性质，幼儿园章程是否也具备？笔者认为，幼儿园章程不具备准行政法性质。行政主体是指享有行政权力，能以自己的名义行使行政权，做出影响行政相对人权利义务的行政行为，并能独立承担由此产生的相应法律责任的社会组织。法律意义上的行政主体主要包括四类：一是实质意义上的行政主体——国家；二是形式意义上的行政主体——各级人民政府及其组成部门；三是国有或国家控股的具有部分行政管理职能的公司；四是国家依法设立的公共团体。第三类公司和第四类公共团体必须具备一定的法律资格要件和组织要件，才能作为行政主体。这些要件包括：一是必须是具有法人资格的事业单位、社会团体和群众组织；二是必须不以营利为目的；三是必须具有法律、法规的明确授权，依法享有行政职权；四是能以自己的名义实施行政活动，能够独立承担行政责任。当前未见有法律法规授权幼儿园可以行使行政行为，因而幼儿园无法成为行政主体，幼儿园章程也就不具备准行政法性质。

4.2.2 幼儿园章程的法律地位

（1）章程是幼儿园设立并取得合法地位的法定要件。幼儿园章程是幼儿园作为独立法人实体必备的法律文件之一，是幼儿园依法办学，实施管理和履行公共职能的基本准则，是为保证幼儿园自主办园正常运行，就办园宗旨、主要任务、内部管理体制及财务活动等重大的、基本的问题，做出全面规范的自律性基本文件。

在我国教育法律文件中最早提到"章程"的是 1995 年施行的《中华人民共和国教育法》。《中华人民共和国教育法》第二十六条规定，"设立学校及其他教育机构，必须具备下列基本条件：（一）有组织机构和章程……"这条规定，使得幼儿园章程成为其成立的基本条件之一，明确无误地确立了幼儿园章程作为幼儿园成立基本要件的法律地位，从法律层面规定了所有的学校及其他教育机构都应该有章程。

（2）幼儿园章程是位于国家法律、法规之下的"准法律规范"。国家法律、法规授权学校行使办学自主权，其办学自主权的取得必须有国家法律、法规作为依据，而且只能在授权范围内行使相应的管理权限。因此，幼儿园章程属于国家法律、法规之下的规范。幼儿园及内部成员都要履行民事权利、民事义务，它们是民事主体而且是平等的主体。因此，章程中的相关条款要以《中华人民共和国民法通则》《中华人民共和国教育法》等法律法规为基本根据，如教师管理条例、日常学生管理细则、学校行政管理制度、学校财务制度等。另外，幼儿园章程的制定要遵守我国教育行政法规和地方教育法规的相关内容。因为除了教育法律以外，只有教育行政法规和地方性教育法规有权授予相关机构或者组织制定章程、设立学校或者其他教育机构。

从规范意义上来说，幼儿园章程并不是法律规范，但其具有"准法律规范"的效力。在我国，幼儿园并不是适格的立法主体，不具备立法权，不能制定规范性法律文件。但由幼儿园内部权威机构制定的章程，其制定程序与法律规范近似，且应当广泛征求多方面的意见和建议，具有一定程度的强制执行效力，对幼儿园的内部成员和机构都具有约束力，是具备一定规范效力的"准法律规范"。幼儿园章程主要还是设定了其自主的管理权力，对这些管理权力，章程一旦生效实施，幼儿园的内外部包括政府主管部门都不得任意干涉、违背，必须严格遵守章程的规定，不能剥夺幼儿园的权利，不得增加额外的义务。

（3）幼儿园章程是幼儿园行使办学自主权的制度保障。幼儿园章程是幼儿园行使办学自主权的"宪法"，即章程就其法律地位来说是幼儿园的"最高法"，是幼儿园的最高行动准则及根本行为依据。以幼儿园章程为依据，来制定幼儿园其他规章制度，章程是原则的、抽象的，而其他规章制度是细化的、具体的。学校章程是"上位法"，而具体规章制度是"下位法"，同样，它们的性质也不一样。幼儿园章程作为幼儿园管理的纲领性文件，是由幼儿园最高权力机构或组织制定的，其主要内容是关于幼儿园最重要、最基本的问题，如幼儿园的历史传统文化和未来的发展使命，幼儿园教职员工的权利和义务，在园幼儿的权利和义务，幼儿园的财产财务、经费管理，幼儿园的组织机构和管理机制，幼儿园章程修改的原则和程序等。而幼儿园规章制度则是由幼儿园各具体管理部门、职能机构为实现章程的规定而制定的管理细则或规定，为落实幼儿园章程而制定的具体的规范，往往只规定幼儿园的特定某一具体的问题或特定某一方面的事项，如日常管理制度、教学事务管理制度、人力资源管理制度、安全教育管理制度等，具有局部性。章程制定主体单一，内容稳定，其修改程序只能在特殊情形下方能被接受，且须严格遵守相关法定或章程规定的程序；规章制度的制定主体多元，内容灵活，其修改程序没有章程严格。从中可知，在幼儿园规章制度体系中，章程位于最高层次，上位规范，是"母法"，而其他具体规章制度位于较低层次，下位规范，是"子法"。

4.2.3 幼儿园章程的法律效力

任何一种社会规范都有其潜在的效力，幼儿园章程作为"准法律规范"更是不能例外。有学者认为"法律效力即法律生效的范围，指法律规范对什么人，在什么地方和什么时间发生效力，有无溯及既往的效力"，也有学者主张"法律效力首先指法律规范的合法性，有效性"。著名法学家张文显教授在其《法理学》一书中是这样表述的："法律效力即各种法的约束力的通称。凡具有法的约束力的事物就具有法律效力。"[①]

法律效力通常有狭义和广义之分：广义的法律效力，是指所有法律文件的效力，无论是规范性法律文件还是非规范性法律文件（法律派生文件、文书，如判决书等），均具有法律效力；狭义的法律效力是法理学所称法的效力，是指规范性法律文件的效力。幼儿园章程作为幼儿园的"宪法"，是幼儿园结合自身实际根据教育法律法规制定的，进行内部自治的规范性文件，本书将幼儿园章程的法律效力表述为：章程所具有的，有一定强制性的，在所适用的空间、时间范围内，赋予有关主体行使权利（权力）的作用力及约束有关主体履行义务（责任）的作用力之总和。

1. 章程法律效力的范围

法律效力的范围是指规范性法律文件在什么时间、何种空间及对何种对象有效，从而产生行为拘束的后果。章程法律效力的范围就是指章程在什么时间、什么空间、对何种对象发生法的拘束力，据此可将其分为时间、空间和对象三个方面，也就是其发生作用的三个效力范围。

章程法律效力的时间范围，是指章程的有效期限，包括以下几方面的问题：章程何时产生法律效力，何时失去法律效力及章程对于其生效前的事件或行为是否具有溯及力的问题。

幼儿园章程的生效时间，是指某一个时间点，自该时间点开始起算，章程即具有法律效力。常见的章程生效时间有学校成立之时、签署公布之时、特定期间届满之时及某种条件成就之时等四种，幼儿园章程的生效时间可根据实际情况，选择采用上述四种生效时间中的任意一种。对于幼儿园章程的失效时间，可以借鉴规范性法律文件通过明令废止或者默示废止终止法律效力的方法，幼儿园章程既可以自行失效，也可以按规定废止。

[①] 张文显. 法理学[M]. 北京：高等教育出版社，1999：64.

法的溯及力，即法溯及既往的效力，是指法律法规对其生效以前的事件和行为是否具有适用效力的问题。幼儿园章程作为一种具有法律效力的规范性文件，其是否具有溯及力，指新的幼儿园章程对其生效之前所发生的事件和行为是否适用。在法的溯及力问题上，我国的处理原则是"从旧兼从轻"，即新法原则上不具有溯及既往的效力，但当对当事人适用新法时若承担责任比以往较轻，则适用新法。本书认为该原则同样适用于幼儿园章程，首先，幼儿园章程是根据教育法律法规的规定制定的，必须符合法律法规的基本原则和精神，不得与作为"上位法"的法律法规相违背；其次，该原则本身也是从保护公民的权利和自由出发，与人道主义、权力本位相契合，毕竟在旧的章程有效期间，人们只能以旧的章程作为行为的规范，而当新章程对相对人有利时适用新章程更能维护其合法权益。

法的空间效力是指法在何种地域范围内具有约束力的问题。章程具有法律效力，其法律效力的空间范围是指章程在什么地方，什么范围内发生效力。到目前为止，我国各类学校已经制定的章程中，几乎都未对章程法律效力的空间范围作出明确的规定，只是模糊地规定学校内部成员在章程自主设定的相关主体权利义务范围内自由活动，自主管理，不受任何单位或个人的非法干涉。考虑幼儿园章程的自治法属性，幼儿园章程的空间效力应当以本幼儿园所及的空间范围为准。

章程法律效力的对象范围，主要指幼儿园章程对什么人或者组织有效。对新办幼儿园而言，由于章程生效于举办者签署盖章之时，章程作为一种契约，其效力范围及于幼儿园举办者之间，所以章程对举办者有约束力。对幼儿园补定章程而言，章程草案表决之前必须经过幼儿园举办者审议通过，所有章程亦对举办者有约束力。当幼儿园章程生效之后，对幼儿园的内部成员也具有约束力。

2. 幼儿园章程法律效力的来源

我国目前已形成以宪法为最高原则，以教育法为主线，包括多部教育性法律和教育行政性法规、教育部委规章和教育地方性法规的，既具有法律效力，又具有实践操作性的规范学校行为的法律体系，在此法律体系下，幼儿园章程的法律效力明显来源于具有各效力等级的制定法。

宪法是国家最高权力机关制定的根本大法，宪法中有很多关于教育的条款，规定教育指导思想、目的、教育制度、办学体制、公民在教育方面的权利和义务、教育行政管理权等，具有最高的法律效力。任何形式的教育法律法规都不得与其相违背，幼儿园章程的制定更是如此，同时它也赋予幼儿园章程在符合其精神和原则前提下的合法性和法律约束力。

教育法律是国家最高权力机关——全国人民代表大会及其常务委员会制定的教育规范性法律文件，其效力次于宪法。教育法包括基本法律和基本法以外的法律。教育基本法律在我国不仅指1995年颁布施行的《中华人民共和国教育法》，它是较为全面规定和调整国家某一方面带根本性、普遍性的社会关系的法律。教育基本法以外还有诸如《中华人民共和国义务教育法》《中华人民共和国教师法》《中华人民共和国高等教育法》等，全国人民代表大会或其常务委员会发布的关于教育方面的具有规范性内容的决议和决定，也属此范畴。

教育行政法规是由国务院制定的关于教育的规范性文件。主要包括国务院直接发布的，如《残疾人教育条例》《教师资格条例》《学位授予条例》等。

教育部门规章指国务院各部委根据法律和行政法规在本部门权限内制定的关于教育的规范性文件。

地方性教育法规是由地方人民代表大会或其常务委员会制定的关于教育的规范文件。省、自治区、直辖市的人民代表大会及其常务委员会，在不与宪法、法律、行政法规相抵触的前提下，可以制定地方性法规，报全国人民代表大会常务委员会备案。省、自治区人民政府所在地的市和经国务院批准的市的人民代表大会常务委员会，可以拟定本市需要的地方性法规草案，提请省、自治区人民代表大会常务委员会审议制定，并报全国人民代表大会常务委员会和国务院备案。

地方性教育规章，省、自治区、直辖市及省、自治区人民政府所在地的市和经国务院批准的较大的市的人民政府，可以根据法律和行政法规，制定规章。

3. 幼儿园章程法律效力的有限性

章程是幼儿园自身为协调管理组织内部关系而制定的规范性文件，是幼儿园的"根本法"，是实现幼儿园自治的纲领性文件。由此可见，幼儿园章程本身就有一种对内性，这种对内性直接决定了章程法律效力的有限性。

（1）章程法律效力作用对象有限。章程法律效力只能约束两个方面的对象，其一是参与制定幼儿园章程的各主体，其二是幼儿园内部的其他成员。幼儿园章程效力对象局限于章程的制定主体及其内部其他成员，不能直接约束社会其他主体。然而，政府对幼儿园进行宏观公共管理，社会各界对幼儿园进行外部监督，两方都与幼儿园外部联系，为保障幼儿园公益目的，实现幼儿园自主管理、依法治园的必然要求，两方的管理和监督之权，也应在幼儿园章程限定的范围之内。

（2）章程法律效力作用事项有限。幼儿园章程在幼儿园的规章制度中具有最高权威和法律效力，必须规定幼儿园最根本、最基本和最本质的事项，是规范幼儿园运行的特定的规范性文件。幼儿园章程法律效力发挥作用的事项，只能是在教育法律法规授权的管理范围内，不能对法律法规没有设定的事项强加规定。幼儿园章程法律效力作用事项的有限性表现在：一方面，幼儿园章程的效力作用事项是在教育法律法规的授权下，幼儿园能够自主决定的可自治的事项，如对学生的纪律处分权的行使，幼儿园必须遵循学校章程的相关规定，行使对在园幼儿的教育管理保护职责，不能借幼儿园自治为正当借口，通过纪律处分的形式干涉学生的人身关系和财产关系，因为这是属于学生自身民事领域的权利，不受非法干涉。另一方面，幼儿园章程法律效力发挥作用的事项，须是幼儿园园内的自治事项，主要指幼儿园内部的教育教学事务及幼儿园的科研、管理和社会服务等其他事务，不包括幼儿园职权外的有关事项。

（3）章程法律效力作用手段有限。为了维持幼儿园秩序的正常运转，必须辅以必要的制裁手段，否则，缺乏一定的强制性，章程的权威、章程的正常运转都会受到藐视。但是，幼儿园对违反了章程和相关管理制度的行为做出的相应的制裁措施受到限制，章程规定的制裁措施和手段，必须在教育法律法规所允许的范围之内，并且符合违规行为情节和性质，最重要的是不能侵犯师生的合法的基本权利。

4.2.4 幼儿园章程建设的法理学建议

1. 幼儿园章程的制定主体

所谓章程的制定主体，是指章程制定活动参与者的总称[①]。章程制定主体范围很广，通常可以分为决策主体和影响主体两类。决策主体是指依法有权进行章程制定的机构或人员。依据"法治说"理论，必须依法获得章程制定权，才能作为章程制定主体，但遗憾的是我国现行法律尚未明确规定某特定机构或人员享有章程制定权。影响主体是指有权进行或实际参与章程制定活动的机关或人员。依据"功能说"理论，即使没有法定制定权，只要事实上具有章程制定功能，就是章程制定主体。所以，承担起草、审议、表决、核准、签署、公布任务的机构和人员都是影响主体。由于影响主体范围过于宽泛，笔者认为，幼儿园章程的制定主体应该认定为决策主体。

1）法律规定的制定主体是举办者

根据《中华人民共和国教育法》（2015年修订）第二十六条规定，"国家制定教育发展规划，并举办学校及其他教育机构。国家鼓励企业事业组织、社会团体、其他社会组织及公民个人依法举办学校及其他教育机构"。第二十七条规定，"设立学校及其他教育机构，必须具备下列基本条件：（一）有组织机构和章程……"。第二十八条规定，设立、变更和终止学校，"应当按照国家有关规定办理审核、批准、注册或者备案手续"。这三条法律规定，包含着其特有的逻辑顺序和内在联系。逻辑顺序是：先有学校及其他教育机构的举办者，后有举办者提出的包含学校（其他教育机构）章程在内的学校设立条件，再有主管部门的审批行为；内在联系是：学校举办者设立学校时应准备好包含学校章程在内的所有条件，相关部门同意设立学校前要审核这些条件。据此可以认定幼儿园举办者是章程的制定主体。

幼儿园举办者作为章程制定主体也符合民法学原理，即法人必须要有章程，且章程的制定主体只能是其投资者、发起人或举办者。因为设立组织的投资者、发起人或举办者，有其特定的意志，章程作为规定法人基本重大问题的规范性文件，必须体现他们的意志。幼儿园作为非企业法人也不例外，其章程制定主体应该是幼儿园的投资者、举办者。

2）相关教育政策、规章规定的制定主体是学校

在《关于实施〈中华人民共和国教育法〉若干问题的意见》中要求，学校原则上应实行"一校一章程"，"《教育法》施行前依法设立的学校及其他教育机构，凡未制定章程的，应当逐步制定和完善学校的章程，报主管教育行政部门核准"。依据该条规定，

[①] 鲁晓泉. 我国高校章程制定程序研究[J]. 铜仁学院学报，2008，10(5)：13-16.

幼儿园是幼儿园章程的制定者。

《关于加强教育法制建设的意见》中指出,"各级各类学校特别是高等学校要提高依法管理学校的意识,依据法律、法规的规定,尽快制定、完善学校章程",明确了各级各类学校特别是高等学校本身就是自身章程的制定主体。《小学管理规程》要求,"小学应根据《中华人民共和国教育法》和本规程的规定,结合本校实际情况制定本校章程"。《特殊学校暂行规程》要求,特殊教育学校应当根据《中华人民共和国教育法》等法和本规程的规定,结合实际情况制定学校章程。

上述教育政策和规章,充分体现出教育行政主管部门的要求,即各级各类学校是学校章程的制定者,幼儿园理应在列。

3)矛盾的根源

随着我国经济体制由计划经济向市场经济的转型,以及行政管理制度体系的逐步改革,教育行业所赖以生存的社会环境正经历着种种变化。政府与学校的关系、社会与学校的关系也随之发生了巨大的变化,传统的教育模式被逐步打破,办学主体、学校类型、管理方式等越来越呈现出多样化的趋势。

在这样的社会背景下,学校章程逐渐显现出重要性。章程是学校和其他教育机构自主办学的基础,是学校实现良性运转和办学目标的重要保障,是教育行政部门对学校进行监督、管理的依据,同时也是社会了解学校的"窗口"。但长期以来由于受传统思想的影响,学校举办者、教育主管部门的法治观念和依法管理的意识还比较薄弱,依法治校、依法治园、依法治教还没有完全成为学校及其他教育机构、教育行政管理部门内化于心、外化于行的新常态,依法治校、依法治教所依据的制度和措施还不健全,与依法治国基本方略的要求还有差距。突出表现为学校还没有认识到章程作为学校治理中基础性自治规范的重要性,政府部门也没有重视学校章程是监督、管理学校的重要依据,致使非常多的学校和其他教育机构,还普遍存在无章办学的情况。

4)现实选择

以甘肃省保育院为例,如同众多的公办幼儿园一样,虽然已经存续多年,但并没有能够体现自身特色的章程。现实发展需要章程,章程由谁来制定?从法理意义上讲,幼儿园章程的制定者应该是其举办单位。但由于举办单位甘肃省教育厅并不负责幼儿园的实际运行,制定出的章程难免出现不接地气的问题,必然变成挂在墙上的章程。依据相关教育政策、规章规定,幼儿园章程的制定者应该是幼儿园。根据《关于实施〈中华人民共和国教育法〉若干问题的意见》的要求,"《中华人民共和国教育法》施行前依法设立的学校及其他教育机构,凡未制定章程的,应当逐步制定和完善学校的章程,报主管教育行政部门核准"。如果以此为由,仅以幼儿园作为其章程的制定者,难免会影响举办者的利益,难以调动举办者的办学热情。

笔者认为,在幼儿园补定章程的过程中,应当以幼儿园与举办者共同作为制定者,不能厚此薄彼。章程草案文本起草完毕后,可在审议环节先由幼儿园负责初审,后由举办者对通过初审的章程草案文本进行二次审议,章程草案文本通过二次审议后方可交由幼儿园进行表决。

2. 幼儿园章程的建设程序

西方法律界有句谚语："正义不仅应得到实现，而且要以人们看得见的方式加以实现。"幼儿园章程的制定也是如此，只有充分听取各方的意见，协调各利益主体之间的关系，按照正当程序制定出来的章程，才符合教育法律法规的精神，也才能更好地加以实施。程序的法定性是法的制定的一个最重要、最显著的特点，立法机关必须严格地依照法定程序进行立法，才能实现法的公正。幼儿园章程作为教育机构具有最高效力的规范性文件，它的制定应当参照法的制定程序。

法的制定是动态和有序的活动过程。法学理论将这一过程分为三个阶段：立法准备阶段、由法案到法阶段、立法完善阶段。立法准备阶段的主要活动包括：立法预测、编制立法规划、形成立法创意、做出立法决策，确定立法目标、目的和指导思想，调查研究、收集相关材料，协调各方面关系、落实法案起草机关、组织起草班子。由法案到法阶段的主要活动包括：提出法案、审议法案、表决法案、公布法案。这是法的制定的主要阶段。立法完善阶段的活动主要是指法的修改，是使法进一步臻于科学完善的活动。我国法的制定的程序包括四个步骤：法案提出、法案审议、法案表决和通过、法的公布。[①]《中华人民共和国立法法》对不同的法律规范的制定程序作了相应的规定。在该法第二章中，第二节用12个条文、第三节用18个条文，详细规定了全国人民代表大会和全国人民代表大会常务委员会的立法程序。从这两节的内容我们可以看出，立法的程序包括提出议案、审议、表决、签署公布和公开发表，法律的修改其过程则和法的制定程序完全一样。此外，立法法还规定，较大的市的人民代表大会及其常务委员会，可以制定地方性法规，但须报请上一级人民代表大会常务委员会批准后施行；民族自治地方的人民代表大会可以制定自治条例和单行条例，须报请全国人民代表大会常务委员会批准后生效。这表明，地方性法规制定过程中还有一个必经程序——审核程序。参照法学理论、立法法的规定和我国教育机构章程制定的实践，幼儿园章程的制定程序应当包括以下程序：章程的草拟、章程的审议、章程的表决和通过、章程的审核、章程的公布。此外，按照法学的一般理论，法律的修改也是广义的法的制定的内容，因此，幼儿园章程的制定程序也应包括章程的修改程序。

（1）章程的草拟。幼儿园应该成立章程起草委员会或类似的组织，幼儿园可以根据工作需要聘请法学等专家进行指导，专门负责幼儿园章程的起草。根据具体工作分工，可以将该起草组织分成理论组、资料组、文字组等。根据人员性质可以分成专家组和民意组。组织成立后，应开展一系列基础性准备工作。理论组负责对相关理论问题进行研究，如对本幼儿园的办园精神、办园理念、校训、校风、培养目标等进行总结提炼等；资料组负责收集国内外知名幼儿园的章程样本、其他幼儿园制定章程的书面经验、与幼儿园章程相关的其他文献资料、国家的法律法规等；文字组负责每次会议讨论的记录工作和幼儿园章程草案文本的制作，思考本幼儿园的实际情况，并在此基础上形成章程的总体框架和制定思路。专家组由法学、教育学、历史学等方面的专家学者组成，从法律、

[①] 杨春福. 法理学[M]. 北京：清华大学出版社，2009：249-261.

教育和历史等专业方面为制定章程把关和提供智力支持；民意组由幼儿园举办者、幼儿园管理层、教师职工代表、在园幼儿家长代表等组成，要能充分表达各方面的意愿，集中反映幼儿园各方面的意见，并开展广泛的宣传和咨询活动，及时沟通，集思广益。

幼儿园章程的起草组织可以有两种形式：一种形式是按章程的结构分块起草，即按序言、总则、正文章节、附则等板块分成不同小组起草，而后汇总各小组成果，组成一个整体。另一种形式是成立专家组和民意组两个起草小组，专家组从他们各自的专业角度考虑，提供专家组文本草案；民意组由幼儿园举办者、幼儿园管理层、教师职工代表、幼儿家长代表等组成，他们从维护各自利益的角度出发，提交民意组文本草案。在两个组各自充分讨论之后，合二为一，再逐条讨论两个草案，达成广泛一致。无论实践中采取哪种形式，都需要广泛征求各方意见，反复斟酌修改。

（2）章程的审议。章程的审议，是指有权主体对章程草案进行审查和讨论，决定其是否需要修改、如何修改，以及是否可以提交相关大会表决通过的专门活动。幼儿园章程草案的审议主要涉及三个问题：一是审议的主体，二是审议的程序，三是审议的内容。

《中华人民共和国立法法》针对基本法律、一般法律、地方性法规的审议作了不同的规定。我国对法律草案的审议分为专门委员会的审议和立法机关全体会议的审议两个阶段。专门委员会由专门领域中经过专业训练的人员组成，具备较高的专业素养，由他们审议专门法律草案更为有效且能更好地保证法律的质量。全国人民代表大会常务委员会审议法律案一般实行三审制，在常委会审议法律案的形式上，《中华人民共和国立法法》规定了分组会议、联组会议和全体会议等多种形式。在地方性法规的制定程序中，规定有统一审议的环节，以进一步提高地方性法规的质量，保证法制的统一。法律法规审议过程中，应当广泛听取各方面的意见，可以采取座谈会、听证会、论证会等多种形式。可以看出，法律草案的审议主体就是享有制定权的主体及其组成部分，考虑幼儿园补定章程过程中决策主体是幼儿园及幼儿园举办者，幼儿园章程草案的审议主体也应当是幼儿园及幼儿园举办者，以双主体为宜。

基于幼儿园章程草案审议主体为双主体，章程草案审议程序更适合采用两审制。即章程起草委员会提出章程草案后，第一步先由幼儿园进行内部初审，初审可包括两个阶段，先由幼儿园园务委员会会议审议，再由全园职工代表大会会议审议。同时，章程起草委员会也可以召开各类座谈会、论证会，更广泛地了解广大教职员工及在园幼儿家长的想法，以充分保证章程审议程序中的公众参与。幼儿园章程草案通过幼儿园职工代表大会审议后，应当再提交幼儿园举办者审议，以兼顾幼儿园举办者的利益。幼儿园章程草案经幼儿园举办者审议通过后，即可进入表决程序。

审议的内容主要包括：一是与《中华人民共和国宪法》《中华人民共和国教育法》等相关法律法规有无抵触之处，不得设定只能由国家法律、法规、规章所设定的事项，同时必须注意章程的内容与党的路线、方针、政策的一致性，对管理相对人的不利处分不得严于国家法律、法规和规章规定等方面；二是章程条文结构是否符合逻辑，行文是否符合规范，章程在用语、概念方面是否规范、清楚，文字表达是否准确不至于产生歧义；三是所列条款的必要性及可行性，涉及章程颁布后实施的操作性问题；四是章程内容是否覆盖到相关的利益群体，参照《中华人民共和国教育法》有无遗漏部分。[①]草案的审议不仅包括对草案的审查，还要对不恰当的地方进行相应的讨论、修改和完善，最后作出是否提交表决的决定。

（3）章程的表决和通过。章程的表决，是指依法享有表决权的机构，用公开或不公开的方式，对审议、修改后的章程，表示赞成或反对的程序。表决的方式有鼓掌通过、举手表决、记名投票和无记名投票等方式。法律草案的表决一般通过无记名投票的方式，幼儿园章程作为幼儿园效力最高的规范性文件，一般情况下应以无记名投票的方式表决。

《中华人民共和国立法法》规定了从基本法律到部门规章的制定主体，其核心内容就是各个层级的法律规范最终由谁投票表决。从我国立法实践来看，宪法草案，交由全国人民代表大会表决；基本法律草案，先由各代表团审议，然后由法律委员会根据审议意见进行修改，形成法律草案表决稿，交给大会主席团，提请全国人民代表大会全体会议表决；一般法律草案，先由全国人民代表大会常务委员会会议审议，再由法律委员会根据审议意见进行修改，形成法律草案表决稿，交给委员长会议，提请常务委员会全体会议表决；部门规章，经各部的部务会议或者委员会会议决定；地方政府规章，经政府常务会议或者全体会议决定。从宪法到部门规章，都是通过相应的会议表决。那么，幼儿园的章程应该由哪种会议表决呢？

由于没有相应法律法规规定，学校章程由何种会议表决，目前在现实中做法各有千秋。众多高校在补定章程过程中常见的做法有三种：第一种由该校中国共产党的代表大会表决；第二种由职工代表大会表决；第三种由地方人民代表大会常务委员会表决。

高校的管理体制是党委领导下的校长负责制，而幼儿园的管理体制是园长负责制，所以幼儿园的章程表决，不宜由幼儿园的中国共产党的代表大会表决。对于高校章程由地方人民代表大会常务委员会表决的形式，是部分学者考虑高校章程准行政法属性的建议，实践中仅是个例，再考虑幼儿园数量远远多于高校数量的现实前提，根本无法实现该模式。所以幼儿园章程表决只能参考高校，采取由职工大会或职工代表大会表决的形式进行。

章程的通过，是与章程表决紧密相连但并不等同的活动，是章程经过表决获得法定多数的赞成或同意所形成的一种结果。在我国，除了宪法修正案的通过需经三分之二以上代表同意外，其他法律的通过采取简单多数通过，幼儿园章程的通过也适合采用简单多数通过即可。

（4）章程的审核。对于大部分法律法规而言，法案表决之后的程序即为法律的公布，但对幼儿园章程而言还有一道程序，就是幼儿园须将通过表决的章程上报教育行政主管部门核准。

我国有关教育规章和文件也有明确规定，《教育部关于加强教育法制建设的意见》中规定：章程制定完毕，都必须"报请主管教育行政部门审核"。另外，《教育部关于加强依法治校工作的若干意见》（教政法〔2003〕3号）中也有相关内容："学校要

[①] 鲁晓泉. 我国高校章程制定程序研究[J]. 铜仁学院学报，2008，10(5)：13-16.

依据法律法规制定和完善学校章程，经主管教育行政部门审核后，作为学校办学活动的重要依据。"因此，各级各类幼儿园章程，应当提交相关教育行政主管部门审核通过。

（5）章程的公布。章程的公布涉及两个基本问题：一是由谁公布，二是如何公布。对这两个问题的解决可以参考法律法规的公布程序。《中华人民共和国立法法》第七十六条规定，部门规章的公布，由部门首长签署命令；地方政府规章的公布，由省长或者自治区主席或者市长签署命令。第七十七条规定，部门规章签署公布后，须及时刊登在国务院公报（或者部门公报）和全国范围内发行的报纸上；地方政府规章签署公布后，须及时刊登在本级人民政府公报和本行政区域范围内发行的报纸上。

幼儿园章程经过主管教育行政部门审核通过后，应该由园长签署公布命令，采取发行单行本、网络公布及在特定报刊上公布等多种形式公之于众。只有将审核通过的章程公之于众，幼儿园内的教职员工及社会各界才有可能照章办事，这也是院务公开的一项内容。

（6）章程的修改。章程的修改属于广义的章程制定，与狭义的章程制定同等重要，所以章程的修改必须严格依据法定权限和法定步骤来进行。例如，只能由特定主体或达到特定标准的群体提出章程修改建议，章程的修改实施主体必须有修改权限，章程修改案要经过有权主体的表决，章程修改案经过表决后还要报主管教育行政部门审核。审核通过，经过公布，章程修改案方可生效。

3. 幼儿园章程的建设原则

学者王国文、王大敏在《学校章程的法律分析》一文中提出："学校章程的制定应符合真实性、科学性、合理性三个原则。"真实性原则要求学校章程所记载内容应该是客观存在的事实；科学性原则要求学校章程所记载内容应该是经过实践检验的、能够保持学校教育教学活动稳定性的内容；合理性原则要求章程所记载的内容必须要处理好稳定性与灵活性、原则性与操作性、举办者与办学者等几个关系。

学者陈立鹏在《学校章程理论与实践》一书中提出：章程的制定必须严格遵循合法性原则、法律保留原则、原则性与可操作性相结合原则、从本校实际出发原则。合法性原则要求学校章程制定必须符合法律、法规及规章的规定，不得与现行法律、法规、规章及其他具有法律效力的规范性文件相抵触；法律保留原则要求学校章程制定不能越权，不能超越本校的职权或授权范围把本来应由法律、法规规定的内容规定在章程中；原则性与可操作性相结合原则，要求学校章程制定中需要对学校重大的、基本的问题作出原则性的规定，没有必要对局部性的、具体的问题作出具体规定，同时学校章程应当具有可操作性；从本校实际出发原则，要求制定学校章程必须从学校的实际情况出发，不能脱离现实的办学条件、办学传统和办学特色。

学者刘一林在其研究论文《我国大学章程制定的若干法律问题研究》中提出：章程制定要遵循以下四项法律原则，即法律优先原则、法律保留原则、合理性原则及正当程序原则。法律优先原则要求章程制定的行为与章程的内容受法律约束；法律保留原则要求章程制定不能越位，制定的章程不能侵犯或限制公民的基本权利；合理性原则要求在章程的制定中必须坚持合法、合理、适度和比例原则，来约束易被章程制定者冒用的权限；正当程序原则要求章程的制定过程要坚持合法、正当的程序。

学者方文晖在其博士学位论文《我国大学章程制定路径研究》中提出：制定大学章程过程中应当遵循平等原则、民主原则、权利原则、最大多数人的最大利益原则等四条价值原则和位阶原则、明确性原则、稳定性原则、一致性原则、公开性原则等五条形式原则。

在上述章程制定原则的论述中，除学者陈立鹏著作《学校章程理论与实践》研究中小学章程外，其他著述均为对大学章程的研究。考虑大学章程的准行政法性质，从幼儿园及幼儿园章程的性质出发，在幼儿园章程的制定过程中应坚持合法性原则、广泛参与原则和坚持特色原则。

（1）合法性原则。幼儿园章程具有"自治法"的属性，是幼儿园举办者或者办学者依法制定的规范幼儿园内部事务的"准法律规范"。幼儿园章程的内容不能违反宪法、法律、法规和部门规章及其他具有法律效力的规范性文件的规定，不得以自治为由，侵犯教职员工及在园幼儿的正当、合法权益。

（2）广泛参与原则。幼儿园章程上承国家法律规范，下启内部管理规章制度，是幼儿园内管理的"最高法"。幼儿园章程关系到举办者、办学者、园内职工、在园幼儿及其家长的权利和义务，幼儿园章程的制定不能由某个人或某个单一的机构完成，在制定过程中应当重视广泛参与原则。幼儿的成长关系到整个社会的未来，制定出的幼儿园章程应当为社会参与幼儿园管理提供合理、合法途径。

（3）坚持特色原则。幼儿园章程是幼儿园办学者行使办学自主权的依据，幼儿园章程实施的效果取决于幼儿园章程的质量。幼儿园章程制定要慎重对待，不能照搬照抄其他幼儿园章程，具有个性化特色的章程文本，是创办个性化特色幼儿园的前提。不同的幼儿园由于其举办者不同、历史传承不同、所处地域风土人情不同等而各具特色。在幼儿园章程制定中要善于总结提炼，对经过实践检验的有效经验要固化升华，使其得以传承，从而创办出个性化特色幼儿园。

4.3　我国幼儿园章程建设研究

随着我国社会的进一步发展，教育系统所赖以生存的社会经济文化环境正经历着种种变化，包括经济体制由计划经济向市场经济的演进，治国方略由人治向法治逐渐转变，随之带来的就是教育系统逐步出现的由身份向契约、由封闭向开放、由静止向动态的深刻变革。传统的教育模式被逐步打破，办学主体、学校类型、管理方式等呈现出多样化的趋势，政府与学校的关系、社会与学校的关系也发生着巨大的变化。在这样的时代背景下，学校的约束、运行和管理机制——学校章程就日渐凸显出其重要性。学校章程是学校实现良性运转和办学目标的重要保障，又是教育行政部门对学校进行监督、管理的重要依据，同时也是社会了解学校的"窗口"。[①]

自 1995 年 9 月 1 日起施行的《中华人民共和国教育法》明确规定，设立学校及其他教育机构必须具备"章程"这一基本条件。2010 年 7 月，由中共中央、国务院颁发的《国家中长期教育改革和发展规划纲要（2010—2020 年）》从不同维度对学校章程建设提出要求："推进政校分开、管办分离。适应中国国情和时代要求，建设依法办学、自主管理、民主监督、社会参与的现代学校制度，构建政府、学校、社会之间新型关系。""完善中小学学校管理制度……实行校务会议等管理制度，建立健全教职工代表大会制度，不断完善科学民主决策机制。""大力推进依法治校。学校要建立完善符合法律规定、体现自身特色的学校章程和制度，依法办学，从严治校，认真履行教育教学和管理职责。"之后，随着依法治教观念的深入人心，近几年学校章程建设的步伐也加快了，但是就整体而言，我国高校、中小学章程建设进程稍快，幼儿园章程建设进程缓慢，距离教育法律、法规规定的"一校一章程"还有一段较长的路要走。究其原因主要是制定和实施章程的必要性没有得到人们的充分认识和深刻理解，幼儿园章程建设工作尚未引起人们应有的重视，值得欣慰的是，近期甘肃省对中小学、幼儿园的章程制定已经提出了具体要求。因此，对新的历史背景下出现的新课题即幼儿园章程建设进行研究就显得尤为重要。

4.3.1 我国幼儿园章程建设现状

1. 研究现状

笔者在中国期刊全文数据库中，以幼儿园章程作为关键词进行搜索，文献的检索日期从 1957 年 5 月开始，截止到 2015 年 9 月，核心期刊中共搜索到 0 篇文章。在全部期刊中，以幼儿园章程作为关键词进行搜索，共有 0 篇相关文献资料。运用百度、搜狗引擎进行搜索，有国家政策范围对幼儿园章程制定的要求，有会议探讨和对某个幼儿园章程的介绍，虽然其中的个别文章，也提到了幼儿园章程对建设幼儿园的意义，以及作为幼儿园法人实体的必要条件之一的幼儿园章程应成为幼儿园建设的重要内容，但都没有进行深入、细致和实质性的分析与研究。

目前我国幼儿园章程的制定情况也并不尽如人意。据目前收集到的资料和信息看，由于我国特殊的历史情况，大多数公办幼儿园还没有制定章程，只有少数民办幼儿园制定了自己的章程、章程初稿或章程试行，并在网上进行了公布，如上海市陈伯吹实验幼儿园、厦门市同安区华南幼儿园、厦门市朝阳幼儿园、成都市三幼城花幼儿园等。也有一些幼儿园已经认识到章程对本园战略发展的重要意义，将制定幼儿园章程作为幼儿园发展规划的主要内容之一，并开始着手制定幼儿园章程，甘肃省保育院就是其中的先行者。

[①] 沈益. 中小学校章程建设研究[D]. 上海：上海师范大学硕士学位论文，2007.

2. 文献分析

根据我国当前关于幼儿园章程的相关研究和实践现状,以及前面关于幼儿园章程的文章,集中归纳综述以下几个方面。

(1)关于幼儿园章程的内涵。所谓"章程"通常亦称作"法人章程",是指一种组织或社团经特定的程序制定的关于组织规程和办事规则的法律文书,是一种根本性的规章制度,章程具有其自身的特点。首先,章程作为一个组织或团体的基本纲领和行动准则,在一定时期内会较为稳定地发挥其作用,且其自身也保持相对的稳定,因而章程具有一定的稳定性。其次,章程主要作用于组织内部,且依靠组织内部的全体成员共同实施,并非依靠国家强制力予以推行,组织内部及其下属组织和成员都应当信守,具有一定的规范作用,因而章程具有一定的约束力。再次,章程具有公开组织情况的功能,它不仅表现为对与组织有利益关系的主体公开,而且表现为对需要了解组织情况的社会公众也要公开,因而其具有公开性。最后,章程还具有法律上所称的意志性,这表现为章程不仅体现国家的意志,而且体现组织内部成员的共同意志。一方面,任何组织制定的章程都必须具备法律所要求必须记载的事项,必须符合国家意志;另一方面,法律允许组织内部成员在国家法律必要规定的范围以外,本着"私法自治"的原则制定章程。

(2)关于幼儿园章程的内容。幼儿园章程的内容即幼儿园章程所应规定的事项。1902年,中国近代第一个以中央政府名义制定的全国性学制系统《钦定学堂章程》颁布,其中,《钦定小学堂章程》和《钦定中学堂章程》具体规定了小学堂和中学堂的性质、培养目标、入学条件、在学年限、课程设置、人员设置、考核奖惩、建筑设施等事项。《钦定学堂章程》为中国近代学校章程的演变提供了重要的依据。而在我国现行法律文件中最早提到学校"章程"的是 1995 年施行的《中华人民共和国教育法》,其中第二十六条规定:"设立学校及其他教育机构,必须具备下列基本条件:(一)有组织机构和章程……"这条规定使得学校章程成为学校成立所必备的基本条件之一,明确无误地确立了学校章程作为学校成立基本要件的法律地位,从法律上保证了所有的学校都应该有章程。

(3)关于幼儿园章程的作用。幼儿园法人章程是幼儿园作为独立法人实体必须具备的法律文件,是幼儿园依法办学,实施管理和履行公共职能的基本准则,是为保证幼儿园正常运行,就办园宗旨、主要任务、内部管理体制及财务活动等重大的、基本的问题,做出全面规范的自律性基本文件。因而,幼儿园法人章程也具备稳定性、约束力、公开性和意志性等章程的一般属性。然而,在此必须明确的一点是:幼儿园法人章程并非幼儿园的教育教学制度、教师管理制度、财务管理制度、学籍管理制度、安全教育管理制度等具体规章制度。幼儿园章程是制定其他规章制度的基础和依据,是幼儿园最根本的规章制度,它规定着幼儿园的重大的和基本的问题,幼儿园其他规章制度皆是幼儿园章程的补充和具体化。

(4)关于幼儿园章程的制定的必要性。如同宪法是国家的根本大法一样,幼儿园在办学过程中也离不开其根本——章程。首先,幼儿园章程建设是依法治园的需要。伴随着我国法律的日益健全,法治已经延伸到包括教育在内的绝大多数领域,依法治校成为实现教育行政管理法治化的重中之重,然而要实现依法治校就必须有"法"可依,而这个"法",从广义上讲不仅包括教育法律、法规和行政规章制度,而且还包括幼儿园章程和幼儿园具体的规章制度。在这里,幼儿园章程便承担着法律法规与幼儿园法治实践桥梁和载体的作用。其次,幼儿园章程建设是实现幼儿园自主管理的需要。幼儿园依法科学运行,除了应遵守国家法律、法规和行政规章等外部规范外,还必须遵守幼儿园内部规范。而幼儿园章程就是其内部规范的集中表现,幼儿园章程的制定和实施体现了"责任到人"的细化过程,是幼儿园自主发展、自我约束的基本依据。最后,幼儿园章程建设是规范主管部门监督检查的需要。幼儿园章程在规范幼儿园行为的同时,作为已经教育行政主管部门审核批准的幼儿园自主办学的基本文件,同时也在间接规范着教育主管部门的管理职能,使教育主管部门能依法依章办事,为幼儿园自主办学、管理学园创造一个宽松的外部环境。

(5)关于幼儿园章程和规章制度关系。在教育管理实践中,人们对幼儿园章程的认识存在一定误区:认为幼儿园的具体规章制度就是幼儿园章程,幼儿园章程仅仅是保证幼儿园各项工作正常运行而制定的管理制度,只要有了教育教学制度、教师管理制度、财务管理制度、学籍管理制度、安全管理制度等具体规章制度,就等于有了幼儿园章程。事实上,具体的规章制度只是幼儿园规章制度的一部分,幼儿园规章制度是由幼儿园章程和幼儿园其他规章制度(具体规章制度)两部分组成的,幼儿园章程在幼儿园规章制度中占主导的根本的地位。之所以会出现这种错误认识,主要是由于人们还没有正确把握幼儿园章程和幼儿园其他规章制度之间的联系和区别。幼儿园章程与幼儿园其他规章制度的联系主要表现为:幼儿园章程和幼儿园其他规章制度都是幼儿园根据法律、法规的规定及主管部门的授权,或在其办学自主权范围内制定的幼儿园内部管理规范,幼儿园章程是幼儿园其他规章制度的总纲和基础,幼儿园其他规章制度是幼儿园章程的具体化和补充。幼儿园其他规章制度在本质上是幼儿园章程的延续和具体化,它必须以法律和幼儿园章程的内容为基础和前提,不得与幼儿园章程相抵触,否则没有效力,而且幼儿园章程的制定和完善,能够指导、推进其他规章制度的发展,所以,幼儿园章程是幼儿园其他规章制度的总纲和基础;但幼儿园章程只是对关于幼儿园运行的重大的、基本的问题作制度设计,它需要具体规章制度的配合才能得以顺利实施,而且幼儿园其他规章制度的制定和完善,也能够促进幼儿园章程的实施和完善,所以,幼儿园其他规章制度是幼儿园章程的具体化和补充。

3. 实地调研

本书通过多种调研方式,取得第一手的调研资料,为研究奠定了坚实的基础。一是以北京、上海、广州、南京、杭州、厦门、福州、济南、成都、深圳、武汉、贵阳、长沙、太原、西安、兰州等城市为重点调研区域,选择本城市具有代表性的公办幼儿园和私立幼儿园为调研对象;二是走访政府与教育行政主管部门,与幼儿园领导、教师及家长进行了访谈;三是请教国内幼教专家咨询;四是对省内各级各类幼儿园进行随机调研。现就国家教育法对幼儿园章程规定要求和典型幼儿园章程进行分析归纳。

（1）《中华人民共和国教育法》对幼儿园章程内容的规定。自"有组织机构和章程"规定成为设立学校的基本条件之一以来，各地区、各学校都在落实这一要求，逐步走上依法治校的道路。根据 2003 年 9 月 1 日起施行的《中华人民共和国民办教育促进法》制定的《中华人民共和国民办教育促进法实施条例》第十四条也作出规定，民办学校的章程应当规定下列主要事项：学校的名称、地址；办学宗旨、规模、层次、形式等；学校资产的数额、来源、性质等；理事会、董事会或者其他形式决策机构的产生方法、人员构成、任期、议事规则等；学校的法定代表人；出资人是否要求取得合理回报；学校自行终止的事由；章程修改程序。

（2）公办幼儿园章程范本结构。在调研过程中取得了部分公办幼儿园章程文本，其中一份章程分为十三章，五十六条。这份章程含有附录，并在关于"对章程不能与法律法规相悖""章程要注意突出'个性'"、关于"办园理念"、关于"办园目标"和"培养目标"、关于"办园特色"等方面做了相关规定。本章程主要内容框架如下。

第一章　总则
第二章　幼儿园的权利和义务
第三章　组织机构
第四章　教师及其他职工的权利和义务
第五章　幼儿的权利和监护人的义务
第六章　课程设置、开发与教学
第七章　卫生保健与安全管理
第八章　幼儿园的其他管理
第九章　幼儿园与家庭
第十章　幼儿园与社区
第十一章　幼儿园的经费管理
第十二章　办园监督
第十三章　附则

（3）民办幼儿园章程范本结构。在调研过程中取得了部分民办幼儿园章程文本，其中一份章程分为十章，五十一条。

第一章　总则
第二章　举办者、开办资金和业务范围
第三章　组织机构
第四章　法定代表人
第五章　保育、教育管理
第六章　资产管理、使用原则及劳动用工制度
第七章　规章制度
第八章　终止和终止后资产处理
第九章　章程的修改程序
第十章　附则

（4）典型公办幼儿园章程。上海市陈伯吹实验幼儿园是一所文学特色鲜明的公办幼

儿园，占地面积 8000 平方米，建筑面积 6600 平方米。幼儿园拥有 15 个班级的规模，根据幼儿兴趣及发展需求，园内创设了阅读天地、创意空间、美术世界、科学小世界、亲亲小社会、快乐音乐园等六个专用活动室。该幼儿园章程于 2014 年 2 月 18 日经第一届第九次教工大会审议，2014 年 2 月 21 日经宝山区教育局审查核准备案，自 2014 年 3 月 1 日起正式生效，具体内容共分十章，五十九条，规定的主要事项如下。

第一章 总则
第二章 幼儿园的权利和义务
第三章 教师及职工的权利和义务
第四章 幼儿的权利和监护人的义务
第五章 组织机构和行政管理体制
第六章 课程与保育教育
第七章 卫生保健与安全管理
第八章 幼儿园与家庭、社区
第九章 幼儿园资产
第十章 附则

（5）典型民办幼儿园章程。厦门市同安区华南幼儿园是一所民办幼儿园，章程具体内容共分八章，三十六条，规定的主要事项如下。

第一章 总则
第二章 举办者、开办资金和业务范围
第三章 组织管理制度
第四章 法定代表人
第五章 资产管理、使用原则及劳动用工制度
第六章 章程的修改
第七章 终止和终止后资产处理
第八章 附则

（6）甘肃省对幼儿园章程内容的规定。2016 年 10 月 20 日，甘肃省教育厅转发了甘肃省事业单位登记管理局拟定的《甘肃省事业单位章程管理办法（征求意见稿）》，明确事业单位（包括公办幼儿园）章程应当包括下列事项。

第一章 名称、住所、性质、经费来源、开办资金和举办单位
第二章 宗旨和业务范围
第三章 组织机构（法人治理结构）
第四章 组织人事制度建设
第五章 资产管理和使用的原则
第六章 信息公开
第七章 修改程序
第八章 终止程序和终止后资产的处理建议
第九章 需要由章程规定的其他事项

在该文件中，附加了《甘肃省事业单位章程示范文本》，共八章，三十三条。

4.3.2 我国幼儿园章程建设存在的主要问题与原因分析

1. 章程建设中存在的问题

通过上述调研和分析,笔者发现在幼儿园章程建设中存在以下几个方面的主要问题。

(1)依章办学的意识在幼儿园中有待加强。当前一些地方教育行政主管部门都在大力推动幼儿园章程的制定工作,如前所述,甘肃省教育厅及时转发了甘肃省事业单位登记管理局拟定的《甘肃省事业单位章程管理办法(征求意见稿)》,对章程的拟定工作提出了一系列明确要求,但是具体到幼儿园,大多数公办幼儿园对如何依法依规制定出体现园本特色的章程,基本停留在宣传层面;章程制定后,如何依章办学却不够清晰明确。在章程制定前,各地教育主管部门利用多种形式要求幼儿园必须办园有章,尤其是民办幼儿园在建园之初必须要制定章程。但章程制定出来后,教育管理部门对章程的关注却很少跟进,教育行政主管部门及其工作人员和幼儿园园长依章办学的意识较为淡薄。然而笔者认为,在现代幼儿园管理中,制定幼儿园章程文本并不是根本目的,在章程的规制下依照章程科学运行才是最终目的。问题是大多数幼儿园制定章程后并未将章程投入现实应用,对章程不重视、不关心,依章办园的意识非常的淡薄。更有一些幼儿园其章程中的部分内容已与现阶段办园实际不再相符,但幼儿园却并未对章程进行实质性修改,幼儿园章程俨然成为挂在墙上的画、办理手续的纸,并未在幼儿园办园和管理的实际中发挥应有作用。

(2)幼儿园章程在制定和实施中缺乏对师生、家长的关注。与幼儿园章程关系最为紧密的是师生及在园幼儿家长,因此,在幼儿园章程的制定和实施过程中,首先,应充分考虑广大师生、在园幼儿家长的合理诉求,使其主动参与章程的制定过程;其次,应将章程制定置于透明和公开的环境中,使全体师生成为自觉遵守和践行章程的行动者,并让家长成为章程建设的监督者。然而在现实中,大多数幼儿园章程的制定和修订,只局限于反映幼儿园法人和行政长官的意志,鲜少征询教师、学生、家长等各方意见,缺乏对师生、家长的关注。

(3)幼儿园章程文本内容不够规范。从现阶段我国幼儿园已有的章程来看,章程建设大都能够体现本园的个性和特色,但从章程文本的内容、结构、语言的规范性等方面看仍存在诸多的不足,而这些问题直接影响章程的质量及其严肃性。例如,有些章程中没有指出幼儿园的办园规模,没有写明章程的修改程序,更有甚者,一些幼儿园章程条款中出现了与现有法律法规相矛盾之处等。现有幼儿园章程中还普遍存在语言表述不规范的现象。幼儿园章程作为规范性的文件,其语言运用应力求明确、具体、规范、朴实,避免使用含义不清、不规范、口语化的语句,并且章程的条文应以完整的陈述句表述。但目前章程条文的语言运用却不是十分规范。例如,有的章程多出现缩略语,有的章程中过多使用"要""必须""不能"等强制性词语。同时,不少幼儿园的章程文本还存在内容陈旧、修改不及时、脱离幼儿园办园和管理实际的现象。

(4)幼儿园章程建设缺乏有效的监督机制。当前,无论是在幼儿园外部还是幼儿园内部,他们对幼儿园章程建设的监督环节都十分薄弱,没有形成幼儿园章程监督的程序及体系。在幼儿园外部,章程制定后,地方教育行政部门对于如何监督和保证章程顺利实施,并没有明确的制度规定和有效做法,因此,幼儿园执行章程的积极性也便大打折扣。而在幼儿园内部,对章程建设的监督工作同样不够重视,没有明确幼儿园章程的监督主体和监督形式,因此,对章程建设情况很难做到实质性的监督。更有一些幼儿园认为没有必要对章程建设实施监督,也不了解当前幼儿园章程建设正处在探索阶段,幼儿园依章办园的意识并没有真正建立起来,导致幼儿园没有完全形成依章办园的科学运行机制,因此,幼儿园需要专项督导来保障对章程建设的力度。

(5)幼儿园章程的法律效力在具体实践中被漠视。经实地考察发现,幼儿园章程在具体实践中并未得到很好的落实,究其原因,主要在于幼儿园章程的法律效力被漠视。首先,幼儿园章程在规范幼儿园与政府的外部关系中缺乏足够的效力。制定幼儿园章程时,教育行政部门与幼儿园之间的沟通非常多,为幼儿园的章程制定提供各种帮助。但是,关于幼儿园章程的实施问题,幼儿园主管部门与幼儿园之间的沟通相比之下变得非常少,对幼儿园是否依章办学也没有切实有效的督导,对幼儿园章程中有关幼儿园权力的规定不予切实授权,对幼儿园管得过多、过死,以至于幼儿园无法真正按照章程自主办学,教育行政主管部门的指令往往成了幼儿园办园的指南和主要依据,幼儿园章程的作用在无形中被弱化。其次,幼儿园章程规范幼儿园内部管理活动的法律效力不足。这主要源于幼儿园自身依章办园的意识不强,没有很好地把幼儿园章程与幼儿园办园的实际联系起来,章程与办园"两张皮"的现象比较普遍。最后,幼儿园章程的公开度和透明度影响了章程的法律效力。幼儿园在章程制定之后,并没有持续对章程进行有效宣传,一些幼儿园教师对幼儿园的章程完全不了解,幼儿园章程的修订很少经过教职工代表大会规范审议,有的幼儿园章程的修订工作几乎由园长一人完成,或者从网络下载现成模板予以套用,这严重降低了幼儿园章程的公开度、透明度和严肃性,直接影响了章程在治理幼儿园中的效力。

2. 幼儿园章程建设存在问题的原因分析

(1)幼儿园章程缺乏稳定性和权威性。章程建设和治理结构改革并行,难以为章程建设提供良好的法治基础和制度环境。幼儿园章程是幼儿园的"根本法",是幼儿园办园最重要的、最根本的规范性文件。而章程的最重要的作用之一就是规定幼儿园的法人治理结构,然而我国的幼儿园大部分都在不断地进行治理结构的改革和调整,幼儿园的治理结构不稳定,即便制定了幼儿园章程,也会朝令夕改,缺乏应有的稳定性和权威性,因而很难具有约束效力。

(2)幼儿园章程的建设缺乏内在动力。自上而下的章程建设推动机制,使幼儿园章程的建设缺乏内在动力。幼儿园章程的建设理应是幼儿园作为独立法人在《中华人民共和国教育法》规制下进行的一种自发的活动,但是,我国绝大多数幼儿园的章程建设活动由教育行政主管部门硬性要求和推动。这种具有极强行政化意味的章程建设推动机制,只是使部分幼儿园加入章程建设的行列中,大部分幼儿园仍然是被动地参与,旨在完成其行政任务,走过场、图形式,因而其制定的章程并不具有权威性和体现园本特色。由于缺乏内在动力,幼儿园章程建设活动只能成为一种"面子工程",权威性及约束力缩水现象明显。

（3）幼儿园章程制定和修订机制不完善。幼儿园章程建设的过程缺乏完善的公开透明、民主参与机制，直接影响章程建设的质量和认同度。部分幼儿园在章程建设中虽然也吸收了一部分基层教师参与相关活动，但是大部分的利益相关者如教师、学校行政管理人员和后勤服务人员、在园幼儿家长等没有参与其中，因而无法知晓章程建设的详细内容和具体进展情况，无法介入幼儿园章程建设的具体决策，并且难以监督这一过程。幼儿园章程在内容上包括了对自己未来所做的规划，制定章程的过程实际上是一个幼儿园学习、转变、提升办园思路和理念的过程，而修改章程的过程实际上是将符合幼儿园实际的办学思想、办学经验适时加以固定的过程，所以任何一个章程都不可能是一成不变的。随着幼儿园内、外部环境的变化，幼儿园章程必然会因顺应变化而适时地加以修改。如前所述，幼儿园章程的修改涉及修改主体和修改程序两方面的问题，其中修改主体又涉及修改建议提出主体和修改建议表决主体。按照幼儿园章程的性质和我国幼儿园教育的实际情况，提出幼儿园章程的建议主体应该包括所有受幼儿园章程规范或影响的主体，包括学生、教职工、学校的举办者、其他社会公众等。幼儿园章程的修改必须遵守社会的公序良俗和幼儿园章程文本规定的修改程序，不得违背法律的禁止性规定，不能规避法律规定的强制性义务，也不得损害投资人和受教育者的合法权益。

（4）幼儿园章程应体现园本特色。幼儿园章程是规范本园内部管理的具有最高权威的规范性文件，每一个幼儿园的章程都应对自己幼儿园的内部管理作出规范。每个幼儿园的具体情况是不同的，不存在园情完全相同的两个幼儿园，而且幼儿园章程是对本幼儿园历史发展脉络和文化底蕴的真实反映，因此，每个幼儿园的章程从理论上讲也不可能相同，每一个幼儿园章程应在体现教育规律的基础上更好地结合园情、师情和生情的实际，也就是说，各幼儿园章程中所规定的共性内容不可缺少，但凸显幼儿园个性的内容更应当引起重视。在充满竞争的年代，一所没有个性和特色的幼儿园，势必失去生存与发展的动力，也就很难有所作为。幼儿园的特色不仅体现在不同类型的幼儿园之间，而且在同一类型的幼儿园之间也应当有所不同。最能直接反映幼儿园章程特色的是反映幼儿园文化的标志性语言、标识物和纪念日等。

（5）幼儿园缺乏实践章程的经验。制定幼儿园章程对一些幼儿园来说可能还是新事物，需要不断地探索和教育行政部门的指导、帮助；实践章程对一些幼儿园来说更是难上加难，更需要借鉴已有的实施经验。但是，由于学校章程建设工作在我国从立法要求上来讲尚处于起步阶段，尤其是幼儿园章程的实施工作既缺乏实践经验，又缺乏理论指导，很多幼儿园在这种情况下只能摸着石头过河，进行不断探索和实践，不少幼儿园在实施章程的过程中走错路、走弯路现象时有发生。可见，缺乏实践章程的经验，也会阻碍幼儿园章程的建设工作。

4.3.3　我国幼儿园章程建设的对策

1. 我国幼儿园章程建设积累的宝贵经验

笔者通过实地调研发现，所调研省市地区部分幼儿园，通过章程建设深入推进了现代幼儿园治理结构改革、制度建设进程和依法治园工作，推进了幼儿园管理的规范化、民主化和科学化进程，在科学运行机制建设及引领幼儿园个性化发展等方面取得了优异成绩。重视幼儿园章程建设并且取得突出成绩的幼儿园，其办园质量和水平都有明显提升。这些地方和幼儿园的经验、做法，可归纳为以下几个方面。

（1）幼儿园主管部门高度重视并强力推动。幼儿园主管部门对幼儿园章程建设工作的重视，给予了幼儿园章程建设工作强大的推动力。例如，成都市三幼城花幼儿园章程建设工作就是在四川省教育厅和成都市教育局的强力推动和大力帮助下开展起来的。成都市三幼城花幼儿园是四川省教育厅选定的幼儿园示范园区，四川省教育厅及相关处室领导亲临指导章程建设工作，并提供规范文本以供参考，并且提出应在章程中突出办园特色。又如上海市陈伯吹实验幼儿园、厦门市同安区华南幼儿园、杭州娃哈哈幼儿园的章程，也是在当地教育主管部门的大力推动下建立起来的。

（2）园长是幼儿园章程建设的核心角色。幼儿园章程建设的重任最终要落实到幼儿园层面上。园长是幼儿园的第一责任人，园长对幼儿园章程建设工作的态度和认识，直接决定了幼儿园章程建设工作开展的好坏。成都市三幼城花幼儿园园长在幼儿园章程建设工作上表现出主动担当的精神和极富热情的投入。她清晰地认识到幼儿园章程是幼儿园办学不可缺少的条件，依章办学是《中华人民共和国教育法》赋予幼儿园的重要权利。在幼儿园章程制定过程中，她充分发挥领导作用，带头收集关于幼儿园章程的研究成果和国内外幼儿园章程文本，积极调动集团领导和基层教师集体学习章程建设的有关精神和知识，帮助他们加强对幼儿园章程的理解，为加强幼儿园章程建设打下了坚实的基础。

（3）幼儿园章程制定程序遵循民主参与的原则。制定幼儿园章程是为了依章自主办学，真正实现依法治园。依法治园、依法治教需要幼儿园相关主体对治理幼儿园的"法"非常清楚并具有法治观念，而参与幼儿园章程制定能够使幼儿园相关主体对章程的了解进一步加深，同时也是其法治观念提升的一个过程。例如，上海市陈伯吹实验幼儿园通过组织全体教师探讨制定幼儿园章程的必要性，向教师解读幼儿园章程文本，征集其意见，力图使章程体现学校成员的共同意志，成为团队的"公约"。幼儿园章程的制定遵循教师等幼儿园基层人员民主参与的原则，不再只是办园初期的申报文件而已，切切实实成为幼儿园法人治理和内部管理的基本依据，成为幼儿园各个成员之间的共同约定和法则。

（4）幼儿园章程文本凸显出个性化特色。幼儿园章程的实施效果首先取决于章程文本的质量。通过实地调研，笔者发现众多幼儿园的章程都凸显了学校的个性化特色。例如，上海市陈伯吹实验幼儿园章程规定，阅读作品、阅读生活、阅读自然，让文学赋予孩子"大胸襟、大关怀、大境界"，让每个孩子走得更远！幼儿园办园目标是立足本体，办家长满意的幼儿园。以孩子的需求为先，用和谐的课程感染孩子、用优秀的作品激励孩子、用多元的文化丰实孩子，打造一所优秀的文学特色幼儿园。厦门市同安区华南幼儿园章程中注明"为幼儿提供一个学习、生活、游戏的最佳场所，大力培养和发展幼儿的思维想象力、创造力、口语表达能力、良好的身心和个性"。幼儿园章程文本具有幼儿园个性化特色非常关键，它是创办个性化特色幼儿园的前提，有利于改变我国幼儿园"千园一面"的状况。

（5）依托幼儿园章程，创造性地发展规章制度。幼儿园章程是幼儿园宏观的纲领性文件，章程的实施需要一系列具体的规章制度作延伸保障。如果幼儿园只制定章程而不依据章程完善相应的规章制度，那么幼儿园章程的统领性作用就难以发挥。只有依托幼儿园章程，创造性地建设好其他各项具体规章制度，才能打造出出色的幼儿园管理，办出出色的幼儿园，培养出出色的孩子。在这方面，成都市一些幼儿园的做法值得借鉴，其依托幼儿园章程中关于园长负责制、教职工参与幼儿园民主管理及家庭协作等方面的创新性规定，如成立了由教师代表、幼儿园代表、幼儿园行政服务人员代表、专家代表、家长代表、社区代表组成的委员会，其中幼儿园领导和幼儿园教师代表的人数不能超过总人数的三分之一，以保证其他各方代表的表决权。委员会主要负责审议决定幼儿园的发展规划、工作计划，参与幼儿园重要事务的管理。

2. 加强幼儿园章程建设的对策

（1）提高各主体对依章办学的价值认同。思路决定出路，思想是行动的先导，认识的高度决定行动的力度。目前幼儿园章程建设工作在全国并没有全面开展，其最主要的原因是一些地区和幼儿园对依章办园的认识不足，缺乏章程建设的积极性。虽然在《中华人民共和国教育法》中明确规定我国幼儿园要依章办园，但现实中广大教育工作者却并未充分认识到依章办园的必要性和重要性。因此，一方面，可采取多种方式，如举办培训班、研讨会、宣讲会，制作宣传片、宣传册，通过网络、广播、报纸等媒体，加大对依章办园的宣传力度，创建依章办园的舆论氛围和环境，提高幼儿园相关主体的依章办园意识；另一方面，在幼儿园内部要充分发挥教职工代表大会、工会及各级家长委员会的作用，强化领导、教师、学生及家长对幼儿园章程地位与价值的认识。因此，加快我国幼儿园章程建设步伐，应以提高广大教育工作者特别是各级教育主管部门领导对依章办园的认识为先导，使其认识到依章办园是法律的明确要求，是依法治教、依法治园的重要基础和必备条件。与此同时，更应提高依章办园的自主性，通过章程宣传和展示等多种途径，加大章程宣传力度，提高各方对幼儿园章程地位和价值的认识。

（2）成立科学合理的幼儿园章程制定小组。幼儿园章程是为保证幼儿园自主办园及正常运行，就幼儿园重大的基本的问题作出全面规范而形成的自律性基本文件，其关键内容主要包括幼儿园的办园宗旨理念、组织管理机制及相应的权与责、各主体相关权利和义务、教育教学管理、学生管理、办学经费和资产管理、财务管理、信息公开和章程修改等，涵盖了幼儿园管理发展的方方面面。因此，为了制定一部具有全面性、特色性和前瞻性的幼儿园章程，参与起草的人员组成也应该科学合理。首先，要落实幼儿园章程制定工作的总负责人，统筹幼儿园章程的整个制定过程。其次，总负责人应及时成立一个科学合理的起草小组，组成人员的工作背景应覆盖幼儿园管理事务的各个层面，讨论并确定章程的基本框架，根据工作背景的紧密性和熟悉度分工起草，力求章程制定的全面性和符合幼儿园管理的实际情况。最后，应该尽可能吸纳具有法律类学科背景的专家或人员加入章程起草小组，以保证幼儿园章程的合法性和文本的规范性。在完成幼儿园章程初稿之后，起草小组应及时采取各种形式吸纳幼儿园其他教师、家长代表等公众力量的意见和建议，再据此对初稿不断进行修改和完善。

（3）严谨对待幼儿园章程文本建设。幼儿园章程建设工作的重要一环是幼儿园章程的文本建设，只有完善章程文本才能保证其良好的实施。一方面，首先，作为幼儿园管理基础的幼儿园章程，要切实符合幼儿园办学和管理的实际情况，不能凭空编造。幼儿园更要慎重对待幼儿园章程文本的制定，不能照搬照抄。对于一些有利于幼儿园发展、经实践证明的切实有效的经验和做法，则需要在幼儿园章程的制定过程中加以提炼和升华，使其真正对幼儿园的建设和发展起到引领作用。其次，在起草章程时必须严把章程结构、用语这一关，要大量阅读相关章程，在一定的知识积累的基础上进行章程的撰写，且制定的章程要符合章程文本的正式规范要求，做到"有条有理，有理有据"。同时，幼儿园或者教育行政主管部门还可以在撰写章程时借助专家的力量，借鉴企业、政府等组织章程和国外幼儿园章程的相关规定，结合我国各类幼儿园的实际情况，举办培训班和宣讲会、邀请有关专家前往先进幼儿园调研了解章程制定情况并帮助解决问题。最后，幼儿园要根据国家的宏观政策和自身的管理实际，依法及时修订章程，使幼儿园章程跟上管理革新和教育改革实践的步伐。另一方面，幼儿园章程不仅是幼儿园运行的基础性自治规范，而且是国家实施监督、管理幼儿园的重要手段和依据，同时也是社会了解幼儿园的重要窗口，幼儿园章程的形式，即幼儿园章程的文本呈现形式必须公开。幼儿园章程的公开化不仅表现在对举办者的公开，对幼儿园内部人员的公开，更重要的是对社会公众的公开。总之，保证幼儿园章程文本建设的规范和完善，更应在最大范围内公开，便于相关主体了解幼儿园章程，监督幼儿园各项活动，从而督促幼儿园按照章程科学运行。

（4）建立健全幼儿园章程建设监督机制。当前，我国幼儿园章程建设仍处在探索阶段，章程建设的工作还不尽完善，因此，需要对幼儿园章程建设进行专项的监督检查，来保证幼儿园章程建设工作的质量和效率，早日实现"一校一章，一章一治"的目标。然而，在对幼儿园章程进行监督检查的过程中，仅仅依靠教育行政部门的行政监督是难以发挥最佳效果的，这便需要幼儿园、幼儿家长、社会等利益相关者的大力配合和积极参与。实现对幼儿园章程建设内外结合的监督机制。只有这样将园内、园外监督有机结合起来，才能将幼儿园章程建设督导作为一项常规性的工作，才能提高监督力度，从而保证幼儿园章程建设工作落到实处。教育行政主管部门应当对幼儿园实施章程进行监督和管理，应将幼儿园实施章程的情况作为政府监督、管理幼儿园的重要依据和评价幼儿园办园质量的重要标准，并为幼儿园实施章程提供必要的指导和服务，督促幼儿园按照章程自主管理。

（5）尊重幼儿园章程的法律效力并将章程落到实处。幼儿园要将章程落到实处，就必须充分认识和尊重幼儿园章程的法律效力。制定幼儿园章程本身不是目的，重要的是把章程落到实处，从而促进幼儿园管理更加规范、科学，引领幼儿园的内涵发展，这也是贯彻落实《教育规划纲要》，从而促进学前教育管理体制改革的关键。首先，幼儿园主管部门要进一步转变职能，由划桨者变为掌舵者，由管理者变为服务者，严格规范自身的管理行为，切实依照法律规定和幼儿园章程管理幼儿园，为幼儿园提供指导和服务，而不是用指令型的管理制约幼儿园的自主发展，使幼儿园有章不能依。根据国家有关规定，幼儿园主管部门要严格核准幼儿园章程，只有经主管部门核准通过并备案的幼儿园章程才能付诸实施。因此，幼儿园主管部门重视幼儿园章程制定工作的同时，也要同样重视章程的实施。其次，幼儿园自身要树立依章办园的信心和决心，认真落实章程，将幼儿园章程与具体的办学和管理相结合，使幼儿园章程成为一种战略选择，明确幼儿园发展方向；使幼儿园章程成为一种文化沉淀，彰显幼儿园特色；使幼儿园章程成为一种文化软实力，增强其核心竞争力，塑造幼儿园的良好形象。具体来说幼儿园要以章程为依托，自觉完善内部各项规章制度和管理体制，提炼和升华幼儿园的办学和管理特色，建立自我约束与自主发展的科学运行机制，逐渐形成依章办园的局面和体制，实现幼儿园的内涵发展。最后，幼儿园要采取有效措施，如把章程纳入幼儿园规章制度汇编中、挂在幼儿园网站上、放在教师手册和幼儿手册里，加大对章程的宣传力度，提高幼儿园章程的公开度和透明度，使幼儿园相关主体了解并熟识幼儿园的"根本法"，只有知"法"懂"法"才会守"法"。此外，为推动幼儿园章程建设不断深入，幼儿园主管部门还可以定期在地区之间、幼儿园之间就章程建设组织经验交流，帮助幼儿园更好地建设章程，促进依法依章自主办园。

总之，由于幼儿园章程建设工作在我国尚处于起步阶段，尤其是幼儿园章程的实施工作既缺乏实践经验，又缺乏理论指导，因此必须调动各方面的力量，加强对幼儿园章程实施工作的研究，为日后长期开展幼儿园章程实施工作总结、积累宝贵的经验，以指导具体的实践活动。幼儿园和教育行政主管部门作为章程的实施主体，要通过研究不断总结实施章程、依章程办园已经取得的经验，将其上升为理论来指导实践；要通过研究着重解决幼儿园在"按照章程自主管理"过程中遇到的困难，吸收合理化意见和建议，提高自主办园的水平和能力；要通过研究寻找实施章程过程中存在的新课题，支持教育理论工作者做好科学研究工作。特别需要指出的是，要针对当前形势，重点加强对国内外幼儿园章程的发展状况、幼儿园章程的主要内容和形式、幼儿园章程的修订和完善，以及如何根据幼儿园的具体情况，贯彻落实幼儿园章程等方面的研究。我国幼儿园章程建设工作需要全社会全方位系统的努力，它离不开教育行政部门强有力的推动，也离不开幼儿园自身自觉积极的探索与实践，更离不开全社会依章办学的良好氛围。我们坚信，借贯彻落实《教育规划纲要》的东风，我国幼儿园依章自主办学的良好局面在不久的将来必将全面形成。

4.4 甘肃省保育院章程基本框架

甘肃省保育院作为目前全省唯一一家隶属于省教育厅的公立幼儿园，省级示范幼儿园，甘肃省幼儿园的排头兵，为其他幼儿园提供体现其文化特色的章程范本和科学运行机制，责无旁贷。

具体内容详见制度汇编，此处只呈现章程的基本框架。

第一章　总则
第二章　宗旨和业务范围
第三章　幼儿园的权利和义务
第四章　教职工的权利和义务
第五章　幼儿的权利和监护人的义务
第六章　组织机构和人员编制
第七章　资产管理和使用
第八章　信息公开
第九章　终止程序和终止后资产处理
第十章　章程修改
第十一章　附则

第5章 甘肃省保育院制度建设

孟子曰:"离娄之明,公输子之巧,不以规矩,不能成方圆;师旷之聪,不以六律,不能正五音。"这充分说明了制度建设的重要性和必要性。甘肃省保育院各项具体规章制度是章程的具体化和规范延伸,体现了学前教育教学规律及甘肃省保育院的特有文化。

5.1 制度建设概述

5.1.1 制度的含义

"制度",按照《现代汉语词典》[①]的解释有两层含义:一是指要求大家共同遵守的办事规程或行动准则,如各项工作制度、财务制度等;二是指在一定的历史条件下形成的政治、经济、文化等方面的体系,如社会主义制度、封建宗法制度等。显然,我们这里研究的制度属于第一层含义。

按照制度的刚性程度和作用范围,我们可以将一个组织的制度简单分为以下五种:管理制度、管理规定、管理办法、实施细则及工作条例。按照制度的内容,大致分为以下几类:领导班子领导干部工作制度、组织人事制度、日常办公制度、安全管理制度、纪检监察工作制度、干部纪律工作制度、财务管理工作制度及其他相关制度。

5.1.2 制度建设的意义

俗话说"没有规矩,不成方圆"。规矩也就是规章制度,是国家法律、法令、政策的具体化,是人们行动的准则和依据,是我们应该遵守的规则、条文。规章制度的使用范围极其广泛,大至国家机关、社会团体、各行各业、各系统,小至一个单位、部门直至班组。因此,规章制度对社会经济、科学技术、文化教育事业等的发展,对社会公共秩序的维护,有着十分重要的作用。制度保证了良好的秩序,是各项事业成功的重要保证。

---

① 中国社会科学院语言研究所词典编辑室. 现代汉语词典[M]. 6版. 北京:商务印书馆,2012:1678.

邓小平同志曾经在《党和国家领导制度的改革》①的重要讲话中,对制度建设问题进行了深刻的阐述。他指出:"我们过去发生的各种错误,固然与某些领导人的思想、作风有关,但是组织制度、工作制度方面的问题更重要。这些方面的制度好可以使坏人无法任意横行,制度不好可以使好人无法充分做好事,甚至会走向反面。"由此可见,制度建设事关我党各项事业建设的全局,具有不可忽视的重要意义。

5.1.3 制度建设的作用

（1）制度具有明确的规范、指导作用。改革开放,发展社会主义市场经济,"四个全面"治国方略的实施,一方面对党和国家建设提出了新的更高的要求,另一方面强调把规矩挺在前面,这就需要有判明是非的标准和尺度。有了制度就有了明确、具体的标尺。有了这样的标尺,既便于衡量,也便于检查监督,防止和及时纠正各种形式的不正之风,保护广大党员群众投身改革的积极性,激励人们遵守纪律、努力学习、勤奋工作。另外,制度对相关人员做些什么工作、如何开展工作,有一定的提示和指导作用。

（2）制度具有强制作用。人的行为是受思想支配的,必须加强思想教育。然而,思想教育具有局限性,在许多情况下,单靠思想教育不能解决问题。思想教育的成果需要用制度建设来巩固。制度的一个重要特点,就是具有强制作用。制度一经制定、颁布,就对效力所及范围的人的思想和行为具有约束性,对某一岗位上的或相关的人员产生强制约束力,明确相关人员应当做什么、可以做什么、不得做什么,以及违反制度会受到什么样的惩罚,是他们行动的准则和依据,并由一定的机构保证其贯彻落实。这种强制作用是思想教育所不能替代的。

（3）制度具有保障作用。制度具有相对的稳定性,从制度制定之后到其修改之前,始终保持其应有的效力,从理论上讲,它不能因领导者的变更而废止,也不能因领导者的看法和注意力的改变而改变,在党和国家建设中可长期发挥作用。将党的优良作风包括民主作风用条文的形式保存下来,流传下来,是行之有效的办法。正如江泽民同志所指出的:"我们党在七十多年的发展中积累了丰富的建党经验,有着优良的传统和作风,如何发扬光大,如何持之以恒,很重要的工作就是使之制度化,建立一整套科学严密的组织制度。"②党员队伍是不断更新的,有了健全的科学的制度,就能够保障党在长期的斗争和建设中形成的优良作风,不断继承发展,代代相传。

总之,制度建设是民主法治时代社会发展的必然要求。民主完善、人权保障、法律至上和法治完备,是当今民主法治时代的基本条件和基本特征,而制度则是实现和构建民主法治社会的基本保证。

---

① 《党和国家领导制度的改革》是邓小平同志 1980 年 8 月 18 日在中共中央政治局扩大会议上的讲话。这篇讲话是在党的十一届三中全会后,党的思想路线、政治路线、组织路线已经端正,经济体制改革初步启动,政治体制改革经过一段时间的酝酿和准备而迫切需要实施的情况下发表的。

② 见 1994 年 9 月 28 日江泽民同志在党的十四届四中全会上讲话《推进党的建设新的伟大工程》。

5.1.4 制度建设应注意的问题

制度建设是一个制定制度、执行制度并在实践中检验和完善制度的理论上没有终点的动态过程,从这个意义上讲,制度没有"最好",只有"更好"。建立科学的积极的制度,能不断降低"风险",有效促进"发展"。只有拥有一套制定合理、执行有力、监督到位的科学的制度管理体系,才能更好地发挥出人的最大潜能,为单位高效发展提供强大保障。

(1)加强制度建设应当进一步深化对制度功能的认识。制度的功能在于规范和约束人们的行为,由于行为主体存在人性弱点、行为能力差异,以及行为环境的不断变化,制度规范和约束的功能指向往往侧重于消解人性弱点、增强行为能力和克服客观环境的不利因素。长期以来,我们对制度的功能和力量重视不够,更多地强调思想教育和思想改造,虽然两者都很重要,但却有着明显的局限性。在推进制度建设的进程中,工作中经常出现的问题要从规律上找原因,反复出现的问题要从制度上找原因。坚持走科学化、规范化的道路,这是对制度及制度功能的深层次把握和运用。

(2)加强制度建设应当着眼于机制的建立完善。在若干制度构成的系统中,制度的相互作用和实际运行构成了机制。好的机制能事半功倍,坏的机制却使坏者更坏,并造成恶性循环,坏机制的典型是"补偿性反馈"。古希腊神话里有一个故事:西西弗斯背叛了宙斯,死后被打入地狱受惩罚。每天清晨,他都必须将一块沉重的巨石从平地搬到山顶上去。每当他自以为已经搬到山顶时,石头就突然顺着山坡滚下去。这样西西弗斯必须重新回头搬动石头,艰难地挪步爬上山去。对这个故事加以引申,我们可以发现,西西弗斯把这个石头搬得越高,石头就会掉得越低,他就必须花费更大的力气才能完成任务,该故事从反面说明了建立良性机制的重要性。过去我们也在研究制度、制定制度,但常常由于没有从完善机制的角度对制度进行系统研究,使制度不仅难以发挥预期的作用,甚至在一定条件下还会发生相反的作用。因此,要努力实现制度在更高层面的系统整合。

(3)加强制度建设应当注重发挥制度的整体功效。在一个更为宏观的背景中考察就会发现,要充分发挥制度的功能,还需要构建一个闭合的、关联的、科学的制度系统,这个制度系统包含着若干子系统,既各有分工、互不冲突又相互联系、协调配合,共同发挥作用,缺少任何一部分都会造成结构、功能和功效的缺失。例如,领导班子领导干部工作制度,就需要日常办公制度、财务管理工作制度等加以配合执行;行政执法工作制度,就需要干部纪律工作制度、纪检监察工作制度等来加以约束。作为一个整体,全局的各项制度之间应当协调一致,如果各部门的制度互相不能够协调一致,制度的执行人就会感到无所适从。因此,要着力构建科学的制度体系,建立完整统一的制度系统,将各个部门制定的内容相似的制度进行统一设置。

(4)加强制度建设就应当不断提高制度建设的质量和水平。制度建设的关键是制度要管用、可行,要接地气,具有较强的可操作性。制度都是人定的,人是最重要的因素,因此,制度也不是一成不变的。对于已经不能适应目前管理需要的制度,要及时地进行修订,将不符合形势发展需要的规定予以废止,适应新形势、新任务的要求,针对一些容易出现问题的环节和工作中存在的漏洞，建立健全科学合理、具体实在、切实可行的制度。事实证明，如果一项制度的出台得到了全体组织成员的一致支持，那么最好不要出台，因为这样的制度，必然直接或间接地牺牲组织机构中某一方的利益；如果全体成员一致反对，那么也不能强制推行，因为不仅"法不责众"，更重要的是会造成组织机构中不同利益群体的失衡，这和组织机构成员全部赞成所产生的问题是一致的。但凡好的制度，必然会有一部分人反对，有一部分人赞成。好的制度，必然是考虑了组织成员及组织关联成员的方方面面的利益，并经过了严谨周详的论证才能出台的。因此，制度应该尽可能全面，同时组织中每一业务环节、服务环节、管理环节及利益可能波及的细小方面都要有制度的身影，如果制度与制度之间矛盾交叉，又必然会导致有关部分在现实中无法执行，造成该制度效力减弱，进而导致整个组织制度效用减弱。制定制度与修改不合时宜的制度可采取专家草拟、干部职工论证、横向交流论证、研讨论证等方式，建立科学的制度体系，通过制度确保被大多数人认可和接受，建立制度激励机制。

5.2 幼儿园制度建设

5.2.1 幼儿园制度的含义

1951年10月，政务院《关于改革学制的决定》中规定了我国的学制，分为幼儿教育、初等教育、中等教育、高等教育。

1956年，教育部、卫生部、内务部《关于托儿所幼儿园几个问题的联合通知》规定：托儿所和幼儿园应依儿童的年龄来划分，即接收三周岁以下的儿童者为托儿所，接收三至六周岁的儿童者为幼儿园。在我国现行学制体系中，学前教育主要是指对3～6岁儿童实施的保育和教育。因此，本书研究的对象主要是招收3～6岁儿童的学前教育机构——幼儿园。

幼儿园制度首先表现为文本化的各种规章制度，这样的制度既有国家颁布的教育方针、政策、法律、规章，也有政府主管部门制定的各类章程、规则、指示、要求等，还有幼儿园结合自身实际而制定的大量有关教育教学、科研、工作、学习、日常管理等规章制度。这些外显的、物化的规章制度，就是幼儿园中要求大家共同遵守的，具有科学性、思想性、教育性、强制性的办事规程或行动准则，它是幼儿园制度文化中重要的物质财富。

在全面推进依法治国方略的今天，制度建设是所有幼儿园都必须遵循和自觉做好的重要事项。《中华人民共和国教育法》《中华人民共和国教师法》《中华人民共和国未成年人保护法》《幼儿园管理条例》《幼儿园教育指导纲要（试行）》和《中华人民共和国卫生食品法》等国家的法律法规，以及各省市地方政府发布的关于幼儿园教育的有关规定，是办好幼儿园的指南和保障，也是幼儿园承办者必须学习和掌握的重要知识和规范要求，更是遵守和执行的基本准则。离开或违反了这些法律法规、制度规章，就会迷失办园方向。

依法办园的前提是幼儿园全体成员必须做到学法、懂法、守法和自觉维护法律的权威。近年来，幼儿园里各式各样的幼儿伤害事故时有发生，经常见诸报端，成为人们关注的社会焦点问题之一。如何确保幼儿园、教师及入园儿童的合法权益，是亟待研讨的一个课题。随着社会的进步，人们的法治意识不断提高，关于幼儿教育的立法也在日臻完善。事实证明，现代幼教工作者不能只凭经验工作，而应当具有高度的责任感和敬业精神，以及良好的职业素养，认真遵守和执行有关法律法规，在学法、知法、守法的基础上，把相关法治工作做细做扎实，以更好地履职。首先，要加强对幼儿园师生的安全教育，使幼儿在幼儿园日常生活学习中学会注意安全，善于自我保护，避免受到意外伤害。其次，在实践中，应认真学习宣传贯彻《中华人民共和国教师法》《中华人民共和国未成年人保护法》《幼儿园管理条例》等法律法规，营造和优化幼儿园的法治环境；要依据《幼儿园管理条例》，建设符合国家安全标准、卫生标准的幼儿园设施、设备，配备安全可靠的教具和玩具，杜绝一切不安全因素及由此而带来的安全隐患，防患于未然。最后，幼儿教育工作者应依照《中华人民共和国教师法》《幼儿园管理条例》来规范自己的言行，运用科学的教育教学方法，切实维护幼儿的合法权益和人格尊严。鉴于目前幼儿园安全事故频发的实际，建议国家立法机关、行政主管机关及相关部门，市级以上地方立法机构及政府加强对幼儿园儿童安全的立法调研，尽快制定和出台有关幼儿园儿童安全事故方面的法律法规或条例规章，以便幼儿园发生安全方面问题时有法可依，进而切实维护幼儿园和幼教工作者特别是入园幼儿的合法权益。

依法办园的重要抓手是加强制度建设。制度建设是民主管理的重要基石，是校园文化的文明体现，是和谐持续发展的根本保障。制度是管理达到规范化、科学化、法治化和网络化的一个必要程序。对幼儿园而言，制度建设首先要确保师生合法权益得到维护。为了保证依法办园，必须要加强幼儿园各项规章制度的建设。而建立健全各项规章制度，则是依法办园的必要保障。因此，要从实际出发，建立健全各项规章制度，如学习制度、安全制度、教学制度、接待制度、请假制度、消毒制度、检查制度、奖惩制度等，并且严格地去执行落实制度，在实践中不断地修改和完善制度。

依法办园的基础是提高园长和教师的基本素质。在依法办园和加强制度建设中，园长和教师是主体，起着决定性的作用。尤其是园长，园长的政治头脑和办园理念决定着办园方向。首先，园长必须具备敏锐的政治眼光和超前的办园理念，了解和熟悉党和国家的有关方针政策，关心幼教发展与改革的动态和方向。其次，园长要有较高的文化素养。一个优秀的园长会在自己的工作实践中带领全园制定出一套非常健全的规章制度，并能不断增改其内容。因此这样的园长就需要有一定的文化功底，有一定的法治理念、认识能力和写作水平。园长的管理能力决定着教师的素质。现代社会评价一个人素质的高低，往往首先要看这个人是否具备良知和责任意识，即这个人道德的高尚与卑下。幼儿教师工作更多的是良心活，但这并不意味着可以忽视法规和制度。应该说法规、制度、道德、良心在交织着发挥各自的作用。法律靠大家自觉地去遵守，制度要靠执教者去落实。所以优秀的园长会调动幼师的自觉性，用良心道德检验自己的行为。

5.2.2 幼儿园规章制度的性质

幼儿园规章制度是幼儿园的基本活动准则，它是依据国家立法机关和教育行政部门的规定、结合本园的实际制定的"法"，它是具有约束力的行为规范。幼儿园规章制度是幼儿园各项工作正常运转、幼儿园良好工作秩序建立的基本保证，良好的制度建设有利于培养良好的工作作风，形成健康的园风园纪。幼儿园工作任务的特殊性主要表现在，要求一切工作从孩子出发、一切为孩子着想，决定了其不同于其他行业部门的规章制度；同时也正是这些特殊的规章制度，才能保证幼儿园把保教好幼儿、服务好家长的任务落到实处。

幼儿园规章制度不是园领导个人意志的体现。有些幼儿园职工因受新自由主义思潮的影响，对幼儿园规章制度的性质和作用认识不足，性格中更多地表现出负能量，把执不执行制度简单化为听不听领导的话，进而认为领导依照制度实行的惩罚是有意整人，这就极易产生逆反心理，抵触制度的执行，继续我行我素；或对工作失去热情，得过且过，极大地影响着制度的执行。这说明这些幼儿园在制度内化方面做得还不够，即幼儿园的规章制度可能只是镜框中物，并未深入人心，因而产生不了积极的威慑作用，更无法培养职工循章做事的自觉性。

针对以上情况，笔者提出以下建议。

首先，坚持规章制度学习的经常性。园领导在制度执行中应注意反复讲解、宣传教育，使职工在实践中进一步明确工作要求，提高制度对工作的督导作用。针对职工对制度的性质和作用认识不足的现状，园领导的教育工作可以从头做起，将各类制度的具体要求暂置一边，把不同制度体现的精神实质转化为系列性的问题，组织职工开展"如何处理这些问题"等为主题的专题讨论，从而切实提高教职工对规章制度的必要性和重要性的认识。

其次，坚持规章制度执行的严肃性。园领导要以身作则，严格执行制度；要注意制度执行的一贯性和一致性，定期、不定期地进行督促检查，做到有章必循，避免因人而异，前紧后松。

最后，坚持规章制度的制定和执行过程中的民主性、群众性原则。制定规章制度的出发点是使教职工的言行符合幼儿园的工作任务和工作需要，其落脚点是人的言行。因此，职工主观能动性的发挥与否对制度执行的好坏是很重要的。在制定或修订制度时，要动员全园职工积极参与讨论，献计献策，在统一认识的基础上做出决定。这种做法既可增强制度的可行性，也可激发全园职工的主人翁意识，并可提高他们的积极性，从而提高执行制度的自觉性。对于执行过程中出现的新问题，最好也采取群众先讨论后裁决的方式，统一思想，从而提高职工对制度作用的认识。

5.2.3 幼儿园制度建设的法律依据

近年来，我国陆续制定了一系列有关儿童成长、幼儿园保教工作方面的法律法规和指导意见。这些法律法规和指导意见是规范幼儿园保育、教育工作的准绳，同时也是处理各种事件的法律依据。

依法办事、以法治教是社会发展的必然趋势。全体幼教工作者特别是幼儿园的领导认真学习、熟练掌握相关的法律、法规至关重要。有关幼儿园保教工作方面的法律、法规主要有以下几方面。

1.《中华人民共和国民法通则》的有关规定

《最高人民法院关于贯彻执行〈中华人民共和国民法通则〉若干问题的意见（试行）》[①]第160条规定："在幼儿园和学校生活、学习的无民事行为能力人或者在精神病院治疗的精神病人，受到伤害或者给他人造成损害，单位有过错的，可以责令这些单位适当给予赔偿。"这是违反民事法律者承担的一般侵权民事责任。

"过错"是指行为人实施行为的某种主观意志状态，分为故意和过失两种：故意是指行为人预见其行为的损害后果，而希望或者放任这种损害后果的发生；过失则指行为人欠缺必要的注意，即没有足够的谨慎和勤勉。例如，对损害后果应该预见到而没有预见到，是未合谨慎；预见到了却没有采取措施加以避免，是未合勤勉。一个人对自己的行为后果能否注意是受他的年龄、精神状况、专业知识、业务技能、工作范围、责任状态等各种条件制约的。这些方面也就成为判断有无过错及其程度的重要方面。

过错原则通常适用于对一般侵权的归责，一般侵权民事责任的法律要件有四项：损害事实、违法行为、因果关系、行为人过错。这里特别应注意的是，违法行为分为作为的违法行为和不作为的违法行为。实施法律所禁止的行为，侵害他人合法权益的，就是作为的违法行为；未履行法律规定的行为义务，致他人受损害，便是不作为的违法行为。

不作为的违法行为和过失的主观意志状态往往成为幼儿园民事纠纷的争论焦点，易使幼儿园在法律讼争中处于不利地位，如按过错推定原则，则不必由原告方证明其主张，而由被告方证明自己无过错，若不能证明自己无过错则推定为有过错。

2.《中华人民共和国教育法》的有关规定

《中华人民共和国教育法》根据违法主体的法律地位和违法行为的性质，规定了承担法律责任的三种主要方式：刑事法律责任、行政法律责任和民事法律责任。

《中华人民共和国教育法》[②]第四十四条规定："教育、体育、卫生行政部门和学校及其他教育机构应当完善体育、卫生保健设施，保护学生的身心健康。"该法第七十三条规定："明知校舍或者教育教学设施有危险，而不采取措施，造成人员伤亡或者重大财产损失的，对直接负责的主管人员和其他直接责任人员，依法追究刑事责任。"这是对校长（包括园长）在内的有关人员给予的刑事制裁性法律责任规定。该法第七十七条规定："在招收学生工作中徇私舞弊的，由教育行政部门责令退回招收的人员；对直接

[①]《中华人民共和国民法通则》于1987年1月1日起施行，1988年1月26日，最高人民法院审判委员会讨论通过《最高人民法院关于贯彻执行〈中华人民共和国民法通则〉若干问题的意见(试行)》。

[②]《中华人民共和国教育法》由中华人民共和国第八届全国人民代表大会第三次会议于1995年3月18日通过并公布，于1995年9月1日起施行。

负责的主管人员和其他直接责任人员,依法给予行政处分;构成犯罪的,依法追究刑事责任。"这里行政法律责任主要有:警告、罚款、没收违法所得等;追究刑事责任往往表现为给予行为人以刑事制裁,即人民法院依法对犯罪人运用的刑罚。我国的刑罚分为主刑和附加刑两类,主刑包括管制、拘役、有期徒刑、无期徒刑和死刑五种;附加刑包括罚金、剥夺政治权利、没收财产三种。该法第八十一条规定:"对侵犯教师、受教育者、学校或者其他教育机构的合法权益,造成损失、损害的,应当依法承担民事责任。"承担民事责任的主要方式有停止侵害、排除妨害、返还财产、恢复原状、赔偿损失等。

3. 《中华人民共和国未成年人保护法》的有关规定

《中华人民共和国未成年人保护法》①第三章"学校保护"第二十一条规定:"学校、幼儿园、托儿所的教职员工应当尊重未成年人的人格尊严,不得对未成年人实施体罚、变相体罚或者其他侮辱人格尊严的行为。"第二十二条规定:"学校、幼儿园、托儿所不得在危及未成年人人身安全、健康的校舍和其他设施、场所中进行教育教学活动。学校、幼儿园安排未成年人参加集会、文化娱乐、社会实践等集体活动,应当有利于未成年人的健康成长,防止发生人身安全事故。"第二十六条规定:"幼儿园应当做好保育、教育工作,促进幼儿在体质、智力、品德等方面和谐发展。"该法第四章"社会保护"第三十五条规定:"生产、销售用于未成年人的食品、药品、玩具、用具和游乐设施等,应当符合国家标准或者行业标准,不得有害于未成年人的安全和健康;需要标明注意事项的,应当在显著位置标明。"第三十七条规定:"任何人不得在中小学校、幼儿园、托儿所的教室、寝室、活动室和其他未成年人集中活动的场所吸烟、饮酒。"该法第六章"法律责任"第六十三条规定:"学校、幼儿园、托儿所教职员工对未成年人实施体罚、变相体罚或者其他侮辱人格行为的,由其所在单位或者上级机关责令改正;情节严重的,依法给予处分。"

未成年人是祖国的未来和民族的希望,为他们的健康成长创造良好的内部、外部环境,不仅关系到每一个孩子、每一个家庭、每一所学校、每一所幼儿园,而且也关系到整个国家、社会和民族的明天。教育最重要的任务是培养具有全面文明素养的人。让孩子学会做人、学会做事、学会求知,让孩子懂得尊重和善待生命,懂得感恩有责任感,懂得遵守规则和秩序,懂得对自己行为的后果负责,这是每一个家庭、学校、社会义不容辞的责任。同时未成年人也是一个特殊群体,特殊之处在于他们在社会中处于弱势地位。他们从心理上正处于从无知到有知、从不成熟到成熟的转变时期,生理上比较脆弱,心理上比较幼稚,思想上比较单纯,道德荣誉感和道德判断力尚不完善,更容易受到外界的诱惑和侵犯;另外,在人的一生中,总会有相互对立的力量在起作用,正与邪、真与假、善与恶、美与丑,人性中的光辉与丑恶交织在一起,影响着每一个人,对尚未形

---

① 《中华人民共和国未成年人保护法》经 1991 年 9 月 4 日七届全国人大常委会第二十一次会议通过,自 1992 年 1 月 1 日起施行;2006 年 12 月 29 日十届全国人大常委会第二十五次会议、2012 年 10 月 26 日十一届全国人大常委会第二十九次会议两次修正,自 2013 年 1 月 1 日起施行。

成固定人生观、世界观、价值观的未成年人影响更大。这就更加需要我们的法治理念教育采用多种多样、生动有效的方式，把法治理念植根于每一个在懵懂期的孩子心中。如何更好地服务幼儿、保护幼儿，也是我们所需面对的一个社会课题。因此，国家机关、社会团体、家庭、学校和全体公民都应当爱护幼儿，维护幼儿的身心健康。

4.《幼儿园管理条例》的有关规定

《幼儿园管理条例》是1989年8月经国务院批准，于1990年2月1日起施行的。《幼儿园管理条例》第三条规定，"幼儿园的保育和教育工作应当促进幼儿在体、智、德、美诸方面和谐发展"。从本条的立法意图不难发现，在幼儿全面发展教育中，幼儿体育始终是第一位的，而幼儿体育中首要的内容是安全、卫生、自我保护意识与能力的教育与培养，这对幼儿园的保育和教育工作提出了很高的要求。第十三条规定："幼儿园应当贯彻保育与教育相结合的原则，创设与幼儿的教育和发展相适应的和谐环境，引导幼儿个性的健康发展。幼儿园应当保障幼儿的身体健康，培养幼儿的良好生活、卫生习惯；促进幼儿的智力发展；培养幼儿热爱祖国的情感以及良好的品德行为。"由此可见，幼儿园与幼儿之间是教育、管理和保护关系，第十六、十七、十八、二十、二十一条都明确具体地强调了幼儿园在幼儿安全卫生方面应尽的职责。

5.《幼儿园工作规程》的有关规定

2015年12月14日，教育部依据《中华人民共和国教育法》，审议通过了《幼儿园工作规程》，并于2016年3月1日起施行。

《幼儿园工作规程》第一章"总则"第三条规定："幼儿园的任务是：贯彻国家的教育方针，按照保育与教育相结合的原则，遵循幼儿身心发展特点和规律，实施德、智、体、美等方面全面发展的教育，促进幼儿身心和谐发展。"第四章"幼儿园的卫生保健"第十七条规定："幼儿园必须切实做好幼儿生理和心理卫生保健工作。幼儿园应当严格执行《托儿所幼儿园卫生保健管理办法》以及其他有关卫生保健的法规、规章和制度。"第十八至二十四条，明确规定了幼儿园应当制定有关制度，对在园幼儿的衣、食、住、行全面照管及对幼儿进行安全教育。第七章"幼儿园的教职工"第四十、四十五条有奖惩内容，如果教职工在安全、卫生、保健等方面出现失职，适用本条的法则。第九章"幼儿园、家庭和社区"第五十二条规定："幼儿园应当主动与幼儿家庭沟通合作，为家长提供科学育儿宣传指导，帮助家长创设良好的家庭教育环境，共同担负教育幼儿的任务。"

《幼儿园工作规程》对幼儿园的教育目标、教育内容、教育过程等方面做了指导性规定。《幼儿园工作规程》的颁布，对我国学者和幼儿园教师20世纪80年代课程改革经验进行了总结，标志着我国有计划的、有组织的、全国性的、大规模的幼儿园课程改革正式开始，为后来的课程改革提供了指导思想，奠定了基础。

上述法律、法规及规章规定与幼儿园的各项工作紧密相关，当然如《中华人民共和国宪法》《中华人民共和国刑法》《中华人民共和国侵权责任法》等，与幼儿园工作也是密不可分的，因此，每一位园领导和教师都应该熟练地掌握。一旦发生纠纷，幼儿园若能证明自己的工作在以上方面无瑕疵，才会被认为是无过错的。值得注意的是，近年在司法实践中存在一种误区，总是认为幼儿园是负有保护义务的，即不管幼儿园对幼儿在其照管期间或范围内发生的事故有无过错，幼儿园都要作为临时监护人，对幼儿的人身安全承担责任。该问题在后面将专节论述。

5.2.4 幼儿园制度的制定与完善

随着社会的发展，幼儿教育工作越来越得到社会的重视，特别是《幼儿园管理条例》《幼儿园工作规程》和《幼儿园教育指导纲要（试行）》把幼教工作直接提到法律议程，通过依法治教、从严管理，进一步推动了我国幼教事业的发展。幼儿园制度的制定与完善要注重以下几个方面的工作。

（1）让职工充分认识制度的重要性。党有党纪、国有国法、家有家规，一个幼儿园也是如此，如果一个幼儿园没有一套健全的工作制度，只是盲目地工作，那么幼儿园就失去了活力，工作也就失去了目标、规范和标准。从某种意义上讲幼儿园制定的工作制度，就是衡量各项工作和工作人员水平的标准，也是幼儿园师生员工工作中的座右铭。为了让教职员工充分认识建立健全工作制度的重要性，首先要组织大家把某些制度建立前后幼儿园的工作效率及大家的思想变化等情况进行比较，让大家认真总结和分析。其次是让大家感受到建立规章制度在实际工作中所起的重要作用。例如，幼儿园的"一日作息制度"，在没有建立时，家长接送孩子往往随随便便，打乱了幼儿园正常的工作秩序，造成了一日活动各环节时间较混乱的局面；制定了"一日作息制度"后，情况就截然不同了，家长不仅能够每天按规定时间接送孩子，而且还主动与本班保教人员密切配合，使各班的工作顺利有序进行。由此，使广大教职员工认识到，只有建立健全各项规章制度，才能使大家有章可循、有所适从，工作流程才会有条不紊，工作起来才会得心应手，才能更好地履行自己的职责，工作效率才能不断提高。

（2）让职工参与规章制度的制定。幼儿园规章制度是幼儿园的基本活动准则和工作流程规范，它是依据国家立法机关和教育行政部门的规定，结合本园的实际制定的"法"，它是具有约束力的行为规范。幼儿园规章制度是幼儿园各项工作正常运转、幼儿园良好工作秩序建立的基本保证。

幼儿园的规章制度不是治人的手段，它肩负着推动幼儿园改革和发展的使命，保障幼儿园规范运行健康发展的重任，如果没有被广大教职工认可，脱离了实际，违背了教育教学管理规律，那么任何一种制度都是没有意义甚至会使自己出丑的。因此，在建立健全各项规章制度时，首先，要向全体教职工进行规章制度的宣传教育，使全园各类人员理解制度的目的、意义、价值和具体要求，动员全员参与，激发大家献计献策，并因此增强制度的可行性和有效性；其次，要以园长为核心，组织有关人员以幼儿教育规律及相关法律法规为依据，结合实际反复推敲，拟定出有关制度的讨论稿并反复征求意见；再次，召开全体教职工大会，将草稿提交职工大会充分酝酿、讨论，并提出修改意见；最后，园长将修订好的制度，在全园教职工大会上，逐项逐条通过并宣布执行。这样，在各类制度实施的过程中，大家才能心中有数也易于接受，从而加强了教职工执行制度的自觉性和主动性。

（3）要建立健全并不断完善各类制度。"麻雀虽小，五脏俱全。"幼儿园虽然规模不大，但人、财、物样样都不可缺少。幼儿园人员结构大致分为教育、保育、行政教辅、卫生保健、后勤、伙管等六个方面，要想统筹全局，不断提高整体管理效益，就必须建立健全各项工作制度。

部门性规章制度主要包括各种会议制度，如园务会制度、伙委会制度、班务会制度、教研会制度等；卫生保健部门的制度，如生活作息制度、体格锻炼制度、健康检查制度、伙食营养制度等；保教部门的制度，如备课制度、教研活动制度、常规工作检查制度等；总务部门的规章制度，如财务制度、财产管理制度、伙食管理制度、门卫制度、档案资料管理制度、采购验收制度、食品卫生制度、安全管理制度等。

作为健全的制度，幼儿园应制定岗位职责，如园长职责、保教主任职责、教师职责、保育员职责、保健员职责、财会人员职责、炊事员职责、保管员职责、门卫职责等各类人员的岗位职责。还应当根据工作需要制定考核奖惩制度，主要包括全勤奖、幼儿出勤率奖、劳动纪律奖、工作质量奖、特殊贡献奖、安全无事故奖等。

随着当前幼教事业的蓬勃发展和幼儿园科学管理水平的不断提高，只有紧密结合工作实际，使制度不断地细致和全面，才能取得更好的工作效率。例如，甘肃省保育院的家园联系制度，起初是采用家长委员会、家长开放日等形式，搞家园联系，但仍感觉家长工作比较被动，还达不到家园密切配合、共同教育好幼儿的目的。因此，该院从制度完善健全方面做起，相继采取了三项措施：一是请家长参与园里开展的各项活动，制定了家长志愿者制度，邀请家长参与各种节日的庆祝活动、外出远足活动、教学观摩活动、家长进课堂活动等；二是举办了"家长学校"，向家长系统地传授教育子女的科学知识，提高家长教育子女的水平；三是制定了家访制度。从此，该院的家长工作形成了良好的局面。又如，某民办园的全勤奖规定事假、病假半日以上扣除月全勤奖，但有个别职工总是在上班时间借口有急事外出，时间总是在一小时左右，而且有些职工开始效仿，根据这一情况，该园及时制定出了短事假制度，规定一月内累计外出超过7小时视为缺勤一天，扣除月全勤奖，填补了制度漏洞，大大减少了上班时间外出的不良现象。

（4）园长必须成为执行制度的模范和先行者。常言道："火车跑得快，全凭车头带。"幼儿园工作质量的优劣，园长起着关键的作用。同样，幼儿园规章制度的执行，园长更是起主导作用。我国古代著名大教育家孔子说过："其身正，不令而行。其身不正，虽令不从。"在制度制定后，园长不但要率先执行，而且还要以身作则，严以律己，做到一丝不苟、模范地遵守各项规章制度，时刻为大家做表率。例如，某幼儿园在执行考勤制度中，园长每天早晨提前半小时入园，播放音乐，检查各岗位工作人员的到岗情况，并及时了解和处理出现的问题。这样一来，对那些经常无故迟到的教职员工，无形中起到了教育监督的作用，再加上考勤制度的严格执行，基本上杜绝了迟到现象。在执行制度的过程中，园长一旦有违纪违章现象，要大公无私，照章办事，严肃查处，还要公布于众，增加透明度。例如，有位园长因家人患病请假一天，在下周奖惩公布栏里宣布考勤并按制度主动受罚，这样一来，既严明了规章制度又树立了园长在教职工中的威信，强化了园务常规管理。

5.2.5 幼儿园制度的实施与监督

对于一个幼儿园，即使有健全的挂在墙上的制度规定，如果管理不善，马马虎虎，既无落实措施，又无效果分析，那也只不过是副空架子，摆形式、走过场而已，是难以提高工作效率的。要做好制度的实施、监督工作，关键是强化制度的管理。

（1）实施分级负责管理，由园长聘用责任心强、能以身作则的员工担任班长，在制度实施的过程中，由他们督促执行，并把实施过程中所出现的各种问题和监督执行情况做好详细的记录，汇总后报园长，形成园长亲自参与下的管理网络。

（2）把各项制度进行分类、量化，把各岗位软指标的东西变成量化硬指标的评估条件，设计出各类人员考评表，对执行制度的情况进行量化考核，并与月终、年中、年终考核直接挂钩。

（3）园长要深入班级亲自观察每项工作制度的执行情况，检查教职工的工作情况，发现问题及时给予指导、教育和纠正，按规定给予奖惩，让大家引以为戒，吸取教训。只有方法正确、措施得力，制度的实施监督工作才能顺利开展。

（4）要及时做好教职工的思想疏导工作。在执行制度的过程中要做好思想教育工作，提高员工的思想认识和执行制度的自觉性。规章制度都是在员工充分讨论的基础上制定的，因此，能切合实际，调动大家的积极性。但是，人的思想是不断变化的，有些人在制定制度时积极拥护，可在执行时会出现不认真的情况，因此，需不断加强思想教育，在督促执行的同时，动之以情，晓之以理。

管理就是管理者遵照一定的原则，使用各种手段，通过组织指挥协调各个受分工制约的不同组织或个人的活动，创造出一种远比个人活动力量总和要大的集体力量或社会力量，从而高效地达到一个组织的预定目标所进行的各种职能活动。幼儿园作为一个学前教育机构是一个复杂的机体，其管理工作是多方面的：从保育方面讲，它为社会提供优质服务；从教育方面讲，它肩负着培养幼儿在体、智、德、美诸方面和谐发展的重要使命；从工作人员结构方面讲，目前幼儿园大多女职工居多，在管理上具有其特殊性，是一种综合性、整体性很强的行为，需要根据实际情况的变化，采用多种途径和手段进行宏观调控，以保证幼儿园各项工作取得整体的最优效果。

总之，建立健全规章制度对搞好幼儿园整体管理、建设优良幼儿园文化环境的作用是至关重要的。面对当前幼教改革发展的新形势、新任务，作为管理者和教育者只有不断努力学习、积极探索、与时俱进，才能开拓一条科学管理、科学运行的路子，创建幼儿园特色品牌，让幼儿园真正成为孩子们健康、快乐成长的摇篮。

5.3 发达国家和国内先进地区幼儿园制度建设

5.3.1 发达国家幼儿园制度建设研究

当今世界上一些发达国家对学前教育性质、地位、功能、办学体制、机构类型、管理权限、财政投入、师资建设都有比较成熟的适合本国国情的制度性规定。这里我们选取法国、美国、英国、日本、德国的幼儿园制度规定进行分析研究，借鉴其学前教育发展的经验，针对我国及甘肃省学前教育的现状，提出加快发展学前教育的思路和建议。

1. 法国幼儿园制度建设

法国历来重视学前教育，早在19世纪法国国会就通过并颁布了《1881年法》，明确规定了学前教育的免费原则。法国的学前教育阶段，是其学制系统的有机组成部分，也是初等教育阶段"幼小"衔接的重要环节。法国政府一向重视幼小衔接工作。自1882年《法国初等教育法》颁布施行以来，"发展儿童的各种能力特别是语言能力，为儿童进入小学阶段做准备"，就成为对学前教育目标的一贯表述。长期以来，在师资培训方面，法国的幼儿教师与小学教师是在一起培养的，而且其资格可以互换。1886年的法令将学前教育纳入初等教育范畴，初等教育包括学前教育和小学教育两个阶段。依据《法国教育法典》[①]中的相关规定，"幼儿学校至初等教育结束时的学制包括三个阶段。启蒙学习阶段：招收3～4岁幼儿，分为'小班'和'中班'；基础学习阶段：招收5～7岁儿童，由幼儿学校的"大班"、小学一年级和二年级构成；深入学习阶段：招收8～10岁儿童，相当于小学的三年级至五年级"。

法国较早地依法将学前教育纳入其学制系统范畴，特别是将其作为与小学教育紧密衔接和贯通的教育阶段，突出强化并依法保障了学前教育的法律地位，明确了学前教育作为法国初等教育乃至终身教育奠基者的重要性质与地位。凭借着对学前教育地位与作用的法律规定与依法保障，法国已成为全世界学前教育普及率最高、公益性最强的国家之一。

《法国教育法典》明确规定：幼儿班或幼儿学校向农村和城市环境中未达到义务教育年龄的儿童开放。所有3岁儿童应其家长要求，都应被尽可能靠近家庭住处的幼儿班或幼儿学校接收。法国是典型的中央集权制国家，教育由国家全面管理，学前教育也由国家教育部直接负责。《法国教育法典》还规定，中央政府拥有学前教育的创建权。法国是目前世界上唯一实行由政府主导并直接举办与管理学前教育的国家，政府出资开设的学前教育机构——幼儿学校已经基本成为法国学前教育机构的唯一形式。法国的公立幼儿学校占99%，私立学校只占1%。同时，法国政府还对为数极少的私立学前教育机构进行财政投入——国家和私立学前教育机构签订合同并直接发放合同学校的幼儿教师工资。

法国主管教育的部门是青年事务、国民教育与科研部，其学前教育职责包括：幼儿园经费在相关市镇之间的分配、幼儿园教师职位的分配、以职位划拨经费、以教学开支拨款和以事务形式拨款等。法国教育管理部门及相关部门履行职责特点突出。一是中央与地方学前教育管理部门之间建立了垂直对话机制。例如，法国教育部2003年7月3日通报指出：国家与市镇之间设立对话机制，以方便每个市长、镇长了解自己和其他市

---

① 《法国教育法典》于2000年7月由法兰西共和国CSC高等法规委员会公布。

镇的幼儿入学情况，并根据人员预测掌握学前教育的发展前景，从而能够在适当的时间内采取调整措施。二是法国学前教育主管部门内部各组成机构健全、职责明晰，并且已经形成法制化、制度化的协调合作机制。依据法国现行制度：教育部内设立的与学前教育事务直接相关的司局，包括学校教育司，评估与预测司，教师管理司，编制管理司，人员、现代化与行政管理司，财务司及法律事务司等多个部门。三是法国还十分重视学前教育主管部门下属各司之间的协调合作，并同样以法规加以明确和规范。例如，法国对学校教育司、财务司、编制司等的协作范畴作出明示：财务司和人员、现代化与行政管理司一起负责协调与财政法有关的机构法的实施，负责协调面向全体人员的法定津贴待遇，处理包括学前教育在内的有关学校教育、高等教育、科研和青年事务人员退休金的问题；教师管理司和高等教育司一起参与学前教育、中小学教育、教师职前培训及指导；等等。

《法国教育法典》还规定，中央政府负责所有公立幼儿学校甚至符合条件的私立幼儿学校的教师与行政人员的管理、培训与工资核定；负责制定统一的教学大纲，安排课时，制定考试与颁发文凭的规章；负责确定教学管理规则，包括提供大型或新型教学设施等事项。乡镇政府在法国学前教育中担任着中央政府直接领导下的贯彻者与执行者的角色。乡镇政府直接建设幼儿学校，在征得国家代表的意见之后可以决定创建或设置初等或幼儿班级、学校。幼儿学校的创建与设置是乡镇政府的强制性支出。此外，乡镇政府还负责实施对幼儿家庭住址和入学状况的监控，对幼儿进行包括注射疫苗在内的卫生监护，负责幼儿学校家长代表的选举，与幼儿学校校长保持密切联系等。正是由于国家特别是中央政府对学前教育的高度重视并在管理上承担了充分的职责，法国学前教育得以长足发展。目前，法国3~5岁幼儿的入园率达到100%。

2. 美国幼儿园制度建设

美国是典型的联邦制国家，采取联邦政府辅助地方管理学前教育的体制，联邦政府为各州学前教育发展提供补助金支持，直接管理全国性学前教育项目。州政府主管学前教育工作，制定教育财政、教师资格、教育课程等标准规则。联邦政府无权干涉各州和地方包括学前教育在内的教育自主权，因而各州和地方学前教育事业发展及其实际性质、地位的情况不可一概而论，但全美比较统一的是将招收5~6岁儿童的学前一年的幼儿园教育纳入美国学制系统，并作为初等教育和义务教育的起始阶段。

美国在学前教育方面的法律制度内容非常全面细致，主要包括入学准备、健康饮食、拨款资助等方方面面，如《提前开端法》《儿童保育与发展整体拨款法》《儿童健康饮食法》《早期学习机会法》《入学准备法》《改善提前开端为上学做好准备法》等。

1992年，美国学前教育研究协会又研制了《高质量的学前教育机构评价指标》和《发展适当的学前教育方案》，指明了学前教育改革的方向。

美国学前教育项目的财政预算一般以法律形式颁布，如著名的《提前开端法》中对"提前开端"项目的预算；《不让一个孩子掉队法》中对"早期阅读第一"项目的预算。美国虽然是英美法系国家，在法制上以判例法为主，但其在教育领域仍由联邦政府颁布并实施了多部成文法,以拨款法的实质形式出现,包括《学前教育法》在内的美国教育成文法在对有关教育事务作出法律规定的同时,多数情况下也同时对相应的项目拨款程序、预算额度等事项一并作出规定,且联邦政府正在越来越大程度上通过这些成文法所规定的预算拨款,来加强其对各州在包括学前教育与保育在内的教育、福利事务的控制和干预。

就美国而言,无论从联邦教育主管部门的职责范围、学前教育相关法律与政策的基本宗旨和主要内容,还是从近年来联邦政府在学前教育领域的实际作为来看,联邦政府均将其职能重点放在了扶助弱势儿童群体、更加有效地保障弱势儿童群体的学前教育权利、确保所有儿童都能够接受高质量学前教育上。在这方面,美国联邦成文法包括1968年《残疾儿童早期教育援助法》、1975年《全体残疾儿童教育法》、1986年《残疾儿童保护法》等。

美国教育经费投入中最大份额用于学前教育和基础教育且逐年增加。例如,美国联邦政府在2015年教育财政预算总额为686亿美元,预算额较2014年增长13亿美元,增幅为1.9%,较2013年增长30亿美元[①]。拨款预算中最大的份额用在学前教育至中学阶段,占可自由支配开支的近90%。教育财政预算的持续增长反映了美国前总统奥巴马对教育的坚定信念,即教育是对国家经济竞争力、民众和社会发展的重要投资。

提升教育公平,为每个孩子提供平等机会。美国前教育部部长邓肯表示,尽管美国的教育已经取得了令人鼓舞的进展,但是不同群体之间的机会和成就的显著差距依然存在,这使得美国的经济和未来处于风险之中。美国联邦政府重申承诺,公立学校将努力为来自每一个社区的勤劳家庭的儿童提供走向中产阶级的路径,特别是那些贫困家庭的孩子。2015年的几乎每一笔预算,从学前教育资金到特殊教育资金,到一整套协调一致的基础教育改革,再到佩尔助学金,均旨在确保机会平等。

奥巴马执政以来,通过"力争上游"竞争性资金推动地方政府和学区积极改革,在提高公共资金的使用效益上取得了非凡的成绩,但在提供竞争性资金的同时,分配补助方案仍为联邦政府帮助和支持地方政府的主要方式。竞争与分配相结合,激励创新,保障公平。2015年,分配性资金依然构成了预算的大部分,占到了89%,并将重点用于解决贫困家庭和少数族裔学生、残疾学生和英语学习者的需求。

此外,"力争上游"竞争性资金和初中级教育条例(ESEA)与各州的灵活性协议有助于各州摆脱《不让一个孩子掉队法》的不合理条款带来的束缚。2015年,新的"力争上游——公平与机会"投资方案,旨在激励各州和学区及时识别并解决机会和成就差距,推动地方全面变革,以进一步增进公平。

儿童早期教育对于儿童的认知和情感发展具有重要影响,并且能够有效缓和社会不平等,显著改善儿童未来教育和生活,特别是对来自低收入家庭的儿童而言,在对早期教育意义的充分认识下,奥巴马执政时期的政府对于改善儿童早期教育表现出积极的勇气和热情。美国经济合作与发展组织发布的《教育概览2014》数据显示,美国3岁和4岁儿童的入学率持续低于平均水平。在经济合作与发展组织中,平均70%的3岁儿童注

---

① 周红霞.2015年美国教育经费投入——最大份额用于学前教育和基础教育[N].中国教育报,2015-09-30(4).

册入学，平均84%的4岁儿童登记入学，而美国3岁儿童注册入学的比例仅为38%，4岁儿童登记入学的比例仅为66%，与此同时，法国和荷兰已实现所有4岁儿童注册入学。显著的差距促使奥巴马执政时期的政府将所有4岁孩子都能获得高品质学前教育列为2015年优先教育目标，并在财政预算中予以明确，将在学前教育上进行一次历史性的新投资，为来自低收入和中等收入家庭的所有4岁儿童提供高品质学前教育的途径，并对为更多来自中产阶级的孩子提供服务的州给予奖励。

美国财政预算包括2015年的13亿美元和未来10年750亿美元的强制性资金，以及通过竞争划拨的学前教育发展补助和其他基金5亿美元。当前，在早期教育上，美国平均对每个孩子的支出教育投资为10 010美元，处在所有经济合作与发展组织成员方的第五位，其中，澳大利亚为10 734美元，新西兰为11 088美元，丹麦为14 148美元，卢森堡为25 074美元[①]。

为改善美国基础教育的质量，2015年4月，美国参议院出台《每一个学生成功法》，7月，美国众议院出台《学生成功法案》。两院经过协商后取得一致意见，并于11月19日在美国众议院和参议院协商委员会上达成一致协议，形成了《每一个学生成功法》[②]（经美国总统奥巴马2015年12月10日签署，以下简称"法案"）。这份美国基础教育法案此前一天由美国参众两院高票通过，长达近400页，其最大的特点是结束了联邦对州和地方教育的强制性控制，将教育权力下放到州、地方和学校，从而终结了《不让一个孩子掉队法》所规定的联邦以测试为基础的问责制度。新法案与美国政府呼吁的教育改革更加吻合，也将是推动美国基础教育改革与发展的新动力。该法案的一项重要内容是大力促进学前教育，创造或扩大中低收入家庭学生进入高质量或州立幼儿园的机会，这基于政府学前教育发展资助项目。

美国的幼儿教师依据法律及相关规定具有公务雇员的身份，即公务员兼雇员身份。公立学校附属学前教育机构中的幼儿教师一般由地方政府任用，即其任用权在地方教育当局，但任用时，幼儿教师需要与地方教育当局签订合同，以合约方式雇佣，因而具有公务员和雇员的双重身份，进而决定了美国公立幼儿教师的双重法律关系：雇佣关系与公务员关系[③]。

美国幼儿教育协会在20世纪80年代制定的《适宜于3—8岁儿童的课程内容与评价指南》第16条指出：混合编班形式有利于培养儿童社会交往能力，提高语言能力，促进儿童发展。美国幼儿园采取了不同年龄的幼儿在一个班集体的混龄教育，这是意大利幼儿教育专家蒙台梭利幼儿教育法的一个重要特点。

3. 英国幼儿园制度建设

英国中央教育行政职责包括：制定教育政策与教育制度；统一教育课程标准；通过督导机制监察地方教育当局和教育机构，领导和管理地方教育当局和教育机构；负责公立教育经费的拨付；负责批准地方当局的教育预算、机构设置与教育计划；设专职督学

---

① 周红霞. 2015年美国教育经费投入——最大份额用于学前教育和基础教育[N]. 中国教育报，2015-09-30(4).
② 赵中建. 美国通过《每一个学生成功法》——将基础教育管理权归还各州[N]. 中国教育报，2015-12-16(11).
③ 袁振国. 中国学前教育发展战略研究[M]. 北京：教育科学出版社，2010：219.

对学前教育进行独立督导。地方教育行政职责包括：负责分配中央政府对于保育和早期教育供应者的拨款；协调和支持当地的保育和早期教育供应者；同相关部门合作；评估当地的儿童保育市场，以确保为工作的父母提供充足的保育和早期教育服务；确保为3～4岁儿童（家长有意愿获得这一服务）提供法律规定的最少数量的免费早期教育；提供学前教育方面的信息。

将学前教育视作家庭内部事务而不予过多干预，是英国社会政治经济发展与文化一个较为深远的传统。由此，直至20世纪后半叶英国政府对学前教育一直都不十分重视，甚至在某种程度上更多地将学前教育的责任推向家庭。而20世纪末，英国社会、经济与教育领域出现了重重危机，如失业人口剧增、贫富差距扩大、未婚妈妈与单亲妈妈不断增加、青少年学业失败率呈上升趋势、社会福利开支陡然增加，一系列问题的出现迫使英国政府不得不采取新的政策措施。一方面，政府主张对此前长期受忽略的弱势群体如年轻人、长期失业者、单亲家庭、残疾人和老人等提供社会援助，以此来缓和社会矛盾；另一方面，推行积极福利制度，要求更多年轻人特别是女性走上工作岗位，创造经济效益。此外，英国政府还将目光投向了儿童、投向了教育特别是学前教育。

根据上述政策调整，近年来英国中央政府逐渐加强对学前教育发展的统一管理。首先，英国政府先后制定并出台了多项针对学前教育发展的全国性重要政策。例如，1998年的《国家儿童保育战略》《确保开端计划》；2000年9月颁布的《英国基础阶段教育（3—5岁）课程指南》，引领着全英国幼教界进行着"有效的教与学"的研究和探索；2003年颁布的绿皮书《每个孩子都重要：为了孩子的变化》；2004年颁布的《家长的选择，儿童最好的开端：儿童保育十年战略》；2005年颁布的《早期奠基阶段》规划；2006年颁布的《早期基础阶段法定框架》。这些制度和政策加强了中央政府对学前教育发展的统一领导与管理，中央政府开始承担起越来越重要的学前教育责任。其次，自《1988年教育改革法》以来，2004年的《儿童法案》和2006年的《儿童保育法》等法律和政策，均对国家教育部在学前教育方面的职责作出了明确规定，为中央政府更多介入与管理学前教育提供了法律依据。《儿童保育法》明确指出：英格兰地方当局必须制定出与相关伙伴合作的协议，从而切实履行法案所规定的其在儿童早期服务方面的职责，而每个地方当局的相关伙伴也必须同地方当局及其他相关伙伴参与协议的制定，共同合作。由地方当局领导的基于《儿童法案》对相关部门合作这一职责的规定而建立起来的儿童信托（children's trust），已成为地方所有和儿童发展相关的地方机构与其他致力于儿童发展的个体及团体的联合体，从而更好地提供服务并应对整合服务变化。最后，2007年英国政府对教育主管部门作出重大机构调整，将原有的教育和技能部一分为二，新成立的儿童、学校与家庭部的宗旨，即加强英国政府对包括学前教育在内的儿童发展与基础教育的领导，更有效地促进儿童、学生及其家庭的健康发展。第一次将影响儿童各个方面的政策整合到一起，从而更好地应对每个儿童在学习、健康及获得幸福上所面临的挑战。在地方层面，英格兰地方教育行政机关原为地方教育局，根据2004年《儿童法案》，将逐渐把"地方教育局"（Local Education Authorities，LEA）改为"地方当局"（Local Authorities，LA），其职责包括儿童和青年教育、儿童社会服务、儿童健康等，将通过建立一个强有力的管理、报告、统辖、合作和检查程序来确保有效的工作和促进儿童的绩效。

总之，儿童、学校与家庭部的建立，进一步密切了学校、社会和家庭之间的联系，打破了部门间的组织性障碍，并通过建立相应的机制来保障和推动部门间的协作与整合，既有助于充分利用多种资源实现管理目标，提高学前教育管理和服务的效益与效率，又有助于满足学前儿童在教育、保育、健康、安全等诸多方面发展的需要。

英国有关学前教育的财政投入具有严格而规范的预算制度，并以《预算拨款法》（Appropriation Act）的形式予以法律保障并不折不扣地执行。《预算拨款法》规定的预算项目中与学前教育直接相关的预算项主要有三大部分，即教育部预算、教师养老金计划预算、教育标准局预算，每个部分中有进一步细化的项目说明。其中对于学前教育的投入主要由儿童、学校和家庭部负责，该部门对学前教育相关的预算也是财政性学前教育经费的主要来源，主要包括三大项拨款，分别是"通过为每个人创造机会来发展他们的学习、实现每个人最大的潜能并在教育标准和技能水平上达到优秀来创建一个充满经济竞争力和融合的社会"；"通过确保开端、早期教育和保育来促进婴儿和幼儿的身体、智力和社会性的发展"；"借助儿童基金，通过帮助弱势儿童、青少年和他们的家庭，应对儿童贫困和社会排斥现象，以打破机会剥夺与弱势地位之间的恶性循环（主要针对5~13岁儿童）"（英国议会，2007年）。和学前教育相关的是在第一项中所包含的学校专用拨款（dedicated schools grant）和用于"确保开端、早期教育和保育"的专项拨款。其中"确保开端、早期教育和保育"拨款可以说是学前教育预算的专列预算。拨款法案同时对这一部分预算拨款的主要用途也进行了说明，主要用于支持婴幼儿的身体、智力和社会性发展。拨款法案每年也会根据实际情况进行一些调整。财政专项预算为英国"确保开端"项目及整个英国学前教育与保育质量的提高，提供了有法可依的财政保障。

英国幼儿教师身份跟美国相同，都是依据法律及相关规定，具有公务雇员的身份，即公务员兼雇员身份。英国学前教育办学体制的突出特点是保育和教育融合，举办主体多样并行。英国幼儿从出生至入小学前的保育和教育责任，由两种或两种以上的平行机构来承担，其中一种强调保育功能，而另一种强调教育功能。前者由政府的健康和社会福利部门举办和管理，如日托中心和游戏小组等；后者则由政府的教育部门举办和管理，如幼儿学校和幼儿班。就英国学前教育机构的办学主体而言，属于学制体系一部分的早期教育机构——幼儿学校、幼儿班、保育学校和保育班等，由其依托的学校来举办。学制体系之外的保教机构则由不同举办者提供，在包括全日托儿所和校外保育在内的机构中，超过七成的机构是由私人、志愿者和独立学校来举办的。尽管英国的保育和教育机构由不同的举办者提供，但无论是公立还是私立，满足条件且有意愿的保教机构都能获得政府的财政支持，向3~4岁儿童提供免费的保育[1]。

2015年，英国政府利用在线服务网站保护孩子网络安全。据英国教育部网站消息，最近英国政府在全国发起了一项新的在线服务（online tool），帮助学校为父母提供建议和技巧，以便为学生成年后的生活做好准备[2]。新的在线服务被称为"父母信息"，帮助父母从儿童日常行为中发现自我伤害的迹象以定位他们身上存在的危险问题，从而使儿童拥有一个健康的身体并提高他们的理财能力。此外，这项在线服务也会为父母提

---

[1] 袁振国. 中国学前教育发展战略研究[M]. 北京：教育科学出版社，2010：182.
[2] 赵芳. 英国在线服务网站保护孩子网络安全[N]. 中国教育报，2015-09-30(4).

供一些解决方案，增强他们的自信，支持他们的孩子处理一些敏感的问题，以便他们在具体的问题上获得支持。目前，英国已有550多所学校在这一网站上进行了注册，新在线服务为父母在应对网络风险中提供建议和支持。英国政府于2015年1月发起了扩展的试点，100所学校已经经过测试并称赞了"父母信息"，仅在第一周，网站就拥有了超过3万的浏览量，并获得了积极反馈。

4. 日本幼儿园制度建设

第二次世界大战后，日本在科教兴国理念的作用下，一直非常重视学前教育的发展，并将学前教育放在关系到国民素质、人力资源储备与国力提高的层次上加以重点振兴和大力发展，极力促进幼儿的全面发展、促进幼小衔接、为终身教育奠定基础，成为日本学前教育的重要功能定位与基本宗旨。日本幼儿园法制建设较为完善，其发展水平远远领先于其他国家。

日本第一个独立的幼教法规是在1926年出台并颁行的《幼稚园令》。1947年颁布施行的《学校教育法》将学前教育正式纳入其学校教育体系中。根据该法第一条规定：所谓学校，系指幼儿园、小学、初级中学、高级中学、中等教育学校、特殊教育学校、大学及高等专科学校。也就是说，幼儿园教育是日本学校教育体系中的正规一环。2006年新修订的《学校教育法》第二十二条规定：学前教育作为日本义务教育与终身教育的奠基阶段，满3岁至小学入学前的幼儿均可进入幼儿园接受学前教育。

依据日本《宪法》《国家行政组织法》《内阁法》和《地方自治法》等法律规定，日本中央与地方政府对学前教育权限划分的基本定位是中央集权与地方分权结合并行。中央政府的学前教育职责权限主要包括：统管全国教育发展规划、教育改革方向、教育课程标准，对都道府县[①]教育事务是否妥善给予指导、建议或援助等。地方一级的学前教育职责权限则包括：市町村[②]教育委员会负责设置和管理幼儿园、小学与初中；都道府县教育委员会对市町村教育是否妥善有权进行指导、建议或援助，并负责设置管理公立聋哑养护学校等教育机构等。

---

① 都道府县是日本的行政划分。在日本，地方行政实行自治，这是由日本宪法第八章所规定的，因此日本地方没有"政府"一说，日本宪法将其称为"地方公共团体"。根据日本地方自治法（第2条第4项），都道府县是"包括市町村的广域地方公共团体"（同条第5项），督代表的是州，道代表的是省，府代表的是市，县代表的是县。其基本功能为处理涉及广域团体的事务及与市町村相关的联络事务。所有的市町村及特别区都是47个都道府县（1都1道2府43县）以下的二级地方。在各都道府县中，都设有代表决议机关的议会（都道府县议会）及代表执行机关的知事（知事部局）。除此之外，还设有公安委员会、警察本部、教育委员会、选举管理委员会、监察委员会等负责各种事务的机关。都道府县享有以下权利：自治权、制定条例及规则、发起及征收地方税和负担金、发起地方债券等。

② 市町村是日本的"基础地方公共团体"。由于地方基本由市、町、村构成，因此日本一般俗称地方为"市町村"，特指"地方公共团体"。日本共有市町村3229个，其中市671个，町1990个，村568个。市、町、村都是一种自治体组织，相互之间并没有隶属关系。这一点与中国的市（县）辖镇、镇辖村完全不同。明显的区别就是市町村行政首长的任命，完全是由当地市民选举产生，并不是由上级任命的，所以上级也不能撤销行政首长的职务，只能由他自行辞职。而市町村的公务员录用及升迁则完全依据《地方公务员法》进行。市町村地方自治体（行政机构）的主要职责，包括负责中小学建设、儿童及学生的教育；负责消防、应急救灾的工作；负责垃圾的收集和处理；负责给排水工程（上水道、下水道）；负责道路及河流的管理；负责区域建设规划；负责居民登记及户籍管理；负责住址门牌标识和交通标识；负责保育所、老人公寓、公民馆、体育馆、公园等公共设施的管理；负责国民健康保险、医院；负责规划和管理公共交通。从这些职能来看，日本的市町村职能中并不包含大型区域规划、警察、军队、税收、土地管理、法院、检察院等职能。

在日本，中央教育行政部门不断加强对全国学前教育的统一规划，这一点跟英国相似。第二次世界大战后，日本由战前的中央集权管理模式改为地方分权制，都道府县一级和市町村一级政府教育委员会分别负责本区内包括学前教育在内的教育行政管理。而20世纪50年代中期至70年代，随着日本进入经济高速发展时期，其教育发展也进入黄金期，该时期也是日本教育管理强化中央集权的开始。在这一时期，日本出台了多部关于教育改革与发展的重要法律及全国性的政策及计划，其中包括日本学前教育的"七年振兴计划"和"十年振兴计划"。此后，包括学前教育在内的日本教育行政体制变化的总体趋势是强化中央集权意识。在这种模式下，日本中央政府及教育行政主管部门主要负责制定教育方针与政策，制定各种教育法规、全国教育发展规划、教育课程的最低标准及发布全国教育统计信息等；地方政府及教育主管部门则遵照既定的全国性目标和标准，根据地方需要来拟定具体计划并付诸实施。中央重在指导和监督，地方则重在执行和创新。

近年来，少子化倾向、网络等现代科技急速发展带来的人际关系淡化等现实状况，使越来越多的日本儿童在心理和情绪等方面出现问题，日本政府不得不重新思考学前教育对儿童良好情绪情感形成方面的重要影响并予以高度重视。另外，妇女就业率的持续增长也使学前教育需求明显增加，越来越多的家长把子女送入学前教育和保育机构，从而，发展学前教育事业成为日本政府应对妇女就业增长的重要举措。

2008年7月，日本文部科学省[①]颁布的《幼稚园教育要领》第2条指出：幼儿期十分重要，幼儿园通过与家庭的合作为人的终身发展奠定基础；幼儿园教育通过在教育原则指导下的幼儿园生活，为幼儿发展其生存能力打下基础，努力实现《学校教育法》第22条所规定的幼儿园教育目标。

日本学前教育在办学体制上存在保育所和幼儿园两种形式并立的体制，前者属于福利性质，受《儿童福利法》的规制，是儿童福利机构，归厚生省[②]管辖；后者属于学校体系，受《学校教育法》规制，是教育机构，归文部科学省管辖。保育所和幼儿园并立的这种体制是由于历史原因形成的。第二次世界大战前，在日本保育所收容0~6岁平民家庭的婴幼儿，幼儿园则是对富裕阶层的3~6岁幼儿进行教育的场所。20世纪60年代以后，保幼出现一体化趋势，双轨制色彩有所淡化，但两者在教育教学宗旨与具体目标方面还是有所区别。总体上说，保育所比较倾向于培养幼儿的自理能力，提供保育服务；幼儿园则相对注重学龄前教育，有些幼儿园甚至开设算术、英文、乐器等课程。虽然日本学前教育中保教分离的局面长期存在，但二者间的区别只是相对的，并且正在逐渐淡化。实际上不管是幼儿园还是保育所，都有多种多样的实践，且二者的教育目标基本相同。

鉴于幼儿园和保育所并立的二元体制所产生的种种问题，日本政府开始采取措施，改革幼儿园与保育所的二元体制。2006年文部科学省和厚生劳动省联合制定了《关于学

---

① 文部科学省相当于中国教育部。文部科学省由大臣官房、终身学习政策局、初等中等教育局、高等教育局、科学技术·学术政策局、研究开发局、研究振兴局、运动·青少年局及国际统括官等构成。

② 厚生省是负责医疗、卫生、社会福利的部门。

前教育·保育等综合化教育的法律》，以实现教保一体化，提供综合性的学前教育服务。在 2006 年启动的第五个"幼儿教育振兴计划"中，文部科学省重申要"进一步促进幼儿园和保育所的联合"，并致力于"削减幼儿园和保育所间的差别，共同支撑和完善学前教育体制"。

从办学主体来看，日本以私立幼儿园居多，约占全国幼儿园总数的 61%，公立幼儿园约占 39%，还有比例非常小的国立幼儿园。日本幼儿园按政府制定的标准收费，缺口部分由政府给予资助。公立幼儿园的收费一般比私立幼儿园收费要低 25%，政府规定私立幼儿园的办学规模、幼儿人数、收费标准和浮动范围，并按幼儿编制人数给予一定补贴。

目前，日本 5 岁幼儿有 60%左右的进入幼儿园，40%左右入保育所。幼儿园每天的保育时间比较短，一般自早上九点至下午两三点，收费比保育所低一些。在接收对象的年龄范围上，两种机构有明显区别：幼儿园一般要求 3 岁以上幼儿才能入园（个别幼儿园设有小小班，接收 2 岁幼儿）；保育所的入园条件则是父母双方都因工作或其他原因白天无法照看其 0~6 岁的子女，开设时间原则上是一天 11 小时以下。公立保育所的费用是根据家长收入分为不同等级来收取的，其收费标准由市町村决定，从 1 万日元至 4.5 万日元不等，3 岁以下孩子入所费用相对比较高。公立幼儿园的收费标准由政府制定，向家长收取的费用标准，是按照家长所交所得税的多少确定，所得税高的家长要承担相对较高的费用。

2006 年 10 月，日本开始开设将幼儿园与保育所的教育技能融为一体的学前教育机构，即"认定幼儿园"。除了幼儿园、保育所和认定幼儿园以外，日本学龄前儿童还可利用的福利制度，如临时入托服务，包括家庭福利员（保育妈妈）、病儿保育、短期儿童看护、暂时特定保育等。为给单亲家庭提供方便，还设有母子生活支援设施。残疾儿童可以选择两种保育形式：一种是在特别教育设施中接受保育，另一种是融合保育，即残障儿童在正常儿童的集体中接受保育，又被称为混合保育。此外，日本还有在保育所和幼儿园以外的援助及促进亲子关系的儿童馆设施等。

在日本，国立和公立幼儿教师为国家或地方公务员。早在 20 世纪 40 年代末，日本就在《教育公务员特例法》中规定：凡是按照日本《学校设立法》规定所设立的国立和公立的包括幼儿园在内的各级各类学校的校长、副校长、幼稚园长、教师、专职教育研究人员及各地方教育委员会的教育长和教育行政管理人员等，通过教育为全体国民服务的教职员工为日本的教育公务员。该法律还规定：国立学校的校长、教师及其他系部主任等人员（包括国立研究机构的相应人员）的身份为国家教育公务员；公立学校的校长、教师、系部主任及地方专职教育行政人员的身份为地方教育公务员[①]。这就从法律上赋予日本幼儿教师具有与其他学校教师完全同等的人格身份和法律地位，有效保障了日本幼儿教师队伍几十年来的稳定与发展。在幼儿教师的性别构成上，男教师占比大的国家是日本。

---

① 蔡永红，肖艺芳. 日本教育公务员制度的特点及其对我国的启示[J]. 教师教育研究，2011，(6)：76-80.

5. 德国幼儿园制度建设

德国 170 多年前就已经出现了幼儿园，但这一世界上最早产生幼儿园的国家，曾经面临着窘境。据 2001 年的一项调查显示，德国 3 岁以上儿童接受学前教育的人数大约只有适龄幼儿的 10%，同期丹麦为 64%、英国为 34%[①]。为了改变这一现状，近年来德国加强了这方面的立法，规定必须给 3~6 岁的儿童提供受教育的机会，所以德国目前 3~6 岁的幼儿入园率能够达到 90%。在德国，"幼儿园"这个概念与我们所理解的有所不同。德国幼儿园招收 0~10 岁的儿童，包括 0~3 岁的婴幼儿、3~6 岁的幼儿和 6~10 岁的小学生，并且实行混龄教育。为了能够更好地开展活动，他们一般将年龄不同的孩子分成不同的组，每组由不同的教师负责。幼儿园里招收已经就读小学的儿童，就像中国的"小饭桌"一样。中午小学生放学后，到幼儿园来用餐，下午放学后，到幼儿园来做作业，做完作业可以在幼儿园玩足球等游戏。通常幼儿园每个班墙上都有一张表格，记录着每位小学生放学时间、所在学校、联系电话等，便于班上教师对他们进行管理。

每年 2 月是德国幼儿园报名的时间，各地家长开始忙碌。虽然德国的幼儿园每年招收新生的时间在 9 月份，报名的时间却提前了半年。最近几年由于德国鼓励出生的新政策出台，孩子的出生率有所回升，各幼儿园都出现了人满为患的情况，想送孩子去心仪的幼儿园变得不那么容易，父母们得抓紧时机甚至提前报名，否则就可能无法选择心仪的幼儿园。

德国是一个地方高度自治的国家，幼儿教育的改革也以地方或幼儿园为单位，没有全国统一的课程改革方案或大纲，甚至连州一级也没有统一的教学大纲，教育目标与方案在很大程度上是幼儿园开办者自主决定的，多以游戏等自由活动为主，不进行读、写、算等基础知识的教学，有组织的教学活动包括由教师讲故事、教唱歌、劳作、会话和带领幼儿接触自然界等。尽管如此，一般幼儿园都通过适用于所有儿童的课程设置来提高幼儿的学习能力，并通过积极的刺激来弥补幼儿在家庭不利环境下造成的学习缺陷，以促进所有幼儿得到健康发展。

在德国，教会可以兴办幼儿园，一般分为基督教兴办和天主教兴办两种。在幼儿园里孩子们会接触很多教会的礼仪和有关圣经的故事，因此选择哪个教会办的幼儿园很重要。像这两种教会一样，天主教的幼儿园非常严格，而基督教的幼儿园相对要宽松些。例如，天主教的幼儿园，什么事情都是雷打不动的，什么事情基本没有回旋的余地，让人感到天主教的严厉。除了考虑教会，对于家长来说需要考虑的很重要的一点就是幼儿园的氛围。大人们都喜欢分群，孩子也一样。如果幼儿园位于土耳其人聚集区，那么园里土耳其孩子占大多数而且成群。反过来如果幼儿园里只有德国孩子也不见得是件好事，其实幼儿园里如果有几个外国孩子气氛就会好得多，最好的是由大学兴办的国际化的幼儿园，国际化的氛围很能培养孩子开朗的个性。

德国的幼儿园班级形式一般是混龄编班，这样方便孩子互相学习和交流，孩子们在

[①] 林风. 经济"景气"是靠"人气"来支撑的——欧洲"寡民"之痛带给我们的启示[N]. 读友报，2015-12-11(9).

玩耍中无形中就学会了分享和互相照顾。德国的幼儿园一般每个小组有两个教师和将近20个3~6岁的孩子,条件好一点的就可以多一个教师或者实习教师,再少几个孩子再加上大一点的房间,可能还有肉食店每天送来新鲜的午餐。条件差点的就多些孩子,集中在空间相对拥挤一点的教室内。

德国幼儿园和中国幼儿园相比另外一个很大的不同是,阿姨只是一个旁观者和协助者,而不是威严的教师。他们的任务就是让孩子们开心地玩耍,在玩乐中发现孩子的天赋和个性,协助他们学会自立和处理人际关系。阿姨们一般都是女性,目前正逐渐有男性加入,而男性能给幼儿园带来更多的活力。

德国提出千万不要把幼儿园变成学校的理念,幼儿园主张一切以玩耍为主,寓教于玩。让孩子们痛快地玩,然后在玩乐中培养一些能力。各个幼儿园都有各种活动,只是侧重点不一样。有的幼儿园比较注重开发动手能力和想象能力,如画画和做手工活;有的幼儿园比较注重开发孩子的乐感,如玩乐器和唱歌;有的注重体育锻炼,还有的则非常注重接触大自然。在德国很少有孩子不愿意上幼儿园,因为在幼儿园里,轻松自在又有很多小朋友。幼儿到了五岁的时候各个幼儿园都会把这些孩子编成学前班,抽出一些时间让这些孩子单独上课。学前班的孩子会学习数字、字母和游泳等,最重要的是培养他们在心智和人际交往上正常发展,以能顺利地进入小学而感到骄傲。

德国幼儿教育强调两个方面:一是事实与环境教育。这是一种唤起幼儿环境保护初步意识的教育,通过观察周围环境,访问不同的机构,增强幼儿对周围环境的兴趣,直观体验自然过程。通过各种方式让幼儿接触自然,是促进儿童成为环境保护主人的前提条件,如让幼儿认识能量与水的意义,避免制造多余垃圾的意义等。幼儿在天气好的时候会由教师带着去森林里散步玩耍,观看大自然里的动植物和风景,学习分辨花草植物。他们参观图书馆,学会了如何借书、还书、阅读;参观警察局,学习了如何报警,如何处理遇到坏人的情形,了解警察是用来做什么的;参观消防警察局,跟消防警察们一起学习灭火知识、躲避火灾的常识;参观邮局,看看一封信是如何从家里到达邮局,又被投递出去的;参观市政府,认识市长,看看这个为他们服务的市长是什么样子的;等等。二是实际生活与家政教育。给幼儿机会,进行模拟练习。就是通过设计有意义的情境,给幼儿以体会,形成集体生活中必须具备的技能。三年中,他们去自由市场,学习怎样买东西,区别自由市场跟商店的不同;他们每周都跟教师去超市买东西,学习付钱、选择货物的生活技能;他们去坐有轨电车,学会记住回家的路线。另外,如穿衣,熟悉使用各种玩具,知道每年的重要事件,掌握家务劳动技能(整理房间、洗衣做饭等),熟悉交通规则,学习一些仪器使用(收录机、煎烤箱等),对紧急情况作出反应。三年中孩子学会了自己修理玩具,自己管理时间,自己约会,自己制定计划,自己搭配衣服,自己整理东西,自己找警察……一个六岁的孩子,自理生活能力很强。

6. 发达国家幼儿园制度对我国的启示与借鉴

从全球学前教育的入学率来看,北美和西欧等发达国家已经高达88.5%,中国学前三年毛入园率为 70.5%，达到中高收入国家平均水平，高于世界平均水平（53.7%），但还略低于中东欧（74%）及拉美和加勒比地区（74.5%）的水平[①]。中国儿童早期教育领域面临种种困难和问题，如学前教育立法不完备，学前教育经费投入严重不足，各级政府和部门责任分工不甚清晰，学前教育资源配置不均衡导致区域和城乡差异大，加速城镇化给城市儿童教育带来了新挑战、新矛盾，幼儿师资队伍建设滞后等，这些问题严重制约着我国学前教育事业的健康发展。通过对发达国家的幼儿园制度进行以上分析研究，借鉴其学前教育发展的经验，针对我国及甘肃省学前教育的现状，我们提出加快发展学前教育的以下思路和建议。

（1）建立完善的法律体系，特别需要指出的是，要保证立法人员接触并了解贫困地区和弱势人群。从我国近代第一所幼稚园创立至今，学前教育事业发展已有百余年的历史，但与这厚重历史不相称的是，迄今为止我国还没有一部全国性真正意义上的学前教育立法，学前教育立法体系不够完备。目前，我国学前教育仅有两部全国性的法规，分别是 1989 年颁布的《幼儿园管理条例》和 1996 年发布的《幼儿园工作规程》，但这两部法规的法律效力层次比较低，仅处于我国法律体系中的第四层次，即部门规章，缺乏基本法律的高度权威性。虽然《幼儿园管理条例》《幼儿园工作规程》分别对幼儿园的管理和各方面的工作作出了一些规范，但其内容主要是指导性条款，缺乏国家强制力和直接具体的指导意义，对于协调全国的学前教育显然是心有余而力不足。现代社会是法治社会，教育要依法治教，学前教育也不例外，必须制定一系列的法令、法规，并依据这些法规来实现现代治理。造成我国学前教育持续滑坡的根本原因在于国家对学前教育的作用和意义认识不足，领导管理不力，没有制定全国性的学前教育基本法律，致使学前教育的发展几乎无法可依。发达国家的教育发展从来都是以立法的形式将国家意志固定下来，学前教育的发展过程实际上也是不断法制化的过程。依法治教是发达国家保障对本国学前教育投入和事业发展的一大特色，也是世界教育改革发展的必然趋势。另外，我国要确保立法人员深入调研，尤其是要接触并了解贫困地区和弱势人群，真正做到良法善治。

（2）增加政府对学前教育的投入。如前所述，发达国家的学前教育水平在世界范围内居于领先地位，重要原因之一是这些国家对学前教育的经费投入是颇高的，这一点毋庸置疑。我国是人口大国，目前 0~6 岁的儿童多达 1.3 亿，是世界同龄儿童总数的五分之一。而我国学前教育经费长期以来仅占全国教育经费总投入的 1.2%~1.3%，这个比例是很低的，与 1.3 亿的学前儿童规模极不相称，从根本上难以支撑我国学前教育事业发展的需要。因此，建议政府大幅增加对学前教育的投入，这是促进学前教育发展，提高学前教育水平的现实保障。

（3）为特殊儿童提供较高水平和较高质量的学前教育。如前所述，美国联邦政府对学前教育的财政投入，具有明显扶助处境不利儿童的特点，这在一定程度上缓和了社会矛盾，促进了社会公平。在我国，残疾儿童人数较多。近年来，学前教育阶段就读的残

---

① 张东. 为了每个孩子，为了我们的未来——来自第四届反贫困与儿童发展国际研讨会的声音[N]. 中国教育报，2015-10-28(11).

疾儿童人数明显增长，2014年全国在园残疾幼儿约两万人[①]。但是这些儿童明显处于社会中的弱势地位，我国学前教育财政投入基本上侧重于城市、偏向教办园（即教育局举办的公办园）和少数机关园，具有扶强而不助弱的特点；财政投入的地域之间、幼儿园之间和儿童之间严重不公平；教育资源分配不公，发展不平衡。这是我国在创建和谐社会过程中亟待解决的教育公平问题。特殊教育是现代教育体系的重要组成部分，没有特殊教育的现代化，就不可能有整个教育的现代化。党的十八届五中全会通过的《中共中央关于制定国民经济和社会发展第十三个五年规划的建议》明确指出，要办好特殊教育，与"十二五"规划中"关心和支持特殊教育"内涵有所不同。这要求特殊教育不仅在规模上有发展，更强调质量上有提高。这是在"关心和支持特殊教育"基础上提出的更高要求，为"十三五"期间我国加快推进特殊教育改革发展指明了方向。要想做到这一点，一是要推动特殊教育立法，强调残疾人与非残疾人享有同等的受教育权利，按照"特别扶助"原则，通过倾斜性保护，为残疾人受教育的实现提供"强大的制度依托和现实保障"。二是必须提高各级领导依法履职的意识。部分地方政府官员和特殊教育管理者对特殊教育重视程度不够，将特殊教育定位为慈善事业和公益事业，而非残疾儿童应享有的权利。应将残疾儿童入园率，特殊教育教师专业化水平、特殊教育保障水平等纳入地方教育均衡发展、教育现代化及全面建成小康社会的综合督政指标，并建立相应的惩罚机制。三是改变特殊教育管理体制。目前，政府只在基础教育部门设立了专门负责特殊教育的机构。建议将学前教育阶段的特殊教育有效纳入教育行政部门内部职责分工，在教育行政框架下，设立专门独立的机构对特殊教育进行规划、管理和引导。四是建议继续加大对特殊教育的投入，把提高特殊教育就学机会和普及水平作为政府"保基本、惠民生、促和谐"的重要内容，纳入国家基本公共服务保障范围。五是努力扩大残疾儿童接受学前教育的机会。要将学前特殊教育纳入学前教育行动计划，扩大学前融合教育、幼儿园特教班规模。六是设立相应的教育教学标准。通过颁布特殊教育学校课程标准，出版特殊教育学校教材，建立特殊教育质量监控标准，出台特殊教育教师编制标准，提高特殊教育教师的专业能力，出台随班就读、特教班、送教上门工作标准，构建特殊教育服务体系，采取多种措施，促进特殊教育质量提升。

（4）为家庭经济困难儿童和孤儿提供免费的学前教育。近年来英国等发达国家和印度等发展中国家都把为贫困儿童从出生起提供科学的学前教育，作为其消除贫困、缩小社会差异的治本之策并加大投入。在我国，同样存在着大量家庭经济困难或特殊家庭的儿童和孤儿，为他们提供免费的学前教育，对于缓和社会矛盾、促进社会公平和维护社会稳定至关重要。

（5）作为促进学前教育发展的基本策略，学前教育政策的有效实施应当依靠多方面的支持，通过多种形式来扩大学前教育资源，调动社会各方面力量的积极性、整合和充分利用各种社会资源（包括民办教育的资源）为学前教育发展服务。英国政府在政策和资金上一视同仁地对待公办和民办幼儿园，是我们可资借鉴的发展学前教育事业的有效策略。重视学前教育法律法规的建设，完善学前教育财政投入保障机制，加强对学前教

---

① 陈鹏. 特殊教育办不好，教育不可能现代化[N]. 光明日报，2015-12-08(4).

育的监督与评价，因地制宜、优化学前教育资源配置，整合各种学前教育资源，提高学前教育投资利用的效率是促进学前教育公平，提高学前教育质量的必然选择。由于我国社会的经济发展水平和目前学前教育事业还不属于义务教育范围的性质，因此我国政府（主要是各级地方政府）能够为幼儿教育投入的资金非常有限。然而迄今为止，即便是有限的资金往往也只能在办好"示范幼儿园"的名义下仅仅被小部分"处境有利的"幼儿及其家庭所享有。英国政府以每个幼儿为对象的（尤其是处境不利幼儿和他们的家庭优先）经费投入模式，对于我们今天在全面建成小康社会提倡教育公平的背景下，重新思考教育资源的合理分配和使用、尽可能地体现现代教育的公平性原则问题具有借鉴意义。

（6）美国、英国、德国等国家幼儿园的"混龄编班"教育模式值得我国借鉴。幼儿园混龄编班教育很早就已出现，1907年，意大利幼儿教育专家蒙台梭利非常反对将儿童按照年龄分别编班，她所创办的"儿童之家"，就没有采用传统的班级和统一的教学，没有实行固定的班级制度，只采用大体的分组。她认为，这样编班有利于儿童的天性得以自然的表现。她还认为，社会生活的魅力在于一个人可以遇到不同类型的人，按年龄实行隔离是一种人为的隔离，打破了社会的契约，剥夺了生活对儿童的滋润，会阻碍儿童社会意识的发展。"混龄编班"教育的一个特殊价值，就是打破孩子年龄界限，培养不同年龄孩子良好的社会行为方式。现在，混龄编班在美国、英国、德国等欧美许多西方国家已经相当普遍，在那里，教育者把不同年龄的儿童编在一个班级，让他们在一起游戏、生活和学习。

现阶段"混龄教育"在我国正处于尝试和摸索阶段。近年来我国也有部分幼儿园引入了"混龄编班"教育模式。有幼儿教师坦言，混龄班教学任务重、要求高，没有相应政策，工资水平和常规班教师相同，一些教师不愿意带班。目前国内并没有针对混龄教学的参考教材，这也为实施带来困难。另外，我国的大部分幼儿园实施的"混龄教育"基本上限于某一时间段或某一活动，采用"大带小"形式，混龄活动频次为每周一次或几次或对一学期中的某些活动加以设计，而整日混龄活动较少，对混龄教育研究也都是以"大带小"为主，忽视小幼儿对大幼儿的影响，以及不同年龄幼儿之间的互动。

我国绝大多数幼儿园按照不同年龄分别编成大、中、小班，显然是受学校教育的直接影响，为适应学校教育的需要，把幼儿教育仅仅作为学校教育的"预科"定位，有很大的局限性。尽管同龄班级中的孩子也有交往和互动，但过于单一，与混龄班级中的孩子相比，交往还是显得单薄。利用幼儿园的儿童群体，把不同年龄的孩子一起编班，一定程度上可以弥补独生子女家庭中缺少的"兄弟姐妹"情感。我国可以适当地实行"混龄编班"教育形式，这样有利于儿童之间的交流与沟通，他们会有一种崭新的体验，品尝交际带给他们的快乐。相信广大的家长会逐步认同这种新的教学模式，其发展前景是值得期待的。

当然，我国绝大多数幼儿园以儿童年龄为依据，编成小班、中班和大班的做法也有诸多的好处。例如，生活在同一个班里的孩子出生年月相近，心理年龄也相近，活动能力、认知水平、兴趣爱好等接近，教师可以根据他们接近的生理特征和心理特征，组织各种学习和游戏活动，组织、管理相对容易，一般也不会发生家长所担忧的那种小孩子受欺负的现象。但是，任何事物都不是绝对的，以儿童年龄为依据编班，也有它的缺陷。这实际上是把某一个年龄阶段的儿童与整个儿童群体人为地割裂开来，违背了儿童天性。我们在日常生活中，在街头巷尾，公共活动场合，看到比较普遍的现象是不同年龄的儿童在一起游戏、玩耍，他们能和谐相处，互相礼让；而同一年龄的孩子在一起，却因为他们的体能"势均力敌"，往往会出现互相争夺、互相攻击、各不相让的现象。而不同年龄阶段的孩子在一起生活，这种现象发生的概率就比较小，相处得往往比较和谐。这与现实的成年人社会是很相像的，因为成年人社会就是由不同年龄、不同能力、不同层次的人组成的。"混龄编班"教育在其现实价值培养上表现出其明显的优势。

一是较好地促成了儿童的交往与合作，有利于儿童社会性发展。不同年龄的儿童构成一个生态圈和社会场，每一个儿童都要面对迥异于自己的"那一个"，都要学会和不同的人交往并建立关系，都要学会彼此间的尊重、信任、合作与交流。这是很需要花费一番工夫的，也最能锻炼和发展儿童的交往与合作能力。混龄儿童社会性发展，就是儿童学习和掌握文化知识、行为习惯和价值体系并成为现实社会中所要求的成员的过程，即儿童的"社会化过程"。儿童的社会化不仅是儿童积极掌握社会经验及社会关系系统的结果，而且是儿童同社会群相互作用、相互影响的结果。

家庭是社会的细胞，也是社会的缩影，是儿童实现社会化的第一场所。但目前我国家庭绝大多数儿童是独生子女，家庭是一个成人的"世界"，儿童是孤零零的没有自己的"世界"，这并不利于儿童社会化。幼儿园应当是学龄前儿童实现社会化的重要场所和环境。把不同年龄的孩子混合编班，恰恰"暗合"了现实社会生活的要求，扩大了儿童的接触面，使他们学习了与不同年龄儿童的交往与合作，班级就像是社会的"雏形"或"缩影"。这样编班，有利于孩子社会性的发展，对将来顺利地进入社会、适应社会生活不无裨益。而如果孩子从小就是生活在单一年龄儿童群体中，由于接触面比较狭窄，儿童之间的关系比较单一，久而久之，势必会影响他们社会适应性的发展，不利于将来适应复杂的社会生活环境。

在过去，孩子在幼儿园生活在按照年龄阶段编班的单一年龄儿童群体中，兄弟姐妹比较多的家庭生活，尚可以弥补与整个儿童群体割裂的缺陷。现在的独生子女，就更有必要进入这种混龄编班的幼儿园。俄国教育家马卡连柯曾经指出："独生子女没有兄弟姐妹，因而没有互相体贴、照顾的经历，没有互爱互助、互相模仿、共同努力的经历，这不利于培养儿童的集体意识，可能会导致儿童个人主义的蔓延。"现在，在相当一部分独生子女的身上出现了一些个性缺陷，诸如任性、自私、孤僻、怯懦、不合群、自我中心意识太强、交往能力差等。而通过与不同年龄同伴的相互交往、共同生活与活动，儿童学习了与他人交往的正确态度与技能，克服自我中心，培养良好的社会行为方式，有效地克服独生子女这种特殊的家庭环境所带来的个性缺陷，为形成积极健康的个性奠定良好的基础。

二是能够进一步培养儿童的责任意识和担当意识。"混龄编班"模式会使幼儿在人际交往中表现出一些同龄幼儿所无法表现出来的行为，可以为儿童提供更多的角色经验，促进角色承担能力的发展。年龄大的孩子往往扮演哥哥姐姐的角色，可以在关心、照顾和帮助比自己幼小的孩子的实践中提高自己的能力，切身体验助人的快乐和欣慰，增强责任感及包容和自律意识；年龄小的孩子可以从大龄孩子身上得到关心照顾和帮助，切身体验人与人之间的亲情和温暖，学习到助人为乐的品质。大小孩子在共同生活、活动、学习和交流互动中，在品德和能力等方面都能在原有基础上得到不同程度的提高，并能培养团结合作、相互适应的意识和能力，以适应将来进入社会所需要的协作意识和能力。

在多子女家庭里，儿童的角色是固定不变的，是兄姐的永远是兄姐，是弟妹的永远是弟妹。兄姐一直是处于照顾别人、比别人强的地位；弟妹则始终处于被照顾关爱、弱者的地位。而在混龄班中的角色是动态的，随着年龄的增长被照顾的可以发展到照顾别人，从"弱者"发展为"强者"，在"社会角色"的不断演进变化中，儿童的身心两方面获得同步发展。相对来说，年龄大的孩子独立活动能力比较强，活动范围比较广，视野开阔，见识多，在知识上一般要比年龄小的孩子"先知先觉"，在能力上比年龄小的孩子要强，可以在班里起到示范的作用。这种"以大带小"的模式，大孩子和小孩子都能充分发挥主动性，小孩子可以得到知识和能力，大孩子在"带"小孩子过程中会进一步增强自尊心、自信心和上进心。

三是能够很好地培养和发展儿童的语言和智力、组织与管理能力。儿童的语言和智力的发展有赖于他如何与环境发生作用。正如皮亚杰[①]的理论认为，幼儿的身心发展是由幼儿自身与环境相互作用的结果，尤其是语言。语言是在与他人的交往过程中逐渐发展起来的，儿童通过模仿他人的语言，形成自己的语言体系，从而提高语言能力。不同年龄阶段的儿童所处的语言阶段也不一样，年幼的儿童通过模仿年长儿童的语言，更快地学会语言，年长的儿童在日常生活中通过纠正年幼儿童的错误而提高自己的语言水平，从而达到了共同进步的效果。不同年龄的儿童在一起，管理起来是需要方法和智慧的。解决的最好办法就是适当让儿童自我管理，相信不同年龄段的儿童之间有着天然的融合与对接能力，这是教师管理无法办到的，事实也的确如此，"混龄编班"教育能够很好地培养和发展儿童的组织与管理能力。

四是"混龄编班"教育有利于发展孩子的体能，增强孩子的体质。不同年龄的孩子，在体能上是有差异的；但这种差异一般不会成为隔阂，往往会成为大幅度提高体能的机遇。不同年龄的孩子在一起游戏、玩耍，年龄小的孩子在跟随大龄孩子"拉练"的过程中，自然会充分发挥自己的潜能，尽量不使自己掉队，有利于增强孩子争强好胜的意识。年龄小的孩子在和大龄孩子一起活动时，他们的模仿的天性会得到最充分的发挥。就在模仿过程中，挑战自己的意志和能力，有效提高小孩子的体能，增强孩子的体质。

针对不同年龄段的孩子，教师工作不再是"大一统"的传统教学方式，"混龄编班"教育使教师面临新的挑战。现在的年轻教师大多都是独生子女，也没有接受"混龄教育"的经验，"混龄教育"要求教师不仅要掌握一定的教学方法，更要熟悉不同年龄段孩子的认知习惯和成长特点，相当一部分教师对此欠缺经验；同时，还要求教师从内心对"混龄教育"理念完全认可与接纳，这不是一时之功。在我国，一些经济发展比较落后地区

---

① 皮亚杰（Jean Piaget，1896—1980），瑞士人，是近代最有名的儿童心理学家，他的认知发展理论成了这个学科的典范。

的幼儿园，存在类似"混龄班"模式，但这不能与我们所说的"混龄班"等同，一般称之为"混合班"。之所以开设这种班，主要是由于经济落后、居住分散、生源或师资不足、教学区域狭窄等原因，不得已而为之，与有目的、有计划地组织的"混龄教育"不可同日而语。

（7）少子化社会日本学前教育政策给予我国的启示。进入少子化社会的日本，学前教育事业的发展出现了滑坡的现象。但是日本政府并没有坐以待毙，而是积极地发挥其主导作用，通过制定振兴计划，修缮法律等措施来推动学前教育事业的发展。在我国，伴随着经济体制的转型，计划生育国策的颁布与实施，学前教育事业也被卷入改革潮流之中，并出现了一些阻碍学前教育事业发展的问题。要解决这些问题，就需要借鉴其他国家的先进经验。日本在进入少子化社会通过强化政府的职责、运用法律保障事业发展的做法，无疑为我国学前教育的发展提供了借鉴。

从我们收集的资料来看，日本出台的大部分政策倾向于解除家长的后顾之忧，缓解家长育儿困难和压力等支援家庭育儿方面的措施。而在进入21世纪以后政府制定的法律、章程、条例则更进一步地深化，更多地从幼儿及幼儿家庭的切身利益出发，综合利用各方面的优势，加强幼儿教育发展的整合性和连续性。特别是随着《幼儿园课程标准》的修订，《少子化社会对策基本法》《培育下一代援助措施促进法》《关于推进幼保一体化机构设施的法律》等法律的颁布与实施，使得应对少子化的对策有了明确的政策指导和法律依据，也更进一步完善了日本学前教育法律体系。1991年，日本颁布了《育婴休假法》，该法首次提出了兼顾女性就业与育儿的同时，可由劳动者自愿提出申请，在育儿期间休假一年。《培育下一代援助对策推进法》等专门性的法律，旨在育儿、就业、家庭等方面优化育儿环境，对学龄前儿童提供较多支持。

日本为了解决由少子化引起的入园儿童人数减少的问题，以及缓解工作女性在兼顾"就业与育儿"两方面的压力等问题，从制度上推行在幼儿园实施"托管保育"服务。1998年，文部省制定了《推进托管保育事业实施条例》，自此之后开始对在园儿童正式实施"托管保育"政策。并于1999年将其纳入《幼儿园教育纲要》的注意事项，不仅是为了缓解家长的就业问题，而且开始正式作为育子支援事业的一环被实施。

日本鼓励父亲积极参与育儿活动。日本政府强调家庭育儿不只是母亲的责任，父亲在儿童成长过程中有着不可替代的重要作用。因此政府进一步推动父亲育儿计划。2003年7月颁布的《少子化社会基本对策法》中，明确指出应对少子化带来的家庭问题，应重新考虑男性的工作方式。

党的十八届五中全会决定：坚持计划生育的基本国策，完善人口发展战略，全面实施一对夫妇可生育两个孩子政策，积极开展应对人口老龄化行动。这是继十八届三中全会决定启动实施"单独二孩"政策之后的又一次人口政策的重大调整。改变中国低生育趋势，仅有二孩政策还不够，需要政策在学前教育方面给力。低生育率会导致人口老化，经济低迷，市场规模效应下降。人口密度大的国家人均GDP相对较高，中国人口密度大的省份，经济相对更发达。因此，我国可借鉴日本的解除家长后顾之忧、缓解家长育儿困难和压力等支援家庭育儿方面的做法，应尽早推出相关法律法规和政策措施，为全面放开二孩提供更加充分的公共服务。对全面放开二孩后的生育规模进行摸底，调整幼儿园布局；减少养育家庭的税负，将学前教育纳入义务教育，延后放学时间等。这些方案固然会带来一定的财政支出，但是和国家人口稳定的百年大计相比，这些支出是值得的，也是必需的。

（8）德国幼儿教育的理念——事实与环境教育、实际生活与家政教育值得我们学习借鉴。"幼儿园"这一"其他教育机构"最早是由德国教育家福禄培尔创办并命名的。福禄培尔认为，幼儿园与学校是不同的，学前儿童"不能（像大年龄儿童那样）接受训练与教学，而只需要单纯地发展"。幼儿园是按人性胚芽成长的自然法则来开展教育的地方。福禄培尔超越前人的地方在于，他对童年有更为深刻的洞见，他发现童年在人生中具有崇高的位置。儿童教育要尊重儿童天性，以儿童为本，其根本就是保障儿童应有的权利。幼儿园应该是孩子快乐玩耍的地方，过早地开始文化学习，孩子的童年就会被过早地剥夺。国内的幼教工作者应以孩子的自然需求为教育基础，学习德国幼儿教育的理念——事实与环境教育、实际生活与家政教育，把幼儿园办成一个孩童自由玩耍的地方，而不是教学教育的向前延伸。

总之，了解当今世界上一些发达国家对学前教育性质、地位、功能、办学体制、机构类型、管理权限、财政投入、师资建设的制度性规定，可以对我国当前的学前教育特别是学前教育的制度设定提供大量的借鉴。

5.3.2 国内先进地区幼儿园制度建设研究

1. 国内先进地区幼儿园制度建设概述

美国著名经济学家道格拉斯·诺斯认为，"制度就是一个社会的游戏规则，更规范地讲，它们是为人们的相互关系而人为设定的一些制约"。在现实生活中，人们需要依据一定的制度来规范自己的行为举止，来衡量自己的言行举止是否得当。良好的行为规范需要从小培养、从娃娃培养。所以，在幼儿园教育时期，就需要建立科学的、积极的幼儿园制度，不仅可以使幼儿园的各项工作更加规范有序，而且以此来规范幼儿的言行、教育幼儿懂得规矩，逐渐培养他们良好的规范习惯、生活习惯等。乃至长大以后自觉遵守社会规范、遵守社会规章制度，做一个懂规矩、学规矩、用规矩的好公民。并且，从整个社会的角度来讲，幼儿园科学制度的建立还能保障社会安全，积极促进社会和谐良好的发展。

改革开放以来，我国学前教育事业取得了长足发展，随着社会对幼儿园办园质量的要求越来越高，加强幼儿园的科学管理，提高保育和教育质量，依法治教，走内涵发展的道路成为必然。幼儿园规章制度就是幼儿园中要求大家共同遵守的，具有科学性、思想性、教育性的办事规程或行动准则，其目的是更好地对幼儿实施体、智、德、美诸方面全面发展的教育，促进其身心和谐发展。在幼儿园科学运行机制建设中，制度建设是重要一环。制度在建设过程中不是一蹴而就的，也要经过一个逐步完善的过程。在幼儿园制度不断完善的过程中，随着宏观、微观环境的不断变化，幼儿园制度也在随着情况的变化而改变。并且，幼儿园自身的建设过程也是一个不断完善的过程，制度在实施过程中，根据实际情况不断进行总结经验、查漏补缺、因时制宜，根据教育对象的特点，不断做出相应的调整等，这些情况为幼儿园制度的制定和逐步完善提供了现实依据和实践基础。切合实际、与时俱进的规章制度相对来说都比较完善，制度涉及的范围广泛而全面，制度的可操作性和针对性也比较明显。规章制度建设的目的就是保证幼儿园的正常、和谐、科学运行，保证良好舒心的幼儿园环境，保证每一位儿童都能够健康快乐地成长，保证每一位家长都能够满意放心。

在我国先进发达地区的幼儿园，由于它们地理位置和经济实力的优势，具有文化发达、有雄厚资金的支持、管理设备先进、人员素质较高等特点，为幼儿园的建立和发展奠定了良好的基础。一个优质的幼儿园是离不开科学有效的管理制度的，好的管理制度是幼儿园师生员工所共同遵守的规范、标准和流程，它可以通过对工作标准的要求，对员工行为的规范，对幼儿园发展前景的规划，对工作中的责任、权利、利益都有明确的规定，对管辖的范围职责都有明确的管理界限和要求，解放员工的思想、调动员工的积极性，使其主动参与到幼儿园的建设和发展中来。同时，一套完整的、科学有效的幼儿园管理规章制度，可以为员工创造良好的工作环境、工作氛围，培养员工的自控、自治、自我约束的能力，引导员工自觉按照规矩做事，增强员工的责任感和归属感，培养员工的创新能力，全方位地提高幼儿园教育管理水平。我国先进地区的幼儿园基本上都比较重视制度建设，每个不同特点的幼儿园，应当有各自颇具特色的规范成熟的规章制度体系。这些幼儿园制度基本包括：幼儿园建立、幼儿园管理、教师职能、卫生管理、安全保障、后勤服务、财务管理等。在实际执行过程中，会出现制度的不完善、不全面，遇到某些特殊情况或突发事件，应变处理能力还不够等情况，这些还有待于幼儿园的规章制度进一步完善和健全。

加强幼儿园制度建设是极其重要的，这直接关系到幼儿园改革和发展的全局，关系到幼儿的生命安全和健康成长，是国家、社会、家庭都密切关注的重要事情。幼儿园管理制度一定要从一点一滴、从每个细节、每件小事抓起，抓细、抓全，以此保证幼儿园的正确的办学方向，保证幼儿园教育质量的稳步提升，保证幼儿的健康、快乐、全面发展。

2. 国内先进地区幼儿园制度建设的特点分析

国内先进地区幼儿园制度建设比较全面、成熟，有许多经验值得我们借鉴和探讨。

1）规范性是幼儿园制度建设的前提

一套完整的幼儿园制度是有规范性的，它会明确地告诉人们哪些言行举止在幼儿园是允许和鼓励的，哪些是明令禁止和反对的，哪些是有利于幼儿健康成长发展的，哪些是不利于幼儿身心健康的。在这样具有明确规范性的制度下，从事幼儿教育的人们就会明白自己的行为何为对与错，才能使自己的行为朝着有益于维护良好的教育秩序的方向发展，积极形成幼儿园教育发展的核心力量。

幼儿园制度建设的基本依据：一是国家和各级政府的宏观政策法规，在整个幼儿园建立过程和正常运转中，起着指导作用；二是幼儿园根据自身实际情况制定的章程。因为每个地区、每一幼儿园都有自身的特点。虽然大家都初步按照国家制度来制定，但在实际运营过程中，会出现不同的情况和不同的问题。这时候就需要幼儿园因地制宜，根据本园的实际情况制定相应的规章制度，以促进幼儿园自身不断地完善发展和进步。这里面就有一个首要的前提要求，就是幼儿园自身的规章制度必须是在不违背国家法规规定的前提下制定的，都必须符合党和国家的政策法规，是党和国家的方针政策在幼儿园具体工作中的细化和延伸。

随着我国法治建设工作的不断深入，以及幼儿园管理工作中人本思想的渗透和影响，幼儿园制度中会不断融入新的理念和规定，这对幼儿园管理者也相应地提出了新的更高的要求。幼儿园管理者要不断学习新的法律法规，学习新的管理知识，学习幼儿新的特点，及时了解和掌握各项新的法律法规的具体内容，不断修订整个幼儿园内部的规章制度，还要向全园教职工广泛宣传，使大家都能够掌握新知识、了解新政策、形成依法治园的园风精神，协调幼儿园全体员工行为，有效地推进幼儿园制度的建设和管理，建立稳定有序的幼儿园工作秩序，真正做到依法治园。

2）保障性是幼儿园制度建设的根本

生命是个体存在的基本标志，是个体进行生活和学习等一切活动的基础和前提。幼儿的生命安全不仅关系到幼儿今后的持续发展和成长，还关系着幼儿家庭的幸福和希望，更关系着国家的发展和未来。因此，幼儿来到幼儿园，其身体健康和生命安全首先成为幼儿园工作的第一要务，是整个幼儿园工作的重中之重。总体来讲，幼儿园制度建设的保障性是要保障幼儿园正常、安全、有序地运行，还要保障幼儿身体健康和生命安全。

我国法治社会建设在不断地发展和进步，同时也推动了社会主义和谐社会建设的步伐不断加大。从整体而言，我国社会表现出和谐、稳定、有序的状况，这种状况在教育系统中，在校园秩序总的方面表现良好。但是，由于目前我国处于社会转型期，在我国经济、政治这样快速发展的大背景下，我国的教育事业也取得突飞猛进的发展。随着新的《国家中长期教育改革和发展规划纲要（2010—2020年）》和《国务院关于当前发展学前教育的若干意见》等文件的相继出台，我国学前教育也迎来了快速发展的前景。全国各地都在大规模、多渠道、多形式地发展学前教育。然而，学前教育的管理体制并不健全、幼儿园各方面的管理制度还不够完备，大部分是从宏观方面进行管理，针对细致的、深入的幼儿教育管理还不够成熟，管理人员在依规办事特别是安全方面的意识还比较淡薄，加上社会上一些不良因素的影响和制约，如社会价值观念、社会道德、公平正义、改革发展、社会秩序等，这些因素同样也会给幼儿园建设带来各种影响，使得幼儿园建设的安全性问题日益凸显。近年来，幼儿园安全隐患问题、幼儿园重大意外伤亡事故频繁发生，关于幼儿园安全问题的相关报道在各大网站、报刊都引起了广泛的关注。切实把幼儿园安全问题摆在首位，已成为幼儿园制度建设的关键之处、重中之重。

关于幼儿园安全问题，早在1996年，国家教育委员会颁布的《幼儿园工作规程》规定"幼儿园必须切实做好幼儿生理和心理卫生保健工作"，保障和促进幼儿的身心健康发展。2001年，教育部颁布的《幼儿园教育指导纲要（试行）》也明确指出："幼儿园必须把保护幼儿的生命安全和促进幼儿的健康放在工作的首位。"[①]虽然保护个体生命对于任何人来说都具有重要意义，但对于幼儿来说尤为重要。"保护幼儿的生命"是由幼儿年龄特点和身心发展水平决定的。我们知道，幼儿天生身体脆弱，对外界伤害的

---

① 教育部基础教育司. 幼儿园教育指导纲要(试行)解读[M]. 2版. 南京：江苏教育出版社，2002：31.

抵抗能力较差，但是幼儿的探索欲好奇心却十分强烈，对未知世界和陌生事物充满了好奇，他们自觉不自觉地会通过亲身体验去感知事物，在探索活动中，他们对危险事物的辨别能力较差，加之自我保护知识和经验不足，缺乏自我保护意识和能力，幼儿脆弱的身体极易遭到伤害。所以，幼儿园制度建设中要特别重视幼儿安全问题，把这件事关幼儿及其家庭的幸福，事关社会安定和谐的幼儿安全问题摆在首位。

同时，还要密切注意与幼儿园安全问题紧密相关的幼儿园突发事件，这也是事关幼儿安全的重要事项。突发事件是指突然发生造成或者可能造成严重社会危害，需要采取应急处置措施予以应对的安全问题。幼儿园突发事件超越了日常管理制度，所造成的危机状态对幼儿园日常教学、管理、生活秩序构成了威胁，严重的突发事件还会对幼儿的身心健康造成重大的损失甚至危及幼儿的生命安全。在幼儿园管理中，我们不仅要重视幼儿园日常的管理工作，还要重视突发事件的防范和解决，努力构建一个和谐、稳定的幼儿园教育环境，为幼儿创造舒心、放心的学习生活环境。2010 年，中共中央、国务院印发的《国家中长期教育改革和发展规划纲要（2010—2020 年）》明确提出"切实维护教育系统和谐稳定"的发展目标和要求，还进一步提出了学校及幼儿园建设的十六字方针，即"平安校园、文明校园、绿色校园、和谐校园"①。此外，还提出"建立健全安全保卫制度和工作机制，完善人防、物防和技防措施。加强师生安全教育和学校安全管理，提高预防灾害、应急避险和防范违法犯罪活动的能力"①等具体要求。因此，鉴于突发事件对幼儿园正常秩序和幼儿的消极影响，构建一个全面合理的突发事件防控机制是十分必要的，加强对幼儿园突发事件管理机制的研究，建立和完善幼儿园突发事件管理机制，是我国学前教育科研领域面临并亟待解决的课题。

幼儿园不仅有教学目标，还有以促进幼儿身体正常发育和机能的协调发展等为主要内容的保育目标。尤其是保育目标的实现，前提是幼儿园安全制度的建立健全。拥有一套全面、合理的幼儿园安全制度，尤其是制定适合本园实际的幼儿园突发事件安全管理机制，对于幼儿园整体的健康发展、幼儿的身心健康至关重要，可以有效预防幼儿园安全事故的发生、减轻突发事件对幼儿的人身伤害，力争将突发安全事件对幼儿的危害程度降到最低，以保证在园幼儿的身心健康和生命安全。

3）文化性是幼儿园制度建设的内涵

幼儿园文化是整个幼儿园的精神风貌的集中体现，文化品位的高低直接关系到一个幼儿园的对外形象。好的幼儿园文化不仅是幼儿园的品牌形象，更是幼儿园继续向前发展的精神内涵。幼儿园在进行一系列制度建设和完善的过程中也要注重文化的融入和结合。因为，幼儿园文化建设着力于启迪幼师的聪明智慧，塑造幼师敬业的良好品质，凝聚大家的集体主义观念，引领整个团队的发展，以形成良好的园风。幼儿园制度的文化理念可以在幼儿园的规章制度中得到体现，表现为文本化的各种规章制度。这些制度既有国家颁布的教育方针、政策、法律、规章，也有政府主管部门制定的各类章程、规则、指示、要求等，还有幼儿园结合自身实际制定的大量有关教育教学、科研、工作、学习、生活及其他日常管理等规章制度。这些外显的、物化的规章制度蕴涵了幼儿园的文化精神，蕴含了在进行

---

① 中共中央、国务院. 国家中长期教育发展与改革规划纲要（2010—2020 年）[J]. 人民教育，2010，（17）：15.

幼儿教育、管理和服务过程中，要求大家共同遵守的、具有科学性、思想性、教育性的办事规则和行动准则，是幼儿园制度文化性的外在物质承载和体现。一方面，幼儿园规章制度从外在方面规定了人们应该做什么、不应该做什么、怎么做等。制度中渗透了大量的法律法规要求、道德要求、行为规范要求等，通过制度的运行、实践的实施，对幼儿园工作人员产生一定的约束和管理作用，让人们自觉地遵守幼儿园规章制度，形成良好的行为规范。另一方面，它对人们进行了价值引导。制度是外在的，关键是要内化为个体的优良品德和内在素质。合理的、科学的、规范的规章制度对幼儿园员工的思想观念、价值理念、道德品质、思维模式、生活方式、工作习惯等都有较深的影响，都有着直接或间接的潜移默化的引导作用，使员工将外在的物的规章制度逐渐转化为内在的、自我思想观念上的、道德知识水平上的，成为内在的意识和规范、自觉自愿的行为准则。这样，幼儿园文化不仅有外在的规章制度，还有融入教职工日常教育生活中的文化精神价值理念，使得幼儿园教职工深刻理解幼儿园文化理念、文化精髓，在实际的工作、生活、学习中积极践行幼儿园文化精神，从而在幼儿园形成一种良好的文化氛围，形成幼儿园重要的精神财富。

文化性也是幼儿园制度建设要达到的目标，这个目标是一个长期积累的过程，是整个幼儿园历史发展过程中所有人员的共同付出、共同努力创造出来的结晶。幼儿园制度文化一经形成，便具有一定的稳定性，它是幼儿园所有人员对幼儿园制度的认同、对幼儿园制度中蕴涵的文化的认同。但是，社会是在不断发展变化的、人们的意识、观念、素质也是不断变化的，因此，幼儿园制度的文化性会受到整个社会的政治、经济、文化的影响，幼儿园制度的文化性也会随着情况的变化相应有所变化，这种变化是不断上升的、与时俱进的变化。幼儿园文化的稳定性和变化性，是幼儿园制度不断向前发展、不断完善、不断进步并充满活力和生机的重要推动力。

4）全面性是幼儿园制度建设的重点

一个运行正常的幼儿园要有一套完整的、全面的规章制度。全面性是整个幼儿园制度建设的重点，是适应新时期、新情况下建设幼儿园的关键，也是幼儿园工作人员在各自岗位上不断践行岗位职责，工作中做到有章可循的依据。

通过调研国内先进地区的幼儿园，笔者发现发达地区先进幼儿园十分重视制度建设，制度规定相对比较完备，表述规范涉及面广，每一项制度中又包括了很多细致具体的规章制度。幼儿园管理制度包括：园长岗位职责、教师岗位职责、保育员岗位职责、教师一日常规、教职工工作质量考核制度、教育评价制度、每周例会制度、教研学习制度、档案管理制度、财务管理制度、职工培训制度、幼儿园与幼儿家长联系制度、教师值周值日工作职责、考勤制度等。学生管理制度包括：学生健康教育制度、班级工作管理制度、幼小衔接制度等。卫生制度包括：食品卫生安全管理制度、饮用水卫生安全管理制度、卫生防疫管理制度、传染病防治管理制度、晨检制度、传染病疫情报告制度、卫生消毒及隔离制度、幼儿园儿童健康检查制度等。安全制度包括：安全保卫制度、安全防火防盗防汛制度、安全巡查制度、安全教育培训制度、重大安全隐患报告制度、安全工作责任制度及事故责任追究制度、安全管理情况月报告制度、安全隐患台帐工作制度、交通安全管理制度、安全接送制度、幼儿安全信息通报制度、安全工作自查和隐患整改反馈制度、集会和大型活动安全制度、安全工作制度、突发事件的应急管理制度、校园信息网络安全管理制度、安全隐患定期排查制度、建筑安全管理制度、幼儿园安全教育内容、教师安全工作职责、保育员安全工作职责、安全检查制度、危险源报告制度等。

这些制度只是大部分幼儿园制度建设情况,有的教学管理服务较好的幼儿园其制度建设更加完备。还涉及教工奖惩制度、教工怀孕休息制度、科研促进制度等,这些制度最大的特点是以人为本,为教工着想,创造条件,调动广大教工的积极性、主动性,使教工进一步在本单位、本职岗位上充满幸福感、满足感和获得感,对幼儿园、对幼儿充满了爱心。例如,教工职称的评定一直是教工比较关注的实际问题,科研制度的建立进一步给教工创造了条件、提供了资金支持,鼓励教工一面教学一面进行科研活动,从实践中总结经验,进行研究和思考,促进幼儿园和幼儿的健康成长。

幼儿园工作不仅仅是幼儿自身的工作,还需要家庭、社会等多方面的协调合作。幼儿园建设应该吸收当地社区负责人、幼儿家长、社会贤达参与并做好幼儿工作,形成家园教育合力。幼儿园的建立一般都依托某个社区,社区是宏观社会的缩影,幼儿园和社区不可避免地会发生各种联系、产生各种互动。幼儿园与社区的良好互动、合作是幼儿园健康发展不可缺少的必要条件。首先,两者可以实现资源共享,社区服务功能可以进一步拓展;其次,幼儿园的安全方面可以得到进一步的加强,幼儿园与社区能够一起实现完全防范和联动,加大社区周边环境的安全无疑也是增强了幼儿园的安全保障;最后,明确幼儿园和社区各部门的工作职责,坚持协调联动配合的原则,加强日常巡逻和安全防范、消除不安定因素等,为幼儿园的发展创造一个良好的环境,同时也为社区的居民、孩子创造一个和谐共处的环境。总之,幼儿园、家庭、社会、社区等要形成教育、保护、关心幼儿的合力,让幼儿在倡导美德的环境中得到熏陶,在文明的社会环境中养成良好的生活习惯和品行。因此,许多先进的幼儿园十分注重加强这方面的制度建设。

5) 激励性是幼儿园制度建设的动力

激励性是幼儿园制度建设的动力,主要体现在对幼儿教师的激励作用。因为幼儿园教育状况的实施、运行、判断等情况,绝大部分取决于幼儿教师对儿童的教育和关心状况。幼儿教师积极性较高、对工作认真负责,对幼儿工作投入的精力相对就会多一些、对儿童的关心程度相对就会重视些。如果希望幼儿园制度运行得通畅,各位幼儿工作人员能够以身作则、率先垂范,按照制度、规则来工作,那么就得充分调动幼儿园教师及其他岗位工作人员的积极性,替他们考虑他们关心的事情、实实在在地解决他们的困难,保障他们的合法权益,这样他们就没有后顾之忧,就可以全身心地投入工作中。

但是,在实际工作中,幼儿园特别是民办园教师队伍不稳定,因种种原因教师的很多应有的保障还没有得到完全的落实,如缴纳社会保险等。幼儿教师队伍出现的问题主要有以下几点:幼儿教师职业幸福感较低、心理压力比较大、教师队伍流动性大、工作积极性不高、教师待遇较低等。这些存在于幼师队伍中的现实问题,虽然不具有普遍性,但给幼师队伍的稳定和良好发展带来严重影响,甚至导致有些幼儿教师对职业产生危机感,随时会引发他们辞职的欲望。有研究表明,幼儿教师离职倾向较高,该问题是一个长期工作状态下逐渐形成的问题,是各种复杂问题积累的结果,建立一支相对稳定、高素质的幼儿教师队伍刻不容缓。

幼儿教师作为学前教育事业的主要承担者,是保障幼儿身心科学发展的直接责任人,他们的工作状态会直接影响日常幼儿教育效果,对幼儿的正常、健康发展都会带来影响。因此,要时刻关心幼儿教师的身心健康状况、职业价值观状况、收入晋升状况等,给幼儿教师创造一个良好的发展空间和环境。尤其是针对幼儿教师在年龄、工作年限、职称、收入、编制、幸福感等方面存在的较大差异性,以及离职的外在和内在原因,积极探寻有效的解决方案,帮助幼儿教师热爱本职工作、增强幸福感、事业心。建立有效的人事管理制度,制定切实可行的人才留用机制,调动幼儿教师的职业忠诚度、责任心,减少幼儿教师的不良心理因素和后顾之忧,留住人才,增强幼儿教师队伍的稳定性,促进幼儿教育事业的发展与繁荣。例如,在幼儿园制度建设中建立一定的激励驱动机制,将幼师的奖罚制度做得比较细致,并和教师工作实绩的各个方面都挂起钩来。与幼师的工作、岗位要求、职称评定、待遇收入、荣誉奖励、年终考核等挂钩,从幼儿园的工作实际出发设定岗位,以岗位的性质、责任大小、操心多寡、工作的难易度和劳动强度,来决定幼儿教师的收入分配、奖励分配系数。充分调动幼师的工作参与性、积极性、创造性,激发幼师的工作热情,全身心地投入工作中,用满腔的热情来认认真真地工作。这种新的激励机制的建立,无疑将管理责任和各岗位技术含量拉开了差距,从而为想干事、能干事、能干成事的人增添了动力,给偷懒怕苦的人增添了压力。这在一定程度上激发了幼儿园教师的积极性、主动性,为促进幼儿园健康有序可持续性发展提供了动力。

3. 国内先进地区幼儿园制度建设的经验

随着国家对教育事业的理念创新,幼儿教育也迎来了春天,受到了越来越多的重视。这是因为幼儿教育在整个教育体系中不仅起到了基础性的、奠基性的作用,还是基础教育的重要组成部分,是学校教育和终身教育的奠基阶段。为促使幼儿园和谐发展,有一定的规章制度作为保障是必然的。笔者通过深入广泛调研,从国内先进地区幼儿园制度建设中,得到以下启示。

(1)打造"以幼儿为本"的幼儿园制度建设理念。幼儿是祖国的花朵、是民族的未来。幼儿天性活泼好动、对任何事物都充满好奇心,模仿性和求知欲较强,但自理能力较弱。幼儿在家庭中主要靠父母来照顾,而在幼儿园,幼儿的需求五花八门,但是幼儿园保教人员的精力毕竟是有限的,每个幼儿园教师都需要同时照顾好多幼儿,所以,幼儿在很多方面只能依赖于教师的语言提示和动作模仿,在教师的帮助下逐渐变得自主自立,逐步训练,取得进步。因此,幼儿园及其工作人员应树立科学的、正确的、积极的教育理念。

幼儿教师要时刻以幼儿教育信念为指导,实施的任何教育行为都应该是自发的、内源性的,不应该是来自于外界压力和个人私利的。在日常工作中,每一位幼儿教师都应该树立"以幼儿为本"的理念,以正确的教育理念作为幼儿教育事业的精神支柱,确立正确的、合理的工作目标,工作任务、工作方式方法得到积极有效的推进和落实,正确审视选择幼儿教师这个职业的神圣职责和伟大历史使命。面对社会转型期出现的新情况、新问题,面对各种困难和复杂问题时,不沾染社会不良风气、恶习,始终明确幼儿和教师在教育活动中的角色和定位,即幼儿是活动的主体,教师在活动教育过程中处于观察者、支持者、促进者、引导者的角色和位置。根据时代发展出现的新趋势、新特点,及时进行教育教学改革,以便更好地教育幼儿、服务幼儿,促进幼儿的全面发展。例如,在幼儿园的课程设置方面，有的幼儿园倡导自然主义课程、人文课程；在教学方法上有的提倡采用游戏法、实验法等多种方式进行教学，调动幼儿参与的积极性和主动性；在教师成长过程中，有的幼儿园出台了一系列激励措施，引导教师成为学习者、合作者、思考者、管理者；在家园共育方面，有的将幼儿园教育与家庭教育并重，同步协同发展，在平等对话、真诚沟通的基础上，实现互动合作，促进幼儿全面发展。

"以幼儿为本"，要求每一位幼儿教师都应该用正确的理想信念服务于日常的工作中，从一切为了孩子的服务宗旨出发，真正地对幼儿做到"爱心、热心、细心、耐心"的呵护，让每位幼儿快乐、健康地成长，从而形成具有显著特色的幼儿园文化。

（2）将科学发展融入幼儿园制度建设的全过程。大力发展幼儿教育事业就要关心幼儿的身心发展规律，注重和遵循幼儿身心发展规律，坚持用科学的规章制度和工作方法来保障幼儿健康快乐成长，这在制定幼儿园规章制度方面就要始终坚持科学的发展理念。

科学发展观要坚持以人为本，树立全面、协调、可持续发展的观念，这几个方面互为条件，互为制约。那么，在建构现代幼儿园基本制度时，也必须从整体上予以把握，从科学发展观的各个方面着手，不能相互割裂，或者偏重一方。在幼儿园制度建设中，必须以科学的发展理念来开拓思路，重新审视现代幼儿园制度建设的内容，幼儿园制度建设的必要性、重要性，以及幼儿园制度建设在整个幼儿园管理中的地位，正确地分析幼儿园的管理现状、发展优势、存在的问题或不足，充分挖掘幼儿园建设和发展的潜力，不断优化幼儿园人力、物力、财力等各方面的资源，制定科学、可持续发展的幼儿园制度，以确保幼儿园的健康有序快速发展。

幼儿园制度建设中融入科学的发展理念，使制度的制定具有一定的科学性和规范性。幼儿园管理者要以科学态度检验规章制度的实施情况和实际操作效果，适时进行补充修订。在实际工作中，对于管理者而言，有的幼儿园制度不算多，但工作有条不紊，成绩显著；有的幼儿园满墙都是制度，但民意较差、工作效果不佳。产生问题的主要原因在于，幼儿园建立的规章制度科学性弱。制度具有科学性，那么执行力、有效性就会充分发挥出来；制度不具有科学性，就很难被大家所认可，自然也就难以执行，从而对工作造成不利的影响。因此，在制定幼儿园规章制度中要融入科学的发展理念，要注意考虑几个关键点：一是制度要有一定的目标性。制度是为目标服务的，所有的规章制度都会对应各个不同岗位的具体工作目标，而最终的工作目标是幼儿园整体的最根本的目标，即幼儿园的教育目标和管理目标。二是制度要有一定的可行性。任何一个单位的制度，一方面是来约束人的，让人们按照一定的规则和规范行事，另一方面也是用来调动职工的工作积极性、主动性的，因此，制度要有一定的科学性、合理性，这样才能被大家所接受、愿意去执行或自觉遵守。新的规章制度需要一定的缓冲期，需要有一个大家接受的过程，在这个过程中根据情况和征求到的意见再不断地修改完善，为制度的进一步良好运行奠定基础。三是制度要有一定的协调性。各种规章制度要尽量涵盖幼儿园工作的各个方面，各种制度目标一致且能够相互协调、相互补充，形成促进幼儿园科学运行的良好合力，共同推动幼儿教育事业的向前发展。四是制度要有一定的前瞻性。制度的制定是立足于现状、面向未来的，要做到未雨绸缪，不能出现什么情况就针对什么情况，要有全盘考虑，制定的制度既要适合现有的状况和问题，又要高出一筹，预测未来可能出现的问题，要具有行为指向作用，突出它的前瞻性、先进性。

此外，科学的发展理念在幼儿教育管理中还有其他诸多具体体现。在培养目标上就是使幼儿的体、智、德、美得到全面发展和多元智能均衡发展；在校园文化建设上，就是使校园环境文化和服务文化相结合，全面发展；在校园文明建设中，就是使校园物质文明、精神文明、政治文明得到全面发展。这些科学的发展理念都离不开幼儿园制度建设。通过协调幼儿园内部外部关系、协调幼儿园各个部门的工作关系、协调幼儿园各种人际关系、协调幼儿园各种资源的整合等，来推动现代化幼儿园制度建设，在幼儿园的教育管理中形成一个相互联系、互相补充的网格结构，形成促进幼儿园和谐发展的强大动力。并且，各项规章制度应在实践中不断检验、修订、完善，只有及时总结经验，才能逐步建立起具有可行性的幼儿园规章制度，实现科学的园本管理。

（3）将人文管理与幼儿园制度管理统筹兼顾。幼儿园制度建设和管理中存在刚性和柔性，制度的建立、实施本身是硬性的，它要求所有的人都应该按照制度的规则来办事，但制度的实施又离不开人的现实生活，在实际生活中又融入了人的情感，带有一定的柔性。因此，在幼儿园制度建设中，有效地将刚性的制度建立和柔性的管理发展相结合，才能更有效地促进幼儿园教育的持续健康发展。

在幼儿园制度执行方面，首先，要严格按照制度办事，引导教师自觉遵规守纪，在制度面前一视同仁。遇到问题时，对事不对人，严格按照幼儿园规章制度的要求来处理，做好各项工作，力争在实际工作中，做到公平公正、平等对待，以制度为准绳来公平地对待每件事情和每位员工，使他们意识到在制度面前，大家是平等的，没有特权和私权，只有脚踏实地、兢兢业业、认真刻苦地履行好自己的岗位职责才是正确的选择，任何投机取巧的行为都是不允许的、不被认可的。只有这样大家才能够心甘情愿地工作、才能有条不紊地按制度办事、才能得到客观公正的评价。进而也会充分调动员工的工作积极性、主动性，使得大家能够明白并遵守"心中有目标、行动有标准、事后有评价"这样一套完整的流程。其次，在制度的执行上带有一种强制性，但是制度毕竟是由人制定的，在今天倡导构建和谐社会、以人为本的时代，幼儿园制度的制定和管理，同时也应体现出人文性的一面。采用"刚柔相济"的管理策略，将一套行之有效的"硬"制度与人文精神的"软"管理相结合，在管理工作中，既要坚持制度的原则性，又要始终坚持尊重人、理解人、信任人、培养人的人文关怀理念，积极构建充满人性、充满情感的幼儿园管理体制，努力为大家创造一个良好的、温馨的工作生活环境。根据调研发现，大部分幼儿园的教师以女性为主，而女性本身是情感细腻、感情丰富的，她们的情绪很容易受到家庭、社会、婚姻、生理周期等多种因素的影响，当产生不良情绪时又极易带到工作中来，从而干扰了她们正常的工作、生活和学习。幼儿园的工作是要求非常细心和周到的，它是为每一个幼儿服务的，特别需要教师有足够的耐心和良好的情绪。在这种情况下，作为幼儿园的管理者就要有敏锐的触角，制定管理制度时就要多考虑一些人性化的因素。例如，建立领导谈心制度，当有的教师遇到烦心事、思想有包袱、情感不如意、家庭产生矛盾、工作出现困惑等，谈心制度可以让这些教师随时跟领导沟通交流，或者领导发现哪位教师思想情绪有问题时，也可以主动约谈。这种交流谈心方式，既可以增进管理者对教师思想状况的了解，同时又给教师一个减压的机会，双方的促心交流，可以增进彼此间的理解和信任，甚至通过这种方式，管理者可以让教师更深刻地理解幼儿教育的思路和工作情感，了解本幼儿园的特有文化，从而进一步增强他们热爱工作的感情。还可以定期开展丰富多彩的文体活动，让大家积极放松，如三八妇女节搞庆祝活动，丰富的文体活动可以让大家一起唱歌、一起跳舞、一起谈心、一起说笑以充实教师的业余生活，释放工作和生活中的压力，增进同事间的感情和快乐，提高幸福指数。对于生病和退休的教职工还要进行走访、慰问，使他们感到单位时刻不忘记他们作出的贡献，感受到单位对他们的关心、关爱之情等。从而从思想上、从情感上潜移默化地影响每一位员工，提高他们对单位的归属感。

在幼儿园教育管理中，要努力做到宽严结合、刚柔并济，既要有严格的规章制度，又要有人文情感的关怀。同时大力倡导榜样的示范引领作用，使大家力争都有亮点、都能成为成功者，用优秀员工的人格魅力来引领、影响、促进、提高大家的工作积极性，共同努力，积极向制度靠拢。幼儿园制度的管理，其目的不是为了约束人、管制人，而是通过科学的管理来鼓励先进、鞭策落后，解放全体教师的思想、规范教师的行为，充分调动每个人的主观能动性，实践幼儿园教育发展理念，促进幼儿和谐、健康发展。

（4）将共性与个性在幼儿园制度建设中相结合。幼儿园制度建设中体现了共性和个性的结合，这是因为国家所制定的规范幼儿园办学和管理行为的教育方针及各类有关教育的政策、法律、法规，是各级各类幼儿园制度文化的共性，也是幼儿园必须遵守的行为规范。然而每一个幼儿园在具体的办学过程中，由于自身所具有的办学理念、办学历史、办学条件、办学环境、办学设施、教职工的文化素质等的不同，各个幼儿园又会在国家制定的各项规章制度的基础上，根据本园的实际特点，将共性的制度具体化、个性化，制定出适合本园教育管理的各项具体的规章制度，这就成了幼儿园制度的个性化特征，也是每个幼儿园各具特色的关键所在。

在当今竞争日趋激烈的社会，许多幼儿园的创办者都希冀竞相发展，都在发展中意识到，要想在如此竞争激烈的社会中求得生存发展，不仅要在幼儿园软件和硬件上面下功夫，充分完善幼儿园自身建设，更为重要的是要有自身的特点和亮点，要树立本园的品牌意识，只有这样才能吸引更多的人关注。幼儿园事业是一项注重公益性和普惠性的事业，每一个创办者都想在竞争中求得生存和发展，都想更好地服务于幼儿和社会，都想使家长放心安心，那么就要琢磨自身的特点，发挥自身的优势，从而进行品牌或者特色创建，突出本园的与众不同。有的幼儿园长期享有盛誉，这与其在教学管理上面采取的有效措施有很大关系，如甘肃省保育院在教学上多年来坚持开展"无班界活动"，在管理上施行"幼儿园、幼儿与家长共同进步、和谐共生"等特色活动。有的幼儿园依托企业创办，企业为幼儿园投入大量的资金和设备，使得幼儿园基础设施完备，硬件条件较好，环境舒适，同样也赢得家长和社会的广泛关注。有的幼儿园依托高等院校，具有文化底蕴雄厚的师资力量，有较多的优秀人才培养者。这些幼儿园一般是某高校的附属幼儿园，这是一种独特的资源，它具备师资力量雄厚、教育科研水平高、园区建设规模大等特点。高校附属幼儿园将高校的资源充分转化为自身的特色或优势，提升本园的办学水平、整体形象，提高市场竞争力。因此每一个幼儿园都要根据自身的特点，利用与自身相关的资源来充分打造自我形象，提高整体水平和素质，赢得更多的关注和认可。

5.4 甘肃省幼儿园制度建设研究

甘肃省幼儿园从产生到发展并不滞后，特别是在科学运行机制研究方面，走在全国前列。

5.4.1 甘肃省幼儿园制度建设的背景

1. 甘肃省幼儿园发展概况

据研究显示[①]，中华人民共和国成立之前，由于甘肃深居内陆，交通不便，经济十分落后，人民生活较为贫穷，教育事业发展缓慢，幼儿教育发展迟缓。1922年3月，在甘肃省女子师范学校内附设蒙养院，成为甘肃省最早的幼儿园。1927年，蒙养院改为幼稚园。当时甘肃全省仅有公办幼稚园两所，在园幼儿62人。中华人民共和国成立后，教育事业纳入了国家建设计划轨道，幼儿教育作为整个教育事业的一部分，得到了党和政府的高度重视和关怀，从此，甘肃幼教发展进入了一个崭新的发展时期，学前教育资源迅速扩大，公办、民办并举的格局基本形成；教师补充渠道逐步拓宽，幼儿教师数量得到扩充；适龄儿童入园难的问题初步缓解。

2. 学前教育法律法规及方针政策的历史演变

1903年，在湖广总督张之洞策划下，湖北巡抚端方在武昌阅马场寻常小学堂内设立了中国第一所幼儿园——湖北幼稚园[②]，聘请东京女子高等师范毕业的学生户野美知慧等三名日本籍教师任教。湖北幼稚园的开办，标志着我国现代意义上的学前教育的开始。至今我国学前教育已经走过了一百多年的发展历程，在这一百多年的曲折发展中，每前行一步，都与相关法律、法规及政策有着不可分割的联系。从一定意义上说，幼儿园教育制度建设的背景是建立在学前教育法律、法规及政策不断调整发展的历史之上的。中国学前教育法律、法规及政策发展的历史源于1904年《钦定蒙养院章程及家庭教育法章程》。

中华人民共和国成立至今，全国、全省学前教育法律、法规及政策发展在曲折中前进。

1) 国家层面有关学前教育的法律、法规及政策

1951年10月，政务院《关于改革学制的决定》中，将幼儿教育列入学制系统，并强调"幼儿园应在有条件的城市首先建立，然后逐步推广"。1952年3月，教育部颁发了《幼儿园暂行规程（草案）》，在幼儿教育的性质、任务、培养目标及教学、生活管理、人员设置、组织领导等方面都做出了明确的规定。指出：根据新民主主义教育方针

[①] 宋捷，王桂洁. 甘肃幼儿教育简史[M]. 兰州：甘肃教育出版社，1990：8.
[②] 该园名称几经变更，于1991年定名为湖北省实验幼儿园，直属湖北省教育厅管辖。

教养幼儿,使他们的身心在入小学前获得健全的发育;同时减轻母亲对幼儿的负担,以便母亲有时间参加政治生活、生产劳动、文化教育活动等,还对幼儿园经费来源做了规定。1956年,教育部、卫生部、内务部《关于托儿所幼儿园几个问题的联合通知》规定:托儿所和幼儿园应依儿童的年龄来划分,即收三周岁以下的儿童者为托儿所,收三至六周岁的儿童者为幼儿园。1979年7月,全国托幼工作会议召开,同年10月,中共中央、国务院转发《全国托幼工作会议纪要》指出:为做好托幼工作,必须加强托幼工作的统一领导和分工合作,积极解决托幼工作的经费和保教人员的工资、劳动保险、福利待遇问题,坚持"两条腿走路"的方针,恢复发展整顿提高各类托幼组织,建设一支又红又专的保教队伍,努力提高保教质量。据此于1979年11月,教育部印发了《城市幼儿园工作条例(试行草案)》。1980年10月,教育部印发《幼儿师范学校教学计划试行草案》,卫生部、教育部颁发了《托儿所、幼儿园卫生保健制度(草案)》,对托儿所、幼儿园幼儿的生活制度、婴幼儿的饮食、体格锻炼、健康检查制度、卫生消毒及隔离制度、防病工作、安全制度、家长联系制度等作出了非常详细和具体的规定与要求。1981年10月,《中华人民共和国教育部幼儿园教育纲要(试行草案)》颁布。1983年9月,教育部提出《关于发展农村幼儿教育的几点意见》,指出发展农村幼儿教育意义重大,农村幼儿园依然存在领导工作薄弱、事业发展缓慢、经费匮乏、办园条件很差、教师待遇低、教学普遍存在小学化及成人化倾向等问题。1985年5月,教育部对《幼儿师范学校教学计划试行草案》作出修订。1985年12月,卫生部印发了《托儿所、幼儿园卫生保健制度》,突出强调一切要以幼儿为出发点,对幼儿园的卫生保健登记和统计作出了制度性的规定。1986年5月,国家教育委员会颁发《小学教师职务试行条例》,对幼儿园教师的职责、任职条件、考核和评审作出了详细的规定。1986年6月,国家教育委员会《关于进一步办好幼儿学前班的意见》公布,针对农村幼儿学前班提出端正办班指导思想、加强学前班教师培训、努力改善办班条件、加强领导和管理等意见,并对农村学前班的教育活动提出了明确具体要求。1986年10月,国家教育委员会又出台了《关于幼儿园教师考核的补充意见》,对幼儿园教师的考核进行进一步的规范和说明。1987年3月,劳动人事部、国家教育委员会颁发《全日制、寄宿制幼儿园编制标准(试行)》,对幼儿园的班级规模、教职工与幼儿的比例、主要教职工的配置比例作出了细致的规定。1987年9月,城乡建设环境保护部、国家教育委员会发布《托儿所、幼儿园建筑设计规范》。1988年7月,国家教育委员会、建设部颁布《城市幼儿园建筑面积定额(试行)》,对幼儿园活动及辅助用房、办公及辅助用房、生活用房、幼儿园的建筑占地、室外活动绿地、绿化及道路用地等的面积定额作出了具体的规定,并附上了城市幼儿园园舍面积定额分项参考指标。1988年8月,国家教育委员会、国家计划委员会、财政部、人事部、劳动部、建设部、卫生部、物价局等联合提出《关于加强幼儿教育工作的意见》,在强调幼儿教育的重大作用的同时,指出我国幼儿教育事业发展不适应经济、社会发展需要表现出的众多问题,进而提出动员和依靠社会各方面的力量,通过各种渠道、多种形式发展幼儿教育事业,建立一支合格稳定的幼儿园师资队伍,端正办园指导思想,深化教育改革,全面提高保育、教育质量,明确职责,加强领导等关于我国幼儿教育工作的具体意见。1988年10月,国家教育委员会发布了《社会力量办学教学管理暂行规定》,

对社会力量办幼儿园进行规范。同期提出《关于进一步办好职业高中幼师专业的意见》，明确提出职业高中幼师专业的任务和培养目标。1989年6月，国家教育委员会发布《幼儿园工作规程（试行）》。1989年9月又发布《幼儿园管理条例》，对幼儿园管理体制、举办幼儿园的基本条件和审批程序、幼儿园的保育和教育工作中管理层面的内容、幼儿园的行政事务及幼儿园的奖励与处罚等作出了详细的说明。《幼儿园管理条例》是在以往有关的法规基础上形成的，是中华人民共和国成立以来第一个经国务院批准颁发的有关幼儿教育的行政法规，对宏观调控幼儿园的管理和发展，加强对幼儿教育事业的领导起着积极的作用，标志着我国幼儿教育向法制化建设的新的里程碑迈进。1991年6月，国家教育委员会发布《关于改进和加强学前班管理的意见》，针对当时学前班教育和管理存在的突出问题，就学前班的性质、举办学前班的原则、学前班的领导和管理、学前班保育和教育的要求、改善学前班办班条件的要求及学前班教师的管理和培训等方面作出了相应的说明和规定。1991年6月，国家教育委员会办公厅发出《关于加强幼儿园安全工作的通知》，强调要加强对幼儿园安全工作的重视，建立相应的规章制度，保证幼儿园幼儿的安全发展。1991年9月，《中华人民共和国未成年人保护法》出台，强调加强对未成年人的保护，并就未成年人的家庭保护、学校保护、社会保护、司法保护及法律责任等作出了规定和说明。1992年2月，国务院公布《九十年代中国儿童发展规划纲要》，指出"儿童的生存、保护和发展是提高人口素质的基础，是人类未来发展的先决条件"。1992年12月，国家教育委员会颁发《幼儿园玩教具配备目录》，对幼儿园玩教具的配备进行了详细的说明和规定。1993年2月，中共中央、国务院印发《中国教育改革和发展纲要》，包含了幼儿教育的发展规划。1993年10月，《中华人民共和国教师法》颁布，对教师的权利和义务、资格和任用、培养和培训、考核、待遇、奖励及法律责任等作出了具体的规定。1994年7月，国务院《关于〈中国教育改革和发展纲要〉的实施意见》指出到2000年我国教育发展的目标和任务，深化教育改革的任务及措施，强调增加教育投入、加强教师队伍建设及落实发展教育优先发展的战略地位，加强党和政府对教育的领导，其中包含幼儿教育的相关内容。1994年12月，卫生部、国家教育委员会颁发了《托儿所、幼儿园卫生保健管理办法》，对托儿所、幼儿园的园舍、器具、保健人员的设置、保健工作、儿童入园所的要求、工作人员健康要求等作出了明确的规定和要求。1995年1月，国家教育委员会发布《中外合作办学的暂行规定》，对于中外合作办幼儿园的设置、运行及监督等作出规定。1995年3月18日，《中华人民共和国教育法》颁布实施，就我国教育的基本制度、学校及其他教育机构、教师及其他教育工作者、受教育者、教育与社会、教育投入与条件保障、教育对外交流与合作及法律责任等问题作出了规定。1995年9月，国家教育委员会、国家计划委员会、民政部、建设部、国家经济贸易委员会、全国总工会、中华全国妇女联合会联合发出《关于企业办幼儿园的若干意见》，提出要坚持依靠社会力量发展幼儿教育的方针，有条件的企业应继续办好幼儿园；深化改革，积极稳妥地推进幼儿教育逐步走向社会化；各级政府和教育行政部门要加强对企业办园的业务指导；在城市规划建设中做好幼儿园的规划和建设；加强社区对幼儿教育的扶持与管理。1996年1月，国家教育委员会发出《关于开展幼儿园园长岗位培训工作的意见》，提出了开展幼儿园园长岗位培训工作的基本要求，培训的内容与形式,培训工作的主要措施等。1996年1月,国家教育委员会颁发《全国幼儿园园长任职资格、职责和岗位要求(试行)》,对幼儿园园长的任职资格、职责及岗位要求等作出了明确的规定。1996年3月,国家教育委员会发布《幼儿园工作规程》,将幼儿园定位由"学校教育的预备阶段"提升到"基础教育的有机组成部分,学校教育制度的基础阶段"。2001年5月,国务院颁布《中国儿童发展纲要(2001—2010)》,以促进儿童发展为主题,提高儿童身心素质为重点,以培养和造就21世纪社会主义现代化建设人才为目标,从儿童与健康、儿童与教育、儿童与法律保护、儿童与环境四个领域,提出了2001~2010年中国儿童发展的目标和策略措施。2001年9月,教育部颁布《幼儿园教育指导纲要(试行)》,确立了以儿童发展为本的教育价值取向,进一步规范了我国幼儿园的课程与教学。2003年1月,教育部、国家计划委员会、民政部、财政部等部门联合发出《关于幼儿教育改革与发展的指导意见》,针对现实存在的问题,提出了幼儿教育改革与发展的目标,指出要进一步完善幼儿教育管理体制和机制,切实履行政府职责;加强管理,保证幼儿教育事业健康发展;全面实施素质教育,提高幼儿教育质量;加强师资队伍建设,努力提高幼儿教师素质等。2003年9月1日,《中华人民共和国民办教育促进法》开始施行,其从民办教育的性质、地位、设立、学校的组织与活动、教师与受教育者、学校资产与财务管理、管理与监督、扶持与奖励、变更与终止及法律责任等方面,对民办教育及民办学前教育进行了进一步的规定和规范。2005年3月,教育部发出《关于规范小学和幼儿园教师培养工作的通知》,要求保障幼儿园教师的培养质量,加强对幼儿园教师培养的统筹管理,组织开展幼儿园教师培养的专项评估,加强对幼儿园教师培养工作的领导。2006年9月,教育部、公安部、司法部、建设部等部门联合制定的《中小学幼儿园安全管理办法》开始施行,对幼儿园安全管理工作作出了细致而明确的规定。2007年,教育部等部门先后发出《关于加强农村中小学生幼儿上下学乘车安全工作的通知》《关于加强民办学前教育机构管理工作的通知》《关于做好2007年秋冬季中小学幼儿园安全工作的预警通知》,进一步强调幼儿园教育的规范性,要求充分保障幼儿的安全。2010年7月,中共中央、国务院颁布实施《国家中长期教育改革和发展规划纲要(2010—2020年)》,从我国改革开放和社会主义现代化建设总体战略出发,绘制了2010~2020年我国基本实现教育现代化的宏伟蓝图,提出了基本普及学前教育、重点发展农村学前教育。2010年11月,国务院印发《关于当前发展学前教育的若干意见》,提出要着力解决"入园难"问题,满足适龄儿童入园需求,促进学前教育事业科学发展。2014年12月,国务院出台《国家贫困地区儿童发展规划(2014—2020年)》,计划到2020年集中连片特殊困难地区儿童发展整体水平基本达到或接近全国平均水平,保障儿童健康、儿童教育。2015年6月,国务院办公厅印发《乡村教师支持计划(2015—2020年)》,全面部署乡村教师队伍建设工作。2015年8月,教育部、财政部印发《关于改革实施中小学幼儿园教师国家级培训计划的通知》,决定从2015年起,"国培计划"集中支持中西部乡村教师校长培训。继续实施"国培计划"——中西部项目和幼师国培项目,采取顶岗置换、送教下乡、网络研修、短期集中、专家指导、校本研修等方式,对中西部地区乡村中小学幼儿园教师进行专业化培训。中央财政经费主要用于支付培训期间发生的住宿费、伙食费、培训场地及设备费、讲课费、培训资料费、交通费。各地要落实工作经费,确保项目顺利实施。

2)甘肃省有关学前教育的法律法规及政策

1956年,甘肃省教育厅、民政厅、卫生厅下发了《关于幼儿园、托儿所工作的联合通知》。1980年2月,甘肃省人民政府发布《甘肃省托幼工作会议纪要》,成立甘肃省托幼工作领导小组,对托幼事业经费和有关保教工作者的工资、福利、待遇问题作了规定,发展各类托幼组织,培养、提高保教人员,建立一支又红又专的保教队伍。1984年2月,甘肃省人民政府办公厅印发了《甘肃省普及初等教育规划(1984—1990年)》,要求积极发展幼儿教育,为普及初等教育打下良好基础。2010年10月,为贯彻落实全国教育工作会议和《国家中长期教育改革和发展规划纲要(2010—2020年)》精神,深入实施科教兴省和人才强省战略,推进全省教育事业科学发展,提高全省人口素质,努力建成西部教育强省和人力资源强省,甘肃省教育厅下发了《甘肃省中长期教育改革和发展规划纲要(2010—2020年)》。2012年3月,为贯彻落实国务院《关于当前发展学前教育的若干意见》,指导幼儿园深入实施素质教育,全面提升幼儿园教育质量,甘肃省教育厅依据国家颁发的《幼儿园管理条例》《幼儿园工作规程》《幼儿园教育指导纲要(试行)》《托儿所幼儿园卫生保健管理办法》,结合甘肃实际,特制定《甘肃省幼儿园教育指导纲要(试行)》。2012年3月,为贯彻落实《国家中长期教育改革和发展规划纲要(2010—2020年)》和《国务院关于当前发展学前教育的若干意见》精神,加快甘肃省学前教育改革与发展,甘肃省人民政府提出了《关于加快学前教育改革与发展的意见》。2012年12月,为深入贯彻《国家中长期教育改革和发展规划纲要(2010—2020年)》和《国务院关于当前发展学前教育的若干意见》,全面落实《甘肃省中长期教育改革和发展规划纲要(2010—2020年)》,促进甘肃省学前教育科学发展,结合甘肃省学前教育实际,甘肃省人民政府制定了《甘肃省学前教育五年发展规划(2011—2015年)》。2013年5月,甘肃省教育厅制定《甘肃省民办幼儿园管理暂行办法》,对民办幼儿园的申办、审批、管理、奖励、惩处作了规定。2014年4月,甘肃省卫生和计划生育委员会、甘肃省教育厅、甘肃省食品药品监督局发布《甘肃省托儿所幼儿园卫生保健管理实施细则》。2015年5月,为促进甘肃省农村幼儿园办园的标准化、科学化、规范化,引导农村幼儿园依法依规办园,促进农村学前教育持续健康发展,甘肃省教育厅结合全省实际,制定了《甘肃省农村幼儿园基本办园标准(试行)》。2015年10月,甘肃省教育厅出台了《甘肃省公办幼儿园编制标准(试行)》,规定县级及以上公办幼儿园师生比为1∶10,乡镇及以下公办幼儿园师生比为1∶12。

综上所述,通过对这些法律、法规、政策的梳理和解读,我们认为在以下方面是清晰的、明确的。

(1)规定了学前教育的性质:学前教育是教育事业的有机组成部分,是学制中的一环,具有教育性。

(2)明确了学前教育的功能与任务:对幼儿实施全面发展的教育;为幼儿进入小学阶段的学习做好准备,为幼儿终身的学习和发展打好基础;解放劳动力,减轻家长教育孩子的负担；对处境不利的幼儿进行教育补偿。

（3）制定了全国、全省学前教育事业的发展目标：积极发展学前教育，到2020年，甘肃省将普及学前一年教育，基本普及学前两年教育，有条件的地区普及学前三年教育（表5.1）。

表 5.1 学前教育事业主要发展目标

指标	2009年	2015年	2020年
幼儿在园人数（万人）	2658	3400	4000
学前一年毛入园率（%）	74.0	85.0	95.0
学前两年毛入园率（%）	65.0	70.0	80.0
学前三年毛入园率（%）	50.9	60.0	70.0

（4）明确政府责任：把发展学前教育纳入城镇、社会主义新农村建设规划；建立政府主导、社会参与、公办民办并举的办园体制；大力发展公办幼儿园，积极扶持民办幼儿园；加大政府投入，完善成本合理分担机制，对家庭经济困难幼儿入园给予补助；加强学前教育管理，规范办园行为；制定学前教育办园标准，建立幼儿园准入制度；完善幼儿园收费管理办法；严格执行幼儿教师资格标准，切实加强幼儿教师培养培训，提高幼儿教师队伍整体素质，依法落实幼儿教师地位和待遇；教育行政部门加强对学前教育的宏观指导和管理，相关部门履行各自职责，充分调动各方面力量发展学前教育。

（5）重点发展农村学前教育，努力提高农村学前教育普及程度，着力保证留守儿童入园。采取多种形式扩大农村学前教育资源，改扩建、新建幼儿园，充分利用中小学布局调整富余的校舍和教室举办幼儿园（班）。发挥乡镇中心幼儿园对村幼儿园的示范指导作用。支持贫困地区发展学前教育。

（6）对民办学前教育的规定和规范、对企业办幼儿园的规定、对于中外合作办幼儿园的设置、运行及监督等作出规定。

（7）规范了我国幼儿园的课程与教学、对幼儿园的班级规模、教职工与幼儿的比例、主要教职工的配置比例作出了规定。

（8）对幼儿园园长的任职资格、职责及岗位要求、对幼儿园园长岗位培训工作的基本要求、培训的内容与形式、培训工作的主要措施等作出了规定。

（9）对幼儿园活动及辅助用房、办公及辅助用房、生活用房、幼儿园的建筑占地、室外活动绿地、绿化及道路用地等的面积定额作出了规定。

（10）对幼儿园玩教具的配备、幼儿园的园舍和器具、保健人员的设置、保健工作、儿童入园所的要求、工作人员健康要求等的规定和要求。

（11）对幼儿园安全管理工作的方针、主要内容、安全管理职责、校内安全管理制度、日常安全管理、安全教育、校园周边安全管理、安全事故处理和责任、家长联系制度等问题作出了说明及规定。

（12）对幼儿园工作的经费和保教人员的工资、劳动保险、福利待遇问题，以及幼儿园的奖励与处罚等作出了详细的说明。

以上有关学前教育的法律、法规及政策，或详细或明确或细致或具体，这是幼儿园各项规章制度建设的背景依据。

5.4.2 甘肃省幼儿园制度建设现状

通过对甘肃省幼儿园的调查和访谈，我们发现甘肃省幼儿园制度建设既有显著成效，但也存在一些问题。

1. 甘肃省幼儿园制度建设的主要成效

甘肃省大部分幼儿园的制度是建立在学前教育法律、法规及政策的基础之上的。

（1）大部分幼儿园能够严格执行国家的有关制度。例如，教师资格制度、公开招聘制度和教师专业技术职务评聘制度，依法实行幼儿园用人制度；医务保健人员、财会人员、保育员等均须具备相应任职条件；认真执行国家和地方课程要求，关注幼儿全面发展，依法开设各类幼儿教育课程等。

一是执行国家统一的会计制度，配备合格的会计人员，依法进行会计核算，建立健全内部会计监督制度，保证会计资料合法、真实、准确、完整；二是执行《幼儿园收费管理暂行办法》及相关收费政策，规范收费行为，按照物价部门确定的项目和标准收费；三是使用全国通用的普通话和规范字，引导幼儿用普通话准确表达自己的想法；四是严格执行《托儿所幼儿园卫生保健管理办法》，不断改善环境卫生条件，做好幼儿生理和心理卫生保健工作，建设符合幼儿特点的净化、美化、绿化、童化的绿色校园；五是严格执行《中小学幼儿园安全管理办法》，制定安全应急预案，防范安全事故发生，按照国家有关规定投保学生意外伤害校方责任险等。

（2）根据国家和甘肃省有关规定，制定本园章程及规章制度。根据《中华人民共和国教育法》等法律和《中华人民共和国事业单位登记管理暂行条例》及其《实施细则》的规定，制定本园章程或者正在制定章程。建立健全章程统领下的幼儿园规章制度体系，规章制度的"立、改、废"事宜均依照民主程序进行。章程未尽事宜按照法律法规及上级规范性文件政策执行。如有矛盾，均以法律、法规或上级规范性文件为准。幼儿园的规章制度主要包括幼儿园日常管理制度、幼儿园安全管理制度、幼儿园岗位规范、幼儿园部门职责、幼儿园教工福利条例等，具体包括以下几方面。

一是幼儿园日常管理制度。包括幼儿园教职工上班制度、幼儿园行风建设工作制度、幼儿园园务公开工作制度、幼儿园教代会工作制度、幼儿园民主评议工作制度、幼儿园教工请假制度、幼儿园教工聘用制度、幼儿园教研工作制度、幼儿园科研工作制度、幼儿园案头工作制度、幼儿园物品采购领用保管制度、幼儿园会议制度、幼儿园培训制度、幼儿园联系家长工作制度、幼儿园档案借阅制度、幼儿园节约用物制度、幼儿园教工无偿献血制度、幼儿园教工奖惩制度、幼儿园教工怀孕休息制度、幼儿园科研制度、幼儿园食堂卫生制度、幼儿园教职工传染病防治制度等。

二是幼儿园安全管理制度。主要包括园长安全行为标准、园长岗位安全职责、会计安全管理行为标准、出纳安全管理行为标准、保教主任安全管理行为标准、班长安全管理行为标准、教师安全管理行为标准、保育员安全管理行为标准、后勤主任安全管理行为标准、保健医生安全管理行为标准、炊事班长安全管理行为标准、炊事班长岗位安全职责、厨工安全管理行为标准、食品采购员安全管理行为标准、食品保管员安全管理行为标准、门卫（白班）安全管理行为标准、门卫（夜班）安全管理行为标准、门卫（夜班）岗位安全职责、保安安全管理行为标准、保安岗位安全职责、校车司机安全管理行为标准、跟车教师安全管理行为标准、事故防范标准应急预案、突发事件应急预案等。

三是幼儿园岗位规范。主要有幼儿园教师岗位规范、幼儿园保育员岗位规范、幼儿园营养员岗位规范、幼儿园保健员岗位规范、幼儿园出纳岗位规范、幼儿园门卫岗位规范等。

四是幼儿园部门职责。主要包括幼儿园园长职责、幼儿园副园长职责、幼儿园工会主席职责、幼儿园业务助理职责、幼儿园师训主任职责、幼儿园总务主任职责、幼儿园年级组长职责、幼儿园后勤组长职责、幼儿园家教组长职责、幼儿园档案干部职责、幼儿园科研联络员职责、幼儿园工会女工委员职责、幼儿园工会宣传文体委员职责、幼儿园团支部书记职责等。

五是幼儿园教工福利条例。主要有幼儿园假期福利、幼儿园教工帮困基金管理使用办法、幼儿园教工福利保险条例、幼儿园教工疗休养福利条例等。

（3）甘肃省幼儿园制度建设的成效。在幼儿园管理及保教工作中，甘肃省大部分幼儿园通过执行国家和甘肃省的有关制度规定制定的本园章程及规章制度，取得了一些成效。例如，保证了幼儿园各项工作的正常进行；提高了工作效率和办园质量；保证了幼儿园教师的保教质量和服务质量；规范了教职工日常服务行为；为幼儿创造了优美、舒适、安全、和谐的生活学习环境；培养了幼儿的良好生活学习习惯；明确了岗位职责；建立健全了良好的劳动调配秩序；提高了师资队伍的整体素质；调动了教师工作的积极性；财务上做到了计划开支、合理使用、账实相符，使有限的资金发挥了最佳效益；基本消除了各种不安全因素，确保单位安全；确保本单位不发生火灾事故；为员工提供一个安全工作的场所；校车保证行车安全；建立了良好的食堂工作秩序；保证食品符合卫生标准；保证了幼儿、教师安全进餐，在促进幼儿身体健康方面发挥了作用；对幼儿教养做到了科学化、合理化，使幼儿在体、智、德、美诸方面得到健康、和谐的发展。

2. 甘肃省幼儿园制度建设存在的问题及建议

（1）省、市层面立法不完备。针对甘肃省学前教育不均衡和"入园难"等问题，甘肃省及各市州应立法解决，纳入甘肃省及各市州立法规划，力求破解学前教育难题。

（2）学前教育资源配置不均衡。近年来，甘肃省把发展学前教育作为重大的民生工程，强调建立健全学前教育改革发展的推进机制，全面实施《甘肃省学前教育三年行动计划》，竭力推进改造建设乡镇幼儿园工程，使学前教育呈现出快速发展的良好态势。但是由于区域发展不平衡，城乡之间差别大，农村地区、贫困地区、民族地区学前教育发展滞后；幼儿教师严重短缺，补充机制不健全；民办幼儿园条件简陋，办园不规范等突出问题未得到根本改观，导致学前教育资源短缺，投入不足，"入园难""入园贵"

问题仍然突出,至今成为困扰家长的两大难题。以兰州市为例,目前兰州市共有适龄幼儿 10 万多名,但幼儿园仅有 295 所,最大能够容纳在园幼儿 5.6 万余名,仍有 4.4 万余名幼儿无法入园(来自甘肃省兰州市教育局 2015 年底的统计数据)。当前,兰州市学前三年教育入园率只有 57%,与周边省会城市相比差距在 20%~30%左右。

一是兰州市公办学前教育资源短缺。兰州市公办幼儿园仅占全市幼儿园的 28%,数量比例偏低。民办幼儿园数量多,公办幼儿园数量少,反映了公办学前教育资源短缺的现状。近年来大量接收流动人口幼儿入园,学前教育资源更显短缺。虽然近三年新建了一些公办幼儿园,但一部分乡镇中心幼儿园机构编制都未解决,影响幼儿园的正常运转。

二是兰州市企事业单位办园有萎缩趋势。近几年企事业单位因自身效益、办园成本、用工风险、安全责任等原因,继续举办幼儿园的积极性不高,呈萎缩状态,有个别园已停办,还有近十所企事业单位幼儿园转制民办园。

三是兰州市普惠性民办幼儿园[①]比例不高。2015 年,兰州市开展的普惠性民办幼儿园认定中,有 79 所幼儿园被认定为普惠性民办幼儿园,只占民办幼儿园总数的 24.7%,在园幼儿 1.7 万人,占民办幼儿园在园幼儿总数的 38.2%。

四是兰州市学前教育城乡发展不平衡、优质幼儿园数量严重不足。目前,兰州市已建成的省级示范性幼儿园有 12 所,全部集中在城关区、七里河区、西固区,其他五个区县未能涉及。市级示范性幼儿园有 20 所、一类幼儿园有 11 所,28 所集中在城市四区,远郊三县一区仅有 3 所。省级示范性幼儿园、市级示范性幼儿园及一类幼儿园的数量仅占全市幼儿园总数的 14%,说明兰州市优质幼儿园数量严重不足。以至于出现每年优质幼儿园招生时,家长凌晨排队、一号难求的局面。

(3)民办幼儿园还存在诸多亟待解决的问题。一是教师配备不足、配备比例失衡。根据《全日制、寄宿制幼儿园编制标准》规定,全日制幼儿园平均每班配专职教师 0.8~1 人;寄宿制幼儿园一律平均每班配专职教师 2~2.5 人。全日制幼儿园平均每班配备保育员 0.8~1 人;寄宿制幼儿园平均每班配保育员 2~2.2 人。但据调查,甘肃省大部分民办幼儿园中每班只配一名教师,保育教育工作由一人负责。教师配备严重不足,致使教师整天疲于应付,很少有时间备课、学习和交流提高,只能满足于"不出事故"。同时,幼儿教师男女比例严重失衡,且 40 岁以上的教师占到 67.7%,教师队伍呈现出断层的现状。二是教师学历低、职称低,集中培训效果不佳。目前,甘肃省民办幼儿园教师学历低、职称低,教师培训效果不佳问题非常突出。在接受调查的 278 位教师中,学前教育专业毕业的仅占 9.35%,且以非师范的中专和高中为主[②]。具有教师专业技术职务的比例仅为 30%左右,且主要集中在幼儿园园长中,从事一线教学工作的教师大多学

---

① 普惠性民办幼儿园是指设立条件上、保育教育质量达到同类公办幼儿园水平,受政府委托或资助提供学前教育,执行同类公办幼儿园收费标准的民办幼儿园。符合上述其他条件,执行政府指导价(另行制定)的民办幼儿园,也可视为普惠性民办园。对于认定条件,包括基本资质、办园行为、收费标准、财务管理及资产管理等方面。"凡能达到普惠园条件的民办园,办学质量是要有所保证的。"据有关人士介绍,"平安校园"、无超班额和乱收费现象、教职工数量结构配备和持证上岗比例等方面要求都是认定的必备条件。

② 崔亚明,师向东,王钊. 针对民办幼教机构教师短缺等短板,民盟甘肃省委员会提交提案建议——省属师范大学增设学前教育学院[N]. 兰州晨报,2016-01-17(A07).

历低、职称低、专业水平整体偏低。同时，民办幼儿园教师接受继续教育机会少，尤其是缺乏高层次、专业化的培训。加之一些民办幼儿园对教师只重视使用，不重视培养，不能满足教育需求。目前，甘肃省民办幼儿园教师培训多以园级培训为主，这种培训缺乏研讨性的园本观摩活动，不能满足幼儿园教师对先进教学理念、管理方式及专业技能学习的要求。三是园舍不符合标准。在兰州市郊，有些民办幼儿园设在民居里，没有独立的园址，安全隐患严重。部分民办幼儿园受资金、土地等条件制约，存在园舍不符合标准、户外活动场所不达标、配套设施不全等问题。

（4）学前教育的体制性障碍。甘肃省学前教育管理体制、办园体制、投入体制不完善；学前教育尤其是民办学前教育管理体制不顺、办学体制不活、扶持政策不明确、认识不到位和支持力度不够；幼儿教师严重短缺，补充机制不健全；民办幼儿园条件简陋，办园不规范等问题突出。

（5）甘肃省幼儿园制度建设中还存在其他问题。个别幼儿园没有依法制定章程及规章制度；有些幼儿园的章程及规章制度并不是本幼儿园制定的，而是照搬照抄其他幼儿园的章程及规章制度或者为了应付申报、查验，抄袭网络资源；部分幼儿园的规章制度杂乱无章，没有分门别类；还有些幼儿园的规章制度形同虚设。

5.4.3 甘肃省幼儿园制度建设展望

根据以上基本判断，我们认为省内应尽快完善学前教育地方性法规，把建立健全政策法规体系作为加强学前教育的根本保证，通过法治建设和制度创新，确保学前教育的发展规划、政策法规、资金投入、师资队伍、职称薪酬、社会保障、权益保护落到实处，确保学前教育步入法治化、规范化发展轨道。把扭转民办教育管理体制不顺、办学体制不活、扶持政策不明确、认识不到位和支持重视程度不够等问题作为立法的重点，力求破解学前教育改革发展的体制性障碍。

1. 加强组织领导，完善制度机制

（1）政府应加快学前教育立法进程。针对甘肃省学前教育发展不均衡和"入园难"等问题，甘肃省及各市（州）应纳入甘肃省及各市（州）立法规划，力求破解学前教育改革发展的体制性障碍。建议省市层面出台关于"城市住宅小区开发中教育配套设施建设"方面的强制性规定：新建改建居住区在规划过程中必须征求教育部门意见，未按规定安排配套幼儿园建设的小区规划不予审批；新建改建居住区开发项目竣工后，未按照建设计划完成幼儿园配套建设的，住建部门不予办理商品住房交付使用备案手续；侵占幼儿园预留地的、擅自变更已经批准中小学、幼儿园布局专项规划的，应追究责任；回收小区已配建幼儿园，即城区住宅小区配套幼儿园必须移交县区教育行政部门管理；未按规划配建幼儿园的必须补建；确无条件补建幼儿园的住宅小区，必须缴纳异地建设费。甘肃省可参照发达省市解决该问题的办法，或者公共道路建设经验，要求开发商应当履行一定的社会责任，即首先购买土地使用权，建好幼儿园，移交当地教育主管部门，幼儿园所占土地将不纳入开发商购地范围，也不纳入小区容积率统计。其次在项目竣工验收时，规划行政主管部门应按照规划条件核实配套幼儿园的用地范围和建筑面积，土地行政主管部门应核实配套幼儿园的净用地面积，财政税务物价行政主管部门应根据配套幼儿园配建情况做好核费收费工作，对配套幼儿园按相关政策给予相应税费减免；对已建成的非公办配套幼儿园，按照用地性质、产权归属、建设程度等分类，逐步收归教育部门管理，转为公办幼儿园或委托办成普惠性民办幼儿园。

（2）建议政府采取划拨用地、减免税费、财政补贴、派驻公办教师等方式，积极扶持发展民办幼儿园；制定出台扶持企事业和民办幼儿园发展的优惠政策，鼓励社会力量多举办面向大众、收费低、管理规范的幼儿园。幼儿园上级管理部门应检查督导幼儿园建立健全章程及规章制度，确保章程及规章制度适合幼儿园管理并切实可行。

（3）加强统筹规划。各市（州）、县（市、区）政府要充分认识发展学前教育的重要性和紧迫性，将大力发展学前教育作为教育改革发展的突破口，作为重大的民生工程，纳入当地国民经济和社会发展规划，纳入当地城镇、新农村建设规划，根据适龄人口分布、变化趋势，结合中小学布局结构调整，进行科学统筹合理配置，促进学前教育规模、结构、质量协调发展。

（4）要加大教育投入。建立学前教育政府投入、社会举办者投入、家庭合理负担的协同联动投入机制。按照"市县为主，省级补助，中央支持"的原则，将学前教育经费列入各级财政预算，并严格规范经费的使用和管理。参照义务教育阶段经费保障机制，研究公办幼儿园生均经费标准和生均财政拨款标准；制定优惠政策鼓励社会力量办园和捐资助园。建立学前教育资助制度，资助特困家庭儿童、孤儿和残疾儿童接受普惠性学前教育。省级财政对农村地区、贫困地区和民族地区发展学前教育给予重点支持。据《中国教育报》报道，四川省将从2016年春季学期开始，在全省民族自治地方的全部51个县实施15年免费教育[1]。据介绍，该政策的具体内容是在九年义务教育和中职教已经免费的基础上，免除幼儿园保教费用，免除普通高中学费并免费提供教科书。这意味着从幼儿园到高中的15年，在民族自治地方公办学校（含幼儿园）就读的孩子，免交保教费和学杂费。如果在教育部门批准设立的民办学校就读，也会按公办幼儿园和公办普通高中的财政补助给予等额补助。云南省政府启动的学前教育家庭经济困难学生助学金，使楚雄州禄丰县黑井镇96个自然村创造了学前一年100%入学率的奇迹[2]。甘肃省作为一个多民族省份，可借鉴四川省和云南省的做法，在民族自治地方的州县免除幼儿园保教费或者对家庭经济困难学生进行资助。这将为这些区域儿童的健康成长垫高公平的起点，促进民族地区的教育发展、缓和社会矛盾。

（5）完善工作协调机制。坚持实行"政府统筹协调、地方分级办园、部门分工负责、教育归口管理"的学前教育管理体制。建立健全由机构编制、发展改革、教育、公安、民政、财政、人社、建设、卫生、人口、工商、妇联等部门参加的学前教育联席会议制度，加强对学前教育机构的指导、管理和服务，研究解决本地学前教育改革发展的突出问题。

---

[1] 李益众. 四川民族地区51个县实施15年免费教育[N].中国教育报,2015-12-14(1).
[2] 柴葳, 万玉凤. 教育强国的足迹, 教育规划纲要实施5周年特别报道④, 求解公平——促进公平篇[N]. 中国教育报, 2015-12-17(1).

（6）强化责任考核。各级政府作为发展学前教育、解决"入园难"问题的责任主体，要建立健全监督检查、考核奖惩和问责制度，把学前教育统筹规划、资源配置、经费投入、教师待遇、教育管理等纳入对下级政府的年度考核指标，将结果作为考核主要领导干部教育政绩的重要依据。要逐级签订学前教育三年行动计划目标责任书，并向社会公开学前教育开展情况，接受群众监督。对发展学前教育成绩突出的县（市、区）、幼儿园园长及教师给予表彰奖励。

（7）加强宣传引导。加强对学前教育事业发展的宣传，充分利用各类新闻媒介，采取多种形式，广泛宣传发展学前教育的重要意义、政策法规、基本要求和科学规律。幼儿园要加强与家庭、社区的联系与合作，主动宣传科学育儿知识，支持社区开展有益的早期教育活动，形成幼儿园、家庭、社会"三位一体"共同推动学前教育发展的合力。

2. 扩大资源，增加供给

（1）大力发展公办幼儿园。坚持以发展普惠性幼儿园为基本方向，加大政府投入，按照"广覆盖、保基本"的原则，新建、改扩建一批安全、适用的幼儿园。中小学布局调整后的富余教育资源和其他富余公共资源，优先改建成幼儿园，努力扩大学前教育的覆盖面。在稳定现有企事业单位所属幼儿园的基础上，积极支持街道、农村集体和有条件的机关、事业单位、部队及国有企业通过多种形式兴办幼儿园。采取"名园办分园、强园帮弱园"等模式，促进区域之间、城乡之间、园际之间相互协作，共同发展。

（2）规范扶持民办幼儿园发展。民办幼教机构作为社会力量办学机构，与公办幼儿园有同等重要的地位，各地应对民办幼儿园和公办幼儿园的建设和发展通盘考虑，科学统筹，努力提高学前教育资源利用效益。出台《甘肃省民办幼儿园管理办法》，鼓励社会力量以多种形式举办幼儿园。应在省属师范大学、师范学院或具备条件的其他综合性高等院校增设学前教育专业，培养一大批掌握学前教育科学理论和教育技能、具有本科学历的幼儿教师，鼓励引导他们进入民办幼教队伍，提高民办幼教机构办学能力。设立专项激励基金，对办学质量高、社会声誉好的民办幼儿园进行表彰。各市（州）、县（市、区）要通过保证合理用地、减免税费、以奖代补、派驻公办教师、购买服务等方式，积极扶持民办幼儿园，特别是面向大众、收费较低的普惠性民办幼儿园的发展。民办幼儿园在审批登记、分类定级、评估指导、资格认定、表彰奖励等方面与公办幼儿园同管理、同考核。县级教育行政部门要严格民办幼儿园审批和年检制度，切实加强对各类幼儿培训机构和早期教育指导机构的监督管理。增加对民办幼儿园财政投入，改善民办幼儿园教学条件，修筑符合规格的活动室和活动场地，优化幼儿园的环境，引进先进的教学设备，提供充足的玩具和教具，以保证幼儿园能开展各种教育活动。建立系统的教师专业化保障体系，推进民办幼儿园教师专业化发展。有计划、有步骤地将幼儿教师送至省内外师范大学进行1～3个月的短期培训或进行一年系统的理论学习与实践，提高民办幼儿教师的专业素养。通过将民办幼儿园教师纳入省市幼儿园教师骨干培训体系、公办园与民办园结对帮扶等多种途径，为民办幼儿园教师提供与优秀教师交流的机会，同时划出专项经费支持幼儿教师在职进修。省市层面可试点补贴教师工资、提供管理服务等方式，提升民办幼儿园办学品质，以缓解群众对公办园的迫切需求。

（3）加快发展农村、少数民族地区学前教育。各地要把发展学前教育作为社会主义新农村建设的重要内容，将幼儿园作为新农村公共服务设施统一规划，优先建设。全面推进农村幼儿园建设工程，按照国家有关幼儿园建设标准，每个乡镇建设1~2所独立建制的公办中心幼儿园，或者依托办学条件良好的小学建设校中园。大村独立建园，小村联合办园，着力保障留守适龄儿童入园。充分利用国家对农村和民族地区的扶持政策，结合国家教育体制改革试点项目，进一步改善农村和民族地区幼儿园保教条件，合理配置公办幼儿教师，全面加强民族地区学前双语教育工作。

（4）加强城镇住宅小区配套幼儿园建设。各地要把城镇住宅小区配套幼儿园作为扩大城市学前教育资源的重要渠道，在城镇小区规划、审批和验收等各个环节落实配套幼儿园建设政策，确保适龄儿童"有园上""上得起"。城市新增公办幼儿园主要以住宅小区配套幼儿园为主，原则上每1000户以上的新建住宅小区建设一所规模至少为6个班的幼儿园；1000户以下的新建住宅小区，按照就近原则，由规划部门组织片区联合建设一所规模适当、满足需求的幼儿园，服务半径原则上不超过2000米。

3. 落实编制，补充师资

（1）切实落实幼儿教师编制。各级政府要依据《国务院关于当前发展学前教育的若干意见》的相关规定，合理确定师生比，认真核定公办幼儿园教职工编制，逐步配齐幼儿园教职工，把工勤人员编制也一并纳入。

（2）建立健全幼儿教师资格准入制度。严把幼儿教师入口关，实行幼儿教师资格准入制度。幼儿园园长、教师等均应取得岗位任职资格，实行持证上岗。

（3）加大幼儿教师培养培训力度。建立和创新幼儿教师补充机制，大力实施幼儿教师特岗计划，积极探索初中毕业起点五年制学前教育专科学历教师培养模式。依托高等学校、教科研单位等教师培训机构，分层完成全省幼儿教师培训任务。建立省、市（州）、县（市、区）三级培训体系，充分发挥省级示范性幼儿园等优质教育资源的引领示范和辐射带动作用，全面提升幼儿教师整体素质。省级负责集中培训优秀园长和骨干幼儿教师，各市（州）、县（市、区）负责完成本地80%的幼儿教师和园长的培训任务，各类幼儿园从实际出发，积极开展园本培训。

（4）切实保障幼儿教师合法权益。各地要确保幼儿教师各项工资福利政策落实到位，切实稳定幼儿教师队伍。在职称评定方面要进一步加大对幼儿教师的倾斜力度，将幼儿教师纳入甘肃省"园丁奖""特级教师""骨干教师""青年教学能手""优秀班主任"等评选范围。切实保障民办幼儿教师的合法权益，民办幼儿教师在职称评定、资格认定、学习培训、评优选先等方面与公办幼儿教师享有同等待遇。逐步改善民办幼儿园的教师待遇，享受与公办幼儿园教师平等的工资和福利待遇，并按照国家政策，为他们办理养老、医疗、工伤、失业、生育保险和住房公积金。继续改善农村幼儿教师待遇，重视影响农村幼儿教育事业发展的相关因素，形成符合农村各地实际的系统的解决方案。

4. 深化改革，规范管理

（1）加强管理指导，规范办园行为。制定实施《甘肃省学前教育管理条例》和《甘肃省幼儿园办园标准》，促进甘肃省学前教育健康发展。各地教育行政部门要切实履行职责，对幼儿园分类管理，分级指导，进一步加强对幼儿园准入、教师资质、人员流动、教育教学、卫生保健、安全管理等方面的监管指导，应检查督导幼儿园建立健全章程及规章制度，确保章程及规章制度适合幼儿园管理并切实可行。切实规范办园行为，全面提高办园水平。

（2）坚持科学保教，促进幼儿身心健康发展。各类学前教育机构要认真贯彻落实《幼儿园教育指导纲要（试行）》精神，树立以幼儿全面和谐发展为本的教育理念，遵循幼儿身心发展规律，坚持保育与教育相结合的原则，以游戏为基本活动，为幼儿创设丰富多彩的教育环境，促进幼儿情感、态度、能力、知识、技能等方面的发展。要坚决防止幼儿教育"小学化""成人化"倾向，保障幼儿健康快乐成长。

（3）强化安全监管，保障幼儿健康成长。各市（州）、县（市、区）政府和相关部门，应当建立健全各项安全管理制度和安全责任制，全面落实安保人员和安防设备，强化幼儿园园舍设施、活动场所、饮食卫生、传染病防治等日常安全工作的管理和检查，严防各类安全事故发生。综合治理、公安部门要加强幼儿园安全保卫工作，加大执法工作力度，整治、净化周边环境；卫生部门要监督指导幼儿园膳食营养、食品安全、卫生防疫、生长发育监测等工作，落实国家计划免疫等方面的卫生保健措施；其他各有关部门要根据职能分工，加强对幼儿园的指导监管。

（4）加强教育研究，提升科研水平。各地要健全学前教育教研机构，充实教研力量，完善教研指导网络，大力开展学前教育教学研究和学术交流，健全完善幼儿园保教质量评估体系，提高教研服务水平。

5.5 甘肃省保育院制度建设研究

如前所述，制度建设在幼儿园建设和发展中具有不可替代的重要作用，制度本身也蕴含着丰富的价值导向和教育、引导、评价意义，好的制度本身就是重要的教育资源。

幼儿园制度首先表现为文本化的各种规章制度，这样的制度既有国家颁布的教育方针、政策、法律、规章制度，有政府主管部门制定的各类章程、规则、指示、要求等，也包括幼儿园结合自身实际而制定的大量有关教育教学、科研、工作、学习、日常管理等方面的规章制度。这些外显的、物化的规章制度，就是幼儿园中要求大家一体遵行的、具有科学性、思想性、教育性的办事规程或行动准则。所以我们在研究甘肃省保育院规章制度时，首先应掌握它的办园特点，才能进行总体设计。

5.5.1 制度建设的迫切性

随着我国教育体制改革的不断深入，幼儿教育得到前所未有的快速发展，在基础培养等方面发挥着很大的作用，为国家经济建设和社会发展作出了巨大的贡献。国家经济建设和社会发展对教育的依赖程度越来越高，教育所处的地位更加重要，"教育为本""科教兴国"成为国家的大政方针和重要国策。幼儿园是实现这一宏大工程的重要基础培养基地，在国民经济发展中发挥着极其重要的作用。国家每年对幼儿园投入大量资金，如果幼儿园管理松弛，内部控制制度不健全，不仅浪费资金，达不到投资效果，也极易滋生违法犯罪现象。因此，幼儿园加快制度建设是非常迫切和必要的。而甘肃位于内陆不发达地区，经济条件相对落后，和发达地区的幼儿园相比，还存在一定的差距。必须用科学、规范、制度化的管理方法，来保障幼儿及广大教职员工的身心健康。甘肃省保育院历来遵循让每颗星星都闪光、让每个孩子都回归生活的办园宗旨，围绕"包容、自信、幸福"的园所精神，来进行制度的建设。

5.5.2 甘肃省保育院制度建设的特点

常言道："不以规矩，不能成方圆。"幼儿园的制度建设是在日常管理中逐步形成的管理机构和规章制度，甘肃省保育院制度建设体现了幼儿园特有的管理理念、人文精神和运行效度，具备以下基本特点。

（1）规范性。通过一系列的行为规则来规范教师的各种教学实践活动与教育行为，维持工作秩序，如教师每天的工作程序，保育员每天的工作程序，营养员每天的工作程序等。

（2）引导性。明确地告诉教师哪些是允许和鼓励的行为，哪些是禁止和反对的行为，使她们朝着有益于维护教育秩序的方向发展，形成一股巨大的向心力，如教师工作忌语、教师礼仪规范细则等。

（3）激励性。通过一些实用的、象征性的手段和标记，来提高教师的参与性、积极性、创造性，激发人们对组织号召的巨大热情，从而全心全力地投入工作，如幼儿园教工之星评比制度、星级班评比制度、优秀年级组评比制度等。

（4）全面性。建立健全各种规章制度，包括管理类制度、督导类制度、教科研类制度、卫生保健类制度、安全类制度、考核类制度等，同时完善各岗位工作职责，在管理工作中做到有章可循。

（5）强制性。制度的强制性是制度内在的基本特性。强制性可以保证幼儿园的运营机制有序正常。幼儿园各个系统环节根据各自的规章制度能够独立有序运行，以保证整个幼儿园的正常运行。

（6）稳定性。制度是在反复总结管理和保教工作活动中的经验教训的基础上，经历了长时期的规范与反规范的行为较量之后逐步形成的。制度是道德理性的长期积淀凝聚而成的文明结晶,它不仅具有空间上的普遍性,而且具有时间上的普遍性,这种普遍性决定了制度规范有较强的稳定性。稳定的制度所构成的环境,才能对幼儿园教师的职业道德起到"养成"的作用。[1]

5.5.3 甘肃省保育院制度建设的总体设计

1. 坚持制度建设的基本原则

(1)坚持制度建设的长效性。众所周知:任何一项工作和事情最忌讳的就是虎头蛇尾、半途而废,学前教育机构的制度建设更是如此。长期以来人们的脑海中有一种可怕的观念,那就是说一套、做一套;纸上一套、行动一套;检查一套、背里一套。这种不良思想和行为习惯,导致一些学前教育机构的规章制度不具有严肃性,甚至形同虚设。很多制度只是短期行为,像个早产儿天生残缺,没有一个长期的打算。例如,有的幼儿园开始建园,制定制度,总是一学期一次,往往是一种制度大家刚刚适应,然后随着新学期的到来又要重新制定,弄得教师无所适从,意见很大。针对这种情况应该把各项工作尽可能地作一个长远的打算,然后形成制度。如果部分条款不能与时俱进或在执行过程中有明显的偏差,应在新的学期作简单的修正,这样既省时省力,又具延续性。例如,安全、卫生、晨检等制度,它既是常态化的东西,又是一个永恒的主题,所以这些制度无须修改,使之长效化便可。把制度长效化,让教师有章可循,在实际工作中会轻松很多,也规范了许多。

(2)坚持制度建设的公平性。制度是用来普遍规范职工行为的准则。就制度本身而言,它不带有任何的倾向性。一旦制度形成,并获得教职工大会的通过,那么在执行的过程中就必须一体遵行、人人遵守,任何人都不能例外。这就要求制度建设必须客观公正,不能因人设障,也不能因人"绕道"而行。否则,制度一旦失去它的公平性,就会小者引起不满,大者引起混乱,给工作造成不良的影响。例如,有的幼儿园为了照顾远路的教师,把考勤时间分设两个时间段。也就是近路的教师上班时间要早于远路教师的上班时间。这从人性化管理的角度来说没有错。但是,对于全体教师来说它却失去了公平性,对此,近路的教师颇有微词。为了弥合这些、纠正偏差,应该找出一个结合点,那就是远路的教师早上到幼儿园时间可适当延迟,但到校后要多承担一点其他工作,以此来弥补近路教师因早到幼儿园承担的工作量。由此可见,幼儿园制度建设的公平性小觑不得。

(3)制度建设的科学性。人人都知道单位的制度既是用来规范人们的行为的,也是用来调动职工工作积极性的,因此,制度的建设必须要具有它的科学性。从管理者的层面讲,经常会出现两种情况:一种是领导非常有亲和力,工作也有条不紊,成效显著;而另一种则是民意较差,制度满墙、效果不佳。究其原因,前者可能除了具有一定的人格魅力外,其中最主要的原因就是制度建设的科学性,执行的有力性在发挥作用。而后

---

[1] 束燕. 夯实幼儿园制度建设,加快幼儿园发展步伐[J].小学时代:教育研究,2014,(12):77.

者的直接原因,可能就是制度建设不接地气、执行不力,不具有科学性。这说明幼儿园制度建设的科学性是工作好坏的主因。例如,有的幼儿园制定的考勤制度规定,教师迟到十分钟记迟到一次(不超过十分钟不记迟到),然后累加,计算出勤情况,计入个人档案,作为评优、评先、晋级和绩效工资发放的主要依据。制度出台后,出现了一个十分尴尬的局面,那就是人人迟到,但人人迟到又都控制在十分钟之内。在一段时间内形成了混乱,给工作带来了不利。造成这种情况的主要原因就是制度本身不严密,不具科学性。针对这种情况,需要重新修改制度,使之更趋严密科学,才能使工作走向正轨。

(4)制度建设的人文性。虽然说制度是一种强制性很高的规范性手段,但是制度终究是人制定出来的。在社会和谐、以人为本、人性化管理至上的今天,学前教育机构的制度建设也应体现人文性的一面,在制定制度的细节上,尽可能地多体现一点人性化管理的成分。当然,制度无法在工作中满足每一个人的全部需求,为了更多地体现人文关怀,有的幼儿园还在民主生活制度中规定给每位职工过生日,不管哪位教师生日到了,园里都给她们买生日蛋糕,然后教师给她唱生日歌。三八妇女节教师一起吟诗歌唱,一起跳舞,一起谈心,以此来释放由工作或生活带来的精神压力,这也或多或少地增加了她们在幼儿园的幸福指数。有人认为制度的人文化会导致工作的散漫,其实不尽如此,制度的人文化并不是制度的无序化,它只是一种人文关怀的体现,无碍大局。①

2. 掌握制度建设的三个重点

(1)采取"严、细、公、实"四字管理方法。"严"是引导教师把工作做得更好、更加完美;"细"是严格按幼儿园生效的规章制度办事,同时在处理问题时,一视同仁,做到对事不对人,按规章制度细致地做好各项工作;"公"是公平、公正、平等,以制度为准绳,公平地对待每件事情和每一名职工,脚踏实地追求实效;"实"是在这种制度化管理下营造出有条不紊的工作秩序,使得大家心中有目标,眼里有方向,手中有标准。

(2)采用"刚柔相济"的管理策略,即把一套行之有效的"硬"制度与人文精神的"软"管理相结合。在管理过程中应把对教职员工管理工作的重心放在人文关怀上,始终坚持尊重人、理解人、信任人、培养人。构建人性的、以情感管理为主的幼儿园管理体系,努力为教职工创造一个良好的工作环境。在实际的管理工作中做到宽严结合、刚柔相济,既严格制度管理,又有人文关怀。在制度建设过程中将"榜样引领"与"科学管理"相结合,用高尚的人格魅力来推动各项制度的贯彻落实,如将发生在每个人身上感人的故事,作为活动的一项重要内容传递到每个人的心中。力争人人都有亮点,人人都是成功者,这样从多个角度,反映出了制度落实过程中涌现出的先进典型,让教职工在分享感受其他人成功的同时,接受了熏陶,并坚定

---

① 浅谈幼儿园的制度建设[EB/OL]. http://wenku.baidu.com/link?url=926aOtizsdix0iOHF0M_aZw9wSiQ9oxMWe4vTc2ehnIovANyrBcz4WQF0OKHaBLv2eL4-RrskHmcQGaz3KJdsnyYXoQlG8B6o5wwbYzCpRe[2015-09-26].

主动向制度靠拢的决心。

（3）达到"方便、狠抓、推动"的管理效果。在执行、落实各项规章制度的过程中，强调量化评估细则，便于操作、使用方便，如评估中怎样落实制度、怎样监控、怎样反馈等。在把握此原则的基础上，对原有规章制度进行调整、完善，如制定加强班级工作管理力度的制度环境创设管理制度、网络使用管理制度、图书管理制度、档案管理制度等。

3. 进一步科学配置组织机构

（1）幼儿园组织机构的变革要体现现代管理的理念，在组织机构与职能定位的设计中要努力体现现代管理的思想，并创造性地运用现代管理的手段于幼儿园的管理之中。例如，努力减少管理的层次、采取扁平化管理结构，管理重心下移至年级组、教研组，通过分权、授权进行项目管理，强调合作意识、服务意识、开放意识，借鉴企业经验建立幼儿园全面质量管理体系等。

（2）幼儿园组织机构变革应渗透现代幼儿园制度建设的重要价值取向，要反映对现代幼儿园、现代教育本质的思考。例如，努力使幼儿园管理系统从封闭走向开放，把家长资源、社区资源和社会资源引入学校的管理系统，园内管理方式要努力从科层化权威管理逐步走向组织成员平等参与的学习共同体等。

（3）幼儿园组织机构变革要努力满足幼儿园改革发展主要任务的需要。落实"二期课改"要求，建设特色课程，提高教学质量，增强幼儿园研训能力，提高教师队伍素养等，是当前幼儿园发展中面临的最紧迫问题。

（4）幼儿园组织机构变革要讲究策略，对现有的幼儿园组织机构和运行制度，不宜进行激进的"革命式"变革，而应充分考虑必要的继承性和延续性。实施变革要建立在充分调查研究，建立在园长与教师、家长共识的基础上，没有共识就不会有成功的变革。

（5）幼儿园组织机构变革还要重视"木桶效应"和"指头理论"，所谓"木桶效应"，在管理学上也称之为"短板理论"，即一只水桶的实际容量取决于它最短的那块板。这就告诉我们，幼儿园组织机构的设置，应十分重视对过程的管理功能，重视改进薄弱环节的针对性，只有克服了薄弱环节，有良好的过程管理，才会有良好的效果。所谓"指头理论"则是指在幼儿园的管理上要突显比较优势，因此，幼儿园管理的变革，要有利于幼儿园核心竞争软实力的形成，有利于幼儿园特色的形成。

4. 形成科学、民主的管理程序

程序是指事物运动要遵守某种规定的次序、过程或环节，含有规定的某种秩序或顺序的意思。从一定意义上讲，管理上的一切努力都是在寻求一种合理的程序。世界上的事物是复杂的，不同的事物有不同的程序要求。决策程序必须体现科学性、民主性，就是要求程序的设置能调动广大群众参与管理。程序的科学性、民主性能保证各项工作向着有序高效的目标发展。科学管理应该把复杂的事情条理化、清晰化、简单化，以达到高效率的目的。幼儿园管理应紧扣教育和保育这一中心工作，将凡是影响保教质量的因素，都纳入强化管理的范畴之中，做到"凡事有准则，凡事有负责，凡事有程序，凡事有监督，凡事有改进"；并以此为前提，将管理的重点面向全体幼儿，通过全体员工的共同努力，来实现幼儿园持续发展的目标。①

5. 法治与德治相结合

幼儿园的管理，不但要实行法治，而且还要进行德治，用崇高的道德精神引导广大教职工形成良好的精神风貌。幼儿园制度化管理突出"以幼儿发展为本"的教育理念。从"以园为本"落实到"以教师为本"，最终达到"以幼儿发展为本"，为培养21世纪人才奠定坚实的基础。所以，幼儿园制度的形成，是强制性影响力和非强制性影响力交互运用的结果。只有健全管理制度，才能更好地服务于幼儿。因此，所有的规章制度首先应规范管理者的服务行为。幼儿园在办园过程中必须十分重视制度建设，将"硬性管理"和"软性管理"结合起来，做到"两手抓、两手硬"。一是让全园教职工熟悉、了解和认同园内各种规章制度、纪律、常规、工作规范和工作流程；二是通过长期积淀，将制度要求融于每个教职员工的思想上、行动中，使他们能够自觉地维护和遵守，形成一种"团队精神"，从而做到内化于心、外化于行，"领导在和不在一个样""有人参观和没人参观一个样"，自觉努力地做好保教工作。

5.5.4 甘肃省保育院制度建设的主要内容

甘肃省保育院制度建设的内容，笔者紧紧围绕甘肃地处内陆不发达地区，经济条件比较落后，和发达地区的幼儿园相比，差距较大的实际，以及甘肃省保育院的园本特点，甘肃省保育院在甘肃省幼教事业发展中所承担的责任等因素，设计了各类规章制度，详见制度汇编，其主要框架如下。

第一章　教职工行为规范
　　一、教职工行为规范
　　二、教职工"六六"要求
　　三、教职工"八心"内容
　　四、教职工劳动纪律"十不准"
第二章　教职工岗位管理职责
　　一、园长岗位职责
　　二、行政后勤管理人员岗位职责
　　三、财务管理人员岗位职责
　　四、班长岗位职责
　　五、教师岗位工作职责
　　六、保育员岗位职责

---

① 王庆凤. 浅谈幼儿园的制度建设[J]. 青海教育，2007，(3)：17.

七、办公室工作人员岗位职责

八、保健医生岗位职责

九、资料员岗位职责

十、会计人员岗位职责

十一、出纳人员岗位职责

十二、采购员岗位职责

十三、炊事员岗位职责

十四、保安人员岗位职责

十五、保洁员岗位职责

第三章 人事管理制度

一、工作人员招聘与录用制度

二、教职工体检制度

三、教职工考勤制度

四、教职工劳动纪律

五、教职工考核制度

六、教师职称聘任工作实施办法

七、教师在职进修规定

第四章 教学科研管理制度

一、日常教学活动管理制度

二、特长教育管理制度

三、科研课题管理制度

四、科研奖励、考核制度

第五章 幼儿管理

一、幼儿行为规范

二、培养幼儿原则

三、幼儿生活保健制度

四、幼儿作息机制

五、幼儿防疫制度

六、幼儿发展情况报告制度

七、家园共育管理制度

第六章 饮食及卫生管理

一、幼儿伙食管理制度

二、食堂基础管理

三、厨房五常管理制度

四、厨房卫生管理制度

五、食品采购管理制度

六、食品储藏室工作制度

七、食品索证登记管理制度

八、食堂使用炉灶制度
九、卫生、消毒、隔离制度
第七章 财产经费管理
一、班级财产管理制度
二、幼儿园收费制度
第八章 安全管理
一、安全文化与理念
二、安全管控体系
三、行政系统安全管理
　　1. 园长安全管理行为标准
　　2. 财务人员安全管理行为标准
四、保教系统安全管理
　　1. 保教主任安全管理行为标准
　　2. 班长安全管理行为标准
　　3. 教师安全管理行为标准
　　4. 保育员安全管理行为标准
五、后勤系统安全管理
　　1. 后勤主任安全管理行为标准
　　2. 保健医生安全管理行为标准
　　3. 炊事班长安全管理行为标准
　　4. 炊事员安全管理行为标准
　　5. 厨工安全管理行为标准
　　6. 食品采购员安全管理行为标准
　　7. 食堂保管员安全管理行为标准
　　8. 门卫（白班）安全管理行为标准
　　9. 门卫（夜班）安全管理行为标准
　　10. 保安安全管理行为标准
　　11. 校车驾驶员安全管理行为标准
　　12. 跟车教师安全管理行为标准
　　13. 保洁员安全管理行为标准
六、后勤安全管理提要
　　1. 后勤安全管理制度
　　2. 保健室安全管理制度
　　3. 食堂安全管理制度
　　4. 电器安全操作标准
　　5. 保修维修
第九章 事故防范标准和应急预案
一、食物中毒责任事故防范标准

二、防走失行为责任事故防范标准
三、预防传染病责任事故防范标准
四、防触电责任事故防范标准
五、预防火灾责任事故防范标准
六、防体罚责任事故防范标准
七、校车接送安全责任事故防范标准
八、防暴力事件责任事故防范标准
九、意外伤害事件责任事故应急预案
十、突发事件应急预案

第十章 安全制度
一、幼儿园安全管理制度
二、校车安全管理制度
三、安全奖惩制度
四、安全保卫制度
五、门卫安全制度
六、员工安全制度
七、消防安全管理制度
八、家长来、离园安全接送制度
九、大型活动安全管理制度
十、假期安全制度
十一、使用安全制度
十二、周边环境设施及治安管理制度
十三、安全档案管理制度

第十一章 幼儿安全教育制度
一、幼儿安全教育目标
二、幼儿安全教育内容
  1. 幼儿安全教育——生活安全
  2. 幼儿安全教育——饮食卫生安全
  3. 幼儿安全教育——游戏安全
  4. 幼儿安全教育——户外安全
  5. 幼儿安全教育——玩具器械安全
  6. 幼儿安全教育——防火安全
  7. 幼儿安全教育——交通安全
  8. 幼儿安全教育——防触电安全
  9. 幼儿安全教育——防灾减灾教育（雷雨风）
  10. 幼儿安全教育——防灾减灾教育（地震）
  11. 幼儿安全教育——预防意外伤害

参 考 文 献

阿雷恩·鲍尔温德，布莱恩·朗赫斯特，斯考特·麦克拉肯，等. 2004. 文化研究导论[M]. 陶东风，和磊，王瑾，等译. 北京：高等教育出版社.
班固. 2009. 汉书[M]. 张永雷，刘从，译注. 北京：中华书局.
包春光. 2003. 学校章程及作用初探[J]. 内蒙古教育，(2)：13-14.
本书编写组. 2009. 马克思主义哲学[M]. 北京：高等教育出版社，人民出版社.
毕沅. 2014. 墨子[M]. 上海：上海古籍出版社.
蔡永红，肖艺芳. 2011. 日本教育公务员制度的特点及其对我国的启示[J]. 教师教育研究，(6)：78-80.
柴葳，万玉凤. 2015-12-17. 教育强国的足迹·教育规划纲要实施5周年特别报道④，求解公平——促进公平篇[N]. 中国教育报，(1).
陈鹤琴. 1989. 陈鹤琴全集(第二卷)[C]. 南京：江苏教育出版社.
陈奎熹. 1990. 教育社会学研究[M]. 台北：师大书苑有限公司.
陈立鹏，梁莹莹，王洪波. 2011. 我国中小学校章程建设现状与思考[J]. 中国教育学刊，(1)：24-28.
陈立鹏. 1997. 学校要有章可循[J]. 中小学管理，(11)：7-9.
陈立鹏. 1998. 再谈学校章程[J]. 中小学管理，(10)：7-8.
陈立鹏. 1999. 学校章程[M]. 北京：光明日报出版社.
陈鹏. 2015-12-08. 特殊教育办不好，教育不可能现代化[N]. 光明日报，(4).
陈韶峰. 2003. 关于当前学校章程制定的若干问题[J]. 上海教育科研，(7)：24-26.
陈秀云，陈一飞. 2008. 陈鹤琴全集[M]. 南京：江苏教育出版社.
辞海编辑委员会. 辞海（第六版典藏本）[M]. 2009. 上海：上海辞书出版社.
邓小平. 1980. 党和国家领导体制的改革[R]. 中共中央政治局扩大会议上的讲话，08-18.
董卫娟. 2013. 学前教育文化建设探讨[J]. 学园，(8)：172.
杜威. 1991. 我们怎样思维经验与教育[M]. 姜文闵，译. 北京：人民教育出版社.
杜威. 2004. 学校与社会·明日之学校[M]. 赵祥麟，任钟印，吴志宏，译. 北京：人民教育出版社.
杜威. 2005. 民主主义与教育[M]. 王承绪，译. 北京：人民教育出版社.
杜威. 2008. 杜威教育文集(第二卷)[M]. 北京：人民教育出版社.
范魁元. 2013. 学校章程建设：现状、问题与改进策略[J]. 中小学管理，(4)：7-9.
冯晓霞. 2000. 学前课程[M]. 北京：北京师范大学出版社.
福禄培尔. 1991. 人的教育[M]. 孙祖复，译. 北京：人民教育出版社.
郭凤志. 2003. 价值、价值观念、价值观概念辨析[J]. 东北师大学报(哲学社会科学版)，(6)：41-46.
国际观察. 2015. 为了每个孩子，为了我们的未来——来自第四届反贫困与儿童发展国际研讨会的声音[N]. 中国教育报，10-28(11).
韩震. 2012. 社会主义核心价值观凝练研究[M]. 北京：北京师范大学出版社.
黄路阳. 2006. 中国近代中小学章程述略[J]. 教学与管理，(12)：20-21.

江畅. 2012. 社会主义核心价值理念研究[M]. 北京: 北京师范大学出版社.
江泽民. 2006. 推进党的建设新的伟大工程[A]//江泽民文选(第一卷)[C]. 北京: 人民出版社.
姜勇, 严婧, 徐利智. 2012. 国际学前教师教育政策研究[M]. 上海: 华东师范大学出版社.
焦新. 2013-01-17. 依法办学形成自由平等公正法治的育人环境, 教育部有关负责人就《全面推进依法治校实施纲要》答记者问[N]. 中国教育报, (2).
教育部基础教育司. 2002. 幼儿园教育指导纲要(试行)解读[M]. 2版. 南京: 江苏教育出版社.
金建陵. 2002. 浅谈学校"制度条件"——学校章程的制定[J]. 江苏教育, (23): 34-35.
居延安. 1986. 关于文化传播学的几个问题[J]. 复旦学报(社会科学版), (3): 49-55.
夸美纽斯. 2005. 大教学论[M]. 傅任敢, 译. 北京: 教育科学出版社.
李德顺. 2012-03-26. 什么是文化[N]. 光明日报, (5).
李季湄, 肖湘宁. 1997. 幼儿园教育[M]. 北京: 北京师范大学出版社.
李军兰, 潘玉龙. 2005. 洛克的教师观[J]. 太原师范学院学报(社会科学版), (3): 129-131.
李丽英. 2010. 东莞市幼儿园教材使用现状的研究[D]. 广州: 华南师范大学硕士学位论文.
李梦苏. 2003. 家范[M]. 呼和浩特: 内蒙古人民出版社.
李民, 王健. 2012. 尚书译注[M]. 上海: 上海古籍出版社.
李小新, 叶一舵. 2010. 快乐心理研究述评[J]. 福建师范大学学报(哲学社会科学版), (2): 166-172.
李小燕, 朱正伦. 2004. 怎样写好学校章程[J], 中小学管理, (5): 15-18.
李益众. 2015-12-14. 四川民族地区51个县实施15年免费教育[N]. 中国教育报, (1).
梁漱溟. 1990. 中国文化要义[M]. 济南: 山东人民出版社.
刘守华. 1992. 文化学通论[M]. 北京: 高等教育出版社.
卢乐山. 1985. 蒙台梭利的幼儿教育[M]. 北京: 北京师范大学出版社.
卢乐山. 1991. 学前教育原理[C]. 北京: 北京师范大学出版社.
卢梭. 2001. 爱弥儿(上卷)[M]. 李平沤, 译. 北京: 人民教育出版社.
卢梭. 2001. 爱弥儿(下卷)[M]. 李平沤, 译. 北京: 人民教育出版社.
卢元骏. 1977. 说苑今注今译[M]. 天津: 天津古籍出版社.
陆克俭. 2006. 幼儿园文化建设要注重人文精神的弘扬[J]. 早期教育, (3): 8-9.
罗德红. 2009. 何谓儿童中心论的"中心"——心理学维度的审视和跨学科研究的试探性建议[J]. 西北师范大学学报(社会科学版), (6): 120-126.
马林诺夫斯基. 1946. 文化论[M]. 费孝通, 等译. 北京: 商务印书馆.
蒙台梭利. 1993. 蒙台梭利幼儿教育科学方法[M]. 任代文, 译. 北京: 人民教育出版社.
蒙台梭利. 2005. 童年的秘密[M]. 单中惠, 译. 北京: 人民教育出版社.
孟丽美. 2007. 改革开放以来我国幼儿园课程改革的历史审视[D]. 重庆: 西南大学硕士学位论文.
孟昭义, 曾艳兵. 2008. 外国文化史[M]. 北京: 北京大学出版社.
庞丽娟. 2011. 国际学前教育法律研究[M]. 北京: 北京师范大学出版集团, 北京师范大学出版社.
彭海蕾, 王楠, 姚国辉. 2010. 中国学前教育政策发展历程及其特点研究[J]. 教育导刊(下半月), (3): 7-11.
沈益. 2007. 中小学校章程建设研究[D]. 上海: 上海师范大学硕士学位论文.
束燕. 2014. 夯实幼儿园制度建设, 加快幼儿园发展步伐[J]. 小学时代: 教育研究, (12): 77.
宋捷, 王桂洁. 1990. 甘肃幼儿教育简史[M]. 兰州: 甘肃教育出版社.
苏霍姆林斯基. 1983. 帕夫雷什中学[M]. 赵玮, 编译. 北京: 教育科学出版社.
苏霍姆林斯基. 1992. 怎样培养真正的人[M]. 蔡汀, 王义高, 祖晶, 译. 北京: 教育科学出版社.
苏霍姆林斯基. 1998. 育人三部曲[M]. 毕淑志, 等译. 北京: 人民教育出版社.
苏霍姆林斯基. 2001. 苏霍姆林斯基选集[M]. 五卷本. 北京: 教育科学出版社.
索长清. 2014. 幼儿园教师文化研究[D]. 长春: 东北师范大学博士学位论文.

泰勒. 1988. 原始文化[M]. 蔡江浓, 编译. 杭州: 浙江人民出版社.
屠美如. 2002. 向瑞吉欧学什么——《儿童的一百种语言》解读[M]. 北京: 教育科学出版社.
王海英. 2011. 解读社会力量参与办园[J]. 幼儿教育·教育科学, (5): 1-4.
王慧娟. 2013. 幼儿园教材中幼儿用书的分析与研究[D]. 呼和浩特: 内蒙古师范大学硕士学位论文.
王庆凤. 2007. 浅谈幼儿园的制度建设[J]. 青海教育, (3): 17.
王威孚, 朱磊. 2006. 关于对"文化"定义的综述[J]. 江淮论坛, (2): 190-192.
王月媛. 1995. 课程使用指导[M]. 北京: 北京师范大学出版社.
维克多·埃尔. 1988. 文化概念[M]. 康新文, 晓文, 译. 上海: 上海人民出版社.
吴式颖. 1999. 外国教育史教程[M]. 北京: 人民教育出版社.
徐梅菊. 2011. 幼儿园文化建设初探[J]. 中国校外教育, (11): 176.
薛扬. 2012. 欲穷千里目, 更上一层楼——关于贵州省幼儿园适应性发展课程建设的思考[J]. 贵州教育, (1): 17-18.
杨伯峻, 杨逢彬. 2009. 论语译注[M]. 长沙: 岳麓书社.
杨海蛟, 王琦. 2006. 论文明与文化[J]. 学习与探索, (1): 66-73.
杨汉麟, 周采. 2003. 外国幼儿教育史[M]. 南宁: 广西教育出版社.
杨艳玲. 2013. 当前我国学前教育发展状况调研报告——基于对第 2 期全国学前教育管理者高级研修班学员的调研[J]. 江西师范大学学报(哲学社会科学版), (3): 126-130.
姚艺. 2004. 对幼儿园文化建设的初步思考[J]. 学前教育研究, (9): 52-53.
尹爱英. 2009. 杜威的"儿童中心"的教育理论及现实启示[J]. 安徽文学(下半月), (3): 284-285.
尹晓军. 2015-09-09. 甘肃审议通过乡村教师支持计划[N]. 中国教育报, (3).
尹晓军. 2015-12-16. 甘肃提前下达 2016 年教育经费 78.83 亿元[N]. 中国教育报, (1).
虞永平. 2001. 试论幼儿园课程及其特质[J]. 早期教育, (1): 4-6.
袁传明, 杨汉麟. 2010. 裴斯泰洛齐的教育思想——"爱的教育"浅析[J]. 教育探索, (2): 6-8.
袁贵仁. 2005. 价值观: 从理论研究到教育实践——访袁贵仁教授[J]. 哲学动态, (12): 3-7.
袁振国. 2010. 中国学前教育发展战略研究[M]. 北京: 教育科学出版社.
约翰·洛克. 1986. 教育漫话[M]. 傅任敢, 译. 北京: 人民教育出版社.
张斌贤, 王慧敏. 2014. "儿童中心论"在美国的兴起[J]. 北京大学教育评论, (1): 108-122.
张岱年. 1988. 文化与哲学[M]. 北京: 教育科学出版社.
张觉. 2012. 荀子译注[M]. 上海: 上海古籍出版社.
张雪门. 1994. 张雪门幼儿教育文集(上)[C]. 北京: 北京少年儿童出版社.
张宗麟. 1985. 张宗麟幼儿教育论集[C]. 长沙: 湖南教育出版社.
赵芳. 2015-09-30. 英国在线服务网站保护孩子网络安全[N]. 中国教育报, (4).
赵菊敏. 2013. 我国当前学前教育的研究状况综述[A]//河北省教师教育学会. 河北省教师教育学会第五届优秀课题成果展论文集[C]. 河北省教师教育学会.
赵祥麟, 王承绪. 1981. 杜威教育论著选[M]. 上海: 华东师范大学出版社.
赵艳红. 2012. 幼儿园文化建设的理念与路径[J]. 学前教育研究, (7): 72-74.
赵中建. 2015-12-16. 美国通过《每一个学生成功法》——将基础教育管理权归还各州[N]. 中国教育报, (11).
郑雯. 2005. 快乐是什么?——生物学家带你把快乐看清[J]. 生命世界, (6): 62-69.
郑轩. 2013. 西方自然主义儿童教育思想: 发展与创新[J]. 新课程研究(中旬刊), (9): 184-186.
中共中央, 国务院. 2010. 国家中长期教育发展与改革规划纲要(2010—2020年)[J]. 人民教育, (17): 15.
中国社会科学院语言研究所词典编辑室. 2012. 现代汉语词典[M]. 6版. 北京: 商务印书馆.
中央教育科学研究所比较教育研究室. 1989. 简明国际教育百科全书·人的发展[M]. 北京: 教育科学出版社.

周红霞. 2015-09-30. 2015年美国教育经费投入——最大份额用于学前教育和基础教育[N]. 中国教育报, (4).
朱玲. 2006. 师生和谐——提高教学质量的重要原则[J]. 中国青年政治学院学报, (5): 124-128.
朱增补. 1993. 文化传播论[M]. 北京: 中国广播电视出版社.
庄辉明, 章义和. 1999. 颜氏家训译注[M]. 上海: 上海古籍出版社.
佐藤学. 2003. 课程与教师[M]. 钟启泉, 译. 北京: 教育科学出版社.

附　　录

附录1　甘肃省幼儿园教育指导纲要（试行）

第一部分　总　　则

一、为贯彻《中华人民共和国教育法》《国家中长期教育改革和发展规划纲要（2010—2020年）》《国务院关于当前发展学前教育的若干意见》，指导幼儿园科学实施保育教育，全面提升幼儿园教育质量，依据教育部《幼儿园教育指导纲要（试行）》，结合甘肃实际，省教育厅特制定本《纲要》。

二、本《纲要》适用于全省各级各类学前教育机构，是全省托幼机构、教育行政部门实施和评价幼儿园教育工作的依据。

三、幼儿园教育是基础教育的重要组成部分，是学校教育和终身教育的奠基阶段。幼儿园应为幼儿提供健康、丰富的生活和活动环境，满足幼儿多方面发展的需要，使幼儿获得有益于身心发展的经验。

四、幼儿园教育应与0~3岁婴幼儿的早期教育和小学教育相互衔接。坚持科学育儿，遵循幼儿身心发展规律，促进幼儿全面而富有个性地发展。

第二部分　教育原则

一、尊重与关爱的原则

尊重幼儿的人格与权利，关爱和保护幼儿的生命。尊重幼儿的年龄特点，理解并满足他们的合理需要，让他们享受日常成长的幸福过程。尊重幼儿的个体差异，理解每名幼儿有不同的经验、发展水平及学习方式。关爱幼儿，坚持鼓励、启发与诱导的正面教育，使他们在幼儿园生活中获得快乐和自信。

二、保教并重的原则

将保育和教育融为一体，做到教中有保、保中有教。科学、合理地安排幼儿一日生活，重视幼儿健康教育，强化安全教育。

三、以游戏为主的原则

以游戏为基本活动，保障幼儿游戏的权利，尊重幼儿游戏的意愿，为幼儿提供游戏条件，引导幼儿在游戏过程中主动感知、操作、探索、发现，从中获得多方面的经验和发展。杜绝小学化倾向。

四、整体教育的原则

幼儿园教育和幼儿的生活是不可分割的整体。教育目标、教育内容与教育环境相互联系，各个领域之间相互渗透，形成整体。幼儿园、家庭、社区形成教育的合力，共同促进幼儿的发展。

五、环境育人的原则

依据教育目标和幼儿的身心发展需要创设教育环境。既要为幼儿创设一个丰富的、目标化的物质环境，更要为幼儿营造一个宽松、温馨的精神环境，使幼儿在与环境的相互作用中愉快而主动地发展。

六、因地制宜的原则

结合当地实际，注重本土资源的开发和有效利用，开展灵活多样的各类教育活动，形成地域特色。幼儿园应结合自身有利条件，把握园内丰富的教育资源和教育契机，开展丰富多样的教育活动，体现园本特色。

第三部分　教育内容与要求

幼儿园的教育内容是全面的、启蒙性的，可以相对划分为健康、语言、社会、科学、艺术五个领域。各领域的内容相互渗透，从不同的角度促进幼儿情感、态度、能力、知识、技能等方面的发展，同时注重幼儿学习品质的培养。

健　　康

一、领域目标

（一）身体健康，在集体生活中情绪安定、愉快。
（二）生活、卫生习惯良好，有基本的生活自理能力。
（三）知道必要的安全保健常识，学习保护自己。
（四）喜欢参加体育活动，动作协调、灵活。

二、内容与要求

小班

（一）身心健康

1.身体发育良好；情绪稳定，建立起信任教师、有安全感的师幼关系。
2.喜欢教师和同伴，逐步适应幼儿园的集体生活。

（二）习惯养成

1. 使用自己的毛巾、水杯和干净的手帕，不用脏手揉眼睛。知道打喷嚏、咳嗽时用手或手帕挡住口鼻。
2. 会正确洗手。饭前、便后洗手，饭后擦嘴与漱口。
3. 会使用小勺独立进餐，接受健康的食物，养成经常喝水的习惯。
4. 学会如厕，养成不憋尿、定时大便的习惯。

5. 能独立、安静午睡，学会穿脱衣服。

（三）安全保健

1. 不接受陌生人的物品，不跟陌生人走，外出时不离开成人。
2. 在饮水、吃饭、睡觉、活动的过程中，能注意安全，如不将异物放进嘴、鼻、耳里，有秩序地上下楼梯以及玩大型运动器械。
3. 配合医生接受体检、接种疫苗、治疗疾病等。

（四）运动能力

1. 在走、跑、跳、钻、爬、投掷的游戏中，学习平稳地控制自己的身体。
2. 会做模仿操。
3. 会玩小型的运动器械（如球、包、小车等），学习用自然环境中的各种材料开展体育活动。

中班

（一）身心健康

1. 身体发育良好；情绪稳定、愉快，学习以合理的方式宣泄自己的情绪。
2. 和教师、同伴在一起感到快乐，喜欢幼儿园的集体生活。

（二）习惯养成

1. 正确使用手帕或纸巾，会以正确的方法擤鼻涕和擦嘴。
2. 学习安全使用筷子，安静进餐；喜欢吃各种健康的食物；主动饮水。
3. 学会自理大小便，养成正确的盥洗习惯。
4. 能保持周围环境整洁。

（三）安全保健

1. 知道家庭有关成员信息、幼儿园有关信息、家庭住址及电话。
2. 认识常见安全标志，不去危险的地方。知道在遇到危险时要躲避，并呼喊求救。与成人失散时，知道找现场工作人员或警察求助。
3. 注意交通安全，在成人的带领下过马路，不在马路上玩耍。
4. 学会保护自己，同时注意不伤害他人。
5. 知道基本的健康生活常识（如按时睡觉、适量进餐）。

（四）运动能力

1. 体验走、跑、跳、钻、爬、推、拉、投掷、攀登、侧滚等不同的运动方式，并能控制身体运动的方向。
2. 会做简单的徒手操和轻器械操，会听信号整齐做操。
3. 会用纸箱、布袋、轮胎、平衡木等物品及多种运动器械玩游戏，探索多种玩法。
4. 在体育活动中不怕困难，积极参与活动。

大班

（一）身心健康

1. 身体发育良好；情绪稳定、愉快，能适度表达自己的情绪，逐渐学习控制、调节自己的情绪和行为。
2. 理解、关心他人的情绪，能主动关心和安慰需要安慰的人。

（二）习惯养成

1. 能按科学的作息时间有规律地生活和活动。
2. 了解基本的营养知识，逐渐养成健康的饮食习惯，进餐时举止文明。
3. 有初步的生活自理能力，学会系鞋带，整理自己的衣着。
4. 学会根据气温的变化主动增减衣服，注意保持服装整洁。
5. 养成良好的公共卫生习惯。

（三）安全保健

1. 有安全意识和安全常识。不独自在河边、建筑工地等危险地方玩耍，知道常用的救助电话，发生意外时会求救，掌握简单的自护方法。
2. 遵守交通规则，靠路边行走或走人行便道；乘车时扶稳把手，不把头、臂伸出窗外。
3. 学会使用易于操作的劳动工具和简单用具，注意安全。
4. 了解身体主要部位的功能及简单的保护方法。

（四）运动能力

1. 知道剧烈运动后不立即停止和马上饮水、不在坚硬的地面上跳跃等简单的运动卫生知识。
2. 体验走、跑、跳、钻、爬、推、拉、投掷、攀登、侧滚、旋转等不同的运动方式，并能协调地控制身体。
3. 根据场地和运动器械的特点，主动探索多种玩法，进行创造性的体育活动。
4. 在共同游戏、队列练习和做操中有规则意识和协同能力。
5. 逐渐养成锻炼身体的习惯，增强体质，提高对环境的适应能力。
6. 逐渐养成自主、勇敢、不怕困难、合作等良好品质。

三、指导要点

（一）全面了解幼儿的年龄特征，掌握相关的生理、运动、心理等方面的简单保健知识和护理技能，关注个体差异，促进他们身心健康成长。

（二）充分尊重幼儿的生长发育规律和自身特点，严禁以任何名义进行有损幼儿健康的训练、比赛、活动等。关注有特殊需要的幼儿，使他们在园感受到温暖和爱护。

（三）以简单易懂的语言与恰当的方式对幼儿进行安全教育，引导他们预知危险。

（四）尊重幼儿逐渐增长的独立要求，鼓励并指导他们尝试自理、自立。与家长配合，建立合理的生活常规，科学、有效地培养幼儿形成良好的生活习惯。

（五）为幼儿提供宽松、理解、接纳、支持的精神环境和丰富、多样的运动环境，满足不同年龄班幼儿游戏和锻炼的需要。

语　　言

一、领域目标

（一）乐意与人交谈，讲话有礼貌。

（二）注意倾听对方讲话，能理解日常用语。

（三）能清楚地说出自己想说的事。

（四）喜欢听故事、看图书。

（五）能听懂和会说普通话。

二、内容与要求

小班

（一）倾听

1. 注意倾听他人讲话，听懂日常生活用语，并有相应反应。
2. 喜欢听短小的童话故事和简单的儿歌，理解其大意。

（二）表达

1. 喜欢用语言与别人交流，愿意应答。
2. 用语言、动作和表情等表达自己的想法与需要。
3. 愿意跟读儿歌；学习复述故事的一部分或简单、短小的故事。
4. 学说普通话。

（三）前阅读

1. 喜欢和成人一起看图画书，也愿意自己看熟悉的、感兴趣的图画书。
2. 学习一页一页地翻看图画书；能够发现、指认、讲述图画书中感兴趣的人或物。
3. 初步学习收放图书，萌发爱护图书的意识。

中班

（一）倾听

1. 注意倾听和理解成人的要求以及与其生活相关的语言。
2. 喜欢听童话故事、生活故事、短小的散文和儿歌，理解其大意。

（二）表达

1. 大胆运用词汇，主动与别人有礼貌地交往。敢于在大家面前自然、大方地讲话。
2. 喜欢提问，积极回答问题，愿意表达自己的各种感受和想法。
3. 学习朗诵和仿编诗歌；会复述短小的故事，会根据已知情节续编故事。
4. 坚持使用普通话。

（三）前阅读

1. 喜欢阅读图画书，能够从阅读活动中体会到快乐，愿意与别人谈论图画书中的情节和事物，交流自己的感受。
2. 学会从前至后有顺序地阅读图画书，认真观察和理解画面内容，读懂图画书内容，了解故事的情节线索。学习认识页码。
3. 爱惜图书，学会有序地收放图书。
4. 认识自己的名字。
5. 初步学习正确的握笔方法，坐姿端正。

大班

（一）倾听

1. 有意识地注意倾听和理解他人的要求以及与其生活相关的语言。
2. 喜欢听儿童文学作品，能从口头交谈、电视、电脑、图书、广播等途径得到许多信息，获得知识和感受快乐。

（二）表达

1. 大胆地运用语言清楚而连贯地表达自己的愿望、想法和做法。

2. 愿意在大家面前自信、自然地讲话。

3. 会围绕一个话题进行讨论，主动发现问题、提出问题，愿意回答问题。在讨论中学会轮流发言，尊重并理解别人的观点。

4. 学习根据已有经验发现事物的简单规律，并能用语言表达出来。

5. 会仿编或创编诗歌；会讲故事，会按原文复述故事或用概括语言复述故事，会续编或创编故事。

6. 会用表演、绘画、手工等多种形式表现自己创编的故事等，并知道保留自己的作品。

7. 正确使用普通话

（三）前阅读和前书写

1. 专注地阅读图书，理解、想象画面内容，会用语言讲述画面内容和故事情节，并能用表演、绘画、手工等多种活动表达对作品的理解。

2. 喜欢阅读标签、海报、照片等各类图文信息，能通过口语交谈、电视、电脑、图书、广播等多种途径，获得自己感兴趣的或与学习容相关的信息，初步学习收集和使用信息。

3. 遵守阅读时的常规（如不干扰他人等），爱护图书，图书破损时学习修补图书。

4. 有辨别、认识标记、符号、文字的兴趣和初步愿望。尝试用图画、符号及其他方式简单记录自己感兴趣的事或物，并用相应的语言进行描述。

5. 知道书写和阅读时的顺序是从上到下、从左到右，用正确的笔顺写自己的名字，初步练习使用铅笔。

三、指导要点

（一）幼儿园的语言教育应该以引导幼儿学好母语为主，让他们在自然的状态下、在多种活动中正确感知语音，帮助幼儿学习、使用普通话。

（二）准确把握不同年龄段语言教育的重点。善于把握教育时机，注重在一日生活的各项活动、互相渗透的各领域教育中激发幼儿语言表达的内部动机，发展幼儿语言表达能力。

（三）理解、接纳不同幼儿在语言发展方面的差异，尊重来自不同语言环境的幼儿，耐心、诚恳地倾听他们的表达。与语言有障碍幼儿的家长密切配合，给予指导。

（四）创设一个使幼儿想说、敢说、有机会说，并能得到积极应答和肯定的精神环境，让他们能够充分表述自己感兴趣的话题。鼓励他们能够较多地与教师、同伴进行个别交流和自由交谈。

（五）安排一定时间让幼儿进行儿童文学欣赏，以保证他们经常接触优秀的儿童文学作品。

社 会

一、领域目标
（一）能主动地参与各项活动，有自信心。
（二）乐意与人交往，学习互助、合作和分享，有同情心。
（三）理解并遵守日常生活中基本的社会行为规则。
（四）能努力做好力所能及的事，不怕困难，有初步的责任感。
（五）爱父母长辈、教师和同伴，爱集体、爱家乡、爱祖国。

二、内容与要求

小班
（一）自我意识
1. 知道自己的姓名、性别、年龄。
2. 感受独立做事的快乐和满足，对自己有信心。

（二）人际交往
1. 学会用简单的礼貌用语打招呼。
2. 喜欢和小朋友一起游戏；初步学习与同伴分享玩具和图书。

（三）行为规则
1. 初步判断一些简单行为的对与错。
2. 初步学习遵守简单的规则，如不争抢、不独霸玩具。
3. 在一日生活各环节中，体会规则的作用，有遵守规则的初步意识。

（四）社会常识
1. 能够识别自己生活用品的标识，认识班级、幼儿园、家庭周围的环境。
2. 认识经常接触的成人，感知他们对自己的关爱，初步懂得尊重为自己服务的人。
3. 记住父母的姓名，感受他们对自己的爱，在提醒下不随便打扰父母的休息和工作。
4. 认识几种常见的交通工具，知道乘坐这些交通工具的基本规则。
5. 认识国旗，知道升国旗时行注目礼。
6. 乐于参加丰富有趣的节日活动，感受节日的快乐气氛。

中班
（一）自我意识
1. 知道自己的兴趣和爱好，能根据自己的兴趣和需要选择游戏活动。
2. 能做一些力所能及的自我服务的事，感受自己正在长大，形成初步的独立意识。
3. 在活动中获得成功的感受，体验自尊、自信，并愿意尝试有一定难度的活动。

（二）人际交往
1. 有经常一起玩的同伴。
2. 学习尊重他人的意见，与同伴发生冲突时愿意尝试解决。

（三）行为规则
1. 能初步判断某些行为的对与错，学会简单地评价自己和他人的行为。
2. 能按约定好的规则游戏，初步学会谦让、轮流、分享和互助。

3. 了解公共场所的一些基本规则并能遵守。

4. 不私自拿不属于自己的东西。

5. 爱护玩具和其他物品，不浪费食物，节约水、电、纸张等。

6. 体会规则的意义，形成初步的规则意识，学习控制自己的欲望和行为。

（四）社会常识

1. 感受父母和其他亲人对自己的爱，关注和了解他们，会用简单的方式表达对他们的爱。

2. 认识经常为我们服务的人，知道尊重他们和珍惜他们的劳动成果。

3. 认识常见交通工具及交通标志，了解他们与人们生活的关系，学习遵守交通规则。

4. 初步认识周围环境中的设施和常见标志，知道爱护周围环境和公共设施。

5. 了解家乡的风景名胜、饮食文化等，用自己喜欢的形式表达对家乡的热爱。

6. 认识并尊敬国旗、国徽，参加升旗仪式时知道基本的规范要求。

7. 积极参加丰富多彩的节日活动，了解相关的社会常识。

大班

（一）自我意识

1. 知道自己的优点和缺点，知道自己与别人的相同与不同。

2. 知道自己能做哪些事，有自己的想法，与别人看法不一样的时候，敢于表达自己的意见并说出理由。

3. 学习制订活动计划，实现自己的计划，遇到困难时能尝试自己解决，不轻易求助。

4. 做事认真，有始有终，能主动为他人和集体做事。

5. 受欺负时能设法维护自己的权益。

（二）人际交往

1. 有自己的好朋友，愿意和其他同伴一起游戏。

2. 愿意与人分享高兴或新鲜、有趣的事。

3. 活动时能与同伴分工合作，遇到问题或困难一起想办法。

4. 与同伴发生冲突时能自己协商解决。

（三）行为规则

1. 有基本的是非观念，能接纳、原谅别人的过失或过错。

2. 知道规则的必要性，能自觉理解和遵守与自己生活、游戏有关的规则。

3. 有初步的社会公德意识，爱护公物，爱护环境。

4. 能在成人的提醒下调整自己不恰当的行为。

（四）社会常识

1. 认识常见标志、符号等，理解它们的作用。根据需要尝试设计标志、符号。

2. 了解信件、打电话、发短信、电子邮件等多种通讯方法，知道通讯对人们生活的意义和作用。

3. 认识周围公共场所、社会设施以及在那里经常为我们服务的人，尊重他们及他们的劳动。

4. 了解和喜爱甘肃，知道家乡的饮食文化、风景名胜、风土人情、民俗传统、民族

5. 积极参加升旗活动，学唱国歌。

6. 了解中国主要的风景名胜，知道中国是一个多民族、多文化的国家，懂得尊重少数民族和其他地区人们的风俗习惯。

7. 了解世界上其他的国家和民族，知道他们有着不同的肤色、体态、服饰、语言和风俗，懂得要尊重他们的文化习俗。

8. 积极设计、开展、参加丰富多彩的节日活动，感受浓厚的亲情、友情和民俗气氛。

9. 萌发上小学的愿望，为进入小学学习做好心理准备。

三、指导要点

（一）创设一种接纳、关爱和支持的良好人际交往环境，将社会领域的教育渗透在一日生活的各项活动及各个环节之中，避免单一呆板的言语说教。

（二）为幼儿提供共同活动的机会和条件，鼓励和支持幼儿与成人、同伴交往，注意观察幼儿的交往行为，并适时给予具体的指导。

（三）注重幼儿社会性发展的个体差异，善于抓住日常生活中的教育契机，对幼儿进行随机教育。

（四）主动与家长、社区密切合作，充分挖掘和利用当地丰富的社会资源，拓展幼儿的社会认知，丰富幼儿的情感，共同促进幼儿良好社会品质的形成。

科　学

一、领域目标

（一）对周围的事物、现象感兴趣，有好奇心和求知欲。

（二）能运用各种感官，动手动脑，探究问题。

（三）能用适当的方式表达、交流探索的过程和结果。

（四）能从生活和游戏中感受事物的数量关系并体验到数学的重要和有趣。

（五）爱护动植物，关心周围环境，亲近大自然，珍惜自然资源，有初步的环保意识。

二、内容与要求

小班

（一）探究品质

1. 有探索的兴趣和好奇心，学习运用多种感官感知周围事物。

2. 愿意用动作、语言、艺术等多种形式，自由表达感知及操作活动中的感受与发现。

（二）自然常识

1. 愿意参加饲养小动物、给植物浇水等活动，爱护动植物。

2. 感知四季最明显的特征及常见自然现象。

3. 了解所接触事物最明显的外形、功能等特征，初步知道常见生活用品的用途及与人的关系。

4. 关注自己身边环境，从生活小事入手，初步建立环保意识。

（三）数学启蒙

1. 体验常见物质简单的量的特征（如多少），比较两个物体间常见量（如大小、长短、厚薄等）的差别，会进行比较、排序。

2. 感知圆形、正方形、三角形。发现生活中的相似图形，学习初步的求同和分类。

3. 感知体验"1"和"许多"及它们的关系。

4. 用对应的方法体会4个物体以内数量的多与少。手口一致地点数5个以内的物体，初步感知、理解5个以内物体的数量。

5. 知道白天、黑夜、早晨、晚上。

6. 正确辨别上、下方位。

中班

（一）探究品质

1. 主动观察、探索周围常见事物和现象以及变化的简单规律。

2. 能对某些事物进行比较、连续地观察，能发现事物或现象的差异和变化，愿意大胆提出问题，有初步的比较能力。

3. 用各种常见材料和工具进行简单的尝试、探索和记录。

4. 学习用多种方式表现、交流和分享探索与发现的过程及方法。

（二）自然常识

1. 感知泥土、石头、空气、磁铁等物质的特性，积极参加科学小实验，并根据某些现象进行初步的猜想。

2. 感知动植物的生活习性、生长变化，体验一些照料动植物的方法，爱护动植物。

3. 探究和发现四季明显的特征，感知和体验一些天气现象，初步体验季节变化与动植物以及人们生活的关系。

4. 认识常见科技生活用品（电视机、洗衣机、电冰箱、手机等），并能初步知道这些用品对人们生活的作用。

5. 有关心大自然的情感和初步的环保意识，能以力所能及的正确方式对待周围环境。

（三）数学启蒙

1. 学习按一个特征对常见物体进行分类。学习对5～10个物体按量的差异进行排序，初步理解序列的规律。

2. 探究和感知长方形、半圆形、椭圆形，并进行分类。学习用合适的图形拼出某种图画。初步体会常见几何图形之间简单的转换关系。

3. 会手口一致地点数10个以内物体，并说出总数；引导幼儿认读10以内阿拉伯数字，初步理解10以内数的意义；了解10以内数中相邻数之间的关系；初步理解序数的含义。

4. 体验和理解昨天、今天、明天的含义。

5. 正确辨认前、后方位。

6. 感知、发现生活和游戏中的数学现象。

大班

（一）探究品质

1. 在观察、比较、探究以及解决问题的过程中，初步养成细心、专心、耐心、不怕困难等品质。

2. 愿意提出问题、积极猜想、收集信息、尝试实验和解决问题。探究事物变化的简单原因和规律，尝试学习简单的推理。

3. 主动参加科学小实验，在实验中积极思考、尝试。积极与他人交流，尊重他人的观点和经验。

4. 学习用实物、绘画、模型、照片等多种形式对感兴趣的事物进行记录和交流。

5. 探索使用常用小工具。体会人类的聪明与智慧，并进行积极、大胆想象。

（二）自然常识

1. 体会大自然的美与奇妙，热爱大自然。

2. 主动参加饲养小动物和种植植物活动，发现动植物变化的基本条件，爱护动植物，有初步的责任感。

3. 感知动植物的多样性，体会人与动植物之间的依存关系。

4. 了解风、电、水、太阳对人的益处和危害，初步体会事物的两面性。初步理解科技用品给人们生活带来的正面与负面的影响。

5. 玩声、光、电、磁、颜色变化、物体沉浮等游戏，体会周围事物、现象的特点和变化规律，发现事物之间的关系。

6. 关注水、空气、土壤，理解它们对人类及动植物生存的重要性，爱护环境，有相应的环保行为。

（三）数学启蒙

1. 学会比较3个以上物体量的差别，体会量的相对性，学习按量的差异或某一规律进行10个以内物体的排序。

2. 初步感知10个以内物体的数守恒、各种量及图形的守恒。

3. 学习用多种方法对感兴趣的事物进行自然测量和统计。通过测量发现和比较物体的异同及发展变化。

4. 学会20以内的成组数数及10以内倒数，感知、理解事物的整体与部分之间的关系。学习正确书写10以内阿拉伯数字。学习用简单的数学方法解决生活和游戏中的某些简单问题。

5. 会看整点、半点。

6. 学会以自身为中心辨别左右，体会上下、前后空间方位的相对性。

三、指导要点

（一）幼儿的科学教育是科学启蒙教育，重在激发幼儿的认识兴趣和探究欲望。

（二）创造条件，选择和使用当地易得、丰富的材料与工具，让幼儿实际参加探究活动，使他们感受科学探究的过程和方法，体验发现的乐趣。

（三）科学教育应密切联系幼儿的实际生活进行，利用身边的事物与现象作为科学探索的对象。

（四）幼儿园数学教育的重点是引导幼儿对周围环境中的数学现象产生兴趣，建立初步的数概念，学习用简单的数学方法解决生活和游戏中的简单问题。

（五）教师要关注科学探索活动中幼儿的安全教育，注意操作材料的安全性。

艺　术

一、领域目标

（一）能初步感受并喜爱环境、生活和艺术中的美。

（二）喜欢参加艺术活动，并能大胆地表现自己的情感和体验。

（三）能用自己喜欢的方式进行艺术表现活动。

二、内容与要求

小班

（一）感受与欣赏

1. 对生活中各种声音感兴趣，探索自然界、周围环境中各种物体发出的声响。

2. 初步理解优美动听的歌曲、器乐曲、舞蹈和形象鲜明的美术作品等的内容及蕴含的情感，获得美的感受。

3. 愿意欣赏儿歌、故事、动画片及具有当地特色的艺术形式和作品。

（二）表现与创造

1. 学唱六度范围内（c1—a1）五声音调的歌曲，大胆表现歌曲的内容、情感。学习用自然的声音唱歌。

2. 对自己熟悉、喜爱的歌曲和乐曲进行即兴表演，初步学会使用表演道具，表达自己的感受和体验。有模仿与表现感兴趣的人物、动物的初步愿望，并加入自己的想象与创造。

3. 通过自由探索与尝试认识几种易于敲击的打击乐器，学习敲击方法，表达自己的情感。初步养成正确使用乐器的习惯。

4. 使用各种易于操作的美术工具、材料，进行画线、撕纸、玩色、玩泥等活动，喜欢操作它们，逐步掌握其用法。

5. 运用简单的图形和自己喜欢的颜色大胆表现熟悉的事物。

6. 运用熟悉和喜欢的图形、材料进行多种简单装饰。

7. 初步养成有序摆放和安全使用的良好习惯。

中班

（一）感受与欣赏

1. 在感知和欣赏音乐作品、美术作品、生活用品、环境布置、节日装饰及四季景色中获得美的感受，并表达自己的感受和想象。

2. 欣赏简单易懂的故事、诗歌、动画片，初步了解当地民间艺术，感受其中的美。

（二）表现与创造

1. 基本准确歌唱八度范围内（c1—c2）的五声音调歌曲。学唱2/4、3/4拍的歌曲，初步尝试按歌曲节拍的特点、速度、力度和情感富有表现力地唱歌。用自然的声音演唱。

2. 随音乐的节奏按自己的想象自由地做模仿动作、律动和简单的舞蹈动作，自编律动、舞蹈动作，逐步做到动作协调、优美，尝试表现音乐的力度、速度变化和情感。

3. 掌握几种打击乐器正确的敲击方法，会按简单的固定节奏为歌曲、乐曲、舞蹈等作即兴伴奏，表达情感和体验，并具有初步的配合能力。有正确使用、有序收放乐器的习惯。

4. 自由选择并正确使用美术工具、材料（包括专门材料、当地自然物或废旧材料），表达自己的所见、所闻、所想，并能有序地收放工具、材料。

5. 尝试运用美术方式表现规则、故事、儿歌以及科学探索的过程及结果。

6. 发现周围事物中对称、连续、重复等美的规律，并能按这些规律进行装饰。

大班

（一）感受与欣赏

1. 发现生活中美的事物，有初步的欣赏能力。

2. 欣赏故事、诗歌、散文、动画片等艺术作品及当地其他艺术形式，并谈出自己的感受。

（二）表现与创造

1. 以基本准确的节奏和音调表现不同歌曲的情绪、情感，尝试歌唱八度范围内（c1—c2）的五声音调和少量七声音调的歌曲。愿意独立歌唱和参与集体表演，欣赏同伴的表演。

2. 参与集体舞及自娱性的音乐、歌舞表演。在律动、音乐游戏、舞蹈、打击乐演奏中，即兴表演，表达情感，与他人交流。

3. 按简单的节奏型进行打击乐合奏练习和表演，具有初步的协调、配合能力，尝试集中注意看指挥。尝试用废旧材料制作打击乐器，喜欢用自制乐器参与音乐活动。

4. 用各种美术方式表达自己的所见、所知、所想，形成有简单情节的作品。和同伴一起交流、分享自己的作品，欣赏自己和他人的创作成果。

5. 自主选择各种美术材料（包括专门材料、当地自然物或废旧材料）和工具，利用它们的形状与质地大胆设计和制作自己满意的作品。养成分类整理、存放作品的良好习惯。

6. 探索并尝试用纸、绳、毛线等进行简单的编织。主动发现并运用多种方法装饰生活用品和美化环境。

7. 与同伴合作创编与表演简单的故事情节，尝试设计并制作简单的服装、道具和布景，大胆地表现自我，充分感受创造、表现与合作的乐趣。

三、指导要点

（一）了解和尊重幼儿艺术活动的特点，关注并鼓励幼儿自发的艺术活动，欣赏幼儿用自己的方式表现与创造，克服以成人标准评价幼儿艺术活动的倾向。

（二）调动幼儿主动参与艺术活动的愿望，丰富他们的审美体验，根据他们的发展状况和需要，对其表现方式和技能给予适时、适当的指导。防止对幼儿进行枯燥的技巧性训练、甚至为功利而表演的倾向。

（三）为每名幼儿提供平等的表现机会，鼓励他们用不同的艺术形式进行自主表达，尊重每名幼儿的想法和创造，肯定、接纳他们独特的审美感受和表现方式，分享他们创造的快乐，在此基础上引导幼儿之间相互交流、相互欣赏、共同提高。

（四）充分挖掘本土民间艺术资源，进行当地民间艺术传承教育。

第四部分　教育组织与实施

一、幼儿园环境创设

（一）教师以关爱、接纳、尊重的态度对待每一名幼儿，形成平等、宽松和愉快的班级氛围，支持和鼓励幼儿的探索、学习活动。

（二）幼儿同伴是他们成长环境的重要组成部分。帮助幼儿建立友好、和谐的伙伴关系。在自由游戏和小组游戏活动中，鼓励幼儿积极、主动地与同伴交往，在交往的过程中学会谦让、分享、互助、合作等，并获得积极的情绪体验。

（三）班级中的各项常规要求要有利于引发和支持幼儿积极、主动地参与活动，同时有利于形成幼儿自理、自主、自律的行为方式。

（四）幼儿园的工作人员应相互尊重、相互配合，形成和谐的人际关系和良好的园所文化氛围，使幼儿受到潜移默化的影响。

（五）幼儿园环境应有利于幼儿的健康成长，做到清洁、安全、无噪音影响、无污染，符合安全、卫生要求。用具、设备适合幼儿的身高，色彩和谐、简洁。玩具和材料开架摆放，便于幼儿自己取放。

（六）各班室内环境应体现本班幼儿的年龄特点与教育目标、要求，为幼儿提供充足的、不同类型的、不同层次的玩具和材料，引导幼儿进行探索活动。并且，应依据幼儿兴趣、发展水平和教育目标的变化及时更新、补充和调整。应创设与各领域教育内容相吻合的主题环境和活动区环境，引导幼儿主动参与环境创设，使每名幼儿都有表现和表达的机会，在参与环境创设的过程中不断获得发展。

（七）户外活动场地安全、宽阔，设施和运动器械安全、种类丰富多样，基本能满足不同年龄班幼儿游戏和锻炼的需要。

（八）充分利用幼儿园周围自然环境和社区的教育资源，拓展幼儿生活和学习的空间。

二、一日生活中的教育

可通过生活活动、活动区活动、集体教学活动、户外活动等开展教育。四类活动相互铺垫、准备和延伸。即生活活动、活动区活动和户外活动为集体教学活动铺垫并积累所需要的感知体验，这些感知体验又需要在集体教学活动中得到归纳和提升。在集体教学活动中接受的部分知识需要幼儿到活动区活动、生活活动、户外活动中去反复体验和验证，而这些活动又成为集体教学活动的延伸。

各类教育活动要关注幼儿的年龄特点，在不同年龄班采用不同的活动方式。小班要多采用游戏口吻，教育过程游戏性更强；中班要增强目标化活动区活动的组织；大班要加强集体教学，加强对问题的讨论和归纳，为幼儿入小学做准备。

（一）生活活动

生活活动是幼儿园教育活动的有机组成部分。幼儿在园的生活活动包括来园、进餐、盥洗、如厕、午睡、喝水、离园等环节。

教师要为幼儿创设良好而宽松的生活环境，并根据幼儿的年龄特点，仔细分析各生活环节对幼儿的发展价值，开展形式多样的活动，使幼儿不断积累健康生活的经验，逐步养成良好的生活习惯，自然而然地获得进步与发展。

在一日生活各环节中，应考虑到幼儿生活背景、体质等不同，尊重幼儿的差异，给予个性化的指导。

（二）活动区活动

活动区活动是幼儿园教育活动的重要组成部分，幼儿园可利用各种活动区来开展活动。幼儿园的活动区主要有角色区、建筑区、益智区、美劳区、阅读区、科学区、生活区等。活动区的教育功能是综合的。教师要对活动区进行目标化设计，不留痕迹地把幼儿游戏转化为他们最有效的学习过程。教师应根据本班幼儿的兴趣、年龄特点、发展需要以及教育目标，结合场地材料等实际，因地制宜地开设活动区。如果活动室面积有限，可设置临时活动区。

在中大班，引导幼儿和教师一起参与活动区的设计与布置、材料准备与制作、收拾与整理活动，获得多方面的发展。

同一类活动区在不同年龄班有不同表现形式，教师要根据本年龄班特点选择适宜的形式，满足幼儿的发展需要。

（三）教学活动

教学活动是幼儿园教育活动的重要组成部分。它的组织与实施是教师有目的和有计划地引导幼儿生动、活泼及主动活动的学习过程，也是教师创造性地开展工作的过程。教师应根据国家、本省的要求，从本地、本园的条件出发，结合本班幼儿的实际情况，制订教育工作计划。在实施教育工作计划的过程中，根据幼儿的学习情况和表现，可做适当调整。

1. 目标

教师要观察、了解本班幼儿的发展水平，结合本《纲要》提出的各领域目标及内容要求，确定适宜的教育目标。教育目标要兼顾幼儿情感、态度、能力、知识和技能等多方面的发展。

2. 内容

教育内容的选择要以本《纲要》第三部分中各领域的"内容与要求"为依据，同时注意把握以下几点：

（1）强调当前发展与长远发展相结合。教育内容的选择既要符合幼儿当前发展的需要，同时也要有利于幼儿的长远发展。

（2）以幼儿已有经验为出发点，同时具有适度挑战性。教育内容的选择一定要结合幼儿已有经验，并在此基础上，引导幼儿通过探究式学习不断建立新的认识。

（3）贴近幼儿生活，结合幼儿兴趣。教育内容一定要选择贴近幼儿生活的、幼儿感兴趣的事物或问题，并以此为基点不断扩大他们的认知范围，拓宽他们的视野。

（4）重视领域之间的内在联系，充分挖掘当地教育资源，使幼儿通过某些内容的学习多方面都获得发展。

3. 组织

应根据幼儿的年龄特点及教育内容的需要，合理组织教学活动。可以采取集体、小组、个别形式进行，可以在室内或室外进行，可以视幼儿的实际情况适当调整活动时间的长短。应注意将教师直接指导活动和间接指导活动相结合，教师直接指导的活动要能吸引幼儿积极参与，避免时间的隐性浪费。

4. 过程

教师应成为幼儿学习活动的支持者、合作者和引导者。

（1）以关怀、接纳、尊重的态度与幼儿交往，支持、鼓励幼儿大胆探索与表达。随时关注幼儿在活动中的表现和反应，敏感地察觉他们的需要，及时以适当的方式应答，形成合作探究式的师生互动。

（2）尊重幼儿的年龄特点和学习特点，引导幼儿在充分感知、操作、观察、实验的基础上，经过自身的探索和思考，得出初步的结论。

（3）教师要灵活地执行教育计划，遇到偶发情况要对教育过程进行及时调整，以利于幼儿获得发展与进步为准。

（四）户外活动

户外活动包括集体游戏与分散游戏。要保证幼儿每天有充足的户外活动时间，使幼儿充分接触新鲜空气、阳光，在保证幼儿身体健康成长的同时，丰富幼儿的知识、发展幼儿的动作与能力、培养幼儿良好的意志品质。

三、幼儿园与家庭、社区的合作

（一）与家庭的合作

家庭是幼儿园重要的合作伙伴，幼儿园应把家园合作纳入整体教育工作计划之中，本着平等、尊重、合作的原则，争取家长对幼儿园工作的理解和支持。

1. 应根据幼儿的发展情况及家长的实际需要，采取适当的形式主动与家长沟通，共同研究教育幼儿的策略。

2. 通过家长会、家长开放日等多种途径，让家长了解幼儿在园生活及发展情况，主动听取家长对教育工作的意见和建议。

3. 通过咨询、讲座、研讨、亲子活动、幼儿成长档案及网络互动等方式，让家长了解教育目标和教育内容，引导家长树立正确的幼儿教育价值观，掌握科学的育儿方法，从而优化家庭教育环境，提高家庭教育水平。

4. 利用家长的学识、职业等资源，引导家长主动参与班级的教育活动，丰富、扩展教育内容。

（二）与社区的合作

社区蕴含丰富的教育资源。社区内的自然环境、人文景观、公共设施、普通劳动者以及公益活动等，都可以成为幼儿的学习内容。幼儿园应充分而有效地利用所在社区的教育资源，扩展教育空间，丰富并深化教育内容。

幼儿园应加强公益意识和服务意识，利用自身的专业化水平和教育资源，面向社区学前儿童和家长开展多种形式的活动。如利用节假日向社区儿童开放园内活动设施，举办育儿知识讲座和咨询活动，开办亲子乐园、游戏小组、玩具图书共享站等。将社区活动与园内教育活动有机地结合起来，在促进幼儿发展的同时，为社区精神文明建设服务。

四、入园适应与入学准备

幼儿园应引导家长帮助幼儿做好入园前各方面的准备，共同进行入园教育。可通过教师家访、入园亲子活动等，使幼儿熟悉幼儿园，熟悉教师和小朋友。幼儿初入园时，教师要安排丰富多样、适合幼儿的活动吸引他们来园，分散他们的焦虑心情，引导他们逐步适应新环境和幼儿园生活。也可以采取小时制、半日制以及其他灵活多样的形式，让他们慢慢适应新生活。对有特殊需要的幼儿，应当允许家长来园陪同一段时间，以减轻幼儿初入园时的分离焦虑。

幼儿入学准备涉及学习兴趣与愿望、学习习惯、学习能力、环境适应、心理和物质准备等，它是一个长期、渐进的过程。幼儿园要有计划、有步骤地开展幼小衔接活动，与小学密切合作，通过参观、访谈、主题活动等多种形式，引导幼儿为进入小学做好准备。

第五部分　教 育 评 价

教育评价是幼儿园教育工作的重要组成部分，是了解教育的适宜性、有效性，调整和改进幼儿园工作，提高教育质量，促进幼儿发展的必要手段。教育评价应伴随幼儿园教育工作的全过程。

一、评价的原则与要求

（一）共同参与，相互合作

教育评价的过程是各方面共同参与、相互支持与合作的过程。幼儿园的管理者、教师、幼儿及家长都可以成为教育评价的参与者。无论是对幼儿园整体教育工作的评价，还是对教师工作、幼儿发展的评价，都需要管理者、教师、幼儿及家长的共同参与，相互支持与合作。

（二）深入过程，共同发展

幼儿园教育工作评价应以教师自评为主。管理者要深入评价过程中，与教师一起共同运用专业知识审视教育实践，不断发现、分析、研究和解决教育工作中的问题，并在此过程中提高教育技能。要使评价过程成为促进教师自我成长、专业化水平不断提高的过程。

二、评价方法

教育评价应当伴随整个教育过程自然地进行。应综合采用观察、谈话、作品分析等多种手段与方法。

三、教育工作评价

管理者或教师本人在评价教育工作时，重点考察以下方面：

（一）教师是否高度重视幼儿的安全，从幼儿园、班级环境的布置，到幼儿的意识与行为，都要把幼儿的安全放在首位。

（二）教育目标的制定是否建立在对本班幼儿发展水平、兴趣和需要等充分了解的基础上；教育计划是否体现了教育目标。

（三）教育活动内容是否注意幼儿发展的基础性、科学性，是否落实了本《纲要》的具体教育内容与要求。

（四）教育环境是否体现教育目标，并具有一定的挑战性，有利于幼儿自主学习。

（五）教育形式和方法是否体现以游戏为基本活动，满足幼儿探索与表达的需求。

（六）教育过程是否能为幼儿提供有益的学习经验和创造探索的机会，有利于幼儿主动、有效地学习；是否兼顾群体需要和个体差异，符合其发展需要。

（七）教师是否充分挖掘和有效利用当地资源，使已有教育资源的利用最大化，形成本园特色。

（八）教师是否能够有效地与家长沟通，向家长宣传正确的教育理念，使家长的育儿行为符合其科学规律，达到家园共育的良好效果。

四、幼儿发展评价

幼儿发展状况的评价目的是了解幼儿的发展需要，以便提供更加适宜的指导和帮助。因此，教师在评价幼儿时要注意：

（一）以发展的眼光看待幼儿，既要了解幼儿现有的水平，更要关注其发展的速度、特点和倾向等。

（二）全面了解幼儿的发展状况，防止片面性，尤其要避免只重知识和技能，忽略情感、社会性和实际能力的倾向。

（三）承认和关注幼儿的个体差异，避免用划一的标准评价不同幼儿，在幼儿面前慎用横向比较。

（四）评价应与日常教育活动过程同步进行，尽量采用自然观察、档案记录的方法，特别注意分析幼儿具有典型意义的行为表现和积累的各种作品，为促进每个幼儿更充分地发展与进步提供依据。

附录2　甘肃省幼儿园保教管理指导意见（试行）

为规范全省各级各类幼儿园管理，实施科学的保育和教育，根据教育部《幼儿园工作规程》《幼儿园教育指导纲要（试行）》和《中小学幼儿园安全管理办法》等文件相关规定，结合甘肃省幼儿园保教管理实际，特制定本指导意见。

第一章　总　　则

第一条　本指导意见是甘肃省幼儿园保育教育管理、课程编制与实施、质量监控与督导及保教用书选用的依据，为教育行政部门、园长加强幼儿园科学管理提供指导性意见。

第二条 幼儿园保教工作是在尊重幼儿的人格和权利、关注个性差异的前提下，遵循幼儿身心发展规律，以游戏为基本活动方式，坚持保教并重，对幼儿实施体、智、德、美全面发展的教育。通过科学的保育与教育，发展幼儿生活自理能力、与人合作的能力、发现与解决问题的能力，具备良好的生活习惯，具备富有个性的创造力与想象力，并充分享受成长的快乐，为幼儿身心和谐发展奠定基础。

第三条 幼儿园按照国家和地方的编制或配备标准设园长、教师、保育员、医务人员、事务人员、炊事员和其他工作人员。幼儿园园长应具备大专毕业及其以上学历，具有幼儿园教师资格，有三年以上幼儿园工作经历和一定的组织管理能力，并获得幼儿园园长岗位培训合格证书。幼儿园教师必须具有《教师资格条例》规定的幼儿园教师资格。幼儿园保育员应具备高中毕业及以上学历，并受过幼儿保育职业培训。幼儿园医师应按国家有关规定和程序取得医师资格，医士和护士应具备中等卫生学校毕业学历或取得卫生行政部门的资格认可。炊事员应有一定的配餐技能，懂得儿童营养知识，具有三级以上的厨师职称，并有岗位资格证书、健康证。全日制幼儿园每班配备 2 名专任教师和 1 名保育员，寄宿制幼儿园每班配备 2~3 名保育员。

第二章 课 程 管 理

第四条 园长作为幼儿园课程管理的第一责任人，要全面了解幼儿园课程目标和任务，科学合理地规划幼儿园课程，了解和监控幼儿园课程计划的制定与实施。

第五条 幼儿园必须严格执行《幼儿园教育指导纲要（试行）》所规定的教育目标，设置相关课程。课程内容应来自于幼儿生活，在安排上要注意各领域的内容均衡、有机联系、相互渗透，综合开展健康、语言、社会、科学、艺术等五大领域活动，达成课程目标。要关注教育活动的组织形式，以游戏为主，寓教育于生活、游戏之中，灵活开展集体、小组、个别活动，为幼儿提供多样化的保教活动机会和条件，保证幼儿有充分自主活动时间。不得开设超越幼儿发展阶段的课程，防止幼儿园课程"小学化"。

第六条 幼儿园必须严格规范保教资源的使用行为，选用经甘肃省中小学（幼儿园）教材审定委员会审定通过的幼儿园保教用书。提倡有条件的幼儿园积极开发特色化、个性化的园本课程。

第七条 要根据幼儿教育科学理念，从本园环境构造的特点和幼儿活动的需要出发，对幼儿园室内外环境进行统筹安排，创设开放的、多样的区域活动空间，提供丰富的玩具、操作材料和幼儿读物，支持幼儿自主选择和主动保教活动，实现环境育人。

第八条 家长要利用社区的教育资源，引导幼儿适当参与社会生活，丰富生活经验，发展社会性。特别要发挥家长委员会的作用，鼓励家长参与幼儿园保教工作，搭建家长互相学习交流的平台，定期进行家长开放日活动。

第三章 教育活动管理

第九条 依据《甘肃省幼儿园教育指导纲要（试行）》，结合本园幼儿实际，制定目标明确、内容具体、指导要点突出、针对性强的班级学期计划、月计划、周计划和日活动计划。

第十条 幼儿园的教育活动应重视一日生活各环节的教育价值，重视幼儿园与家长的合作与共育，注重对幼儿的养成教育，身心并重，做到保中有教，教中有保，保教结合。

第十一条 教师必须按照《甘肃省幼儿园教育指导纲要（试行）》所规定的各年龄段、各领域的教育目标和内容要求，充分利用保教用书，结合本班幼儿发展水平，确定本班幼儿的教育活动目标和要求，选择恰当的教育手段组织开展教育活动。注重各领域的有机联系，体现综合性、趣味性、活动性，寓教育于游戏之中。

第十二条 教育活动的设计应包括活动名称、活动目标、活动准备、活动过程四个部分。活动过程各环节设计要条理清楚，层次清晰，过渡自然，衔接延伸，问题设计要具有启发引导作用。

第十三条 教师应根据活动目标与要求，做好活动前的各项准备工作。活动前熟悉活动内容，自制活动教具，为幼儿参与活动提供必要的操作材料，创设适宜的教育情境，熟练掌握和使用各类教具及教辅设备，避免教学无准备、不充分。

第十四条 建立民主的师幼关系，营造和谐的活动氛围。积极倡导教师引导下的幼儿自主、合作、探究的学习方式。通过师幼之间、幼儿与幼儿之间的互动，使幼儿在体验、探究中丰富经验，发展能力。保教人员在教育过程中应成为幼儿保教活动的支持者、合作者和引导者。

第十五条 注意观察幼儿，及时关注幼儿在生活和学习活动中的表现，了解幼儿的需要并给予适时的支持和帮助。善于发现和捕捉幼儿感兴趣的事物和偶发事件中所隐含的教育价值，注意生成课程，改进教育方法与策略。

第十六条 引导教师开展有效的教育活动反思，养成自觉反思的习惯，善于总结经验，找出不足，提出改进设想，及时批注活动设计注意事项，积累经验，不断改进提高。

第十七条 教育活动评价要以"幼儿发展"作为出发点和归宿。评价重点应考查教育计划和教育活动的目标是否建立在了解本班幼儿现状的基础上；活动的目标、内容、组织与实施方式以及环境材料能否促进幼儿主动学习，向幼儿提供有益的学习经验；能否兼顾群体需要和个性差异，使每个幼儿都有进步和成功的体验；保教人员的指导能否有利于幼儿进一步探索与思考，能否有利于扩展、整理幼儿的经验。幼儿园每学期对在园幼儿进行一次全面的发展评价，注重幼儿发展过程评价，通过评价指导保教人员根据评价结果分析、生成新的教育内容，改进保教方法，促使幼儿更好地发展。

第四章 生活指导与卫生保健管理

第十八条 严格执行《托儿所、幼儿园卫生保健管理办法》，建立健全幼儿生活指导与卫生保健工作制度。明确各岗位人员相关职责和工作规范要求，为幼儿创造良好的生活环境和学习条件，保证幼儿身心健康。

第十九条 重视幼儿生活和活动常规的建立。结合幼儿园实际建立必要而合理的生活常规，包括来园与离园、如厕与盥洗、进餐与饮水、午睡与起床等生活环节都应制定相应的常规并严格执行，形成制度。要加强幼儿日常活动的常规管理，做好早操、集体教育活动、游戏等日常活动的组织配合和安全保护工作，防止隐性时间浪费。关注幼儿心理健康，注重保持幼儿积极的情绪状态，满足幼儿多方面的心理需求。贯彻保教结合原则，坚持正面教育，通过各种生动有趣的形式，培养幼儿良好的生活卫生习惯和初步的生活自理能力。

第二十条　科学合理地安排幼儿园一日作息制度。要根据动静交替的原则，合理安排游戏、活动以及各种生活环节的时间。两餐间隔时间不得少于 3.5 小时；午睡时间，冬季 1.5～2 小时，夏季 2～2.5 小时；正常情况下，户外活动时间不得少于 2 小时，寄宿制幼儿园不得少于 3 小时，其中，体育或体能活动时间不少于 1 小时；室内室外的自由游戏和自主活动时间不少于 2 小时。高寒、高温地区可酌情增减。执行作息制度要注意稳定性与灵活性相结合，既要有利于形成秩序，使幼儿有规律的生活，又要满足幼儿合理的需要，照顾到个别差异。对体弱、能力较差幼儿应予以适当照顾，使之逐步达到一定要求。

第二十一条　幼儿园卫生保健工作应严格执行卫生安全要求。严把卫生消毒关，保证幼儿学习生活环境的卫生、安全和整洁，室内空气畅通，厕所无异味，幼儿餐具、玩具、用具必须定期消毒；严把疾病预防关，坚持每天对幼儿进行晨检和日间巡查（寄宿制幼儿园要进行夜间巡查）。对传染性疾病做到及时发现，及时隔离，并按照法规和卫生部门的规定逐级报告，在疾病预防控制机构的指导下，实施必要的卫生处理和预防措施。严把药品管理关，幼儿药品及消毒药品分类登记入柜存放，保健医生必须妥善保管幼儿的药品，病儿服药时，必须仔细核对药名、药量、幼儿姓名，按时给幼儿服药，避免误服、漏服。

第二十二条　幼儿园要定期进行幼儿健康检查。每年体检一次；每半年测身高、视力一次；每季度量体重一次，对每个幼儿建立健康档案。对幼儿身体发展状况定期进行分析、评价，及时向家长反馈结果。及时准确地做好各项保健资料的信息记录、统计分析、汇总报告工作，动态掌握全园幼儿的生长发育情况和健康状况。

第二十三条　为幼儿提供膳食服务的幼儿园，应根据幼儿年龄特点，编制营养平衡的幼儿食谱，定期进行营养素摄入量分析，保证幼儿合理膳食，努力改善和提高幼儿伙食质量，每周向家长公示幼儿食谱，按月公示伙食费支出情况。幼儿园必须提供安全充足的饮用水，为幼儿随时自主饮水提供方便。

第二十四条　幼儿园要制订与儿童生理特点相适应的体格锻炼计划，根据儿童年龄特点开展游戏及体育活动。户外活动形式应小型多样，有计划地为幼儿开展走、跑、跳、投、爬、钻、攀登等方面的体育活动，发展幼儿体能，增进儿童身心健康及抗疾病能力。活动中要精心组织，随时关注幼儿安全，带动和组织幼儿积极投入到体育锻炼中。

第二十五条　组织专门的人员对日常的保教工作进行必要的检查与记录。通过对幼儿到园率、体检达标率、饮食情况、作息情况、卫生情况及幼儿户外活动时间等指标进行监控，确保各项保育工作的开展。

第二十六条　对幼儿园工作人员、家长及幼儿进行健康教育，指导家长科学育儿，培养幼儿良好的卫生习惯。

第五章　安全管理

第二十七条　严格执行国家和地方幼儿园安全管理相关规定，建立人防、物防、技防相结合的安全防护体系。建立幼儿园安全管理和安全责任制度，落实各项安全措施。将安全工作纳入到幼儿园年度考核之中，作为对安全责任人的重要考核内容，自觉接受家长和社会监督，切实保障幼儿健康成长。

第二十八条　结合幼儿园实际，制定应对各种自然灾害、交通安全、传染病、食物中毒等突发事件的应急预案。定期开展安全教育与演练，提高各种应对突发事件的能力。把安全教育融入幼儿园一日生活。

第二十九条　认真学习并严格执行公安、消防、交通、卫生防疫、食品药监等部门的管理规定，加强幼儿园门卫管理、校车管理、消防管理、食品卫生管理、传染病管理等工作，确保幼儿的生命安全与健康。

第三十条　幼儿园要注意房屋、场地、玩具、用具及运动器械的使用安全，定期检查，及时维修，避免触电、砸伤、摔伤、烫伤及火灾等重大事故的发生。

第三十一条　幼儿园组织的各项活动都应以幼儿的安全为第一要素，严禁带幼儿到有安全隐患的地方开展活动。在幼儿园重点防范的地方张贴醒目的安全警戒标志。向幼儿及家长宣传安全知识，提高幼儿的安全意识和自我保护的能力。

第三十二条　加强对工作人员的安全教育和职业道德教育，及时化解各种矛盾和冲突，建立健全各类人员的岗位职责，实行岗位责任制，严格工作纪律。幼儿园教职工的聘用应符合有关法规对其任职资格和条件的规定，对不适合岗位要求的人员应及时调离工作岗位。

第三十三条　幼儿园要加强与社区、公安消防、交通、卫生防疫、食品等部门的联系，建立园内外安全联动管理监控体系，做到分工负责，形成合力。

第六章　教师专业发展

第三十四条　幼儿园要重视教师的专业化成长，每学期要制定明确具体的师资培训计划，从教师学历提升、专长发展、技能提高、教研能力等方面进行统筹安排，采用多种方式，促进教师专业发展。要将教师专业成长经费列入开支计划，保障培训进修时间，有条件的幼儿园要为教师外出学习创造条件，提供机会。

第三十五条　在丰富的教育实践过程中，培养教师良好的师德修养与正确的专业态度，要求教师公平地对待每一个幼儿，不体罚或变相体罚幼儿。引导教师自觉学习与积累各种专业知识，提升教师的专业能力与水平，让教师体会到职业的神圣与快乐。

第三十六条　在教研过程中促进教师专业成长。教研活动的策划要以问题解决为核心，在教育活动中发现和提炼现实问题，针对真实的教育活动问题情境和教师的发展需求，根据不同教研主题和研修对象，灵活地采用教师论坛、现场评课、案例分析、网络教研等多种教研活动形式，提升教师的教育活动实践能力和反思能力，促进教师专业成长。

第三十七条 制定个人专业发展规划，及时准确地对教师进行评价，建立个人成长档案。成长档案应包括：教师个人所受教育与培训的基本信息、研究课题、发表（获奖）的论文、工作荣誉、典型活动案例与反思、自我评价等信息，使档案能反映出教师的专业成长轨迹。

第七章 规范管理与督导检查

第三十八条 保证幼儿教育管理层层落实到位。要建立由教育部门牵头、有关部门参加的幼儿教育联席会议制度，通报、协调解决幼儿教育事业发展中出现的问题，促进幼儿教育事业稳定健康发展。县级以上教育部门要加强幼儿教育管理，办好乡（镇）中心幼儿园，发挥其对乡（镇）幼儿教育的指导作用，乡（镇）幼儿保育、教育的业务指导由乡（镇）中心幼儿园园长负责。

第三十九条 要依靠地方各级人民政府制定优惠政策，保证幼儿园（班）的公用事业费（煤、水、电、供热、房租等费用）按中小学的标准收缴。新建、改建、扩建幼儿园按照中小学校建设减免费用的有关规定减免相关费用。

第四十条 建立幼儿教育督导制度，坚持督政与督学相结合。要制定地方幼儿教育工作督导评估标准，把幼儿教育事业发展、幼儿教育质量、幼儿教育经费投入与筹措、幼儿教师待遇等列入各级政府教育督导内容，积极开展对幼儿教育热点难点问题的专项督导检查。

第四十一条 各级政府教育督导部门和教育行政部门要定期对各类幼儿园的保育、教育质量和管理水平进行督导和评估，并将评估结果向社会公示，接受社会和家长的监督。

附录3 甘肃省民办幼儿园管理暂行办法

第一章 总 则

第一条 为了贯彻落实《国家中长期教育改革和发展规划纲要（2010—2020年）》《国务院关于当前发展学前教育的若干意见》（国发〔2010〕41号），进一步加强对民办幼儿园的管理，促进全省民办学前教育事业的健康发展，依据《中华人民共和国民办教育促进法》《中华人民共和国民办教育促进法实施条例》等有关法律法规，结合我省实际，制定本办法。

第二条 本办法所称民办幼儿园，是指国家机构以外的社会组织或个人利用非国家财政性经费单独或联合举办、依法设立的面向社会招收3～6岁适龄儿童，对其进行保育和教育的学前教育机构。

第三条　我省对民办教育机构实行积极鼓励、大力支持、正确引导、依法管理的方针，坚持政府主导、社会参与、公办民办并举的原则，鼓励和支持企事业单位、社会团体、公民个人办园或捐资助园，扶持发展面向大众、收费较低的普惠性民办幼儿园。

民办幼儿园与公办幼儿园享有同等的法律地位。民办幼儿园举办者、教师和受教育者的合法权益受法律保护。

第四条　各级政府应统筹规划学前教育，把民办学前教育纳入当地学前教育事业发展规划，积极发展民办学前教育。在大力发展公办幼儿园的同时，积极扶持民办幼儿园规范发展。

第二章　申　办

第五条　申办民办幼儿园应具备以下基本条件：

（一）民办幼儿园的设置符合我省和所在市（州）、县（市、区）教育发展规划和布局，有符合国家教育方针的办学宗旨，制定合法的幼儿园组织章程，建立理事会或董事会等组织决策机构。

（二）民办幼儿园应当具备法人条件，有独立法人资格。申办民办幼儿园的社会组织具有法人资格；申办民办幼儿园的个人具有政治权利和完全民事行为能力，能够独立承担民事责任。

（三）民办幼儿园的设置标准参照公办幼儿园的设置标准执行，具备基本的办学场所、设施和符合要求的教职工队伍等条件。

（四）民办幼儿园设置在安全的区域内，周围无污染源，无危险和安全（含消防）隐患，园舍和设施设备符合国家规定的卫生、建设和安全标准。

（五）有必备的办学资金、稳定的经费来源，能够保障幼儿园正常运转。

第六条　申请举办民办幼儿园，应向审批机关提供下列材料：

（一）幼儿园申办报告及可行性论证报告；

（二）拟办幼儿园章程、规范的幼儿园名称和首届幼儿园决策机构组成人员名单；

（三）举办者及拟任负责人的有关资质证明、有效身份证明；

（四）拟聘任的教师、保育员、保健医生、厨师、保安等工作人员的相关资格证明；

（五）拟办幼儿园资产来源、资金数额及有效证明文件，并载明产权，属捐赠性质的校产须提交捐赠协议，载明捐赠人的姓名、所捐资产的数额、用途和管理办法及相关有效证明文件；

（六）近期发展目标和中长期发展规划（包括办学宗旨、规划目标、办园规模、课程计划、招收对象和范围、师资队伍构成等）；

（七）拟办幼儿园的建筑平面图、各功能室分布图、设施、设备计划配置情况说明、场所使用权证明以及校舍的安全鉴定证明；

（八）公安消防部门提供的消防安全审核意见；

（九）县级及县以上卫生行政部门颁发的《托儿所、幼儿园卫生保健合格证》，食品药品监督管理部门颁发的餐饮许可证；

（十）拟聘用工作人员的县级以上卫生行政部门出具的《托幼机构工作人员健康合格证》；

（十一）审批机关要求提供的其他材料。

第三章 审 批

第七条 民办幼儿园的审批机关是县级以上（含县级）教育行政部门。

省外的组织或个人在本省举办的民办幼儿园，须报经所在市级教育行政部门审核同意后，县级教育行政部门方可审批。

境外的组织或个人在本省举办或合作举办民办幼儿园，按照《中华人民共和国中外合作办学条例》的规定，报省级教育行政部门审核同意后，县级教育行政部门方可审批。

第八条 民办幼儿园的审批应经过以下程序：

（一）举办者向县级教育行政部门提出申请，县级教育行政部门根据本地区学前教育事业发展规划、布局要求以及申办者的条件进行审批，并报市级教育行政部门备案。

（二）县级教育行政部门负责受理举办者的申请，并对申报材料进行审核。材料初审合格后，联合安监、消防、卫生等部门进行实地考察，共同签署意见。基本条件具备后，由县级教育行政部门正式下文批复筹建。筹建工作应在三年内完成，筹建期间，筹建幼儿园不得进行招生、教学等活动；筹设工作超过三年的，按新办幼儿园要求重新申报。

（三）举办者认为已达到设置条件的，可以直接申请正式设立。经审批机关审查符合办园条件并达到相应设置标准的，可以依法审批正式批复设立；同时，依据《甘肃省民办学校办学许可证管理办法》颁发办学许可证。

（四）民办幼儿园凭教育行政部门同意设立的批复文件和办学许可证，到同级人民政府民政部门进行民办非企业单位登记、发展改革（物价）部门办理收费许可证、质量监督部门办理机构代码证、税务部门办理税务登记证。

第九条 民办幼儿园收费项目及保育教育收费标准，由举办者依据国家及省政府的有关规定，根据办学成本等因素提出合理的保育教育收费意见，经报当地教育行政部门、发展改革（价格）主管部门进行成本核算，经审核同意并以书面形式批复、备案后执行。

享受政府财政补助（包括政府购买服务、减免租金和税收、以奖代补、派驻公办教师、安排专项奖补资金、优惠划拨土地等）的民办幼儿园，由当地人民政府有关部门以合同约定等方式参照同类别公办幼儿园收费确定最高收费标准，由民办幼儿园在最高标准范围内制定具体收费标准，报当地教育、财政、发展改革（价格）部门审核备案后执行。

第十条 不依法履行相关手续、未经教育行政部门审批，任何单位和个人不得擅自举办幼儿园（班）。已经开办但未履行申报审批登记注册手续或未达到办园标准的幼儿园（班），由县级教育行政部门责令举办者按照本办法的有关规定，限期补办有关手续，补充完善条件，达到设置标准。经限期整改仍达不到要求的，由教育行政部门责令停办或会同民政、公安、卫生、物价、税务等有关部门联合执法依法取缔。

非法办学造成的一切后果由举办者、办学者承担，其招收的幼儿，由所在地县级教育行政部门监督非法办学者妥善安置。

第十一条 举办者停办或因不可抗因素需停办民办幼儿园，应在停办前一学期向原审批机关提出申请，办理注销及相关手续，审批机关审核后及时下发停办通知文件，并向社会公告。

未经审批机关核准同意，举办者不得随意停办或变更法定代表人、园名、办园地址。变更举办者、法定代表人、园名、办园地址等事项，按照《甘肃省民办学校办学许可证管理办法》及有关规定，报审批机关及相关部门核准。

第四章 管 理

第十二条 我省民办幼儿园按照"谁审批，谁管理"的原则实施管理。实行省、市（州）统筹，县（市、区）负责，教育行政部门归口管理，各有关部门各司其职、分工负责、协作管理的体制。

第十三条 省级教育行政部门负责全省民办学前教育工作的统筹规划、综合协调和宏观管理。市级教育行政部门负责本行政区域内民办学前教育工作的监管、业务指导和督查。县级教育行政部门具体负责本县（市、区）内民办学前教育的发展规划、日常管理、业务指导和评估督查。各级人民政府的卫生、药监、民政、发展改革（价格）、税务、公安、消防等部门依法履行各自的职责，协同教育行政部门对民办幼儿园进行管理。

第十四条 各级教育行政部门要加强对民办幼儿园的领导和管理。按照国家的要求，统一规划、部署、检查、评估、考核和奖惩。在日常的检查评估、教育教学、教研活动、评优选先、业务培训、评等定级等工作中，与公办幼儿园同等对待。

第十五条 民办幼儿园依法享有办学自主权，在法律、法规和政策允许的范围内，自筹经费、自聘人员、自主管理。

民办幼儿园在园幼儿数不得突破审批机关核准的办园规模。

民办幼儿园依法与聘任的教职工签订有效协议和用工合同，保障教职工的工资、福利待遇，并按照相关规定为教职工交纳社会保险费，依法保障教师的合法权益。

第十六条 县级教育行政部门对民办幼儿园的办学情况实行年检和民办学校办学许可证管理制度。

第十七条 民办幼儿园要执行《甘肃省幼儿园保教管理指导意见（试行）》的基本要求。民办幼儿园的教师与公办幼儿园的教师享有同等的法律地位与权力。民办幼儿园教师可参加县级教育部门组织的教师专业职务评定。

第十八条 民办幼儿园要严格执行教育部《3—6岁儿童学习与发展指南》和《甘肃省幼儿园教育指导纲要（试行）》，坚持保育与教育相结合的原则，防止和纠正幼儿园教育"小学化"倾向。民办幼儿园不得进行和参与宗教或迷信活动。

第十九条 民办幼儿园要高度重视各类安全工作，贯彻落实《中小学幼儿园安全管理办法》，对幼儿在园期间的安全、健康负责。应建立健全卫生保健、安全消防制度。全面落实安保人员和安防设备配备工作，切实做好食品、公共卫生、园舍设施设备、户外活动场地安全等工作,严防各类安全事故的发生。

第二十条 民办幼儿园应当接受当地卫生机构的业务检查和指导,认真做好入园幼儿和在岗员工的体检、卫生、消毒、防疫、幼儿营养等各项工作。

第二十一条 民办幼儿园的招生简章和广告,须报县级教育行政部门备案。举办者不得发布与其招生、保育、教育、管理等行为不相符的虚假信息与广告。

第二十二条 民办幼儿园的园名应规范、简明,不得使用带有宗教色彩和迷信含义的字词。一般以"××市(州)××县(市、区)××幼儿园(班)"形式命名,不得冠以"国际""中国""中华""全国""甘肃""甘肃省"等字样。未经市级或市级以上教育行政部门认可,不得冠以"双语""艺术"等字样。

第二十三条 民办幼儿园收取的费用应主要用于教育教学活动和改善办园条件。幼儿伙食费要单独立账、专款专用,主动接受价格、教育等部门的监督检查,并接受家长和社会的监督。

第二十四条 民办幼儿园应当加强财务管理,遵守财经纪律,要按照国家《民间非营利组织会计制度》的要求规范会计核算,做到经费账目公开,主动接受发展改革(物价)和教育行政等部门的监督检查。

第五章 奖 励

第二十五条 县级以上人民政府应当设立专项资金,用于鼓励和支持民办幼儿园的发展,奖励和表彰有突出贡献的集体和个人。民办幼儿园评估、评级参照公办幼儿园的标准和要求。

第二十六条 符合下列条件的民办幼儿园,县级以上人民政府或教育行政部门可予以表彰奖励:

(一)办学行为规范,管理科学,保育教育工作成效显著,办园特色明显,社会评价好;

(二)当年年检优秀,面向大众、收费较低的普惠性幼儿园;

(三)投入力度大,年度改善办园条件成绩显著;

(四)能按要求达标晋级的幼儿园。

第二十七条 县级以上人民政府可以采取经费资助、购买服务、出租或转让闲置的国有资产等措施对民办幼儿园予以扶持。新建、扩建民办幼儿园,政府应当按照公用事业用地及建设的有关规定给予优惠。教育用地不得用于其他用途。

第二十八条 民办幼儿园享受国家规定的土地使用和税收减免等优惠政策。

第二十九条 鼓励金融机构运用信贷手段,支持民办幼儿园的发展,鼓励和支持民间资本投资举办民办学前教育。

第六章 惩 处

第三十条 民办幼儿园具有下列行为之一的,由教育行政部门或联合其他有关部门依据法律及有关规定予以惩处:

（一）违法、违规办学，造成不良社会影响的，管理不善造成安全事故的；

（二）园舍、设施不符合国家卫生标准、安全标准，妨害幼儿身体健康或幼儿生命安全的；

（三）教育内容或方法违背幼儿教育规律、损害幼儿身心健康、体罚或变相体罚幼儿的；

（四）发布虚假招生简章或者广告，骗取钱财的；

（五）管理混乱严重影响教育教学，产生恶劣社会影响的。

第三十一条 具有下列情形之一的幼儿园或个人，由县级及县级以上人民政府依照法律及有关规定，对直接责任人员给予警告、罚款的行政处罚；情节严重，构成犯罪的，由司法机关依法追究刑事责任：

（一）使用有毒、有害材料制作教具、玩具的；

（二）侵占、破坏民办幼儿园园舍、设备的；

（三）干扰民办幼儿园正常工作秩序的；

（四）在民办幼儿园周围设置有危险、有污染或者影响幼儿采光的建筑和设施的；

（五）恶意终止办学、抽逃资金或者挪用办学经费的；

（六）由于管理不善，造成安全事故的。

第七章 附 则

第三十二条 本办法自下发之日起施行。未尽事宜，执行国家有关法律法规和政策。

第三十三条 本办法适用于甘肃省行政区域内的所有民办幼儿园（班）。

第三十四条 各市（州）可根据本地实际，制定本办法的具体实施细则。

第三十五条 本办法由甘肃省教育厅负责解释。

附录4 甘肃省幼儿园办园行为规范

为进一步规范幼儿园办园行为，提高管理水平和保教质量，特制定本规范。

一、规范园所名称

幼儿园名称要简洁明了、通俗易懂，与所在区域、办园实际相符，不得使用与实际不符或者易产生误导作用的"国际""中华""中国""双语""艺术""示范"等字样；同一个县（市、区）内不得有同名的幼儿园。

二、规范公告制度

幼儿园大门醒目处要悬挂幼儿园等级标牌、责任督学公示牌、安全警示标识牌，营养食谱公示牌、收费标准公示牌；要按照国家规定，明确小、中、大班标识以及功能室、办公用房、辅助用房、后勤服务用房等统一的门牌标识，各项规章制度要挂牌或上墙；配电室门口、消防设施、楼梯间等隐患部位要设置醒目的安全警示标志，通道、楼层过道的地面或墙面要设置紧急疏散标示。

三、规范办园规模

幼儿园要按照国家规定的标准规范办园规模,合理设置划分年龄班并控制班额,其中小班(3~4周岁)25人,中班(4~5周岁)30人,大班(5~6周岁)35人,混龄班30人,小、中、大班人数最多不能超过规定班额5人。寄宿制幼儿园每班人数酌减。

四、规范常规管理

幼儿园要严格晨检、午检和离园制度。做好检查记录,凡幼儿因患传染病不能来园,或幼儿因病、因故离园三个月以上的,须重新体检,合格后方可入园。幼儿入园或离园,需持接送卡。如委托他人接送时,需办理委托手续。

五、规范一日活动

幼儿园要根据儿童不同年龄特点制定细致详尽、责任明确的一日活动规范和管理制度。一日活动内容要全面反映幼儿从入园到离园的保育教育全过程。要合理体现和安排生活活动、游戏活动、教学活动与户外活动,保证幼儿每日户外活动2小时,遇有特殊天气要及时调整户外活动安排。

六、规范保教行为

幼儿园要按照《3—6岁儿童学习与发展指南》要求,以游戏为基本活动,坚持科学保教,尊重个体差异,促进幼儿全面健康发展。不得开设违背幼儿身心发展规律的各类特长班、实验班、强化训练班,不得以识字、算术、拼音等知识要求作为幼儿评价依据,不得给幼儿布置书面家庭作业,不得进行任何形式的测试和考试。

七、规范课程管理

幼儿园教育教学要落实《甘肃省幼儿园教育指导纲要(试行)》,开设健康、语言、社会、科学、艺术五大领域课程,合理设置幼儿园教育教学活动,充分利用本地教育资源,开发园本教材,拓展幼儿园课程内容。不得使用未经甘肃省中小学教材审定委员会审定的保教用书或活动资源,严禁使用非正规渠道或劣质、盗版的保教用书或活动资源,更不得搬用小学教材。

八、规范安全管理

幼儿园要设立安全警卫室,配备专职安保人员,建立人防、物防、技防"三位一体"的安全防控体系。要严格幼儿园出入登记制度和幼儿园安全警卫制度,无关人员一律不得进入幼儿园。确因需要进入的,须凭有效证件登记、留存、备查。要在园门或醒目处张贴匪警、火警、急救电话,以及社区警务人员或本园安保人员姓名、电话。

九、规范卫生保健

幼儿园要严格按照《托儿所幼儿园卫生保健工作规范》(卫妇社发〔2012〕35号)和《甘肃省托儿所幼儿园卫生保健管理实施细则》(甘卫妇幼发〔2014〕35号)要求,落实托幼机构卫生保健工作任务,主动接受卫生计生部门的监督和指导,做好健康检查、体格锻炼、卫生消毒、疾病预防控制、膳食营养、保育护理、安全防护、健康教育、信息收集等工作,切实提高卫生保健工作质量。保健室设置须符合上述文件规定,卫生保健人员必须持有医师或护士执业证书,符合相关卫生保健要求。

十、规范饮食卫生

幼儿园要严格按照《食品安全法》等有关要求,建立健全各项食品安全管理制度,确保食品安全。幼儿膳食应当专人负责，建立有家长代表参加的膳食委员会定期召开会议，进行民主管理。幼儿膳食费专款专用，账目每月公布。把好食品索证索票关，建立食品留样制度。食物品种要多样化，科学合理配餐，每学期进行 1 次膳食调查和营养评估。

十一、规范校车管理

幼儿园要坚持"就近入园"，原则上不使用校车。已使用校车的幼儿园要严格执行《甘肃省校车安全管理办法》（甘政办发〔2013〕12 号），确保接送幼儿车辆符合校车规定、安全运行。

十二、规范师德行为

幼儿园教师要热爱学前教育事业，具有职业理想、敬业精神和良好的团队合作精神。认同幼儿园教师的专业性和独特性，为人师表、关爱幼儿，尊重幼儿人格，维护幼儿合法权益，平等对待每一个幼儿。严禁歧视、侮辱、虐待和体罚幼儿。

十三、规范招生行为

幼儿园要执行每年秋季招生制度，严格控制幼儿入园年龄。幼儿园招生不得与赞助费、特色班或实验班挂钩。应照顾进城务工人员、贫困家庭子女入园需求。

十四、规范收费行为

幼儿园要坚持优质优价的原则，实行按质分级、按级收费，定期在醒目位置公示收费项目、收费标准、代收费用收支情况及监督电话，接受家长和社会监督。民办幼儿园要严格办园成本核算，履行收费审核、报备制度，及时向社会公布。幼儿园不得跨学期预收保教费。

后　记

　　本书运用马克思主义基本原理和基本观点，以习近平系列重要讲话为引领，在全面推进依法治国方略的背景下，以弘扬社会主义核心价值观为己任，以国家和甘肃省关于学前教育方面的相关法律法规和政策为基本依据，在吸收学界以往成论、借鉴古今中外优秀教育理念和省内外先进幼儿园办园经验的基础上，主要从文化、法治、教育等多角度，对甘肃省保育院现有的全部运行机制进行审视考察并加以修订完善，从"文化建设""章程建设""制度建设"三个维度，为全省幼儿园科学管理和运行，提供科学思维和文本模板。为全省幼儿园制定和完善组织章程、相关制度，凝练组织文化，提供一定的理论依据和应用范式。

　　本书的创新点：一是研究视角的创新发展——法理学视角。已有研究多是教育学研究，本书从法理学视角去剖析幼儿园科学运行机制的依据、主体、程序、内容的现状及问题，从而分析现存问题的法理原因，提出建立幼儿园以法人化为导向的科学运行体系。二是研究内容和方法的创新——多学科领域与方法研究。幼儿园科学运行体系不仅属于教育学的研究问题，而且也属于法学、伦理学、哲学、管理学、文化学及经济学等学科领域。因此，研究幼儿园科学运行机制要运用多学科的知识，进行跨学科的综合研究和多维立体的剖析。本书运用哲学、教育学、法理学、管理学、心理学、组织社会文化学等多学科知识和方法对幼儿园科学运行机制问题进行多学科、跨学科研究。三是研究内容的创新——综合性研究，将文化、章程、制度等运行机制的核心问题进行了综合研究。

　　本课题组由兰州财经大学和甘肃省保育院相关教师组成。本项目由郎全发、孙玉梅、宋增林、陈张林、何晓雷、高秀梅提出研究思路和编写大纲；陈张林具体负责文化建设模块的组织撰写和审定工作，何晓雷具体负责章程建设模块的组织撰写和审定工作，高秀梅具体负责制度建设模块的组织撰写和审定工作；郎全发、孙玉梅、宋增林对本书最终成果进行了统一审定。本书具体撰写分工：郎全发、孙玉梅（第一章）；郎全发、宋增林、刘秀丽（第二章）；陈张林（第三章第一至四节和第六节）、刘庆绪（第三章第五节）；何晓雷（第四章第一节），李建辉、李桂荣（第四章第二节），刘海燕、魏怀基（第四章第三节）；高秀梅（第五章第一、第二、第四节及第三节第一部分），赵玉华（第五章第三节第二部分），陈亚玲（第五章第五节）。陈张林、宋增林总结凝练了办园核心理念，孙玉梅、郎全发、何晓雷、李建辉编写了组织章程，郎全发、高秀梅、陈亚玲编制了具体规章制度。蒙志敏、郭晓灵、李治艳及在读研究生王媛、曹婕、苏庆芳、魏雅珍、刘志飞、王亚莉、王盼参与了资料的梳理、编写和校对工作。

笔者虽然期冀奉献给读者和同仁最好的成果，但不足和疏漏在所难免，我们衷心希望广大专家、同仁和读者不吝赐教，使研究工作不断深入。在本成果即将面向读者之时，我们衷心感谢为课题组实地深入考察调研提供便利条件、翔实资料和咨询教导的众多专家教授，以及北京、上海、广州、深圳、杭州、厦门、济南、长沙、成都、重庆、太原、海口、贵阳、西安、兰州等城市和甘肃省其他有关地市、乡镇的幼儿园及其园长和师生；衷心感谢兰州财经大学党委副书记王亦达研究员、甘肃民族师范学院院长陈富荣研究员、兰州财经大学宣传部部长刘正帅研究员、兰州财经大学教务处处长张梦涛教授、甘肃幼儿之家教育咨询连锁股份有限公司宁婕董事长，以及恩师孙元化教授的鼓励、支持、帮助、关注和指导；衷心感谢科学出版社及胡云志编审的大力帮助和支持；最后还要感谢那些为我们的写作提供参考文献支持的前辈们，是他们精辟的学术观点和卓越的研究成果为项目的顺利研究提供了权威佐证和理论支撑。

编　者
2016 年 12 月